Das politische System der BRD im Kontext

Jürgen Hartmann

Das politische System der BRD im Kontext

Eine Einführung

2. Auflage

Prof. Dr. Jürgen Hartmann
Hamburg, Deutschland

ISBN 978-3-531-19531-5　　　　　　ISBN 978-3-531-19532-2 (eBook)
DOI 10.1007/978-3-531-19532-2

Die Deutsche Nationalbibliothek verzeichnet diese Publikation in der Deutschen Nationalbibliografie; detaillierte bibliografische Daten sind im Internet über http://dnb.d-nb.de abrufbar.

Springer VS
© Springer Fachmedien Wiesbaden 2004, 2013
Das Werk einschließlich aller seiner Teile ist urheberrechtlich geschützt. Jede Verwertung, die nicht ausdrücklich vom Urheberrechtsgesetz zugelassen ist, bedarf der vorherigen Zustimmung des Verlags. Das gilt insbesondere für Vervielfältigungen, Bearbeitungen, Übersetzungen, Mikroverfilmungen und die Einspeicherung und Verarbeitung in elektronischen Systemen.

Die Wiedergabe von Gebrauchsnamen, Handelsnamen, Warenbezeichnungen usw. in diesem Werk berechtigt auch ohne besondere Kennzeichnung nicht zu der Annahme, dass solche Namen im Sinne der Warenzeichen- und Markenschutz-Gesetzgebung als frei zu betrachten wären und daher von jedermann benutzt werden dürften.

Gedruckt auf säurefreiem und chlorfrei gebleichtem Papier

Springer VS ist eine Marke von Springer DE. Springer DE ist Teil der Fachverlagsgruppe Springer Science+Business Media.
www.springer-vs.de

Inhalt

Einleitung 11

1 Eckpunkte der Demokratieanalyse: Regierungssystem,
  Mehrheitsentscheidung, Konsenshandeln 15
  1.1 Parlamentarisches und präsidentielles Regierungssystem 15
  1.2 Mehrheits- und Konsensdemokratie 19
  1.3 Vetospieler 23

2 Das parlamentarische System. Mehrheits- oder
  Konsensdemokratie? 26
  2.1 Historische Vorläufer des deutschen
      Gegenwartsparlamentarismus 26
      2.1.1 Das Deutsche Reich (1871-1918) 26
      2.1.2 Weimarer Republik (1919-1933) 28
      2.1.3 Die Bundesrepublik: Lehren aus dem Scheitern der
            Weimarer Demokratie 33
  2.2 Der deutsche Parlamentarismus als typologische
      Herausforderung 35
      2.2.1 Die Regierungsfunktion und das Parteiensystem 35
      2.2.2 Der Präsident 43
      2.2.3 Der Parlamentarismus in den Ländern 45
  2.3 Regierungsmehrheit und Opposition 46
  2.4 Vergleich: Mehrheits- und Konsensdemokratien 48
      2.4.1 USA: Präsidentielles Regierungssystem und
            Konsensdemokratie 48
      2.4.2 Ein quasi-präsidentielles Regierungssystem: Die
            Schweizer Konsensdemokratie 51
      2.4.3 Großbritannien: Musterfall der parlamentarischen
            Mehrheitsdemokratie 53
      2.4.4 Frankreich: Semi-präsidentielles Regierungssystem
            und Mehrheitsdemokratie 55
      2.4.5 Österreich und die Niederlande:
            Konsensdemokratie 59
      2.4.6 Dänemark und Schweden: Konsensdemokratie
            auch bei Minderheitsregierung 62

2.5 Fazit 65

3 Der Bundesstaat: eine Kamouflage für den Einheitsstaat? 67
3.1 Historische deutsche Bundesstaaten 68
3.1.1 Der wilhelminische Bundesstaat 68
3.1.2 Der Weimarer Bundesstaat 69
3.2 Der Bundesstaat in der Bundesrepublik 74
3.2.1 Aufgaben- und Finanzverflechtung 74
3.2.2 Verknüpfung der Länder und des Bundes mit den Kommunen und der Europäischen Union 83
3.2.3 Die Länderstruktur 91
3.2.4 Die Kommunalstruktur 92
3.3 Der Bundesrat als „zweite Kammer" 93
3.4 Parlamentarismus im deutschen Bundesstaat: Die kleine und die große Regierungsmehrheit 99
3.5 Die Dritte Ebene 101
3.6 Vergleich: Der deutsche Bundesstaat ist ein Unikum 101
3.6.1 Bund und Staaten in den USA 102
3.6.2 Bund und Kantone in der Schweiz 105
3.6.3 Bund und Länder in Österreich 106
3.6.4 Regionalisierte Einheitsstaaten 108
3.7 Fazit 109

4 Das Wahlsystem: Eine Erfolgsgeschichte 110
4.1 Die historischen Wahlsysteme 110
4.1.1 Wilhelminisches Reich 110
4.1.2 Weimarer Republik 111
4.2 Das Wahlsystem der Bundesrepublik 111
4.3 Vergleich: Das gleiche Wahlsystem erzielt nicht überall die gleiche Wirkung 116
4.3.1 Mehrheitswahlsystem in den USA 118
4.3.2 Mehrheitswahlsystem in Großbritannien 119
4.3.3 Das Mehrheitswahlsystem in Frankreich 119

5 Die Medien: Schnittmenge zwischen Politik und Kommerz 120
5.1 Die Macht des Bildermediums 120
5.2 Die Medientauglichkeit als Wettbewerbs- und Karrierevorteil 122
5.3 Die Medien und die Rückbindung der Politik an die Bürger 125

Inhalt

6 Der Parteienstaat, die politische Klasse und der Parlamentarismus 130
   6.1 Die Parteien 130
   6.2 Die Parteien und der Staat 136
   6.3 Die Parteikarriere als Grundlage der beruflichen Politik 138
   6.4 Die Parteien – ein Kartell? 141
   6.5 Die Fraktionen und die Ministerpräsidenten 142
   6.6 Vergleich: In den meisten Demokratien bestimmen die parlamentarischen Parteistrukturen den politischen Kurs 149
      6.6.1 USA 149
      6.6.2 Schweiz 152
      6.6.3 Großbritannien 152
      6.6.4 Frankreich 153
      6.6.5 Österreich und Niederlande 154
      6.6.6 Dänemark und Schweden 155
      6.6.7 Protestparteien 156
   6.7 Fazit 156

7 Die Schlüsselinstitutionen des Regierungsbetriebs: Die Regierungschefs, die Ministerien und die Parlamente 157
   7.1 Die Ressortstruktur 157
   7.2 Die Regierungschefs 163
      7.2.1 Der Bundeskanzler 163
      7.2.2 Die Regierungen der Länder 167
   7.3 Der Bundestag und die Gesetzgebung 168
   7.4 Die Gesetzgebung und die organisierten Interessen 173
   7.5 Die Landtage 175
   7.6 Vergleich: Das Kerngeschäft des Regierens kreist um die Ministerialbürokratie 176
      7.6.1 USA 176
      7.6.2 Schweiz 178
      7.6.3 Großbritannien 179
      7.6.4 Frankreich 182
      7.6.5 Österreich und Niederlande 183
      7.6.6 Dänemark und Schweden 185
   7.7 Fazit 186

8 Die Grundlagen politischer Handlungsfähigkeit: Regieren in Koalitionen 188
   8.1 Die Koalition als Generalmerkmal der deutschen Politik 188
   8.2 Das koalitionsgerechte Handeln 196

8.3	Typische Reibungen im Alltag der Koalitionsregierung		198
8.4	Der Koalitionsausschuss		204
8.5	Vergleich: In den meisten Demokratien fußt das Regieren auf dauerhaften Parteienbündnissen oder wechselnden Gesetzgebungsbündnissen		205
	8.5.1	USA	206
	8.5.2	Großbritannien	207
	8.5.3	Frankreich	208
	8.5.4	Weitere europäische Beispiele	209
8.6	Fazit		210

9 Die Grenzen der Mehrheitsentscheidung: Das Verfassungsgericht, der Verfassungsstaat und der Sozialstaat ... 211
   9.1 Die Konstitutionalisierung der Alltagspolitik ... 211
   9.2 Das Verfassungsgericht im Dilemma zwischen Verfassung und politischer Opportunität ... 214
   9.3 Das Verfassungsgericht als Ersatzgesetzgeber ... 219
   9.4 Die Rekrutierung der Verfassungsrichter: Politikum und rechtswissenschaftliches Adelsprädikat ... 220
   9.5 Vergleich: Außerhalb Deutschlands und der USA haben Verfassungsgerichte eine geringere Bedeutung ... 222
      9.5.1 USA ... 222
      9.5.2 Europäische Beispiele ... 225
   9.6 Fazit ... 226

10 Die Vermachtung von Politikbereichen in Deutschland: Der Arbeitsmarkt und die Gesundheitspolitik ... 227
   10.1 Eckpunkte der Policy-Analyse ... 227
   10.2 Flächentarifvertrag und Arbeitsmarkt ... 228
      10.2.1 Das Problem des Flächentarifs im Zeichen internationalen Arbeitskostendrucks ... 229
      10.2.2 Die tarifpolitischen Akteure ... 230
      10.2.3 Die Gewerkschaftsstruktur ... 235
      10.2.4 Die sozialpolitische Flanke des Flächentarifs ... 237
      10.2.5 Die Situation in anderen Industrieländern ... 240
      10.2.6 Fazit ... 244
   10.3 Die schwierige Reform der Krankenversicherung ... 245
      10.3.1 Der Weg zur Gesetzlichen Krankenversicherung ... 245
      10.3.2 Das Krankenversicherungsnetzwerk: Sozialpolitiker und organisierte Interessen ... 247

		10.3.3	Struktur und Probleme der Gesetzlichen Krankenversicherung 249

          10.3.3 Struktur und Probleme der Gesetzlichen
                   Krankenversicherung 249
          10.3.4 Krankenversicherungssysteme im Ausland 254
          10.3.5 Fazit 257

11 Verknüpfungen mit dem politischen System der Europäischen Union 259
   11.1 Das europäische Regierungssystem 259
          11.1.1 Die Struktur der Europäischen Union 259
          11.1.2 Der Rat der Union und der Europäische Rat 264
          11.1.3 Die Europäische Kommission 272
          11.1.4 Das Europäische Parlament 277
          11.1.5 Die europäische Justiz 286
   11.2 Schnittstellen der europäischen und der deutschen Politik 290
          11.2.1 Die Bundesregierung 290
          11.2.2 Die Koordinierung der europäischen Politik und
                   die Ständige Vertretung in Brüssel 291
          11.2.3 Der Bundestag 293
          11.2.4 Der Bundesrat und die Landesregierungen 295
          11.2.5 Die Rechtsprechung 298
          11.2.6 Die politischen Systeme der Bundesrepublik und
                   der Europäischen Union: Fremde Welten 302
   11.3 Vergleich: Schnittstellen der EU mit anderen Ländern 303
          11.3.1 Großbritannien 303
          11.3.2 Frankreich 304
          11.3.3 Österreich und Niederlande 304
          11.3.4 Dänemark und Schweden 305
   11.4 Fazit 306

12 Deutschland: Ein schwieriges politisches System? 307

Literatur 311

Verzeichnis der Abkürzungen 329

Verzeichnis der Schaubilder 331

Verzeichnis der Tabellen 332

Einleitung

Das politische System der Bundesrepublik Deutschland ist von der komplizierteren Art. Mit guten Gründen zerlegen die politikwissenschaftlichen Einführungs- und Übersichtswerke das komplexe Gesamtgefüge mit einigen Schnitten in unterscheidbare Strukturen. Diese werden dann im Einzelnen als Verbände, Parteien, politische Kultur, Regierung, Parlament, Bundesstaat, Verwaltung und Politikfelder abgearbeitet. Auf diese Weise erschließt sich die Anatomie des politischen Systems.

Starke Formulierungen wie die Richtlinienkompetenz des Bundeskanzlers und die kollektive Regierungsverantwortung verlieren ihren Glanz im Alltag der Koalitionsregierung. Regierungskoalitionen sind im Bund der Regelfall. Auch in den Ländern treten sie häufiger auf als Regierungen, die bloß von einer einzigen Partei getragen werden. Koalitionskompromisse sind das tägliche Brot der Regierungspolitik. Die Koalitionspolitik verweist unmittelbar auf die politischen Parteien und auf die Medien. Es gibt auch Institutionen wie den Bundesrat, die weit mächtiger sind, als nach den Buchstaben des Grundgesetzes zu vermuten wäre.

Parlamentarismus, Bundesstaat, Koalitionsregierung und Verfassungsgericht sind keine deutschen Unikate. Das parlamentarische System charakterisiert die Politik in allen europäischen Demokratien. In der Verbindung mit der Spielart des deutschen Bundesstaates produziert es nur eben einzigartige Problem- und Konfliktlagen. Der Kanzler mag im deutschen Regierungsbetrieb als eine starke Figur erscheinen. Der Blick auf Großbritannien zeigt, dass er Grund hätte, seinen Premierministerkollegen an der Themse zu beneiden.

Wenn das Verfassungsgericht in Deutschland wegen seiner angeblichen politischen Einmischung immer wieder heftig kritisiert wird, während dies bei der Verfassungsgerichtsbarkeit anderer Länder deutlich seltener geschieht, liegen die Gründe in der starken Stellung, die ihm das Grundgesetz ermöglicht hat. Das Grundgesetz aber verweist auf die Vorgeschichte der Bundesrepublik Deutschland, insbesondere auf die Erfahrungen der Weimarer Republik und ihres Scheiterns. Auch der deutsche Bundesstaat mit seinen zahlreichen Besonderheiten lässt sich nur im historischen Rückblick erklären. Aus diesem Grund wird im Folgenden immer wieder in die jüngere deutsche Geschichte zurückgeblendet.

Dieses Buch versteht sich als problemorientierte Einführung in das politische System der Bundesrepublik. Es bringt typologische Erörterungen und systemvergleichende Gesichtspunkte ein, um zu verdeutlichen, wo es sich bei den politischen Strukturen Deutschlands um historisch gewachsene Besonderheiten und wo es sich um eine Variation grundlegender Gemeinsamkeiten mit anderen Demokratien handelt. Die deutsche Spielart des Bundesstaates sucht ihresgleichen. In der Praxis der Koalitionsregierung und im Verhältnis von Parlament und Regierung lassen sich demgegenüber Gemeinsamkeiten mit den parlamentarischen Systemen der Nachbarländer erkennen.

Das Buch präsentiert in komprimierter Form Basisfakten des politischen Systems. Sein vorrangiges Anliegen ist das Verstehen der Zusammenhänge, in denen die deutsche Politik stattfindet. Diese Zusammenhänge erschließen sich am besten mit ergänzenden Seitenblicken auf andere politische Systeme. Die Bundesrepublik ist in der Europäischen Union dicht mit den übrigen Mitgliedstaaten vernetzt. Deshalb erscheint es nützlich, die dort vorhandenen Strukturen kurz zu charakterisieren. Die hier getroffene Auswahl bezieht mit Frankreich und Großbritannien zwei große Partnerländer in der Europäischen Union sowie mit den Niederlanden, Österreich, der Schweiz, Dänemark und Schweden Länder in der Nachbarschaft der Bundesrepublik ein. Auch die USA mit ihrer so ganz anders strukturierten Demokratie sollen berücksichtigt werden. Die vergleichenden Blicke auf andere Länder am Ende jedes Kapitels haben kursorischen Zuschnitt.

Dieses Buch beschränkt sich auf ein Minimum an theoretischen Erörterungen. Es kommt mit den Typologien des parlamentarischen und des präsidentiellen Regierungssystems sowie der Mehrheits- und der Konsensdemokratie aus.

Die Einbettung der Bundesrepublik in die Europäische Union gehört inzwischen zum Standard in der einschlägigen Einführungsliteratur. Bevor dieses Buch die Schnittstellen der deutschen und europäischen Politik ins Auge fasst, wird kurz das europäische Regierungssystem umrissen. Der Abriss des europäischen politischen Systems fällt ausführlicher aus als die Länderskizzen am Ende jedes Kapitels. Der Grund: Die Europäische Union lässt sich schlecht als Variante des in Europa vorherrschenden Parlamentarismus darstellen. Sie ist ein politisches System besonderer Art. Die Kenntnis des politischen Systems der Bundesrepublik erleichtert es, sich einen Zugang zu den politischen Systemen der Nachbarstaaten zu verschaffen. Für die Europäische Union gilt dies nicht. Deshalb bedarf es umfassenderer Vorerörterungen, um die Strukturen zu schildern, in denen die europäische und die deutsche Politik ineinander greifen.

Auf das Zitieren fremdsprachiger Fachliteratur wird in den Kapiteln, die den Blick auf andere Länder werfen, verzichtet. Das vorzugsweise Zitieren aus deutschsprachigen Referenzwerken verfolgt zweierlei Zwecke. Zum einen wird Interessierten vor Augen geführt, was es dazu an deutschsprachiger Einführungsliteratur gibt. Zum anderen, und dies ist der gewichtigere Grund, sind diese Bücher mit großer Wahrscheinlichkeit im Präsenzbestand der Hochschulbibliotheken bevorratet und sie weisen Interessierten, die sich umfassender informieren wollen, darüber hinaus den Weg zu weiterführender Literatur.

Verschiedentlich werden Auszüge aus dem Grundgesetz, aus Gesetzestexten und aus Verfassungsgerichtsentscheidungen in den Text eingeschoben. Textpassagen aus der wissenschaftlichen Literatur ergänzen die Ausführungen mit pointierten Feststellungen und Illustrationen. Diese Zitatstellen sind als Leseproben zu verstehen. Sie sollen die Leserin und den Leser ermuntern, die zitierten Werke selbst zur Hand zu nehmen.

1 Eckpunkte der Demokratieanalyse: Regierungssystem, Mehrheitsentscheidung, Konsenshandeln

1.1 Parlamentarisches und präsidentielles Regierungssystem

Im Mittelpunkt dieses Buches stehen die Institutionen des politischen Systems. Sie bilden gemeinsam das Regierungssystem. Die Basis des Regierungssystems sind die Beziehungen zwischen Parlament und Regierung. Deutschlands Regierungssystem ist parlamentarisch. Der britische Parlamentarismus-Klassiker Walter Bagehot legte bereits 1867 dar, die wichtigste Funktion des Parlaments im parlamentarischen System bestehe darin, die Regierung zu wählen. Erst nach weiteren Funktionen wie der Vorbildhaftigkeit für die politische Debatte und der Öffentlichkeitsfunktion des Parlaments nannte er die Gesetzgebung. Das Besondere des parlamentarischen Regierungssystems ist die Ausübung der Regierungsfunktion durch das Kabinett. Dieses handelt stellvertretend für das Parlament, d.h. wie ein Regierungsausschuss der Volksvertretung (Bagehot 1971 (Erstaufl. 1867)). Die vom Parlament hergeleitete Autorität der Regierung kommt darin zum Ausdruck, dass die Regierung des parlamentarischen Vertrauens bedarf.

Dieser Befund gilt auch 150 Jahre später noch. Der Parlamentarismus fußt heute allerdings auf modernen Parteien, die Bagehot noch gar nicht kannte. Durch die Parteienwahl bestimmt der Wähler die Zusammensetzung des Parlaments, und das Parlament wiederum entscheidet darüber, ob die Regierung zurücktreten muss oder im Amt bleibt. Eine förmliche Regierungswahl, wie wir sie in Deutschland kennen, gibt es den meisten parlamentarisch regierten Ländern nicht. Dort wird die Regierung aus den Reihen der Mehrheitspartei oder der koalitionswilligen Parteien berufen. In der Sache ist dieser Unterschied zu vernachlässigen. Kein Staatsoberhaupt wird sehenden Auges einen Parteiführer mit der Regierungsbildung beauftragen, der im Parlament keine Mehrheit hat.

Das präsidentielle Regierungssystem kennt diese charakteristische Abhängigkeit der Regierung von einer Parlamentsmehrheit nicht. Bis heute verkörpern die USA geradezu modellhaft die Eigenschaften dieses Regierungssystemtyps. Die Politikwissenschaft hat sich auf die Bezeichnungen des *parlamentarischen* und des *präsidentiellen Regierungssystems* geeinigt, um diesen Unterschied auf den Begriff zu bringen.

„Die Begriffe parlamentarisches und präsidentielles Regierungssystem kennzeichnen zwei Grundformen des Parlamentarismus der westlichen Demokratien. Unter Parlamentarismus in diesem allgemeinen Sinne wird ein Repräsentativsystem verstanden, in dessen politischem Entscheidungsprozess das Parlament eine signifikante, d.h. für die Gesetzgebung, Haushaltsentscheidung und Kontrolle der Regierung wesentliche Rolle spielt. (...) Während der allgemeine Parlamentarismusbegriff als Sammelbezeichnung für alle Erscheinungsformen parlamentarischer und präsidentieller Regierungssysteme verwandt wird, werden mit der Bezeichnung Parlamentarismus im engeren Sinne lediglich parlamentarische Systeme gemeint. Im präsidentiellen System stehen sich Regierung und Parlament in relativer Unabhängigkeit gegenüber, die Amtsdauer der Regierung (Präsident) ist in der Verfassung verbindlich festgestellt, und die Parlamentsmehrheit kann die Regierung aus politischen Gründen nicht abberufen. In einem parlamentarischen System ist die Regierung demgegenüber in ihrer Amtsdauer und Amtsführung grundsätzlich vom Vertrauen der Parlamentsmehrheit abhängig, die über das Recht der Abberufbarkeit verfügt und deren Fraktionen durch Fraktions- und Koalitionsdisziplin für die Stabilität der Regierung Sorge zu tragen haben (Winfried Steffani: Parlamentarisches und präsidentielles Regierungssystem, in: Dieter Nohlen (Hrsg.), Lexikon der Politik, Bd. 3: Die westlichen Länder, hrsg. von Manfred G. Schmidt, München 1992, S. 288.)."

Die Politikwissenschaft stimmt bei der Typisierung demokratischer Regierungssysteme darin überein, dass

- die *Abhängigkeit der Regierung von der Parlamentsmehrheit* das erste und wichtigste konstitutive Merkmal des Parlamentarismus darstellt (von Beyme 1999b: 38ff.). Noch enger wird diese Abhängigkeit sogar als die Abberufbarkeit der Regierung durch das Parlament verstanden (Steffani 1979: 11ff.). Nach dieser Definition dürfte der Begriff des Parlaments für das präsidentielle Regierungssystem überhaupt nicht verwendet werden. Im Sprachgebrauch hat sich für jegliche Art der Volksvertretung in der Demokratie die Bezeichnung Parlament eingebürgert. Steht aber die Regierung nicht zur Disposition des Parlaments, so bleibt typologisch betrachtet „nur" eine – unter Umständen allerdings sehr mächtige – Legislative. In den Verfassungs- und Rechtsdokumenten der USA, die in idealtypischer Weise das präsidentielle Regierungssystem verkörpern, ist denn auch neben der Eigenbezeichnung des „Congress of the United States" bezeichnenderweise vom „legislative branch of government" und nicht vom Parlament die Rede.
- Als weiteres grundlegendes Kriterium des parlamentarischen Regierungssystems gilt das *Vorhandensein einer „doppelten Exekutive*, bestehend aus der parlamentarisch verantwortlichen Regierung und dem Staatsoberhaupt; Letzteres hat allein repräsentative und zeremonielle Aufgaben. Das präsidentielle Regierungssystem kennt diese doppelte Exekutive nicht. In der

1 Eckpunkte der Demokratieanalyse

Begrifflichkeit Steffanis (siehe oben) stellt der Präsident eine *geschlossene Exekutive* dar; er ist Staatsrepräsentant und Regierungschef in einer Person.

Neben diesen beiden grundlegenden Merkmalen des Regierungssystems gibt es noch eine Reihe zusätzlicher Merkmale wie

- den *Vorrang des Präsidenten oder des Kanzlers bzw. des Premierministers* in der doppelten Exekutive. Handelt es sich um den Vorrang des Präsidenten, hat es sich eingebürgert, von einem semi-präsidentiellen Regierungssystem zu sprechen (dazu unten im Anschluss an diese Aufzählung).
- das *Recht des Regierungschefs zur Parlamentsauflösung*, das im parlamentarischen System zumeist vorhanden, aber keine Bedingung für dieses System ist. Das präsidentielle System sieht demgegenüber kein Erlöschen des parlamentarischen Mandats vor Ablauf der Legislaturperiode vor. Ein letztes Unterscheidungsmerkmal ist
- die *Vereinbarkeit von Parlamentsmandat und Regierungsamt*. Im parlamentarischen System ist sie der Regelfall; es gibt aber auch parlamentarische Systeme, die sie nicht erlauben. Amt und Mandat sind in der Konsequenz der Gewaltentrennungsidee im präsidentiellen Regierungssystem unvereinbar (Inkompatibilität).

Diese drei letzten Kriterien ergänzen lediglich die beiden Hauptmerkmale, in denen sich das parlamentarische und das semi-präsidentielle System unterscheiden.

Als weiterer Regierungssystemtyp ist schließlich noch das *semi-präsidentielle Regierungssystem* aufzuführen. Der Begriff wurde vom französischen Politikwissenschaftler Maurice Duverger geprägt (1986). Auch für dieses Modell gibt es im Regierungssystem der V. französischen Republik ein konkretes Vorbild. Der Präsident, Namensgeber auch dieses Regierungssystemtyps, wird vom Volk gewählt. Er ist aber kein konstitutioneller Widerpart des Parlaments, also kein Ausdruck strikter Gewaltentrennung: Dieselben Parteien, die einen Kandidaten für das Präsidentenamt unterstützen, stehen auch im Wettbewerb um die Parlamentsmehrheit. Die beiden Verfassungsinstrumente, die den semi-präsidentiellen Präsidenten vom Staatsoberhaupt in den parlamentarischen Systemen unterscheiden, sind die Befugnisse zur Entlassung der Regierung und zur Auflösung des Parlaments (Bahro/Veser 1995).

In seiner Grundstruktur ist auch dieses semi-präsidentielle Regierungssystem insofern parlamentarisch, als die vom Präsidenten ernannte Regierung ihren Regierungsauftrag verliert, sobald das Parlament ihr das Vertrauen entzieht (Steffani 1995). Akzeptiert die Parlamentsmehrheit den Präsidenten als ihren politischen Führer, avanciert dieser zwar nicht förmlich, aber materiell zum eigentlichen Regierungschef. Verliert die Partei des Präsidenten im Parlament die Mehrheit, tritt der Präsident als Teilhaber an der Regierungsfunktion in den Schatten des parlamentarisch legitimierten Regierungschefs.

Im semi-präsidentiellen System verschieben sich die politischen Gewichte in einer Pendelbewegung. Der Präsident ist eine starke, ja beherrschende Figur, wenn er die Regierungspartei im Rücken hat. Ist dies nicht der Fall, wechselt der Präsident in das Format eines Staatsoberhaupts, das nicht mehr regiert, sondern lediglich repräsentiert.

Die Untervarianten des semi-präsidentiellen Regierungssystems, das präsidentiell-parlamentarische und das parlamentarisch-präsidentielle System, werden an dieser Stelle nicht erörtert. In der Länderauswahl dieses Buches kommen sie nicht vor (Einzelheiten bei Hartmann/Kempf 2011: 10ff., Shugart/Carry 1992).

Bagehots großes Thema war die britische Realverfassung des späteren 19. Jahrhunderts. Seine zentrale Erkenntnis, zu der die Parlamentarismustheorie später nicht mehr viel hat beitragen können, war die oben thematisierte Verbindung von Parlamentsmehrheit und Regierung. Modern ausgedrückt, sah Bagehot beide als eine Einheit. Diesen Handlungsverbund hat Winfried Steffani einmal kurz und bündig als Regierungsmehrheit bezeichnet. Die Regierungsmehrheit hält die Regierung im Amt. Ihre Gegenspielerin ist die parlamentarische Opposition.

> „Eine Regierungsmehrheit kann es nur in parlamentarischen Regierungssystemen geben. Wird darunter doch jene Einheit von verantwortlichem Regierungspersonal und stimmberechtigter Parlamentsmehrheit verstanden, die ihre Existenz der politischen Vertrauensabhängigkeit vom Parlament verdankt. In einem parlamentarischen System ist eine Regierung nicht nur in ihrer Handlungsfähigkeit, (...) sondern vor allem in ihrer Amtsdauer, in ihrer existentiellen Befindlichkeit auf die politische Haltung der stimmberechtigten Parlamentarier angewiesen. Sämtliche Abgeordneten, die eine Regierung im Amt halten, gehören funktional zur Regierungsmehrheit. (...)
> Daß die Parlamentsmehrheit und das Regierungspersonal eine politisch verantwortliche Einheit bilden, die als solche auch öffentlich zur Rechenschaft gezogen werden muß, ist auch die maßgebliche Sichtweise seitens der Opposition. Nach deren Verständnis bildet die Regierungsmehrheit das Machtzentrum. (...) Die Regierungsmehrheit aufzubrechen, sie abzulösen oder zumindest auf sie Einfluss auszuüben, wird das Bestreben jeder parlamentarischen Opposition sein.
> Die zentrale Stellung und Machtposition einer Regierungsmehrheit läßt sich an einem Bild veranschaulichen: Sie läßt sich mit einem Gravitationszentrum eines Spannungsfeldes vergleichen, dessen Kraftströme von diesem Zentrum her ihre Impulse und die Setzung von Verbindlichkeit erfahren. Opposition bildet dabei jene Gegenkraft, die als potenzieller Regierungsträger ganz oder teilweise (z.B. im Rahmen einer neuen Koalition) (...) in dieses Kraftzentrum eindringen will, um es be-

1 Eckpunkte der Demokratieanalyse 19

stimmen, um es wenigstens mitbestimmen zu können (Winfried Steffani: Gewaltenteilung und Pluralismus im Wandel, Opladen und Wiesbaden 1997, S. 134f.)."

Die Opposition muss als „Regierung im Wartestand" auf ihre Chance bei der nächsten Wahl hoffen. Regierungsmehrheit und Opposition sind in Parteien eingebunden, und diese Parteien organisieren Wahlkämpfe, sie rekrutieren Führungspersonal und sie halten den Gesetzgebungsprozess in Schwung. Das präsidentielle Regierungssystem kennt weder dieses Phänomen der Regierungsmehrheit noch dasjenige der parlamentarischen Opposition.

Aus dem Gegenüber von Regierungsmehrheit und Opposition resultieren weitere, für das parlamentarische System charakteristische Eigenschaften wie die Organisation des parlamentarischen Betriebs durch die Parteien, die Regierungsbildung durch eine oder mehrere Parteien und die parlamentarische Abstimmungsdisziplin, insbesondere das geschlossene Votum der Regierungsmehrheit.

1.2 Mehrheits- und Konsensdemokratie

Die Dynamik des parlamentarischen Regierungssystems in Deutschland ist *der eine Leitfaden*, dem dieses Buch folgt. *Der andere Leitfaden* ist die typologische Unterscheidung zwischen der Mehrheits- und der Konsensdemokratie. Sie geht auf den niederländisch-amerikanischen Politikwissenschaftler Arend Lijphart zurück. Mit den Idealtypen der Mehrheits- und der Konsensdemokratie lassen sich die Problemlagen des deutschen politischen Systems noch besser erfassen als allein mit dem parlamentarischen Charakter des Regierungssystems. Lijpharts Unterscheidung von „majoritarian and consensus government" verträgt sich gut mit der typologischen Unterscheidung zwischen dem parlamentarischen und dem präsidentiellen Regierungssystem. Die Mehrheitsdemokratie zeichnet sich durch Merkmale aus, die ein Regieren nach dem Prinzip des „the winner takes all" begünstigen, wie es in Großbritannien gebräuchlich ist: Die Mehrheit schöpft ihre Überlegenheit voll aus, um ihre politischen Vorsätze in Gesetzesform zu gießen. In der Konsensdemokratie ist der rigorose Gebrauch der parlamentarischen Mehrheit entweder nicht möglich, weil er durch die Institutionen gehemmt wird, oder er ist aus Gründen nicht gewollt, die ihre Ursachen in der Geschichte, in Erfahrung und in Gewohnheiten haben (dazu und im Folgenden: Lijphart 1984, ähnlich Lijphart 1999).

Wenden wir uns nun den Merkmalen beider Demokratietypen zu:

- An erster Stelle steht der oben erörterte Unterschied zwischen der *parlamentsabhängigen* und der *parlamentsunabhängigen Regierung*. Weil Regierung und Parlamentsmehrheit im parlamentarischen System als Einheit agieren, ist die Mehrheitsbeschaffung dort eine geringere Herausforderung als im präsidentiellen System. Dort können sich Regierung und Parlament wechselseitig blockieren. Parlamentarische Mehrheiten kommen dort meist ad hoc und nach schwierigen Verhandlungen zustande. Sie zerfallen wieder, wenn es um andere Themen geht. Der Bestand der Regierung ist durch parlamentarische Niederlagen nicht gefährdet.

- Ein weiterer bedeutender Unterschied besteht zwischen dem *Zweiparteiensystem* und dem *Mehrparteiensystem*. Maßgeblich für die Zählweise ist die Anzahl der im Parlament vertretenen Parteien, die untereinander bündnisfähig sind. Die typische Art der Regierung in der Konsensdemokratie ist eine Koalitionsregierung. Im Zweiparteiensystem operieren überhaupt nur zwei aussichtsreiche Parteien; die Mehrheitspartei bildet die Regierung.
- Die Art des Parteiensystems gibt bereits Aufschluss über die *Konzentration* oder die *Streuung der Entscheidungsmacht in der Regierung*. Erstere entspricht dem Typus der Einparteiregierung, Letztere dem der Koalitionsregierung. Koalitionsregierungen funktionieren, solange tagtäglich der Kompromiss zwischen den Regierungspartnern gelingt. Koalitionen aus einer Senior- und einer Juniorpartei (Links-links, Mitte-links, Mitte-rechts, Rechts-rechts) erlauben eine gedämpft majoritäre Politik; das politische Gegenlager steht in der Opposition. Große Koalitionen (Links-rechts) oder Allparteienkoalitionen reduzieren den Part der Opposition auf eine Nebenrolle.
- Das *Wahlsystem* gibt zwar nicht den Ausschlag für die Art des Parteiensystems. Es begünstigt aber die eine oder andere Variante. Mehrheitswahlsysteme begünstigen die Mehrheitsdemokratie; Stimmen für die Kandidaten kleinerer Parteien fallen unter den Tisch. Das Verhältniswahlsystem begünstigt die Konsensdemokratie, weil es auch kleinere Parteien im Parlament repräsentiert.
- Das *Vorhandensein eines Ein- oder eines Zweikammerparlaments* ist ein weiteres Indiz für den Demokratietypus. Maßgeblich ist hier weniger die bloße Existenz einer Zweiten Kammer als vielmehr deren reales Gewicht. Führt im Gesetzgebungsprozess an der Zustimmung der Zweiten Kammer kein Weg vorbei, begünstigt auch diese Tatsache die Konsensdemokratie.
- Die Staatsorganisation, ob *Einheits-* oder *Bundesstaat*, begünstigt den einen oder den anderen Demokratietypus. Bundesstaaten sind konsensbedürftiger als Einheitsstaaten. Dafür gibt es unterschiedliche Gründe. Die Bundesebene braucht unter Umständen die Kooperation der Gliedstaaten, um ihre politische Ziele zu verwirklichen. Wenn in den Gliedstaaten andere Parteien regieren als im Bund, bestimmen Konflikte, Verhandlungen, Kompromisse

1 Eckpunkte der Demokratieanalyse 21

und langwierige Entscheidungsprozesse das Verhältnis zwischen den staatlichen Ebenen.

- Weist das politische System ein *Verfassungsgericht* auf, also ein Gericht mit dem charakteristischen Recht, Gesetzesbeschlüsse zu annullieren und die Politik damit zu Korrekturen zu zwingen, begünstigt auch diese Institution in der Tendenz die Konsensdemokratie. Seine Existenz gibt einen Anreiz, Entscheidungen in der politischen Arena von vornherein so zu treffen, dass es kein Interesse an einer Klage gibt. Macht die Mehrheit indes rigoros von ihrer Überlegenheit Gebrauch, ermuntert sie ihre Gegner zum Versuch, die parlamentarische Entscheidung beim Verfassungsgericht anzufechten.

Ob Mehrheits- oder Konsensdemokratie – es handelt sich hier um Modelle, um einen Interpretationsrahmen. Ein konkretes politisches System dem einen oder dem anderen Typus zuzuordnen ist eine Sache des vernünftigen Urteils. Moderate Konsenszwänge lassen sich ohne Weiteres mit dem vorherrschenden Muster der Mehrheitsdemokratie vereinbaren. Für das Nebeneinander mehrheits- und konsensdemokratischer Strukturen bietet gerade das politische System der Bundesrepublik Deutschland ein gutes Beispiel.

Die nachstehenden Schaubilder 1 und 2 führen formale Merkmale der Mehrheits- und der Konsensdemokratie auf. Die folgenden Kapitel kommen auf die dort gewählten Länderbeispiele zurück. Dabei wird hier und dort in aller Kürze auf die *politische Kultur* hinzuweisen sein.

„Politische Kultur ist Ausdruck geschichtlicher Traditionen, Ideologien und Mentalitäten. (...) (Die) Individuen kommen und gehen; Rollen, Institutionen, Organisationen und Ideologien bleiben bestehen. (...) Daher sind wichtige historische Determinanten politischer Kultur in den fundamentalen politischen Konflikten zu sehen, die sich beim Auftauchen neuer sozialer und politischer Probleme ausgebildet haben; in der Festschreibung von Machtverhältnissen als in Institutionen ‚geronnene Politik' und damit in der von Land zu Land unterschiedlichen Grundausstattung zur Lösung von Konflikten (Christian Fenner: Politische Kultur, in: Manfred G. Schmidt (Hrsg.), Lexikon der Politik, hrsg. von Dieter Nohlen, Bd. 3. Die westlichen Länder, München 1992, S. 364f.)."

Eine ausführliche Erörterung der politischen Kultur würde den Rahmen dieser Einführung sprengen. Deshalb wird sie bei der Schilderung der Institutionen, der informellen politischen Praktiken und der Politikfelder mitreferiert.

Schaubild 1: Kriterien der Mehrheitsdemokratie an Beispielen

	BRD	USA	CH	GB	F	A	NL	DK	S
Parlamentsabhängigkeit der Regierung	■			■		■	■	■	■
Starke Führungsrolle des Regierungschefs	■			■	■				
Einparteiregierung				■					
Mehrheitswahlsystem		■		■	■				
Einheitsstaat				■	■		■	■	■
kein Verfassungsgericht			■	■			■	■	■

Schaubild 2: Kriterien der Konsensdemokratie an Beispielen

	BRD	USA	CH	GB	F	A	NL	DK	S
Parlament kann Regierung nicht abberufen		■	■						
Vetofähige Zweite Kammer	■	■	■						
Häufige Bildung von Minderheitsregierungen oder Großen Koalitionen	■		■				■	■	■
Verhältniswahlsystem	■		■			■	■	■	■
Bundesstaat	■	■	■			■			
Verfassungsgericht	■	■			■	■			

1 Eckpunkte der Demokratieanalyse 23

Betrachten wir vor dem geschilderten Hintergrund nun zunächst in aller Kürze die elementaren Merkmale des politischen System der Bundesrepublik:

- Mit dem Regelfall einer Koalitionsregierung im Bund, aber auch in den meisten Ländern, ferner mit den Zustimmungsrechten des Bundesrates und schließlich mit dem Prüfungsrecht des Bundesverfassungsgerichts fehlen grundlegende institutionelle Voraussetzungen für eine ausgeprägte Mehrheitsdemokratie.
- Kleine Koalitionen, also eine größere und eine kleinere Regierungspartei, beherbergen stets moderate Kompromisszwänge. Als Regierungsmehrheit verhalten sie sich zur parlamentarischen Opposition wie die Regierungspartei in einer Mehrheitsdemokratie. Erobern die Oppositionsparteien jedoch die Mehrheit im Bundesrat, sind sie in der Lage, die Regierung in vielen Fragen zu Kompromissen zu zwingen. Dadurch regieren diese Parteien materiell mit, ohne an der Regierung beteiligt zu sein – eine Art Große Koalition. Erst recht die Figur der parlamentarischen Großen Koalition, inzwischen eine normale Bündnisoption in der deutschen Politik, passt nicht ins Bild einer Mehrheitsdemokratie.

Diese Beobachtungen, die jeder und jedem politisch einigermaßen Informierten geläufig sind, zeigen bereits, dass das deutsche politische System einige Elemente der Konsensdemokratie aufweist.

Entsprechend fallen die Einschätzungen politikwissenschaftlicher Beobachter aus. Arend Lijphart charakterisiert das politische System Deutschlands schlichtweg als eine Kombination mehrheits- und konsensdemokratischer Strukturen (Lijphart 1984). Gerhard Lehmbruch, der bekannteste Analytiker des deutschen Regierungssystems, konstatiert, in der deutschen Politik stünden sich Elemente des politischen Wettbewerbs und Verhandlungszwänge im Wege (Lehmbruch 2000).

1.3 Vetospieler

Um politische Strukturen und das Handeln politischer Akteure zu erschließen, ist seit gut zehn Jahren das Bild des Vetospielers in Gebrauch. Auch die folgenden Ausführungen kommen darauf zurück. Zunächst eine Vorbemerkung, die erläutern mag, worin der Wert dieses Politikbildes liegt. Das Vetospielertheorem hat seinen Ursprung in der Policy-Forschung, die im Deutschen mit Politikfeldanalyse übersetzt wird. Worum es dabei geht, lässt sich mit der Policy-Typologie Theodore J. Lowis darstellen. Lowi unterscheidet Policies nach ihren Wirkungen.

Die beabsichtigten Effekte einer Policy und damit ihre Adressaten deuten auf die Teilnehmer, den Verlauf und die öffentliche Wahrnehmung der politischen Auseinandersetzung. Lowi formulierte den prägnanten Satz: Policy determines politics, politische Inhalte bestimmen den Verlauf der politischen Auseinandersetzung!

Lowi unterscheidet die umverteilende, die verteilende, die regulierende und die konstituente Politik (dazu genauer Kapitel 10). Jede Art von Politik, und hier nähern wir uns dem Kontext, in dem von Vetospielern die Rede ist, bildet eine Arena. Dieser Begriff stellt bewusst die Analogie mit einer Wettkampfarena her. Verschiedene Politikarten verlangen ebenso wie bestimmte Sportarten unterschiedliche Kampfbahnen, Plätze und Geräte, und sie interessieren jeweils ein spezielles Publikum (Lowi 1972).

Hier knüpft mit George Tsebelis der bekannteste Vertreter des *Vetospielertheorems* an. Sein Ausgangspunkt ist der gestaltungswillige politische Akteur, also etwa ein Parlament, eine Zweite Kammer, ein Minister, eine Regierung oder eine Regierungspartei. Dieser Akteur ist ein Agenda setter: Er will ein Gesetzgebungsprojekt auf den Weg bringen, um ein Problem zu lösen oder um eine veraltete und untauglich gewordene Politik zu beenden. Der Agenda setter bestimmt, worüber geredet und gestritten wird. Um die erforderliche Mehrheit zu bekommen, kalkuliert er die zu erwartenden Widerstände ein (Tsebelis 2002: 2 f.).

Aus der Warte des Agenda setters nimmt sich der politische Prozess wie ein Hindernislauf aus: Zwar ist allgemein bekannt, an welchen Stellen die Hindernisse platziert sind. Darüber informieren die Verfassung, die Geschäftsordnungen und die Organisationspläne der Ministerien. Aber je nach der Politik, die auf den Weg gebracht werden soll, nimmt sich die Arena anders aus.

Jede Institution, die mit ihrem Nein ein Vorhaben zum Scheitern bringen kann, stellt einen Vetospieler dar. Und jeder Vetospieler verlangt einen Preis, um dem Vorhaben zuzustimmen. In Deutschland sind besonders der Bundesrat und das Bundesverfassungsgericht mit Verhinderungsmacht ausgestattet. Doch Vetospieler sind nicht nur diese großen Institutionen. Der Partner im Regierungsbündnis, die Fachpolitiker in den Parlamentsausschüssen, die CSU in einer von der Union geführten Bundesregierung und allemal die Fraktionsvorsitzenden, ja selbst ein Staatssekretär, dessen Rat beim Minister etwas gilt, müssen ins Boot geholt werden. Es gibt auch individuelle Vetospieler, mächtige Fraktionsvorsitzende oder Meinungsmacher in der Regierungspartei, die – unter Umständen ganz ohne Amt und fachpolitische Ambition – kraft ihrer Persönlichkeit großen Einfluss besitzen, oder situative Vetospieler, die sich ad hoc in den politischen Prozess einschalten, wenn ihre Interessen betroffen sind und es Entscheidungen zu verhindern und mitzugestalten gilt (zur Analyse politischer Systeme mit dem Vetospielertheorem: Abromeit/Stoiber 2006).

1 Eckpunkte der Demokratieanalyse

Die Konstellation, in der ein Vorhaben verfolgt wird, bestimmt das Kalkül der Akteure. Sie zeigt, wie die Karten gemischt sind, wer für die angestrebte Änderung der Politik, wer dagegen ist, welche Gegner Verhinderungsmacht besitzen, wie die Chancen auf den Erfolg stehen und welcher politische Preis dafür zu zahlen ist.

Der Juniorpartner in der Koalition, widrige Bundesratsmehrheiten, die Sozialpolitiker, die Arbeitsgemeinschaft für Arbeitnehmer (AfA) in der SPD, die Standesvertretungen der Ärzte und Apotheker mit ihrer Nähe zu Union und Liberalen – sie alle machen der Regierung und selbst der parlamentarischen Opposition das Leben schwer, wenn sie ihre Klientelen mobilisieren, wenn sie die Abänderung aufwändig ausgetüftelter Regierungsvorlagen verlangen, wenn sie Berichtszeit in den TV-Nachrichten und die Schlagzeilen der Massenpresse erobern oder wenn sie gar eine Klage beim Bundesverfassungsgericht lancieren.

Die Politik ist ein großes Areal mit vielen Plätzen – heute Rentenpolitik, morgen Agrarpolitik, übermorgen Werfthilfen –, auf denen die verschiedensten Mannschaften spielen. Man kennt sich, man weiß, dass es eine Platzaufsicht – den Kanzler oder Ministerpräsidenten – gibt, die in den Spielverlauf eingreifen darf. Durch langjährige Erfahrung erkennen die Spieler, welche kleinen Signale Schwierigkeiten verheißen, wo ein Bemühen um Kompromisse auf unüberwindbaren Widerspruch stößt und wo Verhandlungen Teilerfolge versprechen. Man lernt, zwischen dem symbolischen Protest für eine wichtige Klientel und dem ernst gemeinten „bis hierher und nicht weiter" zu unterscheiden. Was ohnehin unmöglich ist, wird nicht weiter verfolgt, es sei denn, man schwenkt die Fahne für eine aussichtslose Sache, um eine wichtige Klientel bei der Stange zu halten. Oder es wird ein wenig Bohei für die Bedenkenträger und Gegner in den eigenen Reihen veranstaltet, um Sprachregelungen und Kompromisse vorzubereiten, mit denen auch die Vetospieler in der gegnerischen Mannschaft leben können. Lernen und Antizipieren sind die Seele des politischen Geschäfts, insbesondere dort, wo die Mehrheit an ihre Grenzen stößt. Das Ergebnis sind Daumenregeln und Erfahrungen, die in der Generationenfolge von alten Hasen an den Nachwuchs weitergegeben werden. Die neuere politikwissenschaftliche Theorie nennt diesen Wissens- und Erfahrungsbestand Institutionen (für Interessierte dazu: McConnell 2008; March/Olsen 1989). Auch in diesem Sinne handelt dieses Buch über die Institutionen als den Kern des politischen Systems.

2 Das parlamentarische System. Mehrheits- oder Konsensdemokratie?

2.1 Historische Vorläufer des deutschen Gegenwartsparlamentarismus

2.1.1 Das Deutsche Reich (1871-1918)

Das wilhelminische Reich (1871-1918) war eine konstitutionelle Monarchie. Der König von Preußen war in Personalunion Deutscher Kaiser und damit der Primus unter den deutschen Fürsten (Boldt 1990: 168ff.). Der Kaiser hatte das Privileg, den Reichskanzler einzusetzen und ihn zu entlassen. Ohne den Reichstag konnte der Reichskanzler dennoch nicht regieren. Der Gesetzgebungsprozess verlangte die Zustimmung des Reichstages. Das Reich war ein Rechtsstaat. Das Verwaltungshandeln bedurfte der gesetzlichen Grundlage. Auf die Bestellung und Zusammensetzung der Reichsregierung hatte der Reichstag keinerlei Einfluss. Die Leiter der wichtigsten Reichsbehörden, der so genannten Ämter, wurden vom Reichskanzler ernannt. Sie waren freilich bloß Beamte mit dem Titel eines Staatssekretärs. Die politische Verantwortung gegenüber dem Kaiser trug allein der Kanzler. Die bescheidenen innenpolitischen Kompetenzen des Reiches ressortierten im Kanzleramt, die Außenpolitik im Auswärtigen Amt, die Kolonialpolitik im Kolonialamt und die Flottenpolitik im Marineamt.

Dem Reichstag blieb allein das Instrument der Gesetzgebung, um seine Handschrift in der Politik des Reiches zu hinterlassen. Kaiser und Kanzler standen damit beide in einem Antagonismus zum Reichstag, ganz ähnlich wie der – allerdings gewählte – US-amerikanische Präsident im Verhältnis zum Kongress. Für beide – nur in diesem Punkt ähnlichen Systeme – galt allerdings, dass nur die Zusammenarbeit von Regierung und Legislative den politischen Stillstand zu verhindern vermochte (dazu und zum Folgenden Wehler 1975: 60ff.).

Verfassung des Deutschen Reiches von 1871 (Auszüge):
„*Artikel 5* Die Reichsgesetzgebung wird ausgeübt durch den Bundesrat und den Reichstag. Die Übereinstimmung der Mehrheitsbeschlüsse beider Versammlungen ist zu einem Reichsgesetze erforderlich und ausreichend. (...)
Artikel 6 Der Bundesrat besteht aus den Vertretern der Mitglieder des Bundes, unter welchen die Stimmführung sich in der Weise verteilt, dass (...)

Jedes Mitglied des Bundesrates kann so viele Bevollmächtigte zum Bundesrat ernennen, wie es Stimmen hat, doch kann die Gesamtheit der zuständigen Stimmen nur einheitlich abgegeben werden.
Artikel 11 Das Präsidium des Bundes steht dem Könige von Preußen zu, welcher den Namen Deutscher Kaiser führt. (...)
Artikel 12 Dem Kaiser steht es zu, den Bundesrat und den Reichsrat zu berufen, zu eröffnen, zu vertagen und zu schließen.
Artikel 15 Der Vorsitz im Bundesrate und die Leitung der Geschäfte steht dem Reichskanzler zu, welcher vom Kaiser zu ernennen ist. (...)
Artikel 16 Die erforderlichen Vorlagen werden nach Maßgabe der Beschlüsse des Bundesrates im Namen des Kaisers an den Reichstag gebracht, wo sie durch Mitglieder des Bundesrates vertreten werden.
Artikel 17 (...) Die Anordnungen und Verfügungen des Kaisers bedürfen zu ihrer Gültigkeit der Gegenzeichnung des Reichskanzlers, welcher dadurch die Verantwortung übernimmt."

Die Parteien verhielten sich wie die politischen Handlanger der polarisierten Klassen der wilhelminischen Gesellschaft. Die Sozialdemokraten waren von politischer Einflussnahme ausgeschlossen. Das Zentrum als Vertretung der katholischen Gläubigen stand ebenfalls im Abseits. Die Konservativen als Anhänger der protestantischen preußischen Monarchie misstrauten den katholischen Untertanen und ihrer Amtskirche. Die Sozialdemokraten hatten wiederum für den Klerikalismus beider Konfessionen nichts übrig. Umgekehrt lehnte das Zentrum das damals noch marxistische Weltbild der Sozialdemokratie ab. Die Nationalliberalen fanden Gehör als Sprecher für das gewerbliche Bürgertum und für die Industrie. Kulturpolitisch standen sie in Opposition zum Zentrum. Die Freisinnigen hingegen, die verfassungspolitischen Liberalen, standen in Opposition zum unparlamentarischen Regime des wilhelminischen Reiches. Ganz anders die Nationalliberalen: Ihr Klientel konnte gut darin leben und verdienen. Die Konservativen als Agentur der ostdeutschen Großgrundbesitzer waren durch den traditionellen Zugriff des preußischen Adels auf Führungspositionen im Militär und in der Verwaltung in den Staat eingebunden. Ihre wirtschaftlichen und gesellschaftlichen Interessen rieben sich an denen der übrigen Parteien.

Reichskanzler Otto von Bismarck nutzte diese Gegensätze zwischen den Parteien geschickt aus, um wechselnde Koalitionen für seine Politik zu bilden, bei Bedarf alte Verbündete fallen zu lassen und neue zu gewinnen. Der Kaiser, in Bismarcks langer Amtszeit Wilhelm I. (1871-1888), tat, was der Kanzler wollte. Allein die Sozialdemokraten blieben von Bismarcks Taktiererreien ausgeschlossen. Diese spielten den übrigen Parteien immerhin einen gewissen Einfluss zu. Bismarcks Nachfolger waren weit weniger geschickt im Umgang mit dem Reichstag. Ihre Ausgangssituation war aber auch schwieriger. Als Folgewirkung der rasanten Industrialisierung und des Wachstums der Arbeiterschaft erstarkte die SPD. Bismarcks Kanzlernachfolger hatten es zudem mit einem neuen Kaiser, Wilhelm II. (1888-1918), zu tun, der in die komplizierten Beziehungen zum Reichstag hineinregierte. Die subtilen Mehrheitsbildungszwänge des auf Bismarck zugeschnittenen Verfassungssystems beherrschten dessen Nachfolger mehr schlecht als recht.

Im Reichstag brachten es die Parteien zu großer Könnerschaft, dem Reichskanzler durch Verweigern und Verhandeln Kompromisse abzutrotzen. Dabei reifte einige Erfahrung in der Gesetzgebungspolitik. Aber die Abgeordneten des Reichstages, darunter überzeugte und virtuose Parlamentarier, hatten keine Möglichkeit, parlamentarismustypische Erfahrung in der Regierungsführung oder beim Zusammenhalt einer Regierungskoalition zu erwerben. Dieser Umstand gab beim Misslingen des Systemwechsels von der nicht-parlamentarischen Monarchie des wilhelminischen Reiches zur parlamentarischen Weimarer Republik den Ausschlag. In der Endphase des Ersten Weltkrieges, im Oktober 1918, wurde die Verfassung parlamentarisiert: Dieser Schritt war aus der nackten Not geboren, um die Skeptiker und Gegner einer verfahrenen Kriegspolitik ins Boot zu holen. Der Kaiser verpflichtete sich in einer Änderung der Reichsverfassung, den Reichskanzler künftig mit der Zustimmung des Reichstages zu ernennen (Rosenberg 1973a).

Dieser Schritt kam zu spät; der Krieg war verloren; die Gesellschaft war durch die Entbehrungen der Kriegsjahre zermürbt, Streiks und Hungerdemonstrationen häuften sich. Keine drei Wochen nach Unterzeichnung dieser Verfassungsänderung dankte der Kaiser ab.

2.1.2 Weimarer Republik (1919-1933)

Der Übergang zur Weimarer Demokratie (1919-1933) wurde hauptsächlich von jenen Parteien unterstützt, insbesondere den Sozialdemokraten und dem Zentrum, die von den unparlamentarischen Machtstrukturen des wilhelminischen Reiches ausgeschlossen waren. Diesen Verfassungsparteien gesellte sich in der Deutschen Demokratischen Partei (DDP) jenes Glied der großen liberalen Familie hinzu, das sich nicht als Handlanger des Kapitals und der Industrie verstand. Umgekehrt wanderten die zuvor einflussreichen und machtgewohnten Parteien, die Stützen des Wilhelminismus gewesen waren, in die Opposition. Das neue Verhältniswahlrecht dokumentierte, dass sie im Volk lediglich bescheidene Unterstützung hatten. Die Konservativen, jetzt als Deutschnationale Volkspartei (DNVP), lehnten die demokratische Republik ab, die Nachfolger der Nationalliberalen richteten sich als Deutsche Volkspartei (DVP) ohne innere Überzeugung darin ein (Neumann 1973).

2 Das parlamentarische System

Die Reichsämter avancierten in der Republik zu Ministerien; aus dem Bestand der früheren Universalbehörde des Kanzleramtes wurden Fachministerien gebildet. Die Minister waren jeder einzeln dem Reichstag für ihre Politik verantwortlich. Der Kanzler, in der wilhelminischen Verfassung noch ein parlamentarisch unerreichbarer Überminister, trat in die Rolle des Koordinators der Ministerien. Als eigene Behörde ging ihm dabei das Kanzleramt zur Hand. Für die Reichstagsmehrheit war es ein Leichtes, den Kanzler zu stürzen oder gar einzelne Minister abzuwählen: sie aus der Regierungsmannschaft „herauszuschießen." Das Problem dieser Verfassung war es, dass sie gleichsam im Verfassungslabor entstand, beraten von klugen Köpfen und anerkannten Rechtsexperten. Ihnen ging es um eine technisch perfekte Verfassungslösung mit einer Kombination von repräsentativer und direkter Demokratie, von Parlamentarismus und Präsidialsystem. Das grundlegende Problem dieser Verfassung war es, dass sie an dem Parteiensystem vorbeikonstruiert wurde, in dem sie sich zu bewähren hatte.

Weimarer Verfassung (Auszüge):
„Artikel 52 Die Reichsregierung besteht aus dem Reichskanzler und den Reichsministern.
Artikel 53 Der Reichskanzler und auf seinen Vorschlag die Reichsminister werden vom Reichspräsidenten ernannt und entlassen.
Artikel 54 Der Reichskanzler und die Reichsregierung bedürfen zu ihrer Amtsführung des Vertrauens des Reichstages. Jeder von ihnen muss zurücktreten, wenn ihm der Reichstag durch ausdrücklichen Beschluss das Vertrauen entzieht.
Artikel 55 Der Reichskanzler führt den Vorsitz in der Reichsregierung und leitet ihre Geschäfte nach einer Geschäftsordnung, die von der Reichsregierung beschlossen und vom Reichspräsidenten genehmigt wird.
Artikel 56 Der Reichskanzler bestimmt die Richtlinien der Politik und trägt dafür gegenüber dem Reichstag die Verantwortung. Innerhalb dieser Richtlinien leitet jeder Reichsminister den ihm anvertrauten Geschäftsbereich selbständig und unter eigener Verantwortung gegenüber dem Reichstag."*

Die Weimarer Republik hatte die parlamentarismustypische doppelte Exekutive. Höchster Vertreter der Republik war der Reichspräsident. Er wurde direkt vom Volk gewählt. Die Verfassung stattete ihn mit einer Fülle von Kompetenzen aus. Wenn der Reichstag außerstande war, die vom Kanzler für dringlich erklärten Gesetze zu verabschieden, wenn er aber auch keine neue Regierung wählte und wenn schließlich das Staatsoberhaupt die Störung der öffentlichen Sicherheit und Ordnung behauptete, durfte der Präsident im Alleingang sogar Notverordnungen mit Gesetzesrang in Kraft setzen (Art. 48 Weimarer Verfassung).

Weimarer Verfassung (Auszüge):
„*Artikel 48* (...) Der Reichspräsident kann, wenn im Deutschen Reich die öffentliche Sicherheit und Ordnung erheblich gestört oder gefährdet wird, die zur Wiederherstellung der öffentlichen Sicherheit und Ordnung nötigen Maßnahmen treffen, erforderlichenfalls mit Hilfe der bewaffneten Macht einschreiten. Zu diesem Zweck darf er vorübergehend die in den Artikeln 114, 115, 117, 118, 123, 124 und 153 festgesetzten Grundrechte ganz oder zum Teil außer Kraft setzen.
Von allen gemäß Abs. 1 oder Abs. 2 dieses Artikels getroffenen Maßnahmen hat der Reichspräsident unverzüglich dem Reichstag Kenntnis zu geben. Die Maßnahmen sind auf Verlangen des Reichstages außer Kraft zu setzen. (...)
Artikel 50 Alle Anordnungen und Verfügungen des Reichspräsidenten, auch solche auf dem Gebiet der Wehrmacht, bedürfen zu ihrer Gültigkeit der Gegenzeichnung durch den Reichskanzler und den zuständigen Reichsminister. Durch die Gegenzeichnung wird die politische Verantwortung übernommen."

Die jahrzehntelangen parlamentarischen Gewohnheiten und Überzeugungen der wilhelmischen Ära hielten sich weit über das Ende der Monarchie hinaus. Wechselnde Reichstagsmehrheiten hatten im wilhelminischen System keinen großen politischen Schaden angerichtet. Sie waren außerstande, die Stabilität der unparlamentarischen Reichsregierung zu gefährden. Im Weimarer Staat aber brauchte die Regierung parlamentarischen Rückhalt. Die Parteien taten sich schwer, Kompromisse einzugehen. Kurzlebige Koalitionsregierungen waren an der Tagesordnung. Kontinuierliche Regierungsarbeit war unter diesen Voraussetzungen nicht möglich. Mit den Lehren aus der vorparlamentarischen wilhelminischen Ära wurde in der Weimarer Demokratie parlamentarische Politik gemacht (Rosenberg 1973b).

Schaubild 3: Regierungskoalitionen in der Weimarer Republik

	KPD	SPD	Zentrum	DDP	BVP[1]	DVP	DNVP	NSDAP
02/1919 – 06/1919								
06/1919 – 03/1920								
03/1920 – 06/1920								
06/1920 – 05/1921								
05/1921 – 10/1921								
10/1921 – 11/1922								
11/1922 – 08/1923								

2 Das parlamentarische System 31

	KPD	SPD	Zentrum	DDP	BVP[1]	DVP	DNVP	NSDAP
08/1923 – 10/1923		▓			▓			
10/1923 – 11/1923								
11/1923 – 05/1924								
06/1924 – 12/1924								
01/1925 – 12/1925								
01/1926 – 05/1926								
05/1926 – 12/1926								
01/1927 – 06/1928								
06/1928 – 03/1930		▓						
03/1930 – 01/1933		Präsidialkabinette[2]						
01/1933[3] –								

[1] Bayrische Volkspartei.
[2] Präsidialkabinette aufgrund der fehlenden Mehrheitsbildungsfähigkeit des Reichstages.
[3] Beseitigung des Parlamentarismus unter der Regierung Hitler/von Papen.

Ein weiteres Problem ergab sich aus der Volkswahl des Reichspräsidenten. Sie wurde für den ersten Reichspräsidenten Friedrich Ebert noch nicht angewandt. Der erste und einzige vom Volk frei gewählte Reichspräsident, Paul v. Hindenburg, wurde in einem Lagerwahlkampf erstmals 1925 als Kandidat der Rechten gewählt. Sein zweite Kandidatur im Jahr 1932, als sich die Republik bereits in Agonie befand, hatte die Unterstützung eines heterogenen Parteien- und Wählerspektrums. Es erstreckte sich von den monarchistischen Konservativen über die Liberalen bis zu den Sozialdemokraten, von denen Letztere damit das größere Übel des nationalsozialistischen Kandidaten Adolf Hitler verhindern wollten. Die zweimalige Wahl dieses Reichspräsidenten drückte also keineswegs die Bestätigung der republikanischen Verfassungsordnung aus, mochte Hindenburg auch ehrlich bemüht sein, im Geiste der Verfassung zu handeln. Hindenburg blieb nach Herkunft, Erziehung und Neigung ein Monarchist, der persönlich eng mit den Interessen der reaktionären ostelbischen Gutsherrenschicht und der Reichswehrführung verbunden war.

Die Fähigkeit des Reichstages, neue Regierungen zu bilden und sie auf Dauer im Amt zu halten, war wegen der Lerndefizite aus wilhelminischer Zeit schwach entwickelt (Schaubild 3). Die meisten Regierungskoalitionen kreisen in den elf Jahren des leidlich funktionierenden Weimarer Parlamentarismus um die vorbehaltlos verfassungstreuen Parteien SPD, DDP und Zentrum. Sie wurden gelegentlich zur Großen Koalition um die rechtsliberale und industrienahe DVP erweitert. Kurzfristig beteiligte sich auch die monarchistisch-ultrakonservative DNVP an den Weimarer Regierungen.

Die unglückliche erste deutsche Republik war mit Krisen überhäuft, mit der Gegnerschaft der Konservativen, der extremen Linken und der Rechten, mit der Hochinflation, mit der Reparationspolitik der Alliierten und mit der Weltwirtschaftskrise. Die nach 1929 einsetzende und sich verschärfende Massenarbeitslosigkeit, die Verelendung der Arbeiterschaft und die Existenznöte der Mittelschicht wurden dem Versagen der Demokratie angelastet. Nationalsozialisten (NSDAP) und Kommunisten (KPD), von denen die Republik gleichermaßen bis aufs Messer bekämpft wurde, erreichten in der Reichstagswahl 1930 zusammen mehr als 40 Prozent der Stimmen. Den übrigen Parteien, darunter die Deutschnationalen, die aus ihrer Verachtung der Republik keinen Hehl machten, fehlte es in dieser Situation an der Fähigkeit, eine gemeinsame Regierung zu bilden. Eine Koalition mit den Nationalsozialisten wurde zunächst sogar von den Deutschnationalen ausgeschlossen. Weil baldige Neuwahlen keine Klärung erwarten ließen, blieb es fortan dem Reichspräsidenten überlassen, eine Regierung ohne Beteiligung des Reichstages einzusetzen.

Die im Artikel 48 angelegte, eigentlich für extreme Staatsnotstände vorgesehene Präsidialherrschaft, also der Reichspräsident als Ersatzautorität für das Parlament, wurde nach 1930 zur Regel. Vor dem Hintergrund eines Reichstages, der die Fähigkeit zur Gesetzgebung verloren hatte, wurden Notverordnungen für mehr als zwei Jahre (bis 1932) zur gebräuchlichen Gesetzgebungsform. Weil der Reichstag die Gesetzgebung nicht wieder an sich zog, was er bei einer konstruktiven Haltung seiner Parteien hätte tun können, wurde die Gesetzgebung im Wesentlichen eine Sache zwischen Reichskanzler und Präsident. Bis 1932 regierte, gestützt auf das Vertrauen des Präsidenten, der immerhin demokratisch gesinnte Zentrumspolitiker Heinrich Brüning. Noch bevor das Dritte Reich die härteste Form der Diktatur brachte, war der Herrschaftsmodus in Deutschland bereits autoritär. Mit dieser Entparlamentarisierung starb die Weimarer Demokratie schleichend ab (Bracher 1978 (Erstausg. 1955)). Als Hindenburg Brüning fallen ließ, gab es Versuche, die Regierungsbildung erneut auf eine parlamentarische Basis zu stellen.

Bei zwei kurz nacheinander stattfindenden Reichstagswahlen im Jahr 1932 spitzte sich die parlamentarische Blockade noch weiter zu. In beiden Wahlen erreichten Kommunisten und Nationalsozialisten etwa die Hälfte der Wählerstimmen und sogar die rechnerische Mehrheit im Reichstag. Es folgte eine kurze

Periode weiterer, jetzt aber kurzlebiger Präsidialregierungen (Franz von Papen, Kurt von Schleicher), die schon nicht mehr von demokratischen Politikern geführt wurden. Reichskanzler von Papen putschte 1932 mit einem krassen Verfassungsbruch die Regierung Preußens aus dem Amt. Der größte deutsche Staat wurde bis dahin von einer Koalition der verfassungstreuen Weimarer Parteien regiert. Schließlich erklärten sich die Deutschnationalen nach einer weiteren Reichstagswahl im Januar 1933 zur Koalition mit den Nationalsozialisten bereit. Die reaktionäre Rechte glaubte, mit ihren Verbindungen zur Reichswehr und dem Befehl über die preußische Polizei dem Regierungsexperiment mit den als Plebejern verachteten Nationalsozialisten gewachsen zu sein. Adolf Hitler gelangte unter diesen Umständen im Januar 1933 als Reichskanzler an die Spitze der Regierung. Hitlers Steigbügelhalter verschwanden bald nach der Unterdrückung der demokratischen Parteien still von der politischen Bühne. Die Verwaltung und das Rechtswesen des Weimarer Staates blieben technisch bestehen. Sie wurden aber von den Strukturen des Führerstaates überlagert und in dessen Dienst gestellt (Fraenkel 1974 (engl. Erstausg. 1940)).

2.1.3 Die Bundesrepublik: Lehren aus dem Scheitern der Weimarer Demokratie

Bei den Beratungen des Parlamentarischen Rates über eine Verfassung für den westdeutschen Nachkriegsstaat standen die geschilderten Entwicklungen vor Augen. Das Grundgesetz mutet deshalb in mancher Hinsicht wie ein Gegenentwurf zur Weimarer Verfassung an. Ferner hinterließ der Blick auf den britischen Parlamentarismus in den Bestimmungen über die Regierungswahl und das bescheidene Format des Bundespräsidenten seine Spuren. Es gelang dem Parlamentarischen Rat, Fehler zu korrigieren, die dreißig Jahre zuvor bei der Weimarer Verfassungskonstruktion unterlaufen waren. Weimar vor Augen und jetzt mit klarem Blick auf das damalige Parteiensystem, gelang dies dem Parlamentarischen Rat mit wenigen knappen Formulierungen: Das konstruktive Misstrauensvotum zwang den Bundestag in die Verantwortung, eine Regierung zu wählen; der Präsident wurde zum bloßen Staatsrepräsentanten herabgestuft. Seine Wahl wurde einer parlamentarisch konstituierten Versammlung übertragen. Die politische Verantwortung für die Regierungsarbeit wurde auf den Kanzler konzentriert.

Grundgesetz (Auszug):
„Artikel 64 (1) Die Bundesminister werden auf Vorschlag des Bundeskanzlers vom Bundespräsidenten ernannt und entlassen."

In keiner denkbaren Situation könnte der Bundespräsident den Bundestag oder die Bundesregierung überspielen. Würde der Bundestag sich selbst lahm legen, träte im Gesetzgebungsnotstand (Art. 81 GG) der Bundesrat an seine Stelle. Die in den späten 1960er Jahren für den Eventualfall eines Krieges in Mitteleuropa kontrovers diskutierte Notstandsverfassung sieht für den extremen Notfall, dass Bundestag und Bundesrat nicht zusammentreten könnten, einen Gemeinsamen Ausschuss (Art. 53a, 115a-c GG) vor, der die Rechte des Parlaments wahrnimmt. Diese letztgenannten Grundgesetzbestimmungen sind sehr stark vom Zeitgeist bestimmt und für den politischen Alltag ohne Belang.

Nicht nur das Trauma von Weimar spielte in den Neubeginn des politischen Lebens in der Bundesrepublik hinein. Der Krieg mit all seinen Folgen kam hinzu, der Verlust des deutschen Ostens und damit die Existenzgrundlage der Deutschnationalen. Durch die Teilung Deutschlands gelangten klassische Hochburgen der Sozialdemokratie in die Sowjetisch Besetzte Zone. Im Westen Deutschlands gelang in Gestalt der CDU die Zusammenführung der Nachfolger des katholischen Zentrums mit den norddeutsch-protestantischen Konservativen.

Schaubild 4: Traditionslinien der im Reichstag bzw. Bundestag vertretenen Parteien (schematisch vereinfacht)

1871-1918	1919-1933	1949	1983	1990 / 2007
USPD	KPD			PDS / Die Linke
			Bündnis 90 / Grüne	
SPD	SPD	SPD		
Freisinnige	DDP	FDP		
Nationalliberale	DVP			
Zentrum	Zentrum	CDU		
Konservative	DNVP			

In der FDP fanden die nationalliberalen und die demokratischen Traditionslinien des deutschen Liberalismus zusammen. Auf der Linken dominierte für lange Zeit unangefochten die SPD. Damit sind alle tragenden Elemente der bis zum Ende der 1970er Jahre herrschenden Parteienlandschaft der Bundesrepublik benannt: Union, FDP und Sozialdemokraten (Schaubild 4). Rasch lernten sie, im Bund und in den Ländern pragmatische Bündnisse zu schließen. Die zahlreichen Regierungswechsel im Bund und in den Ländern bereicherten die Lernerfahrung aller Parteien um die Rolle der politischen Opposition. Dabei verlor das Wort Opposition den belastenden Beiklang des Verlierers und notorischen Neinsagers. Die Opposition wurde – auch in der öffentlichen Wahrnehmung – als „loyal opposition" wahrgenommen. Das Trauma des Dritten Reiches, die Westbindung und das positive Bild des westlichen Way of life trugen ihr Teil dazu bei. Als Ergebnis dieser Entwicklungen glich sich der politische Zuschnitt Westdeutschlands dem der europäischen und atlantischen Demokratien an.

2.2 Der deutsche Parlamentarismus als typologische Herausforderung

2.2.1 Die Regierungsfunktion und das Parteiensystem

Das Regierungssystem der Bundesrepublik funktioniert nach den drei Hauptkriterien des parlamentarischen Regierungssystems – Regierungswahl durch das Parlament, parlamentarische Abberufbarkeit der Regierung, doppelte Exekutive – nicht anders als andere parlamentarische Systeme. Seine wichtigste Aufgabe, die der Regierungsbildung, hat es bisher zufriedenstellend erfüllt. Bürger und Öffentlichkeit erwarten, dass die Regierung politische Programme vorschlägt und dass die parlamentarische Regierungsmehrheit diese Programme als Gesetze beschließt.

Betrachten wir zunächst das Element der Regierungswahl etwas genauer. Deutschland ist, wie sämtliche parlamentarischen Systeme, eine Parteiendemokratie. Wir wissen, dass bei der Wahlentscheidung die Kandidatin oder der Kandidat für das Amt des Kanzlers eine höchst bedeutsame Rolle spielt. Etliche Wählerinnen und Wähler wählen den Spitzenkandidaten einer Partei, *obwohl*, und nicht, *weil* er dieser Partei angehört. Und in einer statistisch signikanten Zahl von Fällen wird eine Partei gewählt, obwohl ihr Spitzenkandidat nicht den Geschmack ihrer Wähler trifft. Wir brauchen uns hier nicht auf Zahlen und Befragungsergebnisse einzulassen. Beides zählt, Parteizugehörigkeit und Person. Und dann gibt es drittens noch Wähler, denen es um Themen geht. Ihnen bleibt nichts anderes übrig, als sich für eine Partei oder eine Person zu entscheiden, der sie einschlägige Kompetenz zutrauen. Wie auch immer: Das Erscheinungsbild der Parteien und das ihrer Spitzenkandidaten verschmilzen in den Monaten und Wochen vor einer Wahl.

Die Parteien lenken die Kraftströme im parlamentarischen Regierungssystem. Eine Partei hat den politischen Auftrag, denjenigen Kandidaten, den sie als prospektiven Regierungschef nominiert, auch entsprechend zu unterstützen. Sie verpflichtet sich, die Koalition, für die sie im Wahlkampf eingetreten ist, auch tatsächlich zu bilden, wenn die Wahlergebnisse dies erlauben. Die wichtigste Aufgabe des Parlaments – und dort wiederum diejenige der künftigen Regierungsmehrheit – ist es dann, eine Regierung zu wählen und sie im Amt zu halten. Zerfällt diese Regierungsmehrheit vor Ablauf der Legislaturperiode, ist es wiederum die Aufgabe der Parteien, entweder umgehend eine neue Regierung zu bilden oder aber die Voraussetzungen für eine vorzeitige Neuwahl herbeizuführen.

Die Struktur des Parteiensystems und das Bündnisverhalten seiner Parteien geben bereits Aufschluss über den Charakter des politischen Systems als Konsens- oder als Mehrheitsdemokratie (zur Entwicklung des Parteiensystems: Niedermayer 2007). Die ersten drei Jahrzehnte der Bundesrepublik standen im Zeichen eines unerschütterlich anmutenden Parteiensystems mit den Eckpfeilern der großen Volksparteien CDU/CSU und SPD. Die FDP war der klassische Mehrheitsbeschaffer für eine dieser Parteien. Das Auftreten der Grünen erweiterte das Parteiensystem zum Vierparteiensystem. Gab es davor die Bündnisoptionen einer schwarz-gelben, einer rot-gelben oder einer Großen Koalition, kam jetzt die Option einer rot-grünen Koalition hinzu. In den Ländern kam es hier und dort bereits zu Dreiparteienkoalitionen.

Durch die Erweiterung der Bundesrepublik um die ostdeutschen Länder kam auch die heutige Linke ins politische Spiel. In den ostdeutschen Ländern, wo die Linke – bis 2007 ihre Vorgängerpartei PDS – eine Volkspartei ist, kam es recht bald zu rot-roten Bündnissen. Im Bund schließt die SPD eine Koalition mit der Linken aus.

Durch den raschen Niedergang der FDP nach der Bundestagswahl des Jahres 2009 – einem Absturz sondergleichen, in der Wahl noch 14 Prozent, gut zwei Jahre später in Meinungsumfragen um die drei Prozent – schließen sich alte Bündnisoptionen, die jahrzehntelang Geschichte gemacht haben. Neue Optionen rücken aus dem Bereich des Denkbaren in den des Machbaren. Vor allem die Unionsparteien werden dabei Tabus über Bord werfen müssen. Je wahrscheinlicher der altvertraute liberale Vorzugspartner als Mehrheitsbeschaffer auszufallen droht, desto kräftiger werden die Anreize, Ersatzmehrheiten im Bündnis mit der SPD, also in einer Großen Koalition zu suchen, oder aber die eigene Politik soweit zu modifizieren, dass auch Bündnisse mit den sonst gemiedenen Grünen möglich werden. In einigen Ländern ist das schwarz-grüne Tabu bereits gebrochen worden (Hamburg, Saarland). Die Länder erweisen sich bei diesen Entwicklungen, wie so oft in der Vergangenheit, als Probebühnen für Bündnisoptionen im Bund. Dass der Spagat über alte Gräben nicht auf Anhieb gelingt, darf wenig verwundern. In Hamburg scheiterte im Jahr 2010 die erste schwarz-grüne Landeskoalition nach immerhin fünf Jahren. Im Saarland platzte eine schwarz-gelb-grüne Koalition Anfang 2012 bereits nach knapp drei Jahren, allerdings nach Auskunft der christdemokratischen Ministerpräsidentin nicht an den Grünen, sondern an einer FDP, die aufgrund innerer Querelen kein zuverlässiger Regierungspartner mehr war.

Politikinhaltliche Kehrtwenden, mit denen klassische Streitpunkte zwischen den Parteien aus der Welt geschafft werden, exemplarisch war die Abkehr der CDU-Kanzlerin Angela Merkel von der Atomenergie im Frühjahr 2011, dürften langfristig dazu beitragen, das Spektrum der Bündnismöglichkeiten zu erweitern.

Schaubild 5: Koalitionsbilder im Bund

CDU/CSU/FDP	1949-1966	1982-1998	2009-
CDU/CSU/SPD	1966-1969	2005-2009	
SPD/FDP	1969-1982		
SPD/Grüne	1998-2005		

In der Bündnisgeschichte der deutschen Parteien waren Große Koalitionen lediglich Episoden. Als Alternative zu Schwarz-gelb und Rot-grün lauert diese Koalition stets im Hintergrund. Die Veränderungen im Parteiensystem schwächten – zunächst mit dem Erfolg der Grünen, dann dem der Linken – in den letzten 30 Jahren vor allem die SPD. Damit dürfte der Zwang zu Großen Koalitionen noch größer werden, als sich SPD und Union wünschen können. Mit dem kometenhaften Aufstieg der Piratenpartei, die gleichsam aus dem Stand im September 2011 ins Berliner Abgeordnetenhaus und im März 2012 in den Saarländischen Landtag einzog, könnte sich das Spektrum noch weiter auffächern. Dies aber nur, falls es sich beim starken Zuspruch für die Piraten um kein bloßes Strohfeuer handeln sollte. Die Partei der jungen Netzfreaks wildert in Gefilden, die von den Grünen als Heimatrevier angesehen wurden: in der Zielgruppe der Jüngeren, die das Unkonventionelle mögen.

Mit der Wahl einer Partei verbindet sich die Erwartung, dass eine bestimmte Politik gemacht wird. Politische Inhalte bedürfen im Verfassungsstaat der Gesetzesverpackung. Die Volksvertreter müssen letztlich für das gerade stehen, was sie dem Bürger an Gesetzen zumuten. Kann der Bürger damit leben, wird er dies in seiner Wahlentscheidung zum Ausdruck bringen. Kann er es nicht, mag er versuchen, eine andere Mehrheit zustande zu bringen. Für den Bürger lebt der Parlamentarismus aus dem Abgleich von Erwartung und Enttäuschung.

Der Artikel 63 GG verlangt die Wahl des Bundeskanzlers durch den Bundestag. Zunächst macht der Bundespräsident einen Wahlvorschlag. Er hält sich dabei an die Mehrheitsverhältnisse und an seine Gespräche mit den Führern der im Bundestag vertretenen Parteien. Findet sein Vorschlag die absolute Mehrheit des Bundestages, ist der Kanzler gewählt. Dies war bislang nach jeder Bundestagwahl der Fall. Verfehlt der Kanzlervorschlag diese Mehrheit, können aus dem Bundestag heraus neue Vorschläge gemacht werden. Auch hier gilt für die Kanzlerwahl wieder die absolute Mehrheit. Findet kein Kandidat die absolute Mehrheit, wird ein weiterer Wahlgang anberaumt. Wenn einer der jetzt vorgeschlagenen Kandidaten die absolute Mehrheit verfehlt, gibt es zwei Möglichkeiten. Entweder wird der Kandidat mit der größten Stimmenzahl vom Präsidenten zum Kanzler ernannt, oder der Präsident entschließt sich, den Bundestag aufzulösen.

Grundgesetz (Auszüge):
"Artikel 62 Die Bundesregierung besteht aus dem Bundeskanzler und aus den Bundesministern.
Artikel 63 (1) Der Bundeskanzler wird auf Vorschlag des Bundespräsidenten vom Bundestage ohne Aussprache gewählt.
(2) Gewählt ist, wer die Stimmen der Mehrheit der Mitglieder des Bundestages auf sich vereinigt. Der Gewählte ist vom Bundespräsidenten zu ernennen.
(3) Wird der Vorgeschlagene nicht gewählt, so kann der Bundestag binnen vierzehn Tagen nach dem Wahlgange mit mehr als der Hälfte seiner Mitglieder einen Bundeskanzler wählen.
(4) Kommt eine Wahl innerhalb dieser Frist nicht zustande, so findet unverzüglich ein neuer Wahlgang statt, in dem gewählt ist, wer die meisten Stimmen erhält. Vereinigt der Gewählte die Stimmen der Mehrheit der Mitglieder des Bundestages auf sich, so muß der Bundespräsident ihn binnen sieben Tagen nach der Wahl ernennen. Erreicht der Gewählte diese Mehrheit nicht, so hat der Bundespräsident binnen sieben Tagen entweder ihn zu ernennen oder den Bundestag aufzulösen.
Artikel 67 (1) Der Bundestag kann dem Bundeskanzler das Misstrauen nur dadurch aussprechen, dass er mit der Mehrheit seiner Mitglieder einen Nachfolger wählt und den Bundespräsidenten ersucht, den Bundeskanzler zu entlassen. Der Bundespräsident muss dem Ersuchen entsprechen und den Gewählten ernennen.
(2) Zwischen dem Antrage und der Abstimmung müssen achtundvierzig Stunden liegen.
Artikel 68 (1) Findet ein Antrag des Bundeskanzlers, ihm das Vertrauen auszusprechen, nicht die Zustimmung der Mehrheit der Mitglieder des Bundestages, so kann der Bundespräsident auf Vorschlag des Bundeskanzlers binnen einundzwanzig Tagen den Bundestag auflösen. Das Recht zur Auflösung erlischt, sobald der Bundestag mit der Mehrheit seiner Mitglieder einen anderen Bundeskanzler wählt.
(2) Zwischen dem Antrage und der Abstimmung müssen achtundvierzig Stunden liegen."

Die Kanzlerwahlbestimmungen bringen sehr deutlich die Erwartung zum Ausdruck, dass sich hinter dem Kanzlerkandidaten eine Regierungsmehrheit bildet. Die Minderheitsregierung gilt als Notbehelf. In der Geschichte der Bundesrepublik Deutschland ist sie im Bund lediglich als Interimslösung zwischen dem Scheitern einer Regierungskoalition und einer vorgezogenen Wahl aufgetreten (1966, 1982). Das einzige bislang erfolgreiche echte Misstrauensvotum richtete sich gegen die Regierung Helmut Schmidt (Schaubild 6). Der Kanzler kann ferner die Vertrauensfrage stellen, um seinen Rückhalt im Bundestag zu prüfen. Er kann sie ganz allgemein auf seine Person und damit auf seine Politik beziehen. Er kann sie aber auch mit der Abstimmung über ein strittiges Gesetzgebungsvorhaben verbinden. Verliert der Kanzler die Abstimmung, so steht es dem Präsidenten frei, auf Antrag des Kanzlers den Bundestag aufzulösen. Im Anschluss an ein unechtes, misslungenes Vertrauensvotum gegen Kanzler Willy Brand wurde 1973 der Bundestag aufgelöst. Das Scheitern dieses Votums wurde von der regierenden Koalition (SPD/FDP) konstruiert. Es war ein Notbehelf, um vorzeitige Bundestagwahlen herbeizuführen.

Schaubild 6: Kanzlerwechsel: Politische Anlässe

Kanzlerwechsel	Zeitpunkt	Veränderung der Regierungskoalition	Anlass
Adenauer Erhard	1963	nein (CDU/CSU/FDP)	Rücktritt des Kanzlers in der laufenden Legislaturperiode
Erhard Kiesinger	1966	ja (CDU/CSU/SPD)	Mehrheitsverlust des Kanzlers und Koalitionswechsel in der laufenden Legislaturperiode
Kiesinger Brandt	1969	ja (SPD/FDP)	Ergebnis der Bundestagswahl
Brandt Schmidt	1974	nein (SPD/FDP)	Rücktritt des Kanzlers in der laufenden Legislaturperiode
Schmidt Kohl	1982	ja (CDU/CSU/FDP)	Aufkündigung der Koalition und von der Regierungsmehrheit arrangiertes Misstrauensvotum gegen den Bundeskanzler mit anschließender Auflösung des Bundestages
Kohl Schröder	1998	ja (SPD/B'90/Grüne)	Ergebnis der Bundestagswahl
Schröder Merkel	2005	ja (CDU/CSU/SPD)	Von der Regierungsmehrheit arrangiertes Misstrauensvotum gegen den Bundeskanzler mit anschließender Auflösung des Bundestages

Das Gleiche geschah noch einmal 1983. Im Herbst des Vorjahres hatte die FDP die Koalition mit den Sozialdemokraten platzen lassen und war im fliegenden Wechsel eine Koalition mit den Unionsparteien eingegangen. Um Neuwahlen herbeizuführen, und für diesen Wechsel die Bestätigung des Wählers einzuholen, enthielten sich die Regierungsfraktionen beim Vertrauensvotum der Stimme. Zuvor hatte sich der Bundespräsident freilich des Einverständnisses der Bundestagsfraktionen mit der beabsichtigten Auflösung des Bundestages vergewissert. Die anschließenden Neuwahlen bestätigten Helmut Kohl, wie erwartet, im Amt des Kanzlers. In beiden Fällen ging um eine Ersatzlösung für das dem Regierungschef in den meisten parlamentarischen Regierungssystemen zugebilligte Recht, durch Antrag beim Staatsoberhaupt die Auflösung des Parlaments zu veranlassen. Das Bundesverfassungsgericht beanstandete diese Praxis. Die Legislaturperiode musste, folgte man dem einschlägigen Urteil, wohl abgeritten werden, wenn hinter der Vertrauensfrage des Kanzlers künftig kein realer Mehrheitsverlust stand.

Entscheidung des Bundesverfassungsgerichts vom 16. Februar 1983 (Leitsätze):
„1. Im Organstreit kann der einzelne Bundestagsabgeordnete die behauptete Verletzung jedes Rechts, das mit seinem Status als Abgeordneter verfassungsrechtlich verbunden ist, im eigenen Namen geltend machen. An der Gewährleistung der in Art. 39 Ab.1 Satz 1 GG festgelegten Dauer der Wahlperiode hat der Status des Abgeordneten Anteil.
2. Die Anordnung der Auflösung des Bundestages oder ihre Ablehnung gemäß Art. 68 GG ist eine politische Leitentscheidung, die dem pflichtgemäßen Ermessen des Bundespräsidenten obliegt. Ein Ermessen im Rahmen des Art. 68 Abs.1 Satz 1 GG ist dem Bundespräsidenten freilich nur dann eröffnet, wenn im Zeitpunkt seiner Entscheidung die verfassungsrechtlichen Voraussetzungen hierfür vorliegen.
3. Art. 68 GG normiert einen zeitlich gestreckten Tatbestand. Verfassungswidrigkeiten, die auf den zeitlich vorangehenden Stufen eingetreten sind, wirken auf die Entscheidungslage fort, vor die der Bundespräsident nach dem Auflösungsvorschlag des Bundeskanzlers gestellt ist.
4.a) Art. 68 Abs.1 Satz 1 GG ist eine offene Verfassungsnorm, die der Konkretisierung zugänglich und bedürftig ist.
b) Die Befugnis zur Konkretisierung von Bundesverfassungsrecht kommt nicht allein dem Bundesverfassungsgericht, sondern auch anderen obersten Verfassungsorganen zu. Dabei sind die bereits vorgegebenen Wertungen, Grundentscheidungen, Grundsätze der Verfassung zu wahren.
c) Bei der Konkretisierung der Verfassung als rechtlicher Grundordnung ist zumal ein hohes Maß an Übereinstimmung in der verfassungsrechtlichen wie verfassungspolitischen Beurteilung und Bewertung der in Rede stehenden Sachverhalte zwischen den möglichen betroffenen obersten Verfassungsorganen unabdingbar und eine auf Dauer angelegte, stetige Handhabung unerläßlich. Eine politisch umkämpfte und rechtlich umstrittene Praxis von Parlaments- und Regierungsmehrheiten reicht als solche hierfür nicht aus.
5. Vertrauen im Sinne des Art. 68 GG meint gemäß der deutschen verfassungsgeschichtlichen Tradition die im Akt der Stimmabgabe förmlich bekundete gegenwär-

tige Zustimmung der Abgeordneten zu Person und Sachprogramm des Bundeskanzlers.
6. Der Bundeskanzler, der die Auflösung des Bundestages auf dem Wege des Art. 68 GG anstrebt, soll dieses Verfahren nur anstrengen dürfen, wenn es politisch für ihn nicht mehr gewährleistet ist, mit den im Bundestag bestehenden Kräfteverhältnissen weiterzuregieren. Die politischen Kräfteverhältnisse im Bundestag müssen seine Handlungsfähigkeit so beeinträchtigen oder lähmen, daß er eine vom stetigen Vertrauen der Mehrheit getragene Politik nicht sinnvoll zu verfolgen vermag. Dies ist ungeschriebenes sachliches Tatbestandsmerkmal des Art. 68 Abs.1 Satz 1 GG.
7. Eine Auslegung dahin, daß Art. 68 GG einem Bundeskanzler, dessen ausreichende Mehrheit im Bundestag außer Zweifel steht, gestattete, sich zum geeignet erscheinenden Zeitpunkt die Vertrauensfrage negativ beantworten zu lassen mit dem Ziel, die Auflösung des Bundestages zu betreiben, würde dem Sinn des Art. 68 GG nicht gerecht. Desgleichen rechtfertigen besondere Schwierigkeiten der in der laufenden Wahlperiode sich stellenden Aufgaben die Auflösung nicht. (...)
8.c) Die Einmütigkeit der im Bundestag vertretenen Parteien, zu Neuwahlen zu gelangen, vermag den Ermessensspielraum des Bundespräsidenten nicht einzuschränken; er kann hierin jedoch einen zusätzlichen Hinweis sehen, daß eine Auflösung des Bundestages zu einem Ergebnis führen wird, das dem Anliegen des Art. 68 GG näher kommt als eine ablehnende Entscheidung."

Das Verfassungsgericht zeigte sich nicht konsequent, als es darauf ankam, dieses Urteil zu bekräftigen. Im Jahr 2005 sollten auf dem inzwischen vertrauten Umweg abermals vorzeitige Wahlen herbeigeführt wurden. Kanzler Gerhard Schröder überraschte nicht nur die Öffentlichkeit, sondern auch die eigene SPD und erst recht den grünen Koalitionspartner, als er das Parlament bat, ihm das Vertrauen auszusprechen. Der Antrag verfolgte das Ziel, die fehlende Kanzlermehrheit zu dokumentieren. Dabei war die Regierungsmehrheit trotz mancher innerparteilicher Querelen in der SPD über die Hartz-Reformen nicht gefährdet. Die inzwischen den von den Unionsparteien kontrollierte Bundesratsmehrheit störte allerdings die Handlungsfähigkeit der Regierung. Mit Zähneknirschen fügten sich die Koalitionsabgeordneten dem Ansinnen des Kanzlers. Anschließend teilte der Kanzler dem Präsidenten mit, die Mehrheitsverhältnisse erlaubten keine erfolgreiche Fortsetzung seiner bisherigen Politik. Eine Klärung sei allein durch Neuwahlen möglich. Der Präsident entsprach dem Antrag des Kanzler. Bei der rechtlichen Nachkontrolle dieses Vorgangs, gegen den einige Abgeordnete geklagt hatten, sah das Gericht dann keinen Grund zur Beanstandung. Es ruderte in der Sache zurück, indem es sich jetzt auf den Standpunkt zurückzog, hier gehe es letztlich um eine Frage des politischen Ermessens. Dieses Ereignis ließ alte Überlegungen wieder aufleben, die einschlägigen Verfassungsbestimmungen zu ändern und den Bundestag über seine Auflösung entscheiden zu lassen. Sie schliefen bald wieder ein.

Entscheidung des Bundesverfassungsgerichts vom 25. August 2005 (Leitsätze):
„1. Die auf Auflösung des Bundestages gerichtete Vertrauensfrage ist nur dann verfassungsgemäß, wenn sie nicht nur den formellen Anforderungen, sondern auch dem Zweck des Art. 68 GG entspricht. Das Grundgesetz erstrebt mit Art. 63, Art. 67 und Art. 68 eine handlungsfähige Regierung.
2. Die auflösungsgerichtete Vertrauensfrage ist nur dann gerechtfertigt, wenn die Handlungsfähigkeit einer parlamentarisch verankerten Bundesregierung verloren gegangen ist. Handlungsfähigkeit bedeutet, dass der Bundeskanzler mit politischem Gestaltungswillen die Richtung der Politik bestimmt und hierfür auch eine Mehrheit der Abgeordneten hinter sich weiß.
3. Von Verfassungs wegen ist der Bundeskanzler in einer Situation der zweifelhaften Mehrheit im Bundestag weder zum Rücktritt verpflichtet noch zu Maßnahmen, mit denen der politische Dissens in der die Regierung tragenden Mehrheit im Parlament offenbar würde.
4. Das Bundesverfassungsgericht prüft die zweckgerechte Anwendung des Art. 68 GG nur in dem von der Verfassung vorgesehenen eingeschränkten Umfang. a) Ob eine Regierung politisch noch handlungsfähig ist, hängt maßgeblich davon ab, welche Ziele sie verfolgt und mit welchen Widerständen sie aus dem parlamentarischen Raum zu rechnen hat. Die Einschätzung der Handlungsfähigkeit hat Prognosecharakter und ist an höchstpersönliche Wahrnehmungen und abwägende Lagebeurteilungen gebunden.
b) Eine Erosion und der nicht offen gezeigte Entzug des Vertrauens lassen sich ihrer Natur nach nicht ohne weiteres in einem Gerichtsverfahren darstellen und feststellen. Was im politischen Prozess in legitimer Weise nicht offen ausgetragen wird, muss unter den Bedingungen des politischen Wettbewerbs auch gegenüber anderen Verfassungsorganen nicht vollständig offenbart werden.
c) Drei Verfassungsorgane – der Bundeskanzler, der Deutsche Bundestag und der Bundespräsident – haben es jeweils in der Hand, die Auflösung nach ihrer freien politischen Einschätzung zu verhindern. Dies trägt dazu bei, die Verlässlichkeit der Annahme zu sichern, die Bundesregierung habe ihre parlamentarische Handlungsfähigkeit verloren."

Ungeachtet dieser Winkelzüge hat das Grundgesetz bei der Wahl und der Ablösung einer Regierung bisher reibungslos funktioniert (Ismayr 2006: 195ff.). Die Vertrauens- bzw. Misstrauensproblematik hat letztlich nicht mehr als Fußnoten in den Lehrbüchern über das deutsche Regierungssystem hinterlassen. Der verfassungspolitische Erfolg, der sich darin verbirgt, hat mehr mit dem Parteiensystem als mit dem Grundgesetz zu tun. Die größeren Parteien sind untereinander bündnisfähig und sogar bis hin zur zweitbesten Lösung einer Großen Koalition bereit, eine regierungsfähige Mehrheit zu bilden.

2.2.2 Der Präsident

Das letzte grundlegende Kriterium des parlamentarischen Regierungssystems, die doppelte Exekutive mit dem Primat der parlamentarisch verantwortlichen Regierung, ist in der Bundesrepublik geradezu in Reinkultur anzutreffen. Der Bundespräsident hat nach allgemeiner Auffassung zwar ein materielles Prüfungsrecht, wenn es gilt, Gesetze zu unterzeichnen und Minister oder hohe Beamte zu ernennen. Praktische Bedeutung hat dieses Recht aber kaum. Es bezieht sich durchweg auf verfassungsrechtliche Bedenken. Lediglich in der Frühgeschichte der Bundesrepublik gab es einmal den Versuch, das Präsidentenamt gegen das des Kanzlers auszuspielen.

Kanzler Konrad Adenauer ließ 1959, als sich in der Union Stimmen gegen eine vierte Kanzlerkandidatur Adenauers regten, verlauten, er könne ja auch für das Amt des Bundespräsidenten kandidieren. Gemeint war dies als Wink, ein führungsstarker Politiker könne auch aus dem Bundespräsidialamt heraus regieren. Adenauer selbst machte bald einen Rückzieher. Allzu offensichtlich gibt das Präsidentenamt auch bei großzügiger Lesart nichts für eine Führungskonkurrenz zum Regierungschef her (Hartmann/Kempf 2011: 91ff.). In der Vergangenheit war die Wahl des Bundespräsidenten eine beliebte Gelegenheit für Muskelspiele und Testkoalitionen. Die Wahl des Sozialdemokraten Gustav Heinemann zum Bundespräsidenten stützte sich auf die Stimmen der Sozialdemokraten und der Freien Demokraten in der Bundesversammlung. Sie nahm die Bildung der sozialdemokratischen Koalition im Herbst 1969 um einige Monate vorweg.

Grundgesetz (Auszug):
„*Artikel 54* (1) Der Bundespräsident wird ohne Aussprache von der Bundesversammlung gewählt. Wählbar ist jeder Deutsche, der das Wahlrecht zum Bundestag besitzt und das vierzigste Lebensjahr vollendet hat.
(2) Das Amt des Bundespräsidenten dauert fünf Jahre. Anschließende Wiederwahl ist nur einmal zulässig.
(3) Die Bundesversammlung besteht aus den Mitgliedern des Bundestages und einer gleichen Anzahl von Mitgliedern, die von den Volksvertretungen der Länder nach den Grundsätzen der Verhältniswahl gewählt werden. (...)
(6) Gewählt ist, wer die Stimmen der Mehrheit der Mitglieder der Bundesversammlung erhält. Wird diese Mehrheit in zwei Wahlgängen von keinem Bewerber erreicht, so ist gewählt, wer in einem weiteren Wahlgang die meisten Stimmen auf sich vereinigt."

Jede Regierungskoalition im Bund hat bisher erfolgreich versucht, einen Präsidentenkandidaten aus den eigenen Reihen wählen zu lassen. Häufig waren die Ergebnisse knapp. In der Bundesversammlung liegen die Mehrheitsverhältnisse durchaus nicht so wie im Bundestag. Die Hälfte ihrer Mitglieder wird von den Landtagen gewählt, wobei die Delegierten die Fraktionsstärke der dort vertretenen Parteien repräsentieren müssen. Parteien und Absprachen bestimmen freilich auch bei der Wahl des Bundespräsidenten das Geschehen.

Das Amt des Bundespräsidenten hat in den letzten Jahren stärkere Beachtung gefunden. Attestierte man früheren Präsidenten wie etwa Theodor Heuss, Richard von Weizsäcker und Roman Herzog Staatsklugheit und geschliffenen Intellekt, Gustav Heinemann, Walter Scheel und Johannes Rau unverkrampften Umgang auch mit einfachen Bürgern, liefen die Präsidenten Horst Köhler und Christian Wulff – nach dem Maßstab dieser Vorgänger – aus der Spur. Die Wahl beider Präsidenten war eine Lagerwahl. Union und Liberale drückten, im Fall Wulff mit knapper Not, den von Kanzlerin Angela Merkel ins Spiel gebrachten Kandidaten durch, weil sie sich eine Mehrheit in der Bundesversammlung ausrechneten. Während sich Köhler als gelernter Ökonom und früherer politischer Beamter in der kontroversen Politik schlecht zurechtfand, von der sich auch das Staatsoberhaupt nicht ganz abschotten kann, galt Wulff in der Öffentlichkeit von vornherein als der schlechtere Kandidat. Sein Herausforderer war der ehemalige DDR-Bürgerrechtler Joachim Gauck, der von Grünen und SPD unterstützt wurde und bis weit in die Reihen der Liberalen und der Union hinein großen Respekt genoss.

Köhler gab sein Amt 2010 zum vollständigen Unverständnis der Öffentlichkeit auf. Den Anlass gaben kritische Kommentare aus der Opposition, teils auch aus dem Regierungslager zu einer Äußerung des Präsidenten über künftige Auslandseinsätze der Bundeswehr. Präsident Wulff bot um im zweiten Jahr seiner Amtsführung das Bild eines Präsidenten, der sich wegen Presseberichten um die Finanzierung seines Eigenheims mit der BILD-Zeitung anlegte und dann mit persönlichen Entschuldigungen und unvollständigen Erklärungen so ziemlich alle Vorstellungen von der erwarteten Honorigkeit des ersten Mannes im Staat ramponierte. Als die Hannoversche Staatsanwaltschaft im Februar 2012 ein Ermittlungsverfahren wegen des Anfangsverdachts der Vorteilsannahme in seinem früheren Amt als niedersächsischer Ministerpräsident eröffnete, trat Wulff zurück. Die FDP schlug sich jetzt auf die Seite von SPD und Grünen, die abermals den Kandidaten Gauck präsentierten. Die Union machte murrend gute Miene zum Spiel und schloss sich dem Vorschlag an.

Dem Amt können solche Turbulenzen kaum schaden. Der aktuelle Präsident entspricht wieder dem Format einer über den Parteien stehenden Persönlichkeit von intellektuellen und rhetorischen Format, die gleichwohl mit Empathie begabt ist und auch in der Begegnung mit Menschen im Alltagsleben den richtigen Ton zu treffen, kurz: die zu integrieren versteht.

2.2.3 Der Parlamentarismus in den Ländern

Die Länderverfassungen sind teilweise älter als das Grundgesetz (Pfetsch 1990). Sofern älter, wurden sie vielfach dem Grundgesetz angepasst. Wo dies nicht geschah, exotisch nehmen sich die Verstaatlichungspostulate in der hessischen Verfassung aus, wurden sie schlicht vom Grundgesetz und von der Rechtsprechung des Bundesverfassungsgerichts überlagert. Doch keineswegs alle Verfassungen weisen dem Ministerpräsidenten eine Richtlinienkompetenz zu. Etliche Länderverfassungen sehen eine Einzelverantwortlichkeit der Minister vor dem Landtag vor. In Bayern und Baden-Württemberg haben die Staatssekretäre den Status von Regierungsmitgliedern.

Verfassung des Freistaates Bayern (Auszüge):
„*Artikel 43* (1) Die Staatsregierung ist die oberste leitende und vollziehende Gewalt des Staates.
(2) Sie besteht aus dem Ministerpräsidenten und bis zu 17 Staatsministern und Staatssekretären.
Artikel 44 (...) (3) Der Ministerpräsident kann jederzeit von seinem Amt zurücktreten. Er muß zurücktreten, wenn die politischen Verhältnisse ein vertrauensvolles Zusammenarbeiten zwischen ihm und dem Landtag unmöglich machen. (...)"

Verfassung für das Land Nordrhein-Westfalen (Auszüge):
„*Artikel 51* [Die Landesregierung besteht aus dem Ministerpräsidenten und den Landesministern. (...)
Artikel 55 (1) Der Ministerpräsident bestimmt die Richtlinien der Politik und trägt dafür die Verantwortung.
(2) Innerhalb dieser Richtlinien leitet jeder Minister seinen Geschäftsbereich selbständig und unter eigener Verantwortung."

Eine Besonderheit des Länderparlamentarismus ist die von etlichen Verfassungen vorgesehene Selbstauflösung des Landtags. Sie wird aktuell, wenn die Regierung ihre Mehrheit verliert. So kann das Parlament selbst das Ob und das Wann einer vorzeitigen Neuwahl bestimmen.

Verfassung für das Land Nordrhein-Westfalen (Auszüge)::
„*Artikel 35* (1) Der Landtag kann sich durch eigenen Beschluß auflösen. Hierzu bedarf es der Zustimmung der Mehrheit der gesetzlichen Mitgliederzahl.
(2) Der Landtag kann auch gemäß Artikel 68 Abs.3 aufgelöst werden. (...)
Artikel 68 (...) (3) Auch die Landesregierung hat das Recht, ein von ihr eingebrachtes, vom Landtag jedoch abgelehntes Gesetz zum Volksentscheid zu stellen. Wird das Gesetz durch den Volksentscheid angenommen, so kann die Landesregierung den Landtag auflösen; wird es durch den Volksentscheid abgelehnt, so muss die Landesregierung zurücktreten."

Verfassung für Rheinland-Pfalz (Auszug):
„*Artikel 84* Der Landtag kann sich durch Beschluß der Mehrheit seiner Mitglieder selbst auflösen. Die Neuwahl eines aufgelösten Landtages findet spätestens am 6. Sonntag nach der Auflösung statt."

Verfassung des Landes Hessen (Auszug):
Artikel 80 „Der Landtag kann sich durch einen Beschluß, für den mehr als die Hälfte seiner gesetzlichen Mitglieder gestimmt hat, selbst auflösen."

Verfassung der Freien und Hansestadt Hamburg (Auszug):
„*Artikel 14* (1) Die Bürgerschaft kann ihre Auflösung beschließen. Der Antrag muss von wenigstens einem Viertel der Abgeordneten gestellt und mindestens zwei Wochen vor der Sitzung, auf deren Tagesordnung er gebracht wird, allen Abgeordneten und dem Senat mitgeteilt werden. Der Beschluss bedarf der Zustimmung der Mehrheit der gesetzlichen Mitgliederzahl.
(2) Hat die Bürgerschaft ihre Auflösung beschlossen, so finden innerhalb von sechzig Tagen Neuwahlen statt."

Eine weitere Besonderheit des Länderparlamentarismus ist das Fehlen der doppelten Exekutive. Die demokratische Revolution von 1918/19 stürzte die Fürsten von den deutschen Thronen. Die nunmehr in Länder umbenannten früheren Staaten entschieden sich, die Funktionen der Regierungsführung und die der Staatsrepräsentation im Amt des parlamentarisch verantwortlichen Ministerpräsidenten zu vereinigen. Entsprechend größer fallen im Vergleich mit dem Bundeskanzler die Repräsentationspflichten der Ministerpräsidenten aus.

2.3 Regierungsmehrheit und Opposition

Die Regierungsmehrheit, wie sie oben beschrieben wurde (Steffani 1991, 1997), fußt in Deutschland in aller Regel auf einer Koalition. Diese Koalitionen funktionieren wie im Parlamentarismusbilderbuch. Zerstreiten sich die Koalitionspartner, dann gibt es entweder einen fliegenden Wechsel zu einem anderen Koalitionspartner mit dem Ziel, den Wähler baldmöglichst um seine Entscheidung zu bitten, oder es kommt zu einer interimistischen geschäftsführenden Regierung, und der Wähler selbst muss die Karten umgehend neu verteilen (siehe oben dieses Kapitel, 2.2.1).

Die Rolle der parlamentarischen Opposition passt demgegenüber nicht in das idealtypische Bild des Parlamentarismus. Die Opposition verfügt in der Bundespolitik unter Umständen über beträchtliche Verhinderungsmacht. Der Grund liegt in der Eigenart des deutschen Bundesstaates. Die Bundesgesetzgebung verlangt in etwa der Hälfte aller Fälle die Zustimmung des Bundesrates.

2 Das parlamentarische System

Das Parlament ist der politische Ort der Gesetzgebung. Damit verhält es sich in Deutschland nicht anders als in anderen demokratischen Systemen. Dieser Punkt ist wegen der besagten Mitspracherechte des Bundesrates allerdings heikel. Wenn der Bundesrat zustimmt, entrichten Bundestag und Bundesregierung in aller Regel einen Preis dafür. Wenn die Regierungsparteien im Bundestag nicht zugleich die Mehrheit im Bundesrat stellen, wird dieser Preis sogar von den Vertretern der Oppositionspartei im Bund diktiert.

Die Bundestagsopposition ist verfassungspolitisch die Opposition im Bund und sonst nichts. Tatsächlich stehen hinter ihr aber Parteien, die in einigen Ländern auch die Regierung tragen. Galt jahrzehntelang die Daumenregel, dass sich die Unionsparteien besser im Süden, die SPD besser im Norden der Republik halten, hat die Union in den vergangenen Jahren auch im Norden länger regiert, die SPD auch im Südwesten (Rheinland-Pfalz, Saarland), beide dazu noch mit unterschiedlichen Koalitionspartnern. Das Jahr 2011 verzeichnete sogar das Unikum einer grün-roten Koalitionsregierung im CDU-Stammland Baden-Württemberg.

Die Kontrolle der Landesregierungen versetzt die Parteien der Bundestagsopposition in die Lage, das Know-how der Ministerialapparate größerer Länder zu nutzen. Von Bayern und Nordrhein-Westfalen ist bekannt, dass ihre Finanzministerien so gut ausgestattet sind, dass sie der Haushalts- und Steuerkompetenz des Bundesfinanzministeriums auf Augenhöhe begegnen. Stadtstaaten wie Berlin, Bremen und Hamburg sind im Unterschied zu München, Frankfurt und Stuttgart nicht einfach kommunale Größen im Schatten der Landesparlamente und Landesverwaltungen, sondern eigenständige staatliche Akteure mit Sitz und Stimme im Bundesrat.

Die parlamentarismustypische Konkurrenz zwischen Regierungsmehrheit und Opposition findet hierzulande nicht zuletzt wegen der Blockadegefahr im Bundesrat in gedämpfter Austragungsform statt. In der tagespolitischen Auseinandersetzung, vor allem in Wahlkampfzeiten, streicht die Opposition ihren Anteil an den Bundesratskompromissen heraus, um zu demonstrieren, dass sie Problemlösungskompetenz besitzt. Die Bundesregierung wiederum präsentiert diese Kompromisse als Ausdruck ihrer Regierungsfähigkeit.

Diese Konstellation ist einzigartig, zumal in den parlamentarischen Demokratien Europas. Der Grund für diese Besonderheit des Regierungssystems liegt in der Entstehungsgeschichte des deutschen Nationalstaates. Dieser wurde im 19. Jahrhundert von den deutschen Monarchen als Fürstenbund gegründet – und nicht, wie der amerikanische oder schweizerische Bundesstaat, von gewählten Politikern (siehe oben, dieses Kapitel, 2.1.1).

Durch die Existenz des Bundesrates ist die Bundesregierung daran gehindert, so zu regieren, wie es die Wahlkampfrhetorik erwarten lässt und wie es die vereinfachendere Medienberichterstattung suggeriert. Die Opposition nimmt im Bundestag zwar ihre parlamentarische Rolle wahr, aber sie wirkt im Bundesrat an der Regierungspolitik mit. Die deutsche Politik ist in den 40 Jahren, seitdem der Bundesrat zur Arena der Parteipolitik geworden ist, inhaltlich womöglich nicht schlecht damit gefahren. Mit Blick auf die idealtypischen Rollen einer handlungsfähigen Regierung und einer machtlosen Opposition handelt es sich freilich um einen verwaschenen Parlamentarismus. Die Gründe liegen im unechten deutschen Bundesstaat (Lehmbruch 2000). Mit guten Gründen ist der Bundesstaat ein Dauerthema sowohl in der tagespolitischen Auseinandersetzung als auch in der wissenschaftlichen Beschäftigung mit dem politischen System der Bundesrepublik.

2.4 Vergleich: Mehrheits- und Konsensdemokratien

Der folgende Blick auf einige Nachbarländer und die USA führt einige realtypische Erscheinungsformen des parlamentarischen Regierungssystems und der Konsens- und Mehrheitsdemokratie vor Augen. Er konzentriert sich auf die Vielfalt und die Breite der Koalitionsregierungen sowie das Auftreten von Minderheitsregierungen. Die zur Illustration eingefügten Schaubilder führen die Parteien entsprechend ihrer Position im politischen Richtungsspektrum von links nach rechts auf.

2.4.1 USA: Präsidentielles Regierungssystem und Konsensdemokratie

Die Demokratievariante des präsidentiellen Regierungssystems ist in Reinkultur allein in den USA anzutreffen. Sie bildet den Gegentypus zum parlamentarischen Regierungssystem. Die parlamentarisch konstituierte Regierung bedarf des Rückhalts und der stetigen Unterstützung durch die regierungstragende Parlamentsmehrheit. Der amerikanische Präsident wird demgegenüber in indirekter Volkswahl für eine festgelegte Amtsperiode gewählt; er darf einmal im Amt bestätigt werden. Förmlich wird der Präsident von einem Wahlmännerkollegium gewählt. Die Wahlmänner sind jedoch nach den Staatengesetzen und nach einer unumstößlichen Konvention verpflichtet, im Kollegium für den Kandidaten zu votieren, für den sich die Mehrheit der Wähler im Staat entschieden hat. Gewählt ist der Kandidat mit der absoluten Mehrheit der Wahlmännerstimmen.

Der Präsident bleibt auch dann im Amt, wenn er mit seinen Vorhaben wiederholt und spektakulär an der Ablehnung des Kongresses scheitert (zum Folgenden Hartmann 2011: 104ff., Shell 2008a). Der Kongress, die Legislative im amerikanischen Regierungssystem, besteht aus dem Repräsentantenhaus und dem Senat. Beide Kammern müssen eine Vorlage wortgleich beschließen, um ein Gesetz zu verabschieden. Der Präsident hat dann immer noch die Möglichkeit, sein Veto gegen dieses Gesetz einzulegen. Nur mit einer Zweidrittelmehrheit kann der Kongress dieses Veto außer Kraft setzen. Verhandlungen und Kompromisse in und zwischen beiden Kammern des Kongresses bestimmen den Modus der Entscheidungsfindung. Das amerikanische Regierungssystem ist auf Konsens gepolt.

Schaubild 7: Mehrheiten und Parteizugehörigkeiten: Präsident und Kongress in den USA

Amtszeit	Präsident	Wahlperiode	Repräsentantenhaus[1]	Senat[1]
1953-1961	Eisenhower (R)	1952-1954	R	R
		1954-1960	D	D
1961-1963	Kennedy (D)	1960-1964	D	D
1963-1969	Johnson (D)	1960-1968	D	D
1969-1974	Nixon (R)	1968-1976	D	D
1974-1977	Ford (R)	1976-1980	D	D
1977-1981	Carter (D)	1980-1982	D	D
1981-1989	Reagan (R)	1982-1984	D	D
		1984-1986	D	R
		1986-1990	D	D
1989-1993	Bush Sr. (R)	1990-1994	D	D
1993-2001	Clinton (D)	1992-1994	D	D
		1994-2000	R	R
2001-2009	Bush Jr. (R)	2000-2008	R	R
2009-2013	Obama	2008-2010	D	D
		2010-2012	R	D

[1] D = Demokratische Mehrheit; R = Republikanische Mehrheit

Das amerikanische Regierungssystem verträgt sich zwar mit Parteien, es kommt aber auch ohne sie aus. Von den Parteien im Kongress erwarten die amerikanischen Bürger nicht allzu viel. Fraktionsdisziplin ist im Kongress die Ausnahme, heterogene und parteiübergreifende Mehrheiten sind die Regel. Wenn die Abgeordneten der im Kongress vertretenen Parteien, wie in den letzten Jahren häufig geschehen, einigermaßen geschlossen votieren, liegt der Grund weniger in einer Disziplin, die von den Parteiführern erzwungen würde, als vielmehr darin, dass sich die Wählerschaft immer stärker in stark polarisierten politischen Lagern positioniert, und diese erwartet von ihren Vertretern in Washington, dort ihre

Überzeugungen zu repräsentieren. Die Repräsentanten und Senatoren sind in erster Linie den Interessen und Stimmungen ihres Wahlkreises bzw. Staates verpflichtet, nicht ihrer Partei. Der Kongress als Ganzes ist eine anonyme Veranstaltung – hochkompliziert und Schauplatz einer Politik von Spezialisten für ein spezielles Publikum. Was dort geschieht, damit die Regierungsmaschinerie nicht zum Stillstand kommt, lässt sich den Wählern kaum vermitteln. Der Kongress als Ganzes ist deshalb wenig populär. Der örtliche Abgeordnete oder Senator ist hingegen höchst real. Er zeigt Präsenz im Wahlkreis, nimmt sich der Probleme seiner Wähler mit den Behörden an und ergreift in Washington Partei für Vorschläge, die seinen Wählern etwas bedeuten.

„Einmal gewählt, steht für einen Senator oder Kongressabgeordneten *die Hege und Pflege seiner Wähler und seines Wahlkreises* im Mittelpunkt seiner Tätigkeit. Es ist zutreffend beobachtet worden, daß die ‚Betreuung der Wähler' in einem Umfang und mit einem Aufwand betrieben wird, der für deutsche Verhältnisse schwer vorstellbar ist. Zunächst einmal sind die Abgeordneten möglichst ständig im Wahlkreis präsent. Repräsentanten verbringen 40 Prozent ihrer Zeit im District. (...) Selbst in den Tagungswochen – und Sitzungen von Plenum, Ausschüssen und Unterausschüssen nehmen in Washington mehr Zeit der Abgeordneten in Anspruch als in Bonn – reist doch mehr als ein Drittel der Repräsentanten am Wochenende in ihre Wahlkreise zurück, und das bei Entfernungen, die in den USA natürlich viel größer als in der Bundesrepublik sind. Senatoren und Abgeordnete unterhalten häufig mehrere Wahlkreisbüros, in denen persönliche Mitarbeiter, die allerdings auf den Gehaltslisten des Kongresses stehen, sich um die Wähler kümmern. Die Zahl der persönlichen Mitarbeiter (...) ist beeindruckend (...), d.h. durchschnittlich 40 für jeden Senator und 18 für jeden Repräsentanten. (...) Ein amerikanischer Parlamentarier (...) muß vor Ort mangels einer kohärenten Parteiorganisation in den meisten Landesteilen seine eigene Organisation unterhalten, und Fraktionen in unserem Sinne gibt es im Kongress nicht. Wenn man so will, stellen in vergleichender Perspektive die persönlichen Mitarbeiter eines amerikanischen Parlamentariers dann so etwas wie einen Partei- und Fraktionsersatz dar. Durchschnittlich 40 Prozent der persönlichen Mitarbeiter sind denn auch vor Ort in den Wahlkreisen tätig (Peter Lösche 1989: Amerika in Perspektive. Politik und Gesellschaft der Vereinigten Staaten, Darmstadt, S. 190f.)."

Erwartungen und Enttäuschungen, die im parlamentarischen System stets eine Partei mitbetreffen, richten sich in den USA ausschließlich auf Personen – sei es auf den Präsidenten oder auf ein Kongressmitglied. Das amerikanische Regierungssystem hält diese Personalisierung gut aus. Der Präsident bleibt auch dann im Amt, wenn er mit seinen Initiativen im Kongress scheitert. Der Abgeordnete kann auch dann für seinen Wahlkreis einen vernünftigen Job leisten, wenn der Präsident einer anderen Partei die Administration führt. Ein Präsidentschaftskandidat muss in seiner Partei zahlreiche Vorwahlen gegen innerparteiliche Wettbe-

2 Das parlamentarische System 51

werber überstehen; erst dann tritt er gegen den Kandidaten der Gegenpartei an. Das mediale Ankommen des Kandidaten beim TV-Publikum ist eine maßgebliche Voraussetzung für den Wahlerfolg. Erfahrung im Management von Regierungsbehörden und in den Feinheiten der Gesetzgebungspolitik sind dafür irrelevant. Entsprechende Defizite zeigen sich erst, wenn der gewählte Präsident regiert.

Der Kongress ist ein Dauerverhandlungsplatz. Darauf begegnen der Präsident und die Administrationspolitiker Hunderten von Kongressmitgliedern, die für bestimmte Regionen, Wahlkreise, Industrien und Bevölkerungsgruppen sprechen (dazu im Vergleich mit dem Deutschen Bundestag: Thaysen/Davidson/ Livingston 1988). Die Traditionsparteien der Demokraten und Republikaner sind für das Funktionieren des Ganzen nicht sehr wichtig. Präsident und Kongressmehrheit arbeiteten im Zeitraum der letzten 70 Jahre häufig in der Konstellation eines „divided government," in dem beide unterschiedlichen Parteien angehörten (Schaubild 7). Dessen ungeachtet hat das Regierungssystem seine Identität gewahrt. Es funktioniert immer noch so wie früher. Im Unterschied zu Frankreich und Großbritannien sind die USA hauptsächlich als Kontrast ein brauchbares Referenzsystem, um den deutschen Gegenwartsparlamentarismus zu verstehen.

2.4.2 Ein quasi-präsidentielles Regierungssystem: Die Schweizer Konsensdemokratie

Die Schweiz kennt wie die USA eine strikte Gewaltentrennung. Ein markanter Unterschied besteht darin, dass die Schweizer Regierung, der Bundesrat, ein Kollegium darstellt. Die sieben Mitglieder des Bundesrates werden von der Bundesversammlung, d.h. von beiden Kammern der Legislative gewählt. Ein im Jahresrhythmus wechselndes Bundesratsmitglied amtiert als Bundespräsident – eine Funktion, die weder ein Weisungsrecht gegenüber den übrigen Bundesräten noch eine Befugnis zur Reorganisation der Ressortzuständigkeiten beinhaltet. Das Präsidentenamt dient ausschließlich der Repräsentation. Der Nationalrat vertritt das schweizerische Volk als Ganzes, der Ständerat die Kantone. Die Kantone wählen ungeachtet ihrer Bevölkerungsgröße eine gleiche Anzahl von Abgeordneten in den Ständerat. Im Gesetzgebungsverfahren sind beide Kammern der Bundesversammlung gleichberechtigt. Der Bundesrat bleibt bis zum Ende der Legislaturperiode im Amt. Eine vorzeitige Ablösung ist nicht möglich. Umgekehrt muss es der Bundesrat bis zur nächsten Wahl mit der Bundesversammlung aushalten.

Unter diesem formalen Gesichtspunkt wäre der Unterschied zum präsidialen System der USA nicht allzu groß. Wichtiger ist aber das Bündnisverhalten der Parteien (dazu und zum Folgenden: Linder 2009). Die großen Parteien bilden seit dem Ende des Ersten Weltkrieges ein Regierungsbündnis. Zunächst kamen die kulturpolitisch verfeindeten Parteien der Katholiken und der Freisinningen (Liberalen) überein, ihre Gegensätze hintan zu stellen und gemeinsam zu regieren. Immer dann, wenn eine weitere Kleinpartei erstarkte, deren Akzeptanz des politischen Systems außer Frage stand, wurde sie in dieses Bündnis integriert (Linder 2005: 36ff.). Auf diese Weise erreichte die Schweiz eine starke Annäherung an die Figur einer Allparteienregierung.

Schaubild 8: Historische Etappen der Dauerkoalition in der Schweiz

Regierungs-Beteiligung	Sozialdemokraten	Liberale	Christliche	Volkspartei
– 1891		▓		
1891 - 1929		▓	▓	
1929 - 1943		▓	▓	▓
1943 -	▓	▓	▓	▓

Die historisch gewachsene, konsensbetonte politische Kultur bietet den Schlüssel zum Verständnis der schweizerischen Politik, dem „Entscheidungssystem der Konkordanz (Linder 2005: 301ff.)." Seit dem Zugeständnis eines zweiten Regierungsvertreters an die Sozialdemokraten im Jahr 1959 galt bis 2003 für die Regierungsbildung die so genannte Zauberformel – zwei liberale, zwei christliche und zwei sozialdemokratische Bundesräte, ein Bundesrat von der Volkspartei.

Unterschiede zwischen den Parteien sind weiterhin erkennbar, sowohl in der Programmatik als auch im sozialen, regionalen und konfessionellen Profil ihrer Wähler. Nur artikulieren sich diese Unterschiede bei den großen Parteien nicht im Wechsel von Regierungs- und Oppositionsparteien. Die Sozialdemokraten haben ihre Position im Parteiensystem gehalten, links davon hat sich eine Grüne Partei etabliert. Die christliche Partei leidet unter starker Auszehrung, auch die Freisinnigen verlieren an Unterstützung. Die seit Jahren im Aufwind befindliche Volkspartei (Klöti 2001) mit lediglich einem einzigen Bundesrat erreichte im Laufe der Zeit fast so viele Stimmen wie diese beiden Parteien zusammen. Die Volkspartei verlangte deshalb mit Erfolg einen zweiten Bundesrat, die Christlichen mussten sich fortan mit lediglich einem begnügen (2003). Die Rolle einer unbequemen Opposition wird heute von den Grünen wahrgenommen (dazu ausführlich Ladner 2006).

Die Auseinandersetzungen zwischen den Regierungsparteien werden in den Konferenzräumen und Hinterzimmern des Berner Politikbetriebs ausgetragen. Sie hinterlassen ihre Spuren in einer geringen Fraktionsdisziplin, die niemanden groß stört, weil es beim supergroßen Parteienbündnis im Regelfall zur Mehrheit reicht. So gibt es in der Schweiz also weder die parlamentarismustypische Rollenteilung von Regierungsmehrheit und Opposition noch den für das präsidentielle System typischen Dualismus von Exekutive und Legislative. Die supergroße Regierungskoalition nivelliert zudem die Unterschiede in den Mehrheitsbildern des National- und des Ständerates. Bei allen Veränderungen in der Parteienszenerie, die auf ein steigendes Konfliktniveau deuten, zeigt das Gesamtbild immer noch eine starke Annäherung an die idealtypische Konsensdemokratie.

2.4.3 Großbritannien: Musterfall der parlamentarischen Mehrheitsdemokratie

Die parlamentarischen Regierungssysteme in Europa weisen eine breite Vielfalt auf. Die Regierungsabhängigkeit vom Parlament ist im Regelfall gleichbedeutend mit der Abhängigkeit von einem Regierungsbündnis. Großbritannien kennt als Regelfall die Regierungsfähigkeit einer einzigen Partei.

Die Krone hat dort nur mehr zeremonielle Befugnisse. Sie ernennt zwar den Premierminister, aber sie hält sich eisern an die Regel, denjenigen Parteiführer zu ernennen, dessen Partei die Mehrheit der Mandate im Unterhaus besitzt. Diese Regel ist eines der wichtigsten Elemente einer Verfassung, die im Wesentlichen auf Konventionen beruht. Ein durch besondere Abstimmungsquoren geschütztes Verfassungsrecht gibt es nicht. Und die wenigen Verfassungsdokumente sind zum größeren Teil Jahrhunderte alt. Aufschluss über die politische Praxis geben sie nicht. Die Konventionen aber, der Kern der Verfassung, bildeten sich im Laufe der Jahre und Jahrzehnte als Gepflogenheiten, die von allen maßgeblichen politischen Akteuren anerkannt sind. Wenn alte Gewohnheiten ihre Kraft verlieren, kommt dies einem Verfassungswandel gleich. Mit Blick auf diese Verfassung, die als eine Verfassungspraxis zu verstehen ist, zeichnet sich die britische Demokratie durch einen breiten Konsens aus. Dieser Konsens bezieht sich aber lediglich auf Institutionen und Verfahren. Die politischen Inhalte, z.B. die Wirtschafts-, Sozial-, Bildungs- und Außenpolitik, werden auf der Grundlage dieses Konsenses häufig kontrovers und mit knappen Mehrheiten entschieden. In der politikwissenschaftlichen Literatur wird Großbritannien deshalb mit guten Gründen als Musterfall einer Mehrheitsdemokratie dargestellt.

Das Parlament besteht aus Unterhaus und Oberhaus. Die parlamentarischen Funktionen werden ausschließlich vom Unterhaus wahrgenommen. Das Oberhaus mit seinen heute knapp 700 ernannten und gut 90 erblichen Mitgliedern spielt seit mehr als hundert Jahren eine zu vernachlässigende Rolle.

Eine der wichtigsten politischen Konventionen besagt, dass der Premierminister zurücktreten muss, wenn er seine Mehrheit im Unterhaus verliert. Die Fraktionen im Unterhaus praktizieren strikte Fraktionsdisziplin. Gegenstimmen aus dem Regierungslager sind symbolische Akte und politische Signale an die Regierung, dass die Abgeordneten der Regierungsmehrheit nicht alles mit sich machen lassen.

In Großbritannien konkurrierten bis vor wenigen Jahren lediglich zwei ernstzunehmende Parteien – Konservative und Labour Party. Regierungen sitzen für gewöhnlich fest im Sattel. Bis vor kurzem konnte der Premierminister sogar vor Ablauf der Legislaturperiode entscheiden, wann das Unterhaus aufgelöst wurde. Er wählte den bestmöglichen Zeitpunkt, d.h. wenn die Demoskopen seiner Partei ein Popularitätshoch attestierte. Politik und Person des Premierministers sind der stärkste Aktivposten, mit dem eine Regierungspartei um die Bestätigung ihrer Parlamentsmehrheit wirbt (Sturm 2009b, 1998). Das Erstarken einer dritten größeren Partei, der Liberaldemokraten, erzwang im Jahr 2010 nach mehr als einem halben Jahrhundert die Bildung einer Koalitionsregierung. Einer Forderung der Liberaldemokraten entsprechend, ließen sich die Konservativen dazu bewegen, dem Premierminister das Recht zur Auflösung des Unterhauses zu nehmen. Seit November 2011 gilt ein Gesetz, wonach das Unterhaus mit einem Quorum von zwei Dritteln seiner Mitglieder selbst entscheidet, ob es vor Ablauf der Legislaturperiode zur Neuwahl kommen soll. Eine Parlamentsauflösung gegen den Willen der Opposition ist damit ausgeschlossen. Eine weitere Koalitionsvereinbarung, das Kernanliegen der Liberaldemokraten überhaupt, ging dahin, vorbehaltlich eines Referendums das Wahlsystem zu Gunsten einer besseren Repräsentation der Kandidaten kleinerer Parteien abzuändern. Die Mehrheit der Briten sprach sich 2011 allerdings gegen ein neues Wahlrecht auf. Ob es unter diesen Auspizien in Zukunft noch des Öfteren zu Koalitionsregierungen kommen wird, bleibt abzuwarten.

Schaubild 9: Regierungsmehrheit in Großbritannien

	Labour	Konservative	Liberaldemokraten
1945 - 1951	■		
1951 - 1964		■	
1964 - 1970	■		
1970 - 1974		■	
1974[1]	■		
1974 - 1979	■		
1979 - 1997		■	
1997 – 2010	■		
2010-		■	■

[1] Minderheitsregierung.

Die Konservative Partei in Großbritannien hat sich den Ruf erarbeitet, mit einem Regierungschef an ihrer Spitze nicht zimperlich umzugehen, wenn ihn die politi-

2 Das parlamentarische System 55

sche Fortune verlässt: wenn er als Aktivposten im nächsten Wahlkampf nicht mehr überzeugt. Die konservative Unterhausfraktion sieht in ihrer Satzung die Möglichkeit vor, den Parteichef mit einem konstruktiven Misstrauensvotum abzuwählen.

Solange der Regierungschef den Rückhalt seiner Unterhausfraktion genießt, beherrscht er den Regierungs- und Gesetzgebungsprozess. Das Gleiche gilt, wie das Koalitionsexperiment mit den Liberaldemokraten seit 2010 zeigt, auch dann, wenn ein Koalitionspartner seine Politik mitträgt. Weil die beiden großen Parteien, die sich beim Regieren abwechseln, sehr unterschiedliche politische Konzepte vertreten und im Regelfall auch keinen Koalitionspartner brauchen, fallen die politikinhaltlichen Pendelausschläge eines Regierungswechsels gelegentlich sehr drastisch aus.

Solange die Konservativen und die Labour Party im Konzept des Wohlfahrtsstaates grundlegend übereinstimmten, dies galt für die ersten drei Nachkriegsjahrzehnte, machte sich ein Regierungswechsel moderat bemerkbar; es überwog die Kontinuität mit der Vorgängerregierung. Ein Regierungswechsel an der Themse ist ein politischer Schaltvorgang mit weit größeren kurz- und langfristigen Konsequenzen als an der Spree. Als mit dem Wandel der Konservativen zu einer neoliberalen Partei in den 1970er Jahren der Konsens über den Sozialstaat und die Rolle des Staates in der Wirtschaftspolitik zerbrach, hatte dies schwerwiegende Konsequenzen. Die Grenzen zwischen Markt und Staat wurden neu gezogen, die Gewerkschaften diszipliniert. Eine De-Industrialisierung der britischen Wirtschaft setzte ein, die Schere zwischen Arm und Reich öffnete sich immer stärker – und die Premierministerin Margaret Thatcher, die dies alles bewerkstelligt hatte, fuhr einen Wahlerfolg nach dem anderen ein. Die Labour Party, eine Partei mit einem traditionell starken linken Flügel, wusste darauf nicht zu reagieren. Als es ihr nach Jahren schwerster innerparteilicher Turbulenzen gelang, 1997 wieder die Regierung zu stellen, passte sie sich selbst der liberalen Wirtschaftspolitik an (Helms 1997c). Diese Entwicklung wiederum förderte die Attraktivität der Liberaldemokratischen Partei. Sie brach das Duopol der beiden Traditionsparteien zunächst beim Wähler und mit einiger Zeitverzögerung – wegen des Mehrheitswahlsystems – auch im Unterhaus auf (dazu ausführlich Sturm 2009a: 151ff.; Helms 2006).

2.4.4 Frankreich: Semi-präsidentielles Regierungssystem und Mehrheitsdemokratie

Das Regierungssystem der V. Französischen Republik fußt im Exekutiv- und im Legislativbereich auf Doppelstrukturen. Die Nationalversammlung wird direkt gewählt, sie ist die Vertretung des französischen Volkes. Die zweite Kammer der

Legislative, der Senat, ist als Vertretung der Amts- und Mandatsträger in den Départements, d.h. den traditionellen Verwaltungsgliederungen Frankreichs, ausgestaltet. Zwar müssen beide Kammern einen Gesetzesbeschluss übereinstimmend verabschieden. Aber der Senat hat keineswegs die Verweigerungsmacht des Deutschen Bundesrates. Wenn die Regierung bestimmt, dass bei Nichtübereinstimmung beider Kammern allein das Votum der Nationalversammlung zählt, ist der Senat politisch ins Aus gestellt.

Der direkt gewählte Staatspräsident schlägt den Ministerpräsidenten als Regierungschef vor. Dieser bedarf jedoch des Vertrauens der Nationalversammlung. Nach seiner Ernennung kann der Ministerpräsident die Nationalversammlung um eine förmliche Vertrauensabstimmung bitten, er muss es aber nicht. Die Nationalversammlung hat im Übrigen das Recht, dem Regierungschef das Vertrauen zu entziehen. Die Verfassung legt die Hürden für ein erfolgreiches Misstrauensvotum sehr hoch. Die Frist zwischen Antrag und Misstrauensvotum muss mindestens 48 Stunden betragen, der Antrag bedarf der Mehrheit der gesetzlichen Mitglieder; Enthaltungen werden nicht gezählt und unterstützen somit den Regierungschef. Verknüpft die Regierung mit einem Gesetzesentwurf die Vertrauensfrage und kommt es binnen 24 Stunden zu keiner Abstimmung, gilt das Gesetz als angenommen. Die ganze Verfassungskonstruktion ist darauf angelegt, dass die Regierung möglichst im Amt bleibt.

Die Verfassung schnürt das Handeln des Gesamtparlaments mit Bestimmungen über die innere Organisation der Nationalversammlung und des Senats (zum Beispiel über Sitzungsdauer, Anzahl der Parlamentsausschüsse, vorrangige Beschlussfassung über Regierungsvorlagen, rigide Abstimmungsprozeduren) so stark ein, dass die Regierung den Gesetzgebungsprozess beherrscht. Hintergrund dieses sogenannten „rationalisierten Parlamentarismus" war der Vorsatz der Verfassungsschöpfer der V. Republik, die in den Vorgängerrepubliken beherrschende Rolle des Parlaments und der politischen Parteien im politischen Geschehen ein für allemal zu beenden.

Der präsidiale Drall des französischen Parlamentarismus artikuliert sich unter anderem darin, dass der Präsident nach Ermessen den Regierungschef auswechseln darf (dazu und zum Folgenden: Kempf 2007: 48ff.). Dieses Recht läuft allerdings leer, wenn der Präsident und die Parlamentsmehrheit unterschiedlichen politischen Lagern angehören. Für diese Konstellation hat sich die Bezeichnung der Kohabitation eingebürgert.

> „In der ‚cohabitation' (...) erlauben diese Kompetenzen (des Präsidenten, J.H.) ihm weder die Richtlinien zu bestimmen, noch sie durchführen zu lassen und über ihre Ausführung zu wachen. (...) Der Staatschef hat keine Kompetenzen bei der Gesetzgebung (...), und die Verordnungsgewalt liegt überwiegend beim Premierminister. Das weite Feld der Innen-, Kultur-, Wirtschafts- und Finanzpolitik (...) ist der Mit-

2 Das parlamentarische System

wirkung des Präsidenten damit praktisch entzogen. (...) Er (der Staatschef, J.H.) führt den Vorsitz im wöchentlich zusammentretenden Ministerrat. (...). Auch wenn er dabei nicht ganz auf die symbolische Rolle des Präsidenten der III. Republik zurückgedrängt wird, kann er mit diesem ‚Privileg' kaum etwas bewirken. Er kann Beschlüsse des Ministerrates weder erzwingen noch verhindern. Im übrigen werden die Entscheidungen faktisch von der Regierung (Conseil de cabinet, ohne den Präsidenten) oder von verschiedenen Regierungsausschüssen getroffen. Der Ministerrat ‚ratifiziert' im wesentlichen die Vorentscheidungen und dient dem Präsidenten als Informationsquelle (Adolf Kimmel: Der Verfassungstext und die lebenden Verfassungen, in: Marieluise Christadler und Henrik Uterwedde (Hrsg.), Länderbericht Frankreich. Geschichte – Politik – Wirtschaft – Gesellschaft, Bonn 1999, S. 317f.)."

Zwar führt der Präsident den Vorsitz im Staatsrat, wo die förmlichen Regierungsbeschlüsse fallen. Dieses Recht hat aber nur Bedeutung, wenn er von der parlamentarisch gestützten Regierung als Führer ihres politischen Lagers anerkannt ist. Im Unterschied zum üblichen Zuschnitt des Staatsoberhauptes im parlamentarischen System darf der französische Präsident auf Antrag des Regierungschefs die Auflösung des Parlaments anordnen. Gehören beide derselben Partei an, kann der Präsident diesen Antrag „bestellen." Gehört der Präsident derselben Partei an wie die Regierungsmehrheit, dann geht die Richtliniengebung faktisch, wenn auch nicht technisch, an ihn über. In dieser Konstellation gewinnt das Regierungssystem eine präsidentielle Komponente, ohne aber die Eigenschaften des parlamentarischen Systems, d.h. die Abhängigkeit der Regierung von einer Parlamentsmehrheit, abzulegen.

„Daß der Ministerrat in der V. Republik kaum mehr als ein lediglich formales Beschlußorgan darstellt, hat die politikwissenschaftliche Forschung überzeugend herausgearbeitet. (...) So fallen die Entscheidungen in der Regel schon vor den regulären Kabinettssitzungen: entweder in den regelmäßigen Gesprächen zwischen Staatspräsident und Premierminister oder in interministeriellen Sitzungen, den sogenannten Conseils interministériels oder restreints, unter Vorsitz des Staatschefs. Es handelt sich dabei (...) um Ad-hoc-Zusammenkünfte, an denen neben den beiden Spitzen der Exekutive die jeweils zuständigen Minister sowie die hohen Beamten teilnehmen. (...) Während der ersten ‚Cohabitation' (fanden) fast keine Conseils restraints statt. (...) Neben diesen Konferenzen sind die Comités restraints unter Leitung des Premierministers zu erwähnen, an denen nur er und von ihm eingeladene Minister teilnehmen. Eventuelle Entscheidungen dieser Gremien besitzen freilich keinen endgültigen Charakter. Dies bewiesen zahlreiche Fälle, in denen sich ein überstimmter Minister um Klärung an den Élysée-Palast wandte oder sogar den Staatspräsidenten direkt um Berücksichtigung seines ‚abweichenden Standpunktes' bat – meist mit dem Ergebnis, daß dieser die definitive Entscheidung traf. Allerdings hatte dieses Politikmuster in Zeiten der ‚Cohabitation' keinen Bestand (Udo Kempf: Das politische System Frankreichs, 3. Aufl., Opladen und Wiesbaden 2007, S. 73)."

Schaubild 10: Regierungsmehrheiten in Frankreich

	Kommunisten	Sozialisten	Radikalliberale	Republikaner	Neogaullisten
1959 - 1974					■
1962 - 1981				■	■
1981 - 1984	■	■	■		
1984 - 1986		■	■		
1986 - 1988[1]			■	■	■
1988 – 1993[2]		■			
1993 - 1995[1]			■	■	■
1995 - 1997			■	■	■
1997 - 2002	■	■	■		
2002 - 2012[3]			■	■	■
2012-		■			

[1] Kohabitationsregierungen.
[2] Minderheitsregierungen, unterstützt von Abgeordneten kleinerer linker Parteien.
[3] Republikaner und Neogaullisten sind seit 2002 vereinigt in der Partei UMP (Union für eine Volksbewegung, davor mit den gleichen Initialen Union für eine Mehrheit des Präsidenten).

Die Kohabitation tritt seit 1986 des Öfteren auf. Kohabitationsphasen zeichnen sich durch Konflikte zwischen den politischen Lagern aus. Der Regierungschef sitzt dabei aber stets fest im Sattel. Zwangsläufig agiert der Präsident in der Kohabitation eher wie ein zeremonielles Staatsoberhaupt (Eilfort 1997).

Der Präsidialzustand mit der nachrangigen Rolle der Regierung wird von jeder größeren Partei Frankreichs angestrebt, die überhaupt die Aussicht hat, mit einem der Ihren ins Präsidentenamt zu gelangen. Um die Wahrscheinlichkeit der Kohabitation zu verringern, wurde 2000 ein Plebiszit angesetzt. Das Volk entschied, die Amtsperiode von sieben auf fünf Jahre zu verkürzen. Weil sich die regierende Rolle des Präsidenten allein auf den Rückhalt einer nahestehenden Parlamentsmehrheit stützt, hat die Regierung in einer Kohabitation freie Bahn für ihre Pläne. Zum Vergleich: In der Sprache der Institutionentheorie ist der Deutsche Bundesrat ungeachtet der Zusammensetzung der Bundesregierung ein Vetospieler mit großer Verhinderungsmacht. Der Präsident Frankreichs ist kein Vetospieler. Vielmehr ist er ein Agenda setter, wenn er von der Parlamentsmehrheit als politischer Führer anerkannt wird. Er kann zum starken Vetospieler werden, wenn eine andere Partei die Regierung stellt. Diese Rolle ist aber konditioniert. Beherrschen seine politischen Gegner das Parlament, kann er allenfalls noch mit seiner herausgehobenen Rolle in der Außen-, Europa- und Verteidigungspolitik aktiv am Regierungsgeschehen teilnehmen. Auch Frankreich verkörpert eine Mehrheitsdemokratie. Ob die Regierungspolitik nun in der Regie des Präsidenten vonstattengeht oder in der des Regierungschefs: Ein Regierungswechsel macht sich auch hier – wie in Großbritannien – deutlicher in einem Politikwechsel bemerkbar als in Ländern, die von Koalitionen regiert werden (zum Parteiensystem: Höhne 2006).

Die Vorgängerrepubliken der V. Republik waren durch große Parteienvielfalt im Parlament und durch labile und kurzlebige Regierungskoalitionen geprägt. Bereits das Scheitern der III. Republik im letzten Weltkrieg wurde von Teilen der politischen Elite dem entscheidungsschwachen, hyperparlamentarischen Regierungssystem angelastet. Die ganz ähnlich verfasste IV. Republik scheiterte in der Belastungsprobe, sich von Algerien zu trennen, de facto eine Kolonie, förmlich jedoch Teil des französischen Staatsgebiets und die Heimat von zuletzt gut einer Million Auslandsfranzosen. Die anfänglich zwischen den politischen Lagern stark umstrittene Verfassung der V. Republik ist heute Bestandteil eines übergreifenden politischen Konsenses. Wie in Großbritannien handelt es sich aber um einen Konsens in Institutionen- und Verfahrensfragen. Die politischen Inhalte sind zwischen den politischen Lagern umstritten. Auch Frankreich ist eine lupenreine Mehrheitsdemokratie.

2.4.5 Österreich und die Niederlande: Konsensdemokratie

Österreich hat ein parlamentarisches System. Im Zentrum des parlamentarischen Geschehens steht der Nationalrat: diejenige Kammer des Parlaments, welche die Regierung trägt. Der Bundesrat ist die Vertretung der Länder. Er wirkt an der Gesetzgebung mit, kann bei Differenzen mit dem Nationalrat aber überstimmt werden. Die für die österreichische Politik maßgebliche Tatsache ist die Notwendigkeit, in Koalitionen zu regieren. In den ersten beiden Nachkriegsjahrzehnten bildeten Sozialisten und Volkspartei eine Große Koalition. Angesichts des deutsch-nationalen Images der Freiheitlichen (Liberalen), die damals aus außenpolitischen Gründen nicht regierungsfähig waren, gab es keine Alternative.

Diese lange Periode der Großen Koalition, die von 1945 bis 1966 währte, sollte das politische System dauerhaft prägen. Sie war die Lehre aus der turbulenten innenpolitischen Situation Österreichs nach dem Ersten Weltkrieg. Damals bekämpften sich das bürgerlich-konservative und das sozialistische Lager. Die Konservativen etablierten 1932 eine autoritäre Diktatur, 1934 kam es gar zu bürgerkriegsartigen Auseinandersetzungen. Zum Trauma der Lagerkämpfe in dieser Ersten Republik kamen 1938 der Anschluss an das Deutsche Reich und der Krieg hinzu. Die Führer beider großer Nachkriegsparteien, der Volkspartei (ÖVP) und der Sozialisten (SPÖ), zogen aus dieser Vergangenheit die Lehre, das

Trennende zurückzustellen und gemeinsam zu regieren. Die Freiheitliche Partei Österreichs (FPÖ) mit ihrem deutsch-konservativen Image wurde als Partner gemieden. Die positive Erfahrung dieser Großen Koalition wurde zum Grundkapital einer politischen Kultur, die den politischen Konsens weit über Institutionen- und Verfahrensfragen hinaus schätzt. Als die erste Große Koalition 1966 zerbrach, kamen die unterschiedlichsten Koalitionen zustande, Alleinregierungen der Volkspartei und der Sozialisten sowie Bündnisse einer dieser Parteien mit den liberalkonservativen Freiheitlichen (FPÖ); später wurden erneut Große Koalitionen gebildet (Schaubild 11). Die allseitige Koalitionsfähigkeit deutet auf eine Konsensdemokratie. Der Konsens ist heute freilich schmaler in den ersten Nachkriegsjahrzehnten. Obgleich zu den jahrzehntelang auf der politischen Bühne dominierenden Freiheitlichen, den Sozialdemokraten und der Volkspartei lediglich die Grünen hinzugetreten sind,

Schaubild 11: Regierungskoalitionen in Österreich

	Sozialdemokraten[1]	Volkspartei	Freiheitliche
1945 - 1966			
1966 - 1970			
1970[2]			
1971 - 1983			
1983 - 1987			
1987 - 2000			
2000 - 2003			
2003 - 2007[3]			
2007 -			

[1] Bis 1991 Sozialistische Partei Österreichs, seither Sozialdemokratische Partei Österreichs.
[2] Minderheitsregierung, unterstützt von Abgeordneten kleinerer linker Parteien.
[3] Zusammen mit BZÖ (Bündnis Zukunft Österreich, Abspaltung von der FPÖ).

sind Koalitionen schwieriger geworden. Einer der Gründe liegt im Wandel der FPÖ zu einer rechtspopulistischen Partei. Dieser wurde von ihrem langjährigen Vorsitzenden Jörg Haider bewerkstelligt. Die Volkspartei verlor durch diese starke Konkurrenz am rechten Rand erheblich an Stimmen. Die Etablierung der Grünen im Parteiensystem ging – ähnlich wie in Deutschland – auf Kosten der Sozialdemokraten vonstatten (dazu ausführlich Plasser/Ulam 2006). Eine modellhafte Konsensdemokratie ist Österreich heute nicht mehr. Konsensdemokratische Praktiken sind aber noch höchst lebendig. Die großen Parteien haben es nicht verlernt, miteinander auszukommen.

2 Das parlamentarische System

Schaubild 12: Regierungskoalitionen in den Niederlanden

	Arbeiterpartei	Demokraten	Christdemokraten	Liberale
1948 - 1951	■		■	
1951 - 1958	■		■	■
1958 - 1959[1]	■			
1959 - 1965			■	■
1965 - 1966	■		■	
1967 - 1972			■	■
1972 - 1977	■	■	■	
1977 - 1981			■	■
1981 - 1982	■	■	■	
1982		■	■	
1982 - 1989			■	■
1989 - 1994	■		■	
1994 - 2002	■	■		■
2002 - 2003[2]			■	■
2003 - 2006		■	■	■
2006 - 2007			■	■
2007 - 2010	■		■	
2010 -			■	■

[1] Minderheitsregierung.
[2] Zusammen mit der rechtspopulistischen Lijst Pim Fortuyn.

Die Niederlande haben ein schlankes parlamentarisches System. Das Parlament, die Generalstaaten, setzt sich aus der Zweiten Kammer, dem für die Regierungsbildung und Gesetzgebung wichtigen Organ, und einer Ersten Kammer zusammen. Letzterer kommt als Vertretung der Provinzen keine nennenswerte Bedeutung zu. Minister und Staatssekretäre dürfen dem Parlament nicht angehören (Inkompatibilität). Die Parteienlandschaft ist vielfältig. Sie konzentriert sich heute auf vier größere Parteien. Die historische Grundlage für den parteienübergreifenden Konsens wurde 1917 gelegt. Damals einigten sich die protestantischen Parteien und die katholischen Partei mit den Liberalen auf einen Kompromiss in der stark umstrittenen Frage einer konfessionellen Kontrolle des Schul- und Bildungswesens. Dieser Kompromiss verpflichtete den Staat, allen Bürgern sowohl konfessionelle als auch nicht-konfessionelle Bildungseinrichtungen anzubieten.

Die Parteien, die hier einen innenpolitischen Burgfrieden schlossen, waren damals durch die revolutionären Ereignisse in Russland und die Furcht vor der Linken im eigenen Land zusammengeschweißt. In den 1930er Jahren wurden schließlich auch die Sozialdemokraten (Arbeiterpartei (PvdA)) in die Regierungsbündnisse integriert. Ihre Staatstreue stand nunmehr außer Frage. Angesichts des aggressiven deutschen Nachbarn war um diese Zeit innenpolitische Geschlossenheit ein hohes politisches Gut. Der Parteienkonsens sollte sich in der gemeinsamen Regierungsarbeit bewähren. Mit wenigen Ausnahmen bildeten die konfessionellen Parteien, die sich 1977/80 zur einer christlich-demokratischen Partei (CDA) zusammenschlossen, die Achse der Regierungsbündnisse (Schaubild 12). Sie hatten in den Liberalen, d.h. der rechtsliberalen Partei für Freiheit und Fortschritt (VVD) eine Alternative zum Bündnis mit der Arbeiterpartei.

Bis in die 1960er Jahre hinein galten die Niederlande als ein weiteres Musterbeispiel der europäischen Konsensdemokratie. Wie in Österreich holten allerdings neue gesellschaftliche Herausforderungen weitere Spieler in die parteipolitische Arena, zunächst die Demokraten, die 1966 mit dem Rückenwind wachsender Unzufriedenheit mit dem Parteienkartell der Arbeiterpartei, der Liberalen und der Konfessionellen in das Parlament einzogen (dazu ausführlich: Lucardie 2006). Später kamen die Grünen hinzu. Noch später trat auch eine rechtspopulistische Partei auf (Liste Fortuyn). Sie überlebte den Tod ihres Gründers allerdings nicht. Ihre Themen allerdings wurden von den Liberalen aufgenommen. Seit mehr als 30 Jahren hat sich die niederländische Politik insgesamt in Richtung auf ein System entwickelt, in dem kleine, lagerorientierte Bündnisse an Bedeutung gewonnen haben, ohne dass der Konsensvorrat so stark aufgezehrt wäre, um notfalls auch Große Koalitionen zu bilden..

2.4.6 Dänemark und Schweden: Konsensdemokratie auch bei Minderheitsregierung

Schweden besitzt ein parlamentarisches System besonderer Art. Der Regierungschef kann gegen zwar gegen seinen Willen durch ein Misstrauensvotum vom Reichstag gestürzt werden. Die Möglichkeit der vorzeitigen Parlamentsauflösung ist in der Verfassung aber nur unter extremen Ausnahmebedingungen vorgesehen. Der Regierungschef räumt nach einer Konvention aus freien Stücken seinen Platz, sobald die Wahlergebnisse zeigen, dass er die Unterstützung der Wähler verloren hat. Verliert er im Laufe der Legislaturperiode den parlamentarischen Rückhalt, bleibt er im Amt, solange ihm das Parlament nicht ausdrücklich das Misstrauen ausspricht. Im Nachbarland Dänemark allerdings, das stärker dem idealtypischen Parlamentarismus entspricht, darf der Premierminister das Parlament auflösen, wenn es ihm opportun erscheint.

2 Das parlamentarische System

Beide Länder besitzen Einkammerparlamente. Im Zuge umfassender Verfassungsrevisionen wurden die früher einmal als Vertretungen der regionalen Verwaltungsgliederungen vorhandenen Zweiten Kammern abgeschafft.
Die politischen Strukturen Skandinaviens sind durch historische Allianzen der Staatsbürokratie teils mit dem gewerblichen Bürgertum, teils mit der Großlandwirtschaft, sowie durch Stadt-Land-Unterschiede und Bündnisse der sozialdemokratischen Parteien mit den politischen Vertretungen der Kleinbauern geprägt. Die Arbeiter- und die Bauernparteien eroberten an den Wahlurnen bereits vor dem letzten Weltkrieg die Regierungsmacht. Sie bauten einen in aller Welt lange bewunderten und trotz mancher Verschlankung im Großen und Ganzen auch heute noch intakten Wohlfahrtstaat auf. Das Aufkommen der ökologischen Bewegung, die wie im übrigen Europa grüne Parteien entstehen ließ, ferner das Vorhandensein linkssozialistischer Parteien und schließlich die Hinwendung konservativer Parteien zur neoliberalen Ideologie veränderten die Parteienlandschaft und komplizierten die Regierungsbildungen.

Eine Koalitionsregierung aus mehr als zwei Parteien ist in Dänemark von jeher nicht ungewöhnlich. In Schweden bestimmt sie seit gut drei Jahrzehnten das Bild. Minderheitsregierungen sind in beiden Ländern nichts Ungewöhnliches. Hinter dieser leicht missverständlichen Bezeichnung verbergen sich Absprachen mit Parteien, die der Regierung zwar nicht angehören und insoweit formal der Opposition zuzurechnen sind, aber von Fall zu Fall – stets an ein bestimmtes Projekt gebunden – mit der Regierung kooperieren und ihr die erforderliche Mehrheit verschaffen.

Allein die in dieser Praxis zum Ausdruck kommende Einigungsfähigkeit weist diese skandinavischen Länder als Konsensdemokratien aus. Zwischen den beiden Polen des Parteiensystems, hier die Sozialdemokraten, dort die wirtschaftsliberalen Konservativen, sind liberale Parteien unterschiedlicher Schattierung sowie christliche Kleinparteien und zentristische Parteien anzutreffen. An den Regierungskoalitionen ist im Allgemeinen eine der großen Parteien am linken und am rechten Pol des Parteiensystems beteiligt, in Schweden allerdings ausgeprägter als in Dänemark. Zur letzten Wahl des schwedischen Reichstages traten jeweils Sozialdemokraten, Linkssozialisten und Grüne sowie die Mittepartei des Zentrums, die Konservativen und die der linken Mitte zuzuordnenden Liberalen in Wahlbündnissen gegeneinander an.

Schaubild 13: Regierungskombinationen in Dänemark

	Sozialdemo-kraten	Sozial-liberale	Zen-trum	Christl. Volksp.	Liberale	Konser-vative
1953 - 1957[1]	■					
1957 - 1960[2]	■	■				
1960 - 1964[1]	■					
1964 - 1968[1]	■					
1968 - 1971		■			■	■
1971 - 1973[1]	■					
1973 - 1975[1]					■	
1975 - 1978[1]	■					
1978 - 1979[1]	■				■	
1979 - 1982[1]	■					
1982 - 1988[1]			■	■	■	■
1988 - 1990[1]		■			■	■
1990 - 1993[1]					■	■
1993 - 1994	■	■	■	■		
1994 - 1996[1]	■	■	■			
1996 - 2001[1]	■	■				
2001 - 2011[1]					■	■
2011-[3]	■	■				

[1] Minderheitsregierungen bzw. Minderheitskoalitionen.
[2] Gemeinsam mit Dänischer Rechtsbund (DR).
[3] Gemeinsam mit den Volkssozialisten

Die Mehrheitsbeschaffungspraxis der Minderheitsregierungen unterstreicht die Übereinstimmung der Parteien in vielen wichtigen innen- und außenpolitischen Fragen. Die breite gesellschaftliche Akzeptanz des vor langer Zeit von sozialdemokratischen Regierungen aufgebauten Wohlfahrtsstaates erleichtert den Parteien die Verständigung.

2 Das parlamentarische System

Schaubild 14: Regierungskombinationen in Schweden

	Linkspartei	Sozialdemokraten	Liberale	Zentrum	Christdemokraten	Konservative
1945 - 1951[1]		✓				
1951 - 1957		✓		✓		
1957 - 1968[1]		✓				
1968 - 1970		✓				
1970 - 1976[1]		✓				
1976 - 1978			✓	✓		✓
1978 - 1979[1]			✓			
1979 - 1981			✓	✓		✓
1981 - 1982[1]			✓	✓		
1982 - 1990[1]		✓				
1991 - 1994[1]			✓	✓	✓	✓
1994 - 2006[1]		✓				
2006 -[1]			✓	✓	✓	✓

[1] Minderheitsregierungen.

2.5 Fazit

Die Verfassungsvorgaben für das Regierungssystem besagen nicht allzu viel über die Mehrheits- oder Konsensorientierung des politischen Systems. Im präsidentiellen System der USA sind die Konsenszwänge übermächtig; sie sind von der Verfassung gewollt. Die Einschätzung des parlamentarischen Regierungssystems als Erscheinungsform einer Mehrheits- oder einer Konsensdemokratie ist allein durch die Beobachtung der Koalitionsbilder über einen längeren Zeitraum möglich. Koalitionen mit großem Mehrheitsüberschuss, exemplarisch sind die sogenannten großen Koalitionen der stärksten Parteien, zeigen ebenso wie die Praxis langjährig arbeitender Minderheitsregierungen einen breiten Konsensvorrat an. Sie charakterisieren die Alpenrepubliken, die Niederlande und die skandinavischen Demokratien. Es handelt sich hier um Länder mit sehr unterschiedlichen politischen Traditionen und Parteiensystemen. In Frankreich und Großbritannien lässt sich unschwer der Typus der Mehrheitsdemokratie erkennen.

Die Bundesrepublik Deutschland bietet bei der Regierungsbildung und im Regierungsalltag das Bild einer moderaten Mehrheitsdemokratie – moderat deshalb, weil keine große Partei allein regieren kann. Blickt man jedoch auf den

Gesetzgebungsprozess und insbesondere auf den Bundesrat, rücken die Oppositionsparteien im Bundestag als kuriose Mitgestalter der Bundespolitik ins Blickfeld. Der Bundesstaat ist die große Konsensmaschine im politischen System der Bundesrepublik.

3 Der Bundesstaat: eine Kamouflage für den Einheitsstaat?

Der Bundesstaat hat in Deutschland Tradition. Klären wir zunächst, was ein Bundesstaat ist. Die Minimaldefinition des Bundesstaates lautet, dass sich die Souveränität des Staates auf die Ebenen des Gesamtstaates, den Bund, und auf die Ebene der Gliedstaaten – mit unterschiedlichen Benennungen: Staaten, Länder, Kantone, Provinzen – verteilt.

„Am häufigsten wird der Begriff Föderalismus heute im institutionell-staatsrechtlichen Sinne für einen Staatsaufbau verwendet, der aus (mehr oder minder) selbständigen Gliedstaaten (...) und dem durch Zusammenschluß gebildeten Zentralstaat besteht. Ein Föderalismus unterscheidet sich vom Einheitsstaat insbesondere durch das Vorhandensein der wichtigsten Strukturelemente der Staatlichkeit – Exekutive einschließlich der Verwaltung, Legislative und Gerichtsbarkeit – sowohl auf der Ebene des Zentralstaates wie auf der der Gliedstaaten (Manfred G. Schmidt: Wörterbuch zur Politik, Stuttgart 2010, S. 260)."

„Die Gliedstaaten eines Bundesstaates sind im Prinzip nicht in den (zentral-)staatlichen Instanzenzug eingebaut, keine bloßen Zwischenglieder, die der zentralstaatlichen Verwaltung die Arbeit erleichtern und größere Bürgernähe ermöglichen; die Wahrnehmung der staatlichen Aufgaben ist vielmehr so zwischen Gesamtstaat und regionalen Teilstaaten aufgeteilt, daß *jede* staatliche Ebene in einer Reihe von Aufgabenbereichen die endgültige Entscheidung treffen kann (...) – zugleich aber auch so, daß *jede* staatliche Ebene direkten Bezug zum Bürger hat, also eigenständig politisch legitimiert ist. (...) Die Länder-Autonomie legitimiert sich im besonderen durch das in der Bevölkerung verankerte Bewußtsein der jeweiligen Verschiedenheit und daraus folgend aus entsprechend regionalem Zugehörigkeitsgefühl, sprich: aus (...) Länder-Identität' (Heidrun Abromeit: Der verkappte Einheitsstaat, Opladen 1992 S. 11f.)."

Das politische System der Bundesrepublik verkörpert eine besondere Form des Bundesstaates. Die Länder erledigen unter anderem die Verwaltungsaufträge des Bundes, die Landesregierungen wirken an der Gesetzgebung des Bundes mit. Von der klassischen Idee des Föderalismus ist der deutsche Bundesstaat einigermaßen weit entfernt (zur Vertiefung der folgenden Ausführungen empfiehlt sich: Sturm/Zimmermann-Steinhart 2010).

3.1 Historische deutsche Bundesstaaten

3.1.1 Der wilhelminische Bundesstaat

Mit der Gründung des Deutschen Reiches (1871) erhielten die deutschen Fürsten und Hansestädte in der Institution des Bundesrates einen Ausgleich dafür, dass sie ihre volle Souveränität für das Rechtsgebilde eines Fürstenbundes namens Deutsches Reich aufgaben. Im Bundesrat wurden die Staaten, also die Bundesglieder, an der Gesetzgebung und Verwaltung des Reiches beteiligt. Ihre Stimmen wurden moderat gewichtet, um den beträchtlichen Bevölkerungsunterschieden Rechnung zu tragen. Der Bundesrat war keine parlamentarische Körperschaft, sondern eine Regierungskammer: Er setzte sich aus Regierungsvertretern zusammen. Deren Votum war an den Beschluss ihrer Regierung gebunden. Schon damals galt die auch ins Grundgesetz für den Bundesrat der Zweiten deutschen Republik übernommene Vorschrift, dass die Länder ihre Stimmen im Bundesrat geschlossen abgeben mussten.

Das nach Fläche und Bevölkerung beherrschende Preußen war im Bundesrat untergewichtig vertreten – der größte Staat des Reiches entrichtete hier einen Preis für die Einwilligung der kleineren Staaten in die Reichsgründung. In Preußen, das keine parlamentarische Verfassung besaß, repräsentierte der Bundesratsvertreter den Willen des vom König abhängigen Ministerpräsidenten, in den Hansestädten den Willen von der Kaufmannschaft beherrschter Senate, in einigen süddeutschen Ländern mit parlamentarischer Verfassung bereits denjenigen gewählter Volksvertretungen.

Die Repräsentanz der deutschen Gliedstaaten durch Regierungsvertreter ist alles, was vom Bismarckschen Reich in das heutige Deutschland überliefert ist. Obgleich nach den Buchstaben der Verfassung ein mächtiges Gesetzgebungs- und Mitregierungsorgan, blieb der Bundesrat bis zum Ende des Reiches eine bedeutungslose Veranstaltung. Die Reichsverfassung gestand dem preußischen Herrscher das Recht zu, den Reichskanzler zu bestimmen. Reichskanzler Bismarck, der gut 20 Jahre nach Reichsgründung amtierte und damit die Rolle des Kanzlers prägen sollte, verstand es, sich durch geschickte Diplomatie stets der Zustimmung der übrigen Regierungen zu vergewissern, bevor der Bundesrat einen förmlichen Beschluss fasste.

Die gesamte Palette der Zuständigkeiten für Sicherheit und Ordnung sowie weite Bereiche der Wirtschafts- und Sozialgesetzgebung blieben in der Regie der Staaten. Im Gesamtstaat hatte Preußen wegen seiner Größe jedoch die Wirkung einer politischen Lokomotive. Die Standards des preußischen Gesetzgebers konnten von den übrigen Staaten schlecht ignoriert werden. Andernfalls hätten sie riskiert, dass ihre technischen Normen, Zeugnisse und Abschlüsse im größten

3 Der Bundesstaat

Staat des Reiches – mit allein drei Fünfteln der Bevölkerung im Reichsgebiet – nichts gegolten hätten.

3.1.2 Der Weimarer Bundesstaat

Das wichtigste strukturbildende Ereignis auf dem Wege zum gegenwärtigen deutschen Bundesstaat war nicht die Gründung des Bismarckschen Kaiserreiches, sondern die Gründung der Weimarer Republik im Jahr 1919 (Lehmbruch 2001: 92ff.). Die erste deutsche Demokratie war eine Schöpfung der Freunde des Einheitsstaates. Die Parteien des Weimarer Verfassungsbogens, die Sozialdemokraten, die Liberalen und das katholische Zentrum waren sämtlich vom Geist des Einheitsstaates beseelt. Die Gründe waren unterschiedlich. Bei den Sozialdemokraten stand die Idee gleicher Lebensverhältnisse dahinter, die Liberalen wollten einen Markt mit gleichen Rechtsverhältnissen und Abgabenbelastungen. Die Katholiken hatten im Bismarckschen Bundesstaat in höchst ungleichen Verhältnissen gelebt. In den katholischen Staaten Süddeutschlands hatten sie keine Probleme, während die starke katholische Minderheit Preußens durch die Kirchenpolitik der protestantischen Monarchie bedrängt wurde und gute Gründe hatte, sich als Untertanen zweiter Klasse zu empfinden.

Dennoch kam mit dem Übergang zur Republik kein Einheitsstaat zustande. Auch nach dem Verlust großer Gebiete an den jungen polnischen Staat lebten immer noch weit über die Mehrheit aller Deutschen im preußischen Gliedstaat. In den nächstgrößeren Staaten Bayern, Württemberg, Baden und Sachsen wäre der Einheitsstaat als Eingemeindung nach Preußen wahrgenommen worden. Sie blickten auf eine lebendige eigenstaatliche Tradition zurück. Nach den Erfahrungen der deutschen Revolution von 1918/19 galt Bayern zudem als Sezessionskandidat. Die Weimarer Verfassung fand zu einer Lösung, die alle vermeintlichen Vorteile des Einheitsstaates versprach, ohne die bundesstaatlichen Strukturen zu beseitigen.

Die Staaten des wilhelminischen Reiches stiegen zu nüchternen Ländern herab. Dieser terminologischen Deklassierung entsprach eine materielle im Hinblick auf die Gestaltungsmasse, die den Ländern belassen wurde. Dem Reich wurde die Steuerhoheit zugesprochen; lediglich Steuern, die das Reich nicht in Anspruch nahm, verblieben den Ländern. Ein Teil der zentral vereinnahmten Steuern wurde den Ländern nach einem formalen Schlüssel als Reichszuweisungen zurückgegeben. Ferner erhielt das Reich mit dem Übergang zur Republik eine Fülle von Gesetzgebungskompetenzen, die vorher bei den Staaten gelegen hatten.

Weimarer Reichsverfassung (Auszüge):
„*Artikel 6* (1) Das Reich hat die ausschließliche Gesetzgebung über:
1. die Beziehungen zum Ausland;
2. das Kolonialwesen;
3. die Staatsangehörigkeit, die Freizügigkeit, die Ein- und Auswanderung und die Auslieferung;
4. die Wehrverfassung;
5. das Münzwesen;
6. das Zollwesen sowie die Einheit des Zoll- und Handelsgebiets und die Freizügigkeit des Warenverkehrs;
7. das Post- und Telegraphenwesen einschließlich des Fernsprechwesens. (...)
Artikel 7 (1) Das Reich hat die Gesetzgebung über:
1. das bürgerliche Recht;
2. das Strafrecht;
3. das gerichtliche Verfahren einschließlich des Strafvollzugs sowie die Amtshilfe zwischen Behörden;
4. das Paßwesen und die Fremdenpolizei;
5. das Armenwesen und die Wandererfürsorge;
6. das Presse-, Vereins- und Versammlungswesen; (...)
Artikel 8 (1) Das Reich hat ferner die Gesetzgebung über die Abgaben und sonstigen Einnahmen, soweit sie ganz oder teilweise für seine Zwecke in Anspruch genommen werden. Nimmt das Reich Abgaben oder sonstige Einnahmen in Anspruch, die bisher den Ländern zustanden, so hat es auf die Erhaltung der Lebensfähigkeit der Länder Rücksicht zu nehmen. (...)
Artikel 9 (1) Soweit ein Bedürfnis für den Erlaß einheitlicher Vorschriften vorhanden ist, hat das Reich die Gesetzgebung über:
1. die Wohlfahrtspflege;
2. den Schutz der öffentlichen Ordnung und Sicherheit."

Zur Reichsgesetzgebung gehörte der Gesamtkomplex der Sozial- und Arbeitsgesetzgebung. Auf diesem Politikfeld wurde der Weimarer Gesetzgeber hochaktiv. Im Unterschied zur ausschließlichen Gesetzgebung des Reiches war die "Gesetzgebung" ein Feld konkurrierender Zuständigkeit von Reich und Ländern (Art. 7, 12). Schließlich behielt sich das Reich vor, in einer Reihe von Gesetzgebungsbereichen den Ländern einen Rahmen vorzuschreiben (Richtliniengesetzgebung, Art. 10).

Weimarer Reichsverfassung (Auszüge):
„*Artikel 12* (1) Solange und soweit das Reich von seinem Gesetzgebungsrechte keinen Gebrauch macht, behalten die Länder das Recht der Gesetzgebung. Dies gilt nicht für die ausschließliche Gesetzgebung des Reichs.
(2) Gegen Landesgesetze, die sich auf Gegenstände des Artikels 7 Ziffer 13 beziehen, steht der Reichsregierung, sofern dadurch das Wohl der Gesamtheit im Reiche berührt wird, ein Einspruchsrecht zu. (...)

3 Der Bundesstaat

Artikel 7 (...) 7. die Bevölkerungspolitik, die Mutterschafts-, Säuglings-, Kinder- und Jugendfürsorge:
8. das Gesundheitswesen, das Veterinärwesen und den Schutz der Pflanzen gegen Krankheiten und Schädlinge;
9. das Arbeitsrecht, die Versicherung und den Schutz der Arbeiter und Angestellten sowie den Arbeitsnachweis;
10. die Einrichtung beruflicher Vertretungen für das Reichsgebiet;
11. die Fürsorge für die Kriegsteilnehmer und ihre Hinterbliebenen;
12. das Enteignungsrecht;
13. die Vergesellschaftung von Naturschätzen und wirtschaftlichen Unternehmungen sowie die Erzeugung, Herstellung, Verteilung und Preisgestaltung wirtschaftlicher Güter für die Gemeinwirtschaft;
Artikel 10 (1) Das Reich kann im Wege der Gesetzgebung Grundsätze aufstellen für:
1. die Rechte und Pflichten der Religionsgesellschaften;
2. das Schulwesen einschließlich des Hochschulwesens und das wissenschaftliche Büchereiwesen;
3. das Recht der Beamten aller öffentlichen Körperschaften;
4. das Bodenrecht, die Bodenverteilung, das Ansiedlungs- und Heimstättenwesen, die Bindung des Grundbesitzes, das Wohnungswesen und die Bevölkerungsverteilung;
5. das Bestattungswesen. (...)
Art. 14 Die Reichsgesetze werden durch die Landesbehörden ausgeführt, soweit nicht die Reichsgesetze etwas anderes bestimmen."

Für den Komplex der nicht-ausschließlichen Reichsgesetzgebung wurde dreißig Jahre später, bei der Beratung des Bonner Grundgesetzes, einmal der Name Vorranggesetzgebung diskutiert, leider aber zu Gunsten des Begriffs einer konkurrierenden Gesetzgebung verworfen. Leider deshalb, weil es sich um die ehrlichere Bezeichnung handelte. Diese Art der Reichsgesetzgebung erlaubte es, mit dem betreffenden Reichsgesetz alle einschlägigen Landesgesetze außer Kraft zu setzen. Die Verwaltung der Reichsgesetze jedoch verblieb – mit Ausnahme der strategisch wichtigen Finanzverwaltung – bei den Ländern. Alles in allem war die Weimarer Republik ein Bundesstaat von zentralstaatsfreundlichem Zuschnitt.

Wie kam es dazu? Über die ferne US-amerikanische Bundesrepublik wusste man nicht viel. Die politisch Gebildeteren im Deutschland der wilhelminischen Ära und der Weimarer Republik hatten wenig Kenntnis von den politischen Verhältnissen in bundesstaatlichen Nordamerika und noch weniger Sympathie für diese. Der Staatsrechtler Hugo Preuß, der mit seinem Verfassungsentwurf die später verabschiedete Weimarer Verfassung wesentlich prägen sollte, war kein Föderalist, sondern ein Bewunderer des britischen Einheitsstaates mit seinen hochgradig autonomen Gemeinden. Ihm schwebte ein zweistufiges Staatsgebilde vor, das die Funktionen des Reiches stärken, gleichzeitig aber auch die bürgernahe Kommunalverwaltung aufwerten sollte (Fraatz 2002: 21f.).

Vordergründig bot der preußische Einheitsstaat einen guten Ausgangspunkt für einen deutschen Gesamtstaat dieser Art. Er war in der Fläche sehr groß und in seiner wirtschaftlichen und kulturellen Struktur heterogen. Ferner gliederte er sich in Provinzen mit einer bescheidenen Autonomie, die eine Verwaltungspraxis im Einklang mit den landschaftlichen und wirtschaftlichen Besonderheiten erlaubte. In der Verfassunggebenden Versammlung von Weimar gab es Sympathien für die Idee, die überkommenen Staaten aufzulösen und ganz Deutschland in 16 selbstverwaltete Gebiete zu unterteilen. Aus diesem Vorschlag wurde nichts.

Preußen bot zwar in der Fläche – immer noch knapp drei Fünftel des Reichsgebiets, in denen wieder ungefähr drei Fünftel der Reichsbevölkerung lebten – die Voraussetzungen für die Umwandlung ganz Deutschlands in einen zentral verwalteten Staat. Es gab nur eben viele Deutsche, die keine Preußen waren und die es auch nicht werden wollten. Deshalb fand der deutsche Nationalstaat bereits 1871 und abermals 1919 zur bundesstaatlichen Form (Wengst 1988: 69ff.).

Das wilhelminische Reich hatte sich nach einigen Mühen bescheidene eigene Einkommensquellen erstritten. Sonst war es ein Kostgänger der Staaten des Reiches geblieben, die einen Teil ihrer Einnahmen an das Reich abführen mussten. Dessen ungeachtet praktizierte jeder Staat sein eigenes Steuersystem. Diese Verteilung wurde von der Weimarer Verfassung auf den Kopf gestellt. Die Länder wurden Kostgänger des Reiches. Neben den einheitsstaatlichen Vorlieben der Verfassunggebenden Versammlung verlangten die Reparationsforderungen des Versailler Vertrages ein zentrales Finanzmanagement. Die neue Finanzverfassung trug die Handschrift des Zentrumspolitikers Matthias Erzberger, der zur Zeit der Verfassungsberatungen als Finanzminister amtierte und tagtäglich den Reparationsdruck spürte. Er wusste sich in diesem Punkt mit den Vorstellungen der SPD einig (Grupp 2002: 171f.).

Weimarer Verfassung (Auszug):
„*Art. 8* Das Reich hat ferner die Gesetzgebung über die Abgaben und sonstigen Einnahmen, soweit sie ganz oder teilweise für seine Zwecke in Anspruch genommen werden. Nimmt das Reich Abgaben oder sonstige Einnahmen in Anspruch, die bisher den Ländern zustanden, so hat es auf die Erhaltung der Lebensfähigkeit der Länder Rücksicht zu nehmen."

Die Finanzzuweisungen, die das Reich überwies, waren eine Entschädigung für die Staatsaufgaben, die den Ländern überlassen blieben. Die Verfassungstüftler, die 1919 die Weimarer Republik erschufen, glaubten damit, das Beste zweier

3 Der Bundesstaat 73

Welten kombiniert zu haben. Die deutschen Länder hatten eine lange Verwaltungserfahrung, sie hatten Deutschland bisher gut verwaltet. Warum damit brechen? Andererseits war Deutschland jetzt eine Republik. Diese Republik sollte in allen wichtigen Lebensbereichen die Reichseinheit herstellen.

Rückblickend weiß man, dass diese Staatskonstruktion nur um den Preis fehlender Transparenz und Zurechenbarkeit funktionieren konnte. Die Länder hatten bei den meisten Dingen, die ihre Verwaltungen beschäftigten, nichts zu sagen. Lediglich Preußen konnte wegen seines Gewichts im Reich faktisch mitregieren. Es kontrollierte das Gros der gesamtstaatlichen Verwaltungskapazität. Dazu trug der Umstand bei, dass Berlin zugleich die preußische und die Reichshauptstadt war und dass preußische und Reichsbehörden in Sicht- und Gehweite in Berlin-Mitte gelegen waren. Mit der Umschichtung der Sozial- und Arbeitsgesetzgebung von den wilhelminischen Staaten auf das Reich schanzte die Verfassung dem Letzterem den Primat in der Gesamtgesetzgebung zu. Substanziell blieb schon damals den Ländern neben Schule, Ausbildung, Polizei und Bauangelegenheiten kein großer Gestaltungsraum mehr. Für die Bürger zählte allein, was in Berlin geschah.

Der vormalige Bundesrat des wilhelminischen Reiches, ein Mitregierungsorgan, mutierte in der Weimarer Republik zum politischen Konsultativorgan. Die Konstruktion der Regierungskammer blieb erhalten (Wengst 1988: 67ff.). Der Reichsrat durfte aber nur noch einen Einspruch gegen Reichsgesetze geltend machen. Diesen Einspruch konnte der Reichstag zurückweisen.

Weimarer Verfassung (Auszüge);
„*Art. 60* Zur Vertretung der deutschen Länder bei der Gesetzgebung und Verwaltung des Reichs wird ein Reichsrat gebildet.
Art. 61 Im Reichsrat hat jedes Land mindestens eine Stimme. Bei den größeren Ländern entfällt auf 700.000 Einwohner eine Stimme. Ein Überschuß von 350.000 Einwohnern wird 700.000 gleichgesetzt. Kein Land darf durch mehr als zwei Fünftel aller Stimmen vertreten sein. (...)
Art. 63 Die Länder werden im Reichsrat durch Mitglieder ihrer Regierungen vertreten. Jedoch wird die Hälfte der preußischen Stimmen nach Maßgabe eines Landesgesetzes von den preußischen Provinzialverwaltungen bestellt.
Die Länder sind berechtigt, so viele Vertreter in den Reichsrat zu entsenden, wie sie Stimmen führen. (...)
Art. 74 Gegen die vom Reichstag beschlossenen Gesetze steht dem Reichsrat der Einspruch zu. (...)
Im Falle des Einspruchs wird das Gesetz dem Reichstag zur nochmaligen Beschlußfassung vorgelegt. Kommt hierbei keine Übereinstimmung zwischen Reichstag und Reichsrat zustande, so kann der Reichspräsident (...) einen Volksentscheid anordnen. Macht der Präsident von diesem Rechte keinen Gebrauch, so gilt das Gesetz als nicht zustande gekommen. Hat der Reichstag mit Zweidrittelmehrheit entgegen dem

Einspruch des Reichsrates beschlossen, so hat der Präsident das Gesetz binnen drei Monaten in der vom Reichstag beschlossenen Fassung zu verkünden oder einen Volksentscheid anzuordnen."

Tatsächlich war der Reichsrat eine effektive Hürde für die Reichsgesetzgebung. Der Grund lag in der Parteienvielfalt im Reichstag und in der geringen Einigungsfähigkeit seiner Fraktionen. Die für die Zurückweisung eines Einspruchs des Reichsrats erforderliche Zweidrittelmehrheit im Reichstag kam überaus selten zustande. Die von links und noch stärker von rechts bedrängten verfassungstreuen Parteien, also Sozialdemokraten, Demokraten (Liberale) und Zentrum, unterstützten in den von ihnen regierten Ländern die Politik der Reichsregierung. Bis zur Entparlamentarisierung der Weimarer Republik wurden die Länderregierungen meist von denselben Parteien getragen. Um das Gewicht Preußens zu dämpfen, durfte die preußische Regierung nach der Verfassung nicht alle auf das Land entfallenden Stimmen dirigieren, sondern lediglich die Hälfte. Die übrigen Stimmen wurden von den preußischen Provinzialregierungen geführt. Diese stimmten recht häufig auch anders ab als die preußische Staatsregierung. Das Parteienmoment spielte im Reichsrat keine herausragende Rolle. Wie später der Bundesrat noch in den Anfangsjahren der Bundesrepublik, war der Reichsrat ein recht stilles Verfassungsorgan.

3.2 Der Bundesstaat in der Bundesrepublik

3.2.1 Aufgaben- und Finanzverflechtung

Die Alliierten verlangten vom westdeutschen Staat einen bundesstaatlichen Aufbau. Sie dachten dabei aber an ein bundesstaatliches System wie in den USA: an einen dualen Föderalismus, in dem jede staatliche Ebene eigenständig und mit eigenen Mitteln ihre Aufgaben erfüllen sollte (Niclauß 1998: 300ff., Stammen/ Maier 1979: 410ff.).

Die Alliierten setzten sich vor allem mit ihrer Vorstellung von der künftigen deutschen Finanzverfassung durch. Die Einkommensteuer als gemeinsame Steuer von Bund und Ländern wurde für beide Ebenen quotiert, und die Länder zogen ihren Anteil an dieser Steuerquelle durch die eigenen Landesfinanzverwaltungen ein. Die übrigen Steuern wurden nach dem Trennsystem zwischen Bund und Ländern aufgeteilt. Doch weiterhin sollten die Länder die Hauptlast der gesamtstaatlichen Verwaltung tragen (Niclauß 1998: 313ff.). Für die weitere Entwicklung des bundesdeutschen Föderalismus sollte sich dieses Anknüpfen an

3 Der Bundesstaat

die erste deutsche Republik als die entscheidende Weichenstellung erweisen (Lehmbruch 2001: 101).

Grundgesetz (Auszug):
„*Art. 83* Die Länder führen die Bundesgesetze als eigene Angelegenheit aus, soweit dieses Grundgesetz nichts anderes bestimmt oder zuläßt.
Art. 84 (1) Führen die Länder die Bundesgesetze als eigene Angelegenheit aus, so regeln sie die Einrichtung der Behörden und Verwaltungsverfahren, soweit nicht Bundesgesetze mit Zustimmung des Bundesrates etwas anderes bestimmen.
(2) Die Bundesregierung kann mit Zustimmung des Bundesrates allgemeine Verwaltungsvorschriften erlassen."

Das große Motto des deutschen Bundesstaates sind die gleichwertigen Lebensverhältnisse. Sie legitimieren den Bund, im Rahmen der konkurrierenden Gesetzgebung Regelungen zu treffen, wenn dies zur Herbeiführung vergleichbarer Lebensverhältnisse erforderlich ist. Bis zur Wiedervereinigung war sogar noch von einheitlichen Lebensverhältnissen die Rede. Das Grundgesetz programmiert einen Bundesstaat, der politikinhaltlich auf weiten Strecken ein Einheitsstaat ist. Sämtliche Merkwürdigkeiten des deutschen Bundesstaates haben in diesem widersprüchlich anmutenden Programm ihren Ursprung.

Grundgesetz (Auszug):
„*Art. 72* (1) Im Bereich der konkurrierenden Gesetzgebung haben die Länder die Befugnis zur Gesetzgebung, solange und soweit der Bund von seiner Gesetzgebungszuständigkeit nicht durch Gesetz Gebrauch gemacht hat.
(2) Auf den Gebieten des Artikels 74 Abs. 1 Nr. 4, 7, 11, 13, 15, 19a, 20, 22, 25 und 26 hat der Bund das Gesetzgebungsrecht, wenn und soweit die Herstellung gleichwertiger Lebensverhältnisse im Bundesgebiet oder die Wahrung der Rechts- oder Wirtschaftseinheit im gesamtstaatlichen Interesse eine bundesgesetzliche Regelung erforderlich macht."

Dass die starke Stellung des Bundes im Gesamtstaat beibehalten wurde, ist bemerkenswert. Darin zeigt sich, wie stark in den Köpfen der Adenauerzeit die Einheitsstaatlichkeit verankert war. Erstaunlich war dies nicht, weil die erste Politikergeneration der Bundesrepublik ihre politische Prägung in der Weimarer Republik erhalten hatte. Sie war dort in Parteien engagiert gewesen – in der SPD, im Zentrum und bei den Liberalen –, die den Gesamtstaat in der Grundrichtung als einheitliches Gebilde wünschten.

Denselben Geist atmet die grundgesetzliche Verpflichtung der Länder zum horizontalen Finanzausgleich, für die es in Weimar nichts Vergleichbares gab. Der Finanzausgleich zwingt ökonomisch starke Länder zu einem Solidaritätsbeitrag für schwache Länder.

Als politikgestaltende Einheiten zählten die Länder auch in der Bundesrepublik nicht allzu viel. Wegen der Künstlichkeit vieler Länder, die aus der Zerschlagung Preußens sowie aus der Zusammenlegung kleiner Länder und Verwaltungsgebiete gebildet wurden – allein Bayern, Bremen und Hamburg waren Ausnahmen –, brauchte es Jahrzehnte, bis eine Identifikation mit Bürger mit ihrem Land reifte. Zu der nicht zu überschätzenden Macht des Gewohnten und Vertrauten bei der Fortschreibung des stark auf einheitliche Leistungen ausgerichteten Bundesstaates kam hinzu, dass Westdeutschland noch stark von den Kriegsfolgen in Anspruch genommen war. Der Wohnungsbau, der Lastenausgleich und der Zustrom von Flüchtlingen bedurften zentraler Ansätze.

Bereits in seiner Erstfassung von 1949 postulierte das Grundgesetz den Weimarer Grundsatz, dass die Länder die Bundesgesetze auszuführen haben. Auch die Zugriffsrechte des Bundes auf die verbliebenen Länderkompetenzen in Gestalt einer Vorranggesetzgebung, jetzt als konkurrierende Gesetzgebung bezeichnet, wurden beibehalten, ja im Grunde genommen noch verschärft. Ein konkurrierendes Bundesgesetz makuliert als solches sämtliche einschlägigen Landesgesetze. Heute werden im Art. 74 GG, in dem es um die Zuständigkeit im Bereich der konkurrierenden Gesetzgebung geht, 34 Positionen aufgeführt.

Darüber hinaus erhielt der Bund unter den gleichen Voraussetzungen wie bei der konkurrierenden Gesetzgebung das Recht, Rahmenvorschriften zu erlassen, die der Ergänzung durch die Landesgesetzgebung bedurften – ein Nachhall der Weimarer Richtliniengesetzgebung. Im Rahmen der jüngsten Korrekturen des Bundesstaates wurde diese Gesetzgebungsart 2006 ersatzlos abgeschafft. Die Gegenstände der Rahmengesetzgebung des Bundes wurden teils in die konkurrierende Gesetzgebung des Bundes überführt, teils in die vollständige Zuständigkeit der Ländern gegeben (zum Folgenden detailliert Kropp 2010: 81ff.).

Grundgesetz ((Auszug):
„Art. 72 (1) Im Bereich der konkurrierenden Gesetzgebung haben die Länder die Befugnis zur Gesetzgebung, solange und soweit der Bund von seinem Gesetzgebungsrecht keinen Gebrauch gemacht hat.
(2) Der Bund hat in diesem Bereiche das Gesetzgebungsrecht, wenn und soweit die Herstellung gleichwertiger Lebensverhältnisse im Bundesgebiet oder die Wahrung der Rechts- oder Wirtschaftseinheit im gesamtstaatlichen Interesse eine bundesgesetzliche Regelung erforderlich macht. (...)"

Zwischen den finanzaufwendigen Verwaltungsaufträgen des Bundes und der Steuerbasis der Länder tat sich bereits in den 1950er Jahren eine Lücke auf. Die fehlenden Landesmittel wurden durch ein munter sprießendes Zuschusswesen von Bundeszuweisungen an die Länder ausgeglichen. Diese Zuschussprogramme verbesserten zwar die Haushaltssituation der Länder, sie waren aber mit zahlreichen Verwendungsauflagen gespickt. Auf diese Weise konnte der Bund für die in den Ländern betriebene Politik Weichen stellen, die im Grundgesetz gar nicht vorgesehen waren. Das Bundesverfassungsgericht rügte diese Praxis.

Eine große Steuerreform brachte 1969 die vorerst letzte große Zäsur in den föderalen Finanzbeziehungen (zur Entwicklung der Finanzverfassung: Renzsch 1991). Die Steuerverwaltung wurde zur Mischverwaltung mit Abteilungen für Bundes- und Landessteuern umgestaltet. Die Steuerreform wandelte die wichtigsten Steuern in Gemeinschaftssteuern um, deren Aufkommen nach vereinbarten Quoten auf Bund und Länder verteilt wird. Von der Einkommen- und der Lohnsteuer erhalten Bund und Länder jeweils 42,5 Prozent, 15 Prozent gehen an die Gemeinden. Die Kapitalertragssteuer fließt jeweils zu 44 Prozent an Bund und Länder, die Gemeinden erhalten zwölf Prozent. Im Zuge derselben Reform wurde auch das Finanzausgleichssystem neu geregelt.

Grundgesetz (Auszug):
„Artikel 106 (1) Der Ertrag der Finanzmonopole und das Aufkommen der folgenden Steuern stehen dem Bund zu:
1. die Zölle,
2. die Verbrauchssteuern, (...)
3. die Straßengüterverkehrssteuer,
4. die Kapitalverkehrssteuern, die Versicherungssteuer und die Wechselsteuer,
5. die einmaligen Vermögensabgaben, (...)
6. die Ergänzungsabgabe zur Einkommens- und Körperschaftssteuer,
7. Abgaben im Rahmen der Europäischen Gemeinschaften.
(2) Das Aufkommen der folgenden Steuern steht den Ländern zu:
1. Die Vermögenssteuer,
2. die Erbschaftssteuer,
3. die Verkehrssteuern, soweit sie nicht nach Absatz 1 dem Bund oder nach Absatz 3 Bund und Ländern gemeinsam zustehen,
4. die Biersteuer,
5. die Abgaben von Spielbanken.
(3) Das Aufkommen der Einkommensteuer, der Körperschaftssteuer und der Umsatzsteuer steht dem Bund und den Ländern gemeinsam zu (Gemeinschaftssteuern), soweit sie nicht nach Absatz 5 und das Aufkommen der Umsatzsteuern nicht nach Absatz 5a den Gemeinden zugewiesen wird. (...) "

Keine andere Verfassungsbestimmung bringt so sehr wie der einschlägige Artikel 107 des Grundgesetzes die Vorstellung zum Ausdruck, dass dort, wo es für den Bürger darauf ankommt, in den Bereichen Infrastruktur und Soziales, die Unterschiede zwischen den Ländern nicht allzu merklich ausfallen sollen. Wieder lässt hier die historische Botschaft grüßen: Wenn schon ein Bundesstaat, dann möglichst in einem Format, das dem Einheitsstaat recht nahe kommt.

Grundgesetz (Auszug):

„Artikel 107 (1) Das Aufkommen der Landessteuern und der Länderanteil am Aufkommen der Einkommensteuer und der Körperschaftsteuer stehen den einzelnen Ländern insoweit zu, als die Steuern von den Finanzbehörden in ihrem Gebiet vereinnahmt werden (örtliches Aufkommen). Durch Bundesgesetz, das der Zustimmung des Bundesrates bedarf, sind für die Körperschaftsteuer und die Lohnsteuer nähere Bestimmungen über die Abgrenzung sowie über Art und Umfang der Zerlegung des örtlichen Aufkommens zu treffen. Das Gesetz kann auch Bestimmungen über die Abgrenzung und Zerlegung des örtlichen Aufkommens anderer Steuern treffen. Der Länderanteil am Aufkommen der Umsatzsteuer steht den einzelnen Ländern nach Maßgabe ihrer Einwohnerzahl zu; für einen Teil, höchstens jedoch für ein Viertel dieses Länderanteils, können durch Bundesgesetz, das der Zustimmung des Bundesrates bedarf, Ergänzungsanteile für die Länder vorgesehen werden, deren Einnahmen aus den Landessteuern, aus der Einkommensteuer und der Körperschaftsteuer und nach Artikel 106b je Einwohner unter dem Durchschnitt der Länder liegen; bei der Grunderwerbsteuer ist die Steuerkraft einzubeziehen.
(2) Durch das Gesetz ist sicherzustellen, daß die unterschiedliche Finanzkraft der Länder angemessen ausgeglichen wird; hierbei sind die Finanzkraft und der Finanzbedarf der Gemeinden (Gemeindeverbände) zu berücksichtigen. Die Voraussetzungen für die Ausgleichsansprüche der ausgleichsberechtigten Länder und für die Ausgleichsverbindlichkeiten der ausgleichspflichtigen Länder sowie die Maßstäbe für die Höhe der Ausgleichsleistungen sind in dem Gesetz zu bestimmen. Es kann auch bestimmen, daß der Bund aus seinen Mitteln leistungsschwachen Ländern Zuweisungen zur ergänzenden Deckung ihres allgemeinen Finanzbedarfs (Ergänzungszuweisungen) gewährt."

Drei Mechanismen sind vorgesehen, um die Unterschiede in der Finanzausstattung der Länder zu nivellieren. Der bekannteste ist der Finanzausgleich, ein notorischer Zankapfel zwischen reichen und ärmeren Ländern.

Der Länderfinanzausgleich funktioniert in folgender Weise. Die wirtschaftlich leistungsfähigeren Länder zahlen in eine Umlage ein, deren Mittel dann nach einem Schlüssel an leistungsschwächere Länder fließen. Der Berechnungsmodus ist dermaßen kompliziert, dass er sich nur Fachleuten erschließt. Stark vergröbernd funktioniert er in der Weise, dass zunächst für jedes Land eine Ausgleichsmesszahl ermittelt wird. Sie errechnet sich aus der hypothetischen Finanzkraft, falls die Einkünfte des Landes genau beim Durchschnitt aller Länder lägen. Anschließend wird die Finanzkraftmesszahl ermittelt. Sie ergibt sich aus den tatsächlichen Steuereinnahmen des Landes. Liegt die Finanzkraft über den ermittelten Durchschnittswert, ist das Land ausgleichspflichtig. Liegt sie darunter, begründet sie den Anspruch auf eine Ausgleichszahlung. Bei Ländern mit positivem Saldo dürfen maximal 72,5 Prozent des über dem Durchschnitt liegenden Betrages als Ausgleichszahlung abgeschöpft werden.

3 Der Bundesstaat

Tabelle 1: Ausgleichsberechtigte und ausgleichspflichtige Länder im Länderfinanzausgleich im Jahr 2011 (in Mio. EUR, Nettozahler markiert)

	Länderfinanz-ausgleich	Umsatzsteuer-ausgleich	Bundesergänzungs-zuweisungen	Saldo
Baden-Württemberg	-1779	-1451		-3220
Bayern	-3663	-1962		-5355
Berlin	3043	195	2533	5771
Brandenburg	440	931	1587	2958
Bremen	516	-62	227	681
Hamburg	-62	-241		-303
Hessen	-1804	-818		-2622
Mecklenburg-Vorp.	429	868	1204	2501
Niedersachsen	204	617	83	904
Nordrhein-Westfalen	224	-2403		-2179
Rheinland-Pfalz	234	-381	173	26
Saarland	120	110	122	352
Sachsen	918	2161	2814	5893
Sachsen-Anhalt	540	1209	1721	3470
Schleswig-Holstein	115	-229	112	-2
Thüringen	527	1187	1593	3307

Quelle: Süddeutsche Zeitung vom 15.3.2012 nach Quellen des Bundesfinanzministeriums und des Finanzministeriums Baden Württemberg.

Der zweite Ausgleichsmechanismus ist die Umverteilung des den Ländern zustehenden Anteils der Umsatzsteuer (Mehrwertsteuer). Vom Umsatzsteueraufkommen werden vor der Verteilung zwischen Bund und Ländern aktuell 5,63 Prozent für den Bundeszuschuss zur Rentenversicherung und 2,2 Prozent für die Gemeinden abgezogen. Den Rest teilen Bund und Länder im Verhältnis 49,6 : 50,4 untereinander auf. Die Länder müssen bis zu einem Viertel des im betreffenden Land über dem Bundesdurchschnitt erwirtschafteten Steuervolumens an weniger leistungsfähige Länder und die Hälfte an den Bund abführen (siehe oben). Beide Ausgleichsarten führen die Finanzkraft schwacher Länder auf 95 Prozent an den Länderdurchschnitt heran. Einen Teil des verbleibenden Differenzbetrags gleicht der Bund mit Ergänzungszuweisungen aus. Diese kommen hauptsächlich den ostdeutschen Ländern zugute. Ihre Wirtschaftskraft liegt auch 20 Jahre nach der Vereinigung erheblich hinter derjenigen der älteren Länder zurück.

Das Finanzausgleichssystem ist ein Dauerstreitpunkt zwischen Zahler- und Empfängerländern. Kritiker behaupten, es nehme schwächeren Ländern den Anreiz, sich mehr anzustrengen, um Investoren anzuwerben, oder aber den Gürtel enger zu schnallen. Zuletzt klagten die regelmäßigen Einzahler in das System, Baden-Württemberg, Bayern und Hessen beim Verfassungsgericht. Dieses gab ihnen 1999 teilweise recht, bestätigte aber das komplizierte System als solches. Ferner stehen die Verteilungskriterien in der Kritik. Die Einwohnerzahl Bremens, Berlins und Hamburgs wird mit dem Faktor 1,35 veredelt. Grund: Die Infrastruktur dieser Stadtstaaten wird in starkem Maße von Einwohnern der Nachbarländer genutzt.

Die Auswirkungen des Systems mögen zwei Beispiele illustrieren (dazu Jan Bielicki: Nehmen ist seliger denn Geben, in: Süddeutsche Zeitung vom 15.3. 2012, S. 2). Das Land Thüringen erwirtschaftete 2011 730 Euro Steuern je Einwohner, Bayern 1842 und Hamburg 2241 Euro. Nach Durchführung der Ausgleichsmechanismen lag die Finanzkraft Thüringens nur noch um 1,4 Prozent unter dem Bundesdurchschnitt. Bayern, das vor dem Ausgleich mit 30 Prozent Steuerkraft vor den übrigen Ländern lag, verzeichnete nach dem Ausgleich nur noch ein Plus von fünf Prozent.

Nicht genug damit, hat das System auch noch den fatalen Effekt, dass es die Motivation zur Kontrolle der Steuerehrlichkeit dämpft. Die Kosten für Steuerfahnder und Betriebsprüfer tragen die Landesfinanzverwaltungen. Setzen sie mehr Personal ein, um genauer hinzusehen, wo am ehesten Steuern hinterzogen werden, bei den Einkommen, steigt die Bemessungsgrundlage für die Steuerkraft ihres Land und damit für höhere Ausgleichszahlungen. Auch die schwachen Länder haben wenig Interesse, ihre Fahnder in Marsch zu setzen. Mit steigender Steuerkraft kommen sie beim Finanzausgleich schlechter weg.

Eine Reform des Ausgleichssystems durch Mehrheitsbeschlüsse ist unrealistisch. Die Empfängerländer bilden eine solide Mehrheit. Deshalb wird immer wieder das Verfassungsgericht bemüht.

Die Verfassungsreformen der Großen Koalition (1969) brachten eine weitere Unitarisierung. Mit der Erweiterung des Katalogs der konkurrierenden Gesetzgebung sowie mit der Rahmengesetzgebung und mit den neu eingeführten Gemeinschaftsaufgaben – inzwischen beide wieder gestrichen – erweiterten sie den Bundeszugriff auf die gesamtstaatliche Gesetzgebung.

3 Der Bundesstaat

Tabelle 2: Steuereinnahmen nach Ertragshoheit in Mio. Euro

	2011	2010	2009
Gemeinschaftliche Steuern	410.456	372.857	370.676
Bundessteuern	99.134	93.426	89.318
Ländersteuern	13.095	12.146	16.375
Zölle	4.571	4.378	3.604

Quelle: Bundesministerium der Finanzen.

Tabelle 3: Verteilung der Steuereinnahmen in Mio. Euro

	2011	2010	2009
Bund[1]	247.984	225.811	227.996
Länder[1]	224.291	210.052	207.119
Gemeinden[2]	76.613	70.357	68.385
EU	24.464	24.367	2.501

[1] Nach Bundesergänzungszuweisungen. [2] Lediglich Gemeindeanteile an den Gemeinschaftssteuern.
Quelle: Bundesministerium der Finanzen.

In den Jahren der sozialliberalen Koalition wurde die konkurrierende Gesetzgebung umfassend ausgeschöpft. Damit wuchs auch das vom Bund bestimmte Verwaltungsvolumen der Länder. Rückblickend erstaunt es geradezu, mit welcher Beschwingtheit die Länder damals – etwa mit der inzwischen wieder kassierten Rahmenkompetenz für die Hochschulen – viele der letzten noch verbliebenen Regelungsbereiche im „unitarischen Bundesstaat" (Hesse 1962) aufgaben. Der Zug fuhr mit Volldampf weiter in Richtung auf einen materiellen Einheitsstaat mit föderalstaatlicher Verkleidung (Abromeit 1992). Die Folgen sind aus heutiger Sicht nicht gerade erbaulich. Der Bund erließ viele Gesetze, die den Ländern ausgabenträchtige Lasten aufbürdeten. Die im Jahr 2006 vorläufig abgeschlossene Föderalismusreform reduzierte den Gestaltungsraum des Bundes geringfügig, vor allem mit der Abschaffung der Rahmengesetzgebung. Sie räumte den Ländern ferner das Recht ein, in einigen Bereichen der konkurrierenden Gesetzgebung des Bundes mit eigenen Gesetzen vom Bundesrecht abzuweichen (zur Föderalismusreform: von Blumenthal/Bröchler 2010).

Grundgesetz (Auszug):
„Artikel 72 (3) Hat der Bund von seiner Gesetzgebungszuständigkeit Gebrauch gemacht, können die Länder durch Gesetz hiervon abweichende Regelungen treffen über:
1. das Jagdwesen (ohne das Recht der Jagdscheine);
2. den Naturschutz und die Landschaftspflege (ohne die allgemeinen Grundsätze des Naturschutzes, das Recht des Artenschutzes oder des Meeresnaturschutzes);

3. die Bodenverteilung;
4. die Raumordnung;
5. den Wasserhaushalt (ohne stoff- oder anlagenbezogene Regelungen);
6. die Hochschulzulassung und die Hochschulabschlüsse."

Von diesem Recht der abweichenden Gesetzgebung machen die Länder lediglich sparsam Gebrauch. Die obige Aufzählung zeigt im Übrigen, dass diese Konzession an die Länder selbst dann, wenn sie umfassend ausgeschöpft würde, im Gesamtkomplex der Bund-Länder-Beziehungen kaum ins Gewicht fallen würde.

Nach dem Konnexitätsprinzip, das im Art. 104a GG verankert ist, übernimmt der Bund vollständig oder wenigstens zum Teil die Kosten, die den Ländern aus der Verwaltung der Bundesgesetze entstehen.

Grundgesetz (Auszug):
„*Artikel 104a* (1) Der Bund und die Länder tragen gesondert die Ausgaben, die sich aus der Wahrnehmung ihrer Ausgaben ergeben, soweit dieses Grundgesetz nichts anderes bestimmt.
(2) Handeln die Länder im Auftrag des Bundes, trägt der Bund die sich daraus ergebenden Ausgaben.
(3) Bundesgesetze, die Geldleistungen gewähren und von den Ländern ausgeführt werden, können bestimmen, daß die Geldleistungen ganz oder zum Teil vom Bund getragen werden. Bestimmt das Gesetz, daß der Bund die Hälfte der Ausgaben oder mehr trägt, wird es im Auftrage des Bundes durchgeführt. (...)
(5) Der Bund und die Länder tragen die bei ihren Behörden entstehenden Verwaltungsausgaben und haften im Verhältnis zueinander für eine ordnungsgemäße Verwaltung. (...)
Artikel 105 [Gesetzgebungskompetenzen]. (1) Der Bund hat die ausschließliche Gesetzgebung über die Zölle und Finanzmonopole.
(2) Der Bund hat die konkurrierende Gesetzgebung über die übrigen Steuern, wenn ihm das Aufkommen dieser Steuern ganz oder zum Teil zusteht oder die Voraussetzungen des Artikels 72 vorliegen.
(2a) Die Länder haben die Befugnis zur Gesetzgebung über die örtlichen Verbrauch- und Aufwandsteuern, solange und soweit sie nicht bundesgesetzlich geregelten Steuern gleichartig sind.
(3) Bundesgesetze über Steuern, deren Aufkommen den Ländern oder den Gemeinden (Gemeindeverbänden) ganz oder zum Teil zufließt, bedürfen der Zustimmung des Bundesrates."

Die Länder reichen ihre Lasten zum erheblichen Teil an die Gemeinden, Städte und Kreise weiter. Die Kosten für die meisten Bundes- oder Landesgesetze bleiben in letzter Konsequenz dort hängen.

Grundgesetz (Auszug):
„Artikel 106 (5) Die Gemeinden erhalten einen Anteil an dem Aufkommen der Einkommensteuer, der von den Ländern an die Gemeinden auf der Grundlage der Einkommensteuerleistungen ihrer Einwohner weiterzuleiten ist. Das Nähere bestimmt ein Bundesgesetz, das der Zustimmung des Bundesrates bedarf. Es kann bestimmen, dass die Gemeinden Hebesätze für den Gemeindeanteil festsetzen."

Die bescheidene Revision der Aufgabenteilung zwischen Bund und Ländern, die als groß angekündigte Föderalismusreform auf den Weg gebracht wurde, hat für die Länder einiges zum Besseren geändert. Bei der Gesamtstruktur der Bund-Länder-Beziehungen ist es geblieben.

3.2.2 Verknüpfung der Länder und des Bundes mit den Kommunen und der Europäischen Union

Die Kommunen sind die Wasserträger des deutschen Bundesstaates. Sie bilden ein Ensemble von 107 Großstädten (kreisfreie Städte), 2063 kreisangehörigen Städten, 3344 Gemeinden und 295 Landkreisen (Stand 1.1.2012). Die Kreise sind Gemeindeverbände. Sie werden den Kommunen zugerechnet und nehmen den zugehörigen Gemeinden einen Teil der Aufgaben ab, die von den großen kreisfreien Städte in eigener Regie besorgt werden. Die Unterscheidung von Gemeinde und Gemeindeverband trägt der beschränkten Verwaltungskapazität kleiner Kommunen Rechnung.

Grundgesetz (Auszug):
„Artikel 28 (2) Den Gemeinden muß das Recht gewährleistet sein, alle Angelegenheiten der örtlichen Gemeinschaft im Rahmen der Gesetze in eigener Verantwortung zu regeln. Auch die Gemeindeverbände haben im Rahmen ihres gesetzlichen Aufgabenbereiches nach Maßgabe der Gesetze das Recht der Selbstverwaltung. Die Gewährleistung der Selbstverwaltung umfaßt auch die Grundlagen der finanziellen Eigenverantwortung; zu diesen Grundlagen gehört eine den Gemeinden mit Hebesatzrecht zustehende wirtschaftskraftbezogene Steuerquelle."

Laut Grundgesetz sind die Länder verpflichtet, die Gesetze des Bundes auszuführen. Diese Aufgaben reichen sie per Landesgesetz an die Gemeinden weiter (dazu am Beispiel der Asylpolitik: Reutter 2002). Darüber hinaus satteln sie den Gemeinden noch die weitere Verpflichtung auf, ihre eigenen Gesetze auszuführen – mit Ausnahme der wenigen Bereiche, in denen dies von eigenen Landesverwaltungen erledigt wird.

Verfassung des Landes Nordrhein-Westfalen (Auszug):
„*Artikel 78* (1) Die Gemeinden und Gemeindeverbände sind Gebietskörperschaften mit dem Recht der Selbstverwaltung durch ihre gewählten Organe.
(2) Die Gemeinden und Gemeindeverbände sind in ihrem Gebiet die alleinigen Träger der öffentlichen Verwaltung, soweit die Gesetze nichts anderes vorschreiben.
(3) Das Land kann die Gemeinden und Gemeindeverbände durch Gesetz oder Rechtsverordnung zur Übernahme und Durchführung bestimmter öffentlicher Aufgaben verpflichten, wenn dabei gleichzeitig Bestimmungen über die Deckung der Kosten getroffen werden. Führt die Übertragung neuer oder die Veränderung bestehender und übertragbarer Aufgaben zu einer wesentlichen Belastung der davon betroffenen Gemeinden oder Gemeindeverbände, ist dafür durch Gesetz oder Rechtsverordnung aufgrund einer Kostenfolgeabschätzung ein entsprechender finanzieller Ausgleich für die entstehenden notwendigen, durchschnittlichen Aufwendungen zu schaffen. Der Aufwendungsersatz soll pauschaliert geleistet werden. Wird nachträglich eine wesentliche Abweichung von der Kostenfolgeabschätzung festgestellt, wird der finanzielle Ausgleich für die Zukunft angepasst. Das Nähere zu den Sätzen 2 bis 4 regelt ein Gesetz; darin sind die Grundsätze der Kostenfolgeabschätzung festzulegen und Bestimmungen über eine Beteiligung der kommunalen Spitzenverbände zu treffen.
(4) Das Land überwacht die Gesetzmäßigkeit der Verwaltung der Gemeinden und Gemeindeverbände. Das Land kann sich bei Pflichtaufgaben ein Weisungs- und Aufsichtsrecht nach näherer gesetzlicher Vorschrift vorbehalten.
Artikel 79 Die Gemeinden haben zur Erfüllung ihrer Aufgaben das Recht auf Erschließung eigener Steuerquellen. Das Land ist verpflichtet, diesem Anspruch bei der Gesetzgebung Rechnung zu tragen und im Rahmen seiner finanziellen Leistungsfähigkeit einen übergemeindlichen Finanzausgleich zu gewährleisten."

Verfassung des Landes Baden-Württemberg (Auszug):
„*Artikel 71* (1) Das Land gewährleistet den Gemeinden und Gemeindeverbänden sowie den Zweckverbänden das Recht der Selbstverwaltung. Sie verwalten ihre Angelegenheiten im Rahmen der Gesetze unter eigener Verantwortung. Das gleiche gilt für sonstige öffentlich-rechtliche Körperschaften und Anstalten in den durch Gesetz gezogenen Grenzen.
(2) Die Gemeinden sind in ihrem Gebiet die Träger der öffentlichen Aufgaben, soweit nicht bestimmte Aufgaben im öffentlichen Interesse durch Gesetz anderen Stellen übertragen sind. Die Gemeindeverbände haben innerhalb ihrer Zuständigkeit die gleiche Stellung.
(3) Den Gemeinden oder Gemeindeverbänden kann durch Gesetz die Erledigung bestimmter bestehender oder neuer öffentlicher Aufgaben übertragen werden. Gleichzeitig sind Bestimmungen über die Deckung der Kosten zu treffen. Führen diese Aufgaben, spätere vom Land veranlasste Änderungen ihres Zuschnitts oder der Kosten aus ihrer Erledigung oder spätere nicht vom Land veranlasste Änderungen der Kosten aus der Erledigung übertragener Pflichtaufgaben nach Weisung zu einer wesentlichen Mehrbelastung der Gemeinden oder Gemeindeverbände, so ist ein entsprechender finanzieller Ausgleich zu schaffen. Die Sätze 2 und 3 gelten entspre-

3 Der Bundesstaat

chend, wenn das Land freiwillige Aufgaben der Gemeinden oder Gemeindeverbände in Pflichtaufgaben umwandelt oder besondere Anforderungen an die Erfüllung bestehender, nicht übertragener Aufgaben begründet. Das Nähere zur Konsultation der in Absatz 4 genannten Zusammenschlüsse zu einer Kostenfolgenabschätzung kann durch Gesetz oder eine Vereinbarung der Landesregierung mit diesen Zusammenschlüssen geregelt werden.
(4) Bevor durch Gesetz oder Verordnung allgemeine Fragen geregelt werden, welche die Gemeinden und Gemeindeverbände berühren, sind diese oder ihre Zusammenschlüsse rechtzeitig zu hören."

Verfassung des Landes Hessen (Auszug).
„*Artikel 137* (1) Die Gemeinden sind in ihrem Gebiet unter eigener Verantwortung die ausschließlichen Träger der gesamten örtlichen öffentlichen Verwaltung. Sie können jede öffentliche Aufgabe übernehmen, soweit sie nicht durch ausdrückliche gesetzliche Vorschrift anderen Stellen im dringenden öffentlichen Interesse ausschließlich zugewiesen sind.
(2) Die Gemeindeverbände haben im Rahmen ihrer gesetzlichen Zuständigkeit die gleiche Stellung.
(3) Das Recht der Selbstverwaltung ihrer Angelegenheiten wird den Gemeinden und Gemeindeverbänden vom Staat gewährleistet. Die Aufsicht des Staates beschränkt sich darauf, daß ihre Verwaltung im Einklang mit den Gesetzen geführt wird.
(4) Den Gemeinden und Gemeindeverbänden oder ihren Vorständen können durch Gesetz oder Verordnung staatliche Aufgaben zur Erfüllung nach Anweisung übertragen werden.
(5) Der Staat hat den Gemeinden und Gemeindeverbänden die zur Durchführung ihrer eigenen und der übertragenen Aufgaben erforderlichen Geldmittel im Wege des Lasten- und Finanzausgleichs zu sichern. Er stellt ihnen für ihre freiwillige öffentliche Tätigkeit in eigener Verantwortung zu verwaltende Einnahmequellen zur Verfügung.
(6) Werden die Gemeinden oder Gemeindeverbände durch Landesgesetz oder Landesrechtsverordnung zur Erfüllung staatlicher Aufgaben verpflichtet, so sind Regelungen über die Kostenfolgen zu treffen. Führt die Übertragung neuer oder die Veränderung bestehender eigener oder übertragener Aufgaben zu einer Mehrbelastung oder Entlastung der Gemeinden oder Gemeindeverbände in ihrer Gesamtheit, ist ein entsprechender Ausgleich zu schaffen. Das Nähere regelt ein Gesetz."

Der Gedanke hinter dem Verwaltungsschwerpunkt in den Gemeinden ist plausibel: Die übergeordneten Gesetze entfalten ihre Wirkung stets bürgernah: in den Gemeinden (Kleinfeld 1996). Der Haken dabei ist die Differenz zwischen der Ausgabenlast und den Einnahmen. Der Anteil der Gemeindeausgaben, der durch Aufgabenzuweisung des Landes verursacht ist, ist beträchtlich. Er belief sich im Zeitraum der Jahre 2000 bis 2004 auf bis zur Hälfte der kommunalen Gesamtausgaben. Das Saarland verzeichnete mit 33,8 Prozent den geringsten Wert, sonst lag nur noch Thüringen mit 37,3 Prozent unter der 40 Prozent-Marke. Nordrhein-

Westfalen und Hessen belasteten ihre Gemeinden mit 48,2 bzw. 46,5 Prozent am stärksten (Bundesministerium der Finanzen: Bericht des Arbeitskreises Strukturanalyse vom 27.1.2011, S. 8).

Nahezu ein Viertel der kommunalen Ausgaben entfallen auf Sozialausgaben, die Gemeinden auf bundesgesetzlicher Basis tätigen müssen, darunter die Hartz IV-Leistungen. Mit Zustimmung der Länder beschloss der Bundestag unlängst, bis 2013 jedem Kleinkind einen Krippenplatz zu garantieren. Der Bund übernimmt einen Teil der Folgekosten.

Tabelle 4: Verteilung der Steuereinnahmen auf Bund, Länder, Gemeinden und EU (in Prozent)

	2010	2009	2008
Bund	42,7	43,5	42,6
Länder	39,7	39,5	39,5
Gemeinden	13,0	13,1	13,7
EU	4,6	3,9	4,1

Quelle: Bundesministerium der Finanzen.

Im Gesamtstaat haben die Kommunen die geringsten Möglichkeiten, eine selbstbestimmte Einnahmenpolitik zu betreiben. Die wichtigsten kommunalen Einnahmequellen sind a) ihr Anteil an den Einkommen- und Lohnsteuern (15 Prozent), b) ihr Anteil an der Umsatzsteuer (2,2 Prozent), c) die Gewerbesteuer, d) die Grundsteuer auf Wohn- und Gewerbeimmobilien und e) Gebühren (dazu im Detail: Naßmacher/Naßmacher 1999: 190ff.). Steuern aller Art erwirtschaften bis zu drei Vierteln der kommunalen Einnahmen. Darunter ist die Gewerbesteuer die ergiebigste Quelle. Danach folgt der kommunale Anteil an der örtlich erhobenen Einkommensteuern. Die Gewerbesteuer wird in einem bundesgesetzlich vorgegebenen Rahmen erhoben. Sie erlaubt den Kommunen Gestaltungsraum. Ihnen wird die Möglichkeit eingeräumt, einen Hebesatz zu beschließen; der Mindesthebesatz liegt bei 200 Prozent, große Städte gehen bis an die 500 Prozent. Von den reinen Kommunalsteuern erwirtschaftete die Gewerbesteuer im Durchschnitt aller Gemeinden 2010 etwa 75 Prozent, die Grundsteuer nahezu den Rest. Ein Teil des Gewerbesteueraufkommens, zurzeit neun Prozent, müssen allerdings in eine Umlage abgeführt werden. Ihre Mittel fließen quotiert in den Bundeshaushalt und in die Länderhaushalte. Die Tücke der meisten kommunalen Steuerquellen ist die unterschiedliche Wirtschaftskraft der Gemeinden. Reiche Gemeinden müssen sich wenig Sorgen machen, arme Gemeinden nagen selbst in guten Zeiten am Hungertuch.

Ein Teil der Kommunalhaushalte wird aus Landeszuschüssen finanziert. Die wichtigsten darunter sind die Schlüsselzuweisungen, die an keine bestimmte

3 Der Bundesstaat

Verwendung gebunden sind. Sie belaufen sich in der Einnahmenstruktur der Gemeinden als Gesamtheit auf unter zehn Prozent. Weitere Zuschüsse erhalten die Gemeinden als Ausgleich für die Kosten, die bei der Ausführung der Landesgesetze anfallen. Zweckgebundene Zuweisungen an die Gemeinden dienen der Aufgabe, dort bestimmte Investitionen anzuschieben; sie werden nur ausgezahlt, wenn sich die Gemeinden mit eigenen Mitteln beteiligen (dazu im Einzelnen Naßmacher/Naßmacher 1999: 225ff.). Der steuerliche Mix, den die gesamtstaatliche Finanzverfassung den Gemeinden vorschreibt, ist so beschaffen, dass es die Kommunen sofort zu spüren bekommen, wenn die Konjunktur einbricht, die Steuereinnahmen zurückgehen und die Zahl der Dauererwerbslosen steigt, damit auch die Sozialausgaben, insbesondere für das Arbeitslosengeld 2 (Hartz IV).

Die Aufgaben der Gemeinden sind dauerhaft, die damit verbundenen Ausgaben aber schwer kontrollierbar. Gebühren taugen nur begrenzt zur Einnahmensteigerung, weil sie auch für Geringverdiener noch bezahlbar sein müssen. Eher wird der Ausweg in der Schließung und Reduzierung von Einrichtungen oder in der Einschränkung des Leistungsangebots gesucht. Letztes Mittel, um die kommunalen Aufgaben zu finanzieren, sind Kredite. Vielen Gemeinden, vor allem Großstädten, die der wirtschaftliche Strukturwandel links hat liegen lassen, bleibt nichts anderes übrig, als sich haushoch zu verschulden, um den kommunalen Verwaltungsbetrieb überhaupt am Laufen zu halten. Nehmen wir die Kassenkredite als Indikator, sozusagen das Girokonto der Gemeinden bei den Banken, standen Ende 2010 die Gemeinden aller Länder im Bundesdurchschnitt mit 533 Euro je Einwohner in der Kreide.

Tabelle 5: Kassenkredite der Gemeinden und Gemeindeverbände (Kreise) je Einwohner nach Ländern, Stand 31.12.2010

	Mio. Euro	Euro je Einwohner
Baden-Württemberg	241	22
Bayern	333	27
Brandenburg	724	289
Hessen	4.879	805
Niedersachsen	5.047	636
Nordrhein-Westfalen	20.054	1.123
Rheinland-Pfalz	5.392	1.346
Saarland	1.655	1.623
Sachsen	52	13
Sachsen-Anhalt	826	352
Schleswig-Holstein	608	215
Thüringen	152	68

Quelle: Gemeindefinanzkommission, 24.8.2011.

Bedenkt man, dass der Bürger den Staat hauptsächlich in seiner Gemeinde spürt, mit dem Angebot und Zustand der Straßen, Bäder, Schulen und Freizeiteinrichtungen, zeigt sich die Aufgaben- und Finanzverflechtung zwischen Bund, Ländern und Gemeinden in all ihrer Kurisosität. Dort, wo Lebensqualität sehr hautnah erfahren wird, also in den Gemeinden, muss qualitätsmindernd gewirtschaftet werden, weil neben den für Bund und Länder zu besorgenden Aufgaben kaum noch Geld für andere Dinge bleibt. Wenn es ganz schlimm kommt, geraten Großstädte sogar unter das Diktat der Kommunalaufsicht. Dies ist besonders dort der Fall, etwa im Ruhrgebiet, einer früheren Hochburg der Montanindustrie, wo der wirtschaftliche Strukturwandel den Gemeinden ihre klassische Erwerbsbasis genommen hat. Allein 16 der 32 Großstädte mit dem höchsten Schuldenstand befanden sich Ende 2009 in Nordrhein-Westfalen, sieben in Bayern und drei in den ostdeutschen Ländern (Fischer-Weltalmanach 2012, S. 121). Regierungspräsidenten, wo es sie noch gibt, und Beamte des Innenministeriums bestimmen dann, wofür neben den Pflichtaufgaben der Kommunen überhaupt noch Geld fließen darf.

Das Konnexitätsprinzip schützt die Länder davor, dass sie sich an den vom Bund übertragenen Aufgaben ausbluten. Die meisten Länder lassen dieses Prinzip für ihr Verhältnis zu den eigenen Gemeinden nicht gelten. Erst als Ergebnis einer jahrelang andauernden Misere nahmen ab 2004 die ersten Länder eine Verpflichtung zum Kostenausgleich für die vom Landesgesetzgeber verursachten Kommunalausgaben in ihre Verfassungen auf: Baden-Württemberg, Bayern, Niedersachsen und Nordrhein-Westfalen.

Bei der Gewerbesteuer, der für die Gemeinden besonders wichtigen Steuer, handelt es sich um eine tückische Einnahmequelle. Läuft die Konjunktur gut, machen die Unternehmen Gewinne, spült sie Geld in die Kassen. Bricht die Konjunktur ein, stehen sie womöglich von heute auf morgen mit einem Drittel oder der Hälfte des in den Vorjahren erwirtschafteten Volumens da, weil die Unternehmen kaum noch verdienen. Deshalb ist die Reform der Gewerbesteuer ist ein Dauerthema.

Alle Überlegungen zur Verbesserung der Gemeindefinanzen sind nach einiger Zeit versandet, unter anderem deshalb, weil die Gemeinden selbst dazu keine einheitliche Position fanden. Viel Staub wirbelte im Februar 2010 Finanzminister Wolfgang Schäuble auf. Die Gewerbesteuer sollte entfallen. Als Ausgleich sollten die Gemeinden das Recht erhalten, nach eigenem Ermessen einen kommunalen Aufschlag auf ihren Anteil an der Einkommensteuer zu erheben. Die Einkommensteuer unterliegt weniger starken Schwankungen. Dahinter stand die vernünftige Idee, die Kommunalfinanzen zu verstetigen.

Der Vorschlag wurde heftig diskutiert. Die Kommunen hätten sich beim Gelingen der Reform entscheiden müssen, dadurch zunächst entstehende eventu-

3 Der Bundesstaat 89

elle Verluste entweder durch den stärkeren Zugriff auf die rein kommunalen Steuerquellen und Gebühren oder aber durch ein eingeschränktes Leistungsangebot auszugleichen. Die Reaktion der Kommunalen Spitzenverbände fiel sehr unterschiedlich aus. Die Großstädte, vertreten im Städtetag, liefen Sturm gegen die Pläne. Der Städte- und Gemeindebund, die Vertretung der Landgemeinden und kleineren Städte, und der Landkreistag waren aufgeschlossener für die Idee des Finanzministers. Aber auch die Landesregierungen signalisierten Widerstand. Ohne die Länder hatte die Idee des Finanzministers im Bundesrat keine Chance. Im Juni 2011 räumte der Minister ein, die Abschaffung der Gewerbesteuer sei aussichtslos.

Die Probleme, die sich aus der Mitgliedschaft Deutschlands in der Euro-Zone ergeben, wirken sich unmittelbar auf die Bund-Länder-Beziehungen aus. Bereits im Jahre 2002 rügte der damalige Bundesfinanzminister Hans Eichel die Länder, dass sie nicht vernünftig wirtschafteten. Hintergrund war eine Abmahnung der Europäischen Kommission, dass Deutschland erneut das für die Länder der Euro-Zone verpflichtende Maximum einer Neuverschuldung von drei Prozent des Bruttoinlandsprodukts überschreiten würde. Stolz wies der Minister darauf hin, der Bund habe seine Hausaufgaben gemacht. Allein die Länder drückten die Bundesrepublik über die kritische Marke.

Mit den Verpflichtungen Deutschlands im europäischen Währungsverbund hatte sich der Gesamtstaat auf Verpflichtungen eingelassen, die der Bund allein gar nicht gewährleisten konnte, mochte er auch noch so sparsam wirtschaften. Die Länder sind in der Haushaltspolitik autonom.

Hier zeigte sich, dass die Konstrukteure der Euro-Währungszone von einer bei allen übrigen EU-Staaten gültigen Annahme ausgegangen waren, dass die vertragschließenden Regierungen verfassungstechnisch in der Lage waren, den Währungsvertrag zu erfüllen. Sie hatten den Standardtypus des europäischen Einheitsstaates vor Augen, nicht den deutschen Bundesstaat. Um die geforderte Quadratur des Kreises endlich hinzubekommen, wurde schließlich das Grundgesetz geändert, nachdem zuvor mit einer Reihe von Vereinbarungen zwischen Bund und Ländern experimentiert worden war. Bei einer Überschreitung der zugebilligten Verschuldungsgrenzen haften Bund und Länder für die von Brüssel verhängten Strafzahlungen im Verhältnis eins zu drei, wobei die Verursacherländer am stärksten belastet werden. Damit es aber erst gar nicht so weit kommt, wurde im Art. 109. Abs. 2 GG eine so genannte Schuldenbremse installiert.

Grundgesetz (Auszug):
„Artikel 109 (1) Bund und Länder sind in ihrer Haushaltswirtschaft selbständig und voneinander unabhängig.
(2) Bund und Länder erfüllen gemeinsam die Verpflichtungen der Bundesrepublik Deutschland aus Rechtsakten der Europäischen Gemeinschaft auf Grund des Arti-

kels 104 des Vertrags zur Gründung der Europäischen Gemeinschaft zur Einhaltung der Haushaltsdisziplin und tragen in diesem Rahmen den Erfordernissen des gesamtwirtschaftlichen Gleichgewichts Rechnung.
(3) Die Haushalte von Bund und Ländern sind grundsätzlich ohne Einnahmen aus Krediten auszugleichen. Bund und Länder können Regelungen zur im Auf- und Abschwung symmetrischen Berücksichtigung der Auswirkungen einer von der Normallage abweichenden konjunkturellen Entwicklung sowie eine Ausnahmeregelung für Naturkatastrophen oder außergewöhnliche Notsituationen, die sich der Kontrolle des Staates entziehen und die staatliche Finanzlage erheblich beeinträchtigen, vorsehen. Für die Ausnahmeregelung ist eine entsprechende Tilgungsregelung vorzusehen. Die nähere Ausgestaltung regelt für den Haushalt des Bundes Artikel 115 mit der Maßgabe, dass Satz 1 entsprochen ist, wenn die Einnahmen aus Krediten 0,35 vom Hundert im Verhältnis zum nominalen Bruttoinlandsprodukt nicht überschreiten. Die nähere Ausgestaltung für die Haushalte der Länder regeln diese im Rahmen ihrer verfassungsrechtlichen Kompetenzen mit der Maßgabe, dass Satz 1 nur dann entsprochen ist, wenn keine Einnahmen aus Krediten zugelassen werden.
(4) Durch Bundesgesetz, das der Zustimmung des Bundesrates bedarf, können für Bund und Länder gemeinsam geltende Grundsätze für das Haushaltsrecht, für eine konjunkturgerechte Haushaltswirtschaft und für eine mehrjährige Finanzplanung aufgestellt werden.
(5) Sanktionsmaßnahmen der Europäischen Gemeinschaft im Zusammenhang mit den Bestimmungen in Artikel 104 des Vertrags zur Gründung der Europäischen Gemeinschaft zur Einhaltung der Haushaltsdisziplin tragen Bund und Länder im Verhältnis 65 zu 35. Die Ländergesamtheit trägt solidarisch 35 vom Hundert der auf die Länder entfallenden Lasten entsprechend ihrer Einwohnerzahl; 65 vom Hundert der auf die Länder entfallenden Lasten tragen die Länder entsprechend ihrem Verursachungsbeitrag. Das Nähere regelt ein Bundesgesetz, das der Zustimmung des Bundesrates bedarf. (...)
Artikel 115 (1) Die Aufnahme von Krediten sowie die Übernahme von Bürgschaften, Garantien oder sonstigen Gewährleistungen, die zu Ausgaben in künftigen Rechnungsjahren führen können, bedürfen einer der Höhe nach bestimmten oder bestimmbaren Ermächtigung durch Bundesgesetz.
(2) Einnahmen und Ausgaben sind grundsätzlich ohne Einnahmen aus Krediten auszugleichen. Diesem Grundsatz ist entsprochen, wenn die Einnahmen aus Krediten 0,35 vom Hundert im Verhältnis zum nominalen Bruttoinlandsprodukt nicht überschreiten. Zusätzlich sind bei einer von der Normallage abweichenden konjunkturellen Entwicklung die Auswirkungen auf den Haushalt im Auf- und Abschwung symmetrisch zu berücksichtigen. (...) Belastungen, die den Schwellenwert von 1,5 vom Hundert im Verhältnis zum nominalen Bruttoinlandsprodukt überschreiten, sind konjunkturgerecht zurückzuführen."

Die Schuldenbremse installiert einen Automatismus, der bei drohenden Haushaltsdefiziten entweder zur Steuererhöhung oder aber zur Einsparung bei den laufenden Ausgaben zwingt. Sie gilt seit Anfang 2011 und bestimmt, dass sich der

Bund ab 2016 maximal im Umfang von 0,35 Prozent des Bruttoinlandsprodukts neu verschulden darf. Die Länder dürfen ab 2020 überhaupt keine neuen Kredite mehr aufnehmen (Art. 143d GG). Allein in wirtschaftlichen Notsituationen sind noch Abweichungen erlaubt. Am Kapitalmarkt, der von Bund und Ländern jahrzehntelang munter in Anspruch genommen wurde, tritt künftig nur noch der Bund auf. Große Kontroversen um diese Schuldenbremse gab es nicht. Das deutsche Beispiel machte sogar Schule. Andere Staaten der Europäischen Union nahmen entsprechende Bestimmungen in ihre Verfassungen auf, um die Voraussetzungen für den Anfang 2012 beschlossenen europäischen Fiskalpakt zu erfüllen. Dieser soll die Gemeinschaftswährung des Euro durch eine zwischen den Mitgliedstaaten abgestimmte Haushaltspolitik stabilisieren.

3.2.3 Die Länderstruktur

Blicken wir zuletzt auf die Struktur der Länder. Die Länder unterscheiden sich nach ihrer Einwohnerzahl beträchtlich. Die Neugliederung des Bundesgebietes, ein Auftrag des Grundgesetzes, hat erst einmal Wirkung entfaltet – im Jahre 1952 mit der Bildung des Landes Baden-Württemberg aus den drei Ländern Württemberg, Baden und Württemberg-Hohenzollern. Politik- und Verwaltungswissenschaftler lassen immer mal wieder Entwürfe zur Reduzierung der Anzahl der Länder hochleben. Beliebtester Raum für Neugliederungsspiele ist der Norden der Republik. Umfragen zeigen indes immer wieder, dass selbst die Bürger im armen und kleinsten Bundesland Bremen wenig Gefallen daran finden, den Status des Zweistädtestaates Bremen/Bremerhaven gegen den Status niedersächsischer Großkommunen einzutauschen. Trotz der überparteilichen Werbung von CDU, FDP und SPD für ein gemeinsames Land Berlin-Brandenburg sprachen sich die Bewohner Brandenburgs 1996 deutlich gegen die Vereinigung mit der Bundeshauptstadt aus.

Politiker fassen das Neugliederungsthema kaum noch an, weil sie aus Erfahrung wissen, dass es dabei nichts zu gewinnen gibt. Die beste Garantie für die bestehende Länderstruktur liegt in der Tatsache, dass Karrieren und politische Strategien seit Jahrzehnten in den Grenzen des hergebrachten Länderbestandes kalkuliert werden. Gewohntes und Bewährtes würde vernichtet, wenn die Ländergrenzen neu gezogen würden. Es gäbe weniger Parlamente und weniger Einstiegspunkte in eine landespolitische Karriere. Die Erfahrung zeigt, dass in der Landespolitik nichts so viel Staub aufwirbelt, auch in den Parteien selbst, als wenn mit dem Projekt einer Gebietsreform bestehende Landkreise und Gemeinden aufgelöst und neue gebildet werden sollen.

Die Länder unterscheiden sich in vielen Details ihrer Verfassungen und Kommunalordnungen. Doch in den groben Zügen sind sie einander recht gleich.

Seitdem das bayerische Volk in einem Referendum ein Machtwort gesprochen und den dortigen Senat abgeschafft hat, besitzen die Länder durchweg Einkammerparlamente. Sämtliche Länder praktizieren – in verschiedenen Varianten – die Verhältniswahl (dazu im Einzelnen Leunig 2007). Der Stil der politischen Auseinandersetzung lässt freilich markante Unterschiede erkennen, in denen sich die Ausprägung des Parteiensystems, hier Dauermehrheiten einer Partei, dort in kürzeren Intervallen wechselnde Koalitionen, ausdrückt. Hier werden von der Opposition alle Register gezogen, um der Regierung in die Parade zu fahren, anderswo findet der Schlagabtausch zwischen den Kontrahenten in moderater Tonlage statt (dazu sehr informativ: Freitag/Vatter 2008).

3.2.4 Die Kommunalstruktur

Die Gemeinden und Gemeindeverbände (Kreise) sind nach Anzahl, Größe und Status reine Schöpfungen der Länder. Trotz einer erheblichen Vielfalt gilt auch hier, dass sich die Gemeinden stark ähneln. Der in aller Regel direkt gewählte Bürgermeister tritt als Repräsentant seiner Gemeinde und gleichzeitig als Verwaltungschef auf. Der Stadt- oder Gemeinderat beschließt als kommunaler Gesetzgeber gleichzeitig die Satzungen und kontrolliert auch die Verwaltung. Diese Ratsverfassung wird nach ihren Ursprüngen in Baden-Württemberg und Bayern auch als Süddeutsche Ratsverfassung bezeichnet. Sie wurde nach und nach von allen übrigen Ländern übernommen. Lediglich Hessen weicht etwas ab. Dort gilt die Magistratsverfassung: Der Bürgermeister übt die Verwaltungsführung in der Gemeinde gemeinsam mit einem Magistrat, dem Gemeindevorstand, d.h. vom Rat gewählten Amtsträgern aus. Noch vor 20 Jahren praktizierte auch Schleswig-Holstein die Magistratsverfassung. Nicht Verschiedenheit, sondern Vergleichbarkeit war das Motto der Landespolitik bei der Umgestaltung und Fortentwicklung der Kommunalverfassungen. Dies mag das folgende Beispiel illustrieren.

Bis in die Mitte der 1990er Jahre gab es in Niedersachsen und Nordrhein-Westfalen noch die norddeutsche Ratsverfassung, ein der britischen Kommunalverfassung entlehntes Modell mit einem Bürgermeister als politischem Vertreter und einem Gemeindedirektor als Verwaltungsleiter. Mit dem Übergang zur Süddeutschen Ratsverfassung vollzog sich auch dort eine Angleichung an die übrigen Länder. Die neuen Länder im Osten der Republik hatten sich von vornherein für dieses Modell entschieden.

Wie im deutschen Parteienstaat kaum anders möglich, spielen die örtlichen Parteien in der Gemeindepolitik eine bedeutende Rolle. Doch die Probleme, um die es in den Kommunen geht, sprengen den Rahmen der üblichen Parteienkonkurrenz. Dies zeigt sich in Ratskoalitionen, die schon auf Länderebene schwer vorstellbar wären. Wählervereinigungen, die sich bewusst von den Parteien ab-

3 Der Bundesstaat 93

grenzen, kandidieren mit Erfolg für Ratsversammlung und Bürgermeisteramt. Parteilose Bürgermeister und gemeinsame Bürgermeisterkandidaten verschiedener Parteien kommen keinesfalls so selten vor, um als exotische Ausnahmen abgetan werden zu können.

Notieren wir in diesem Zusammenhang zuletzt auch noch die Stadtstaaten Berlin, Bremen und Hamburg. Sie sind in erster Linie Länder und erst danach Kommunen. Hamburg und Berlin sind als Einheitsgemeinden verfasst. Die Hamburgische Bürgerschaft – das Parlament – ist Landesparlament und Gemeindevertretung in einem. Die Bezirke der Hansestadt sind dezentrale Verwaltungen, die dem Senat unterstehen, der ihnen eine sehr bescheidene Selbstverwaltung einräumt. Die Berliner Bezirke haben hingegen Verfassungsrang und besitzen eine höhere Selbstverwaltungsqualität. Bremen ist ein Zweistädtestaat. Die Bremische Bürgerschaft tritt in zweierlei Funktionen auf, als Landesparlament und als Gemeindevertretung der Stadt Bremen. Der Bremische Senat ist Landesregierung und stadtbremische Kommunalverwaltung in einem. Je nach Funktion gelten eigene Regeln. Die Stadt Bremerhaven besitzt eine eigene Gemeindevertretung und eine eigene Kommunalverwaltung.

3.3 Der Bundesrat als „zweite Kammer"

Blicken wir jetzt auf das Länderorgan in der deutschen Politik. Im Parlamentarischen Rat war die Zweite Kammer heftig umstritten. Die SPD und die Unionsparteien in den vormals zu Preußen gehörenden Nordländern plädierten für eine Senatslösung: für eine parlamentarische Kammer zweiter Klasse, die als Gesetzgebungsorgan vom Regierungswahlorgan des Bundestags überstimmt werden konnte. Demgegenüber traten die süddeutschen Länder und die Liberalen für eine starke Regierungskammer ein. Beide Seiten trafen sich in der Mitte. Es blieb bei der Regierungskammer, die jetzt wieder Bundesrat heißen sollte. Doch dieser Bundesrat sollte kein auf ganzer Linie mit dem Bundestag gleichberechtigter Mitgesetzgeber sein. Wie in den Vorläuferinstitutionen sollten die Länderstimmen bei Bundesratsvoten nur geschlossen abgegeben werden dürfen (Niclauß 1998: 228ff.).

Grundgesetz (Auszug):
„Artikel 50 Durch den Bundesrat wirken die Länder bei der Gesetzgebung und Verwaltung des Bundes mit.
Artikel 51 (1) Der Bundesrat besteht aus Mitgliedern der Regierungen der Länder, die sie bestellen und abberufen. Sie können durch andere Mitglieder ihrer Regierungen vertreten werden.

(2) Jedes Land hat mindestens drei Stimmen, Länder mit mehr als zwei Millionen Einwohnern haben vier, Länder mit mehr als sechs Millionen Einwohnern fünf, Länder mit mehr als sieben Millionen Einwohnern sechs Stimmen.
(3) Jedes Land kann so viele Mitglieder entsenden, wie es Stimmen hat. Die Stimmen eines Landes können nur einheitlich und nur durch anwesende Mitglieder oder deren Vertreter abgegeben werden."

Was es mit der Einheitlichkeit der Stimmabgabe im Bundesrat auf sich hat, war über 50 Jahre lang unstrittig. Die separate Stimmabgabe der brandenburgischen Landesvertreter gab im März 2002 – bei einer Abstimmung über ein hochkontroverses Zuwanderungsgesetz – den Anlass zu einer verfassungsrechtlichen Klärung: Unter dem Druck von Bundesregierung und Opposition votierte der brandenburgische Ministerpräsident Manfred Stolpe (SPD) bei diesem Gesetz, einem Vorzeigeprojekt der rot-grünen Bundeskoalition, gegen den Protest seines Innenministers Jörg Schönbohm (CDU) mit Ja. Der brandenburgische Koalitionsvertrag verlangte bei fehlender Einigung auf die Bundesratsposition Enthaltung. Auch neu: Anstatt das Brandenburger Stimmenpaket nicht zu zählen, wertete der Bundesratspräsident, der Berliner Regierende Bürgermeister Klaus Wowereit (SPD), die Stimmabgabe des brandenburgischen Ministerpräsidenten als verbindlich. Nach heftigem Streit unter Politikern und Staatsrechtlern entschied das Bundesverfassungsgericht, dass die Brandenburger Stimmen ungültig waren.

Entscheidung des Bundesverfassungsgerichts vom 18. Dezember 2002 (Auszug):
„Das Zuwanderungsgesetz verstößt gegen Artikel 78 GG und ist daher nichtig. Es ist wegen der in ihm enthaltenen Bestimmungen über das Verwaltungsverfahren ein so genanntes zustimmungspflichtiges Gesetz, das jedoch im Bundesrat nicht die erforderliche Mehrheit der Stimmen erhalten hat. An einer Zustimmung des Landes Brandenburg zum Zuwanderungsgesetz fehlt es, weil bei Aufruf des Landes im Bundesrat die Stimmen nicht einheitlich abgegeben wurden. (...) Die Länder werden jeweils durch ihre anwesenden Bundesratsmitglieder vertreten. Dabei geht das Grundgesetz von der einheitlichen Stimmabgabe aus und respektiert die Praxis der landesautonom bestimmten Stimmführer, ohne seinerseits mit Geboten und Festlegungen in den Verfassungsraum des Landes überzugreifen. Der Abgabe der Stimmen durch einen Stimmführer kann (...) widersprochen werden. Damit entfallen die Voraussetzungen der Stimmführerschaft. Hier hat das im Abstimmungsverfahren aufgerufene Land Brandenburg seine vier Stimmen nicht einheitlich abgegeben, was der Bundesratspräsident zutreffend unmittelbar nach der Stimmabgabe förmlich festgestellt hat. Die Uneinheitlichkeit der Stimmabgabe Brandenburgs ist durch den weiteren Abstimmungsverlauf nicht beseitigt worden. Der Bundesratspräsident durfte nach seiner Feststellung, dass das Land Brandenburg uneinheitlich abgestimmt habe, nicht das Bundesratsmitglied Dr. Stolpe fragen, wie das Land Brandenburg abstimme. (...) Hier lag der Wille des Landes Brandenburg zur uneinheitlichen Abstimmung klar zutage. Es bestand Klarheit über den Dissens. (...) Da kein Klärungs-

3 Der Bundesstaat

bedarf bestand, wäre die gezielte Rückfrage des Bundesratspräsidenten nur an den Ministerpräsidenten eines Landes lediglich zu rechtfertigen, wenn ein Ministerpräsident sich in der Abstimmung über die Stimmenabgabe durch die anderen Bundesratsmitglieder des Landes hätte hinwegsetzen dürfen. Dies ist jedoch nicht der Fall. Der Ministerpräsident kann nämlich weder ein Weisungsrecht im Bundesrat beanspruchen noch stand ein drohender Verstoß gegen die Bundesverfassung in Frage."

Der Parlamentarische Rat schrieb bei der Beschlussfassung über das Grundgesetz vorsorglich einen gemeinsamen Vermittlungsausschuss vor – damals ein Novum in der deutschen Verfassungsgeschichte. Dieses Gremium sollte eine Einigung anbahnen, wenn der Bundesrat dem Bundestag nicht zustimmte oder wenn er einen Einspruch geltend machte. Neben dem noch vom Weimarer Reichsrat bekannten Einspruchsrecht wurde dem Bundesrat ein Zustimmungsrecht eingeräumt. Dieses war für die Fälle der konkurrierenden Gesetzgebung vorgesehen, mit denen die Länder eine Aufgabe an den Bund abtreten mussten. Dies sollte nicht ohne die Zustimmung der Mehrheit der Ländervertreter geschehen.

Grundgesetz (Auszug):
„*Artikel 77* (1) Die Bundesgesetze werden vom Bundestage beschlossen. Sie sind nach ihrer Annahme durch den Präsidenten des Bundestages unverzüglich dem Bundesrate zuzuleiten.
(2) Der Bundesrat kann binnen drei Wochen nach Eingang des Gesetzesbeschlusses verlangen, daß ein aus den Mitgliedern des Bundestages und des Bundesrates für die gemeinsame Beratung von Vorlagen gebildeter Ausschuß einberufen wird. (...) Die in diesen Ausschuß entsandten Mitglieder des Bundesrates sind nicht an Weisungen gebunden. Ist zu einem Gesetze die Zustimmung des Bundesrates erforderlich, so können auch der Bundestag und die Bundesregierung die Einberufung verlangen. Schlägt der Ausschuss die Änderung eines Gesetzesbeschlusses vor, so hat der Bundestag erneut Beschluss zu fassen.
(3) Soweit zu einem Gesetze die Zustimmung des Bundesrates nicht erforderlich ist, kann der Bundesrat, wenn das Verfahren nach Absatz 2 beendigt ist, gegen ein vom Bundestage beschlossenes Gesetz binnen zwei Wochen Einspruch einlegen. (...)
(4) Wird der Einspruch mit der Mehrheit der Stimmen des Bundesrates beschlossen, so kann er durch Beschluß der Mehrheit der Mitglieder des Bundestages zurückgewiesen werden. Hat der Bundesrat den Einspruch mit einer Mehrheit von mindestens zwei Dritteln seiner Stimmen beschlossen, so bedarf die Zurückweisung durch den Bundestag einer Mehrheit von zwei Dritteln, mindestens der Mehrheit des Bundestages."

Niemand im Parlamentarischen Rat dachte daran, dass dieses Zustimmungsrecht einmal zum Einstieg für die regelhafte Mitregierung der Länder im Bund werden könnte. Die zentrale Bedeutung der Länder bei der Verwaltung nicht nur der eigenen, sondern auch der Bundesgesetze wird darin deutlich, dass auch die Verwaltungsbestimmungen, die der Bund erlässt, genau wie die Gesetze der Zustimmung des Bundesrates bedürfen.

Bis Anfang der 1970er Jahre arbeitete der Bundesrat wie eine Art technische Revisionsinstanz. Er prüfte die Gesetze und Verordnungen des Bundes auf Fehler und Machbarkeitsschwierigkeiten. Der Zustimmungs- und Einspruchscharakter der Gesetze spielte damals noch keine große Rolle. Der Bund nahm es ohne Widerspruch hin, wenn die Zustimmungsbedürftigkeit eines Gesetzes behauptet wurde, sobald auch nur ein Teil dieses Gesetzes die Länder betraf (Neunreither 1959). Die großen Grundgesetzänderungen im letzten Jahr der ersten Großen Koalition (1969) – Finanzverfassung, Neuordnung der Bund/Länder-Kompetenzen – kamen im Konsens zwischen Bund und Ländern zustande.

Erst der Machtverlust der Unionsparteien im Bund (1969) sollte den Bundesrat „politisieren." Mit der baden-württembergischen Landtagswahl von 1972 gewannen die unionsgeführten Landesregierungen die Mehrheit im Bundesrat. Sie machten davon fortan konsequent Gebrauch, um die Handlungsfähigkeit der Bundesregierung zu blockieren, indem sie den Bundestagsbeschlüssen ihre Zustimmung verweigerten. Dabei stimmten sie sich eng mit der oppositionellen CDU im Bundestag ab. Diese Blockadepolitik der Union war überaus erfolgreich – und folgenreich!

In der Vergangenheit war die Länderbehauptung, es handele sich um ein zustimmungsbedürftiges Gesetz, großzügig akzeptiert worden. Der Bundesrat hatte im Sinne der Regierung stets gut funktioniert. Nun kehrte sich die Behauptung von der Zustimmungsbedürftigkeit gegen die Regierung (Lehmbruch 2000: 141ff.). Alle Versuche, das Rad durch das Anrufen des Verfassungsgerichts zurückzudrehen, führten zu nichts. Das Verfassungsgericht bekräftigte im Grundsatz den Mitverantwortungsanspruch der Länder für Bundesgesetze, die – wie schwach auch immer – die Länder involvierten.

Entscheidung des Bundesverfassungsgerichts vom 25. Juni 1974 (Leitsätze):
„1. Nicht jedes Gesetz, das ein mit Zustimmung des Bundesrates ergangenes Gesetz ändert, ist allein aus diesem Grund zustimmungsbedürftig.
2. Wenn ein mit Zustimmung des Bundesrates ergangenes Gesetz durch ein Gesetz geändert wird, das selbst neue Vorschriften enthält, die ihrerseits die Zustimmungsbedürftigkeit auslösen, so ist das Änderungsgesetz zustimmungsbedürftig.
3. Ändert das Änderungsgesetz Regelungen, die die Zustimmungsbedürftigkeit ausgelöst haben, so bedarf es ebenfalls der Zustimmung des Bundesrates.
4. Enthält ein Zustimmungsgesetz sowohl materiell-rechtliche Regelungen als auch Vorschriften für das Verwaltungsverfahren der Landesverwaltung gemäß Art. 84 Abs.1 GG, so ist ein dieses Gesetz änderndes Gesetz zustimmungsbedürftig, wenn durch die Änderung materiell-rechtlicher Normen die nicht ausdrücklich geänderten Vorschriften über das Verwaltungsverfahren bei sinnorientierter Auslegung ihrerseits eine wesentlich andere Bedeutung und Tragweite erfahren."

3 Der Bundesstaat

Der Bundesrat kann das Handeln der Bundesregierung bereits mit dem Einspruch gegen einen Bundestagsbeschluss erheblich beeinträchtigen (Tabellen 3 und 4). Zwar hat der Bundesrat das Recht, ein Bundesgesetz zu initiieren. Doch seine Bedeutung resultiert aus den Einspruchs- und Zustimmungsrechten, die aktuell werden, wenn er über einen Bundestagsbeschluss befinden muss. Der Bundesrat ist also ein typischer Vetospieler, kein Agenda setter.

Tabelle 6: Stimmenverteilung im Bundesrat nach Ländern (31.12.2010)

	Stimmen	Einwohner (in Mio.)
Baden-Württemberg	6	10.753
Bayern	6	10.538
Berlin	4	3.460
Brandenburg	4	2.503
Bremen	3	660
Hamburg	3	1.786
Hessen	5	6.067
Mecklenburg-Vorpomm.	3	1.642
Niedersachsen	6	7.918
Nordrhein-Westfalen	6	17.845
Rheinland-Pfalz	4	4.003
Saarland	3	1.017
Sachsen	4	4.149
Sachsen-Anhalt	4	2.335
Schleswig-Holstein	4	2.834
Thüringen	4	2.235

Der Einspruch des Bundesrates scheitert nur dann, wenn der Bundestag den Einspruch mit der absoluten Mehrheit seiner Mitglieder (der so genannten Kanzlermehrheit) zurückweist. Falls die Regierungsmehrheit im Bundestag nur wenige Stimmen beträgt, strapaziert die Zurückweisung des Einspruchs die Arbeitsfähigkeit der Regierungsfraktionen bereits beträchtlich. Stützt sich die Regierung aber auf eine komfortable Bundestagsmehrheit, kann sie darauf verzichten, bei der anstehenden Zurückweisung eines Einspruchs Zählappelle im Regierungslager anzuordnen, die Kranken zu mobilisieren und von geplanten Reisen abzuraten.

Tabelle 7: Stimmenverteilung im Bundesrat nach Übereinstimmung mit der Regierungskoalition im Bund 1993-2012

	Bundeskoalition	pro Koalition[1]	neutral[2]	Opposition[3]
1993	CDU/CSU/FDP	10	28	31
1994	CDU/CSU/FDP	10	24	35
1995	CDU/CSU/FDP	10	28	31
1996	CDU/CSU/FDP	16	22	31
1997	CDU/CSU/FDP	16	22	31
1998	CDU/CSU/FDP	16	19	34
1999	SPD/Grüne	25	19	25
2000	SPD/Grüne	30	14	25
2001	SPD/Grüne	24	14	31
2002	SPD/Grüne	23	14	32
2003	SPD/Grüne	20	14	35
2004	SPD/Grüne	10	18	41
2005	SPD/Grüne	0	51	22
2006	CDU/CSU/SPD	44	25	0
2007	CDU/CSU/SPD	44	25	0
2008	CDU/CSU/SPD	41	28	0
2009	CDU/CSU/SPD	36	33	0
2010	CDU/CSU/FDP	31	17	21
2011	CDU/CSU/FDP	25	14	28
2012	CDU/CSU/FDP	21	14	32

[1] Die Regierungspartei oder die Regierungskoalition im Land stimmen mit der Bundeskoalition überein.
[2] Eine der Regierungsparteien im Land stimmt nicht mit der Bundeskoalition überein. Hier enthält der Koalitionsvertrag eine Klausel, die auf Verlangen eines Partners die Stimmenthaltung des Landes vorsieht.
[3] Die Regierungspartei oder Regierungskoalition im Land wird von den Parteien der Bundesopposition kontrolliert.

Als Anfang der 1990er Jahre die von der SPD regierten Länder die Mehrheit im Bundesrat gewannen, nutzen auch sie den Bundesrat, um die Politik der sozialdemokratischen Bundestagsopposition zu unterstützen und der Regierung Kompromisse abzutrotzen oder aber ihre Vorhaben zu torpedieren. Das Gleiche geschah mit abermals umgekehrtem Vorzeichen, als die Unionsparteien im Jahr 2000 die Mehrheit im Bundesrat zurückeroberten. Der Wille, den Bundesrat als

Bremssystem zu aktivieren, wird von Fall zu Fall aber vom Kalkül überlagert, durch Kompromisse mit der Bundesregierung Vorteile für die Länder insgesamt oder für bestimmte Länder zu erreichen.

Der Gebrauch des Bundesrats für die Parteistrategie ist heute eine Grundgegebenheit des politischen Systems (Lehmbruch 2001). Erörtern wir kurz den Vorwurf, der Bundesrat sei zur Bühne für parteipolitische Spiele verkommen. Eine Blockadepolitik im Bundesrat schließt das Grundgesetz nicht aus. Sie ist nicht nur legal, sondern im Hinblick auf die Rolle der Parteien im parlamentarischen System auch legitim. Das Rollenspiel zwischen Regierung und Opposition verlangt es allerdings, dass dieselbe Partei, die im Bundesrat zuvor die Pläne der Bundesregierung vereitelt hat, den angeblichen Missbrauch der Länderkammer beklagt, wenn jetzt ihre Regierungsvorlagen im Störfeuer widriger Bundesratsmehrheiten scheitern.

Missbrauch hin, Missbrauch her: Nicht nur die Oppositionsparteien nutzen die Möglichkeiten, die ihnen der Bundesrat bietet. Die Regierungsparteien im Bund tun es genauso, bis hin zu Vorgesprächen mit Regierungschefs und Ministern befreundeter Länder (dazu auch Leonardy 2003). Dieser Vorgang ist freilich geräuschloser. Er fügt sich besser in die Erwartung, dass die parlamentarisch legitimierte Regierung handlungsfähig sein muss. Vom parteipolitischen Gebrauch des Bundesrates her passiert aber nichts anderes, als wenn sich Bundestags- und Bundesratsmehrheit über den Pariser Platz hinweg parteipolitisch duellieren. Der schöne Schein der parlamentarischen Bilderbuchrolle der Regierung überstrahlt bei gleichen Mehrheiten so manche Auseinandersetzung zwischen Parteifreunden, die ihre Spuren in den Gesetzesbeschlüssen hinterlässt.

3.4 Parlamentarismus im deutschen Bundesstaat: Die kleine und die große Regierungsmehrheit

Die von Winfried Steffani als Fundament des parlamentarischen Regierungssystems beschriebene Regierungsmehrheit bringt die mit den Mehrheitsverhältnissen wechselnde Rolle des Bundesrates auf eine griffige Formel (Steffani 1991). Die Bundesratsmehrheit integriert sich in die Regierungsmehrheit, wenn sie mit der regierungstragenden Mehrheit im Bundestages übereinstimmt. Wie es mehr oder minder subtile Auseinandersetzungen zwischen der Regierung und Teilen der Regierungsfraktionen gibt, verhält es sich auch bei Reibereien der Bundesregierung mit befreundeten Ländern. Die Konflikte werden nicht in den Plenarsitzungen, in der Presse oder im Fernsehen ausgetragen. Der Erfolg in der Bundespolitik verbindet Regierungen, die sich im Bund und in den Ländern auf dieselben Parteien stützen. Diese Verbindung verliert ihren politischen Gebrauchswert, wenn sich als Ergebnis der Landtagswahlen die Mehrheitsverhältnisse im Bundesrat umkehren. Die Regierungsmehrheit verliert dann ihre Bundesratskomponente: Der Bundesrat wechselt vom Instrument des Machterhalts der Bundesregierung zum Instrument des Machterwerbs der Bundesopposition. Für dieses Ziel ist es zweckmäßig, dass die Regierung ein schlechtes Bild abgibt. Ein Gerangel aus einer vetofähigen Position heraus bietet zahlreiche Gelegenheiten, sich in Interviews und in Fernsehauftritten mit Kompetenzmeierei und mit staatsmännischen Posen in Szene zu setzen.

Die Opposition im Bundestag opponiert nicht in jeder Frage und auch der Bundesrat opponiert nicht auf ganzer Linie (Lhotta 2003). Die Kontroversen im Plenum des Bundestages sowie zwischen sozialdemokratischen und christdemokratischen Ministerpräsidenten sind in der „Republik der Landesfürsten" (Steffani: 1997: 56ff.) stets weithin sichtbar. Bei den meisten Projekten arbeitet die Opposition in den Bundestagsausschüssen konstruktiv mit. Das Know-how der Experten aus den A-Ländern ist in der Bundesratsarbeit genauso willkommen wie das der B-Länder (Lehmbruch 1998). Auch im Vermittlungsausschuss kultivieren alle Beteiligten die leiseren Töne.

Lassen wir solche Details auf sich beruhen. Sie tragen wenig dazu bei, die politische Qualität des Bundesrates zu beschreiben. Das Konfliktmoment hebt die wesentliche Eigenschaft besser heraus. Die tragenden Akteure des parlamentarischen Systems positionieren sich in Pendelbewegungen neu: Entweder in der Konstellation einer erweiterten Regierungsmehrheit *mit* dem Bundesrat oder in der Konstellation einer engeren Regierungsmehrheit *ohne* den Bundesrat.

Mit dem Wandel des Bundesrates von der reinen Ländervertretung zur Bühne der Bundespolitik gewannen die Landtagswahlen an bundespolitischer Bedeutung (Decker/von Blumenthal 2002). Testwahlen für die Parteien im Bund waren sie immer schon.

Das Thema der Bundesstaatsreform gelangt alle Jahre wieder auf die Tagesordnung. Aber nicht die Neugliederung des Bundesgebiets steht bei der Föderalismusreform im Vordergrund, sondern die Undurchschaubarkeit der gesamtstaatlichen Aufgabenverteilung und die Nebenregierungsrolle des Bundesrates. Der Bundestag und die Länder setzten im Oktober 2003 eine Kommission ein, die Vorschläge für die Überarbeitung der bundesstaatlichen Struktur unterbreiten sollte. Ihr gehörten ausgesuchte Bundestagsmitglieder und Regierungschefs der Länder an. Zu ihrem Auftrag gehörte es unter anderem, die Zahl der zustimmungspflichtigen Gesetze zu reduzieren. Dieses Ziel wurde erreicht. Waren vom November 2005 bis zum August 2006, den letzten Monaten vor dem Inkrafttreten der entsprechenden Grundgesetzänderungen, noch 56 Prozent aller Bundesgesetze zustimmungspflichtig, so im Zeitraum vom September 2006 bis zum April 2008 nur noch 40 Prozent (Jun 2010: 348ff.). Diese Zahlen besagen aber

3 Der Bundesstaat

nicht allzu viel (Höreth 2010: 132ff.). Die für das Kerngeschäft des Regierens notwendigen Gesetze unterliegen nach wie vor der Zustimmungspflicht. Der deutsche Verflechtungsföderalismus ist dem Denken von Verwaltungsingenieuren entsprossen. Er leidet an Nachvollziehbarkeit und produziert bei allen Beteiligten viel Verdruss. Er ist allerdings zum festen Bestandteil des Machtkalküls und der Karriereplanung geworden (Lhotta 1998). Die Föderalismusreform war die vorerst letzte Reparaturleistung an der föderalen Ordnung der zweiten deutschen Republik. Weniger die Gesamtkonstruktion des Bundesstaates, wohl aber seine Feinstrukturen waren in der historischen Rückschau die am wenigsten beständigen Elemente des Gesamtstaates.

3.5 Die Dritte Ebene

Die Länder haben eine Reihe gemeinsamer Interessen. Die wichtigsten darunter sind Steuerfragen, Bildungsfragen und ganz allgemein die Rolle der Länder im Bundesstaat. Diese Interessen finden ihren institutionellen Ausdruck in den Fachministerkonferenzen. Daneben stimmen sich die Landesregierungen in einer Vielzahl von Ausschüssen ab, welche diesen Konferenzen vor- oder nachgelagert sind. Für diesen Komplex der Länderzusammenarbeit hat sich die Bezeichnung einer Dritten Ebene zwischen dem Bund und den Ländern eingebürgert (dazu ausführlich Kropp 2010: 130ff.). Die bekanntesten Institutionen der Dritten Ebene sind die Kultusministerkonferenz und die Innenministerkonferenz.

Auf der Ebene dieser Fachminister- und Fachbeamtenkonferenzen vereinbaren die Landesregierungen einen Politikrahmen, in dem jedes Land für sich eine bundesweit gleichwertige Regelung beschließt. Die Länder reduzieren ihre Gestaltungsfreiheit damit auf einen mehr oder weniger schmalen Korridor. Der maßgebliche Punkt dabei ist die Tatsache, dass sie die Landespolitik auf diese Weise ein Stückweit angleichen und damit dem Ruf nach Grundgesetzänderung und bundesgesetzlicher Regelung die Grundlage entziehen. Die Art und das Ausmaß vergleichbarer Politik beschließen die Länder selbst; der Bund bleibt draußen (Scharpf 1994: 85).

3.6 Vergleich: Der deutsche Bundesstaat ist ein Unikum

Werfen wir nun einen Blick auf andere Bundesstaaten, um abzuschätzen, ob es dort Parallelen zur deutschen Entwicklung gibt. Das Augenmerk soll dabei zwei Eigenschaften des Bundesstaates gelten, a) der Verteilung der Zuständigkeiten zwischen Bund und Ländern und b) der Beteiligung der föderalen Kammer an der Gesamtpolitik.

3.6.1 Bund und Staaten in den USA

Bund und Staaten bilden in den USA separate Politikbereiche. Jede Ebene macht in den von der Verfassung und vom Obersten Bundesgericht – als Verfassungsgericht – definierten Zuständigkeitsbereichen ihre eigenen Gesetze und führt diese mit eigenen Verwaltungen aus. Dies entspricht der historischen Idee des Bundesstaates, die mit der Gründung der USA in die Welt gelangte. Die Praxis des amerikanischen Bundesstaates weicht schon lange von diesem Bild ab. Die Generalklauseln in der Verfassung erwiesen sich als Einfallstore für eine sich über 150 Jahre hinweg ausdehnende Ausweitung der Bundeszuständigkeit. Die Transformation des ursprünglichen Bundesstaates wurde hauptsächlich von der Verfassungsrechtsprechung des Supreme Court geleistet. Dieser fällte bereits 1819 ein Grundsatzurteil, das einer großzügigen Auslegung der Bundeskompetenzen den Weg bahnte. Die Bundeskompetenz für die Regulierung des Handels zwischen den Staaten sollte zur Basis für einen rechtseinheitlichen amerikanischen Binnenmarkt, viel später auch für eine sehr bescheidene bundeseinheitliche Sozialgesetzgebung werden.

In den 1930er Jahren setzte ein erster Unitarisierungsschub ein. Als Folge der Weltwirtschaftskrise baute die Bundesregierung sozialstaatliche Strukturen auf, um die Massenarbeitslosigkeit und die Verelendung zu bekämpfen. Die Basis dafür bot eine Bundeseinkommensteuer. Sie wurde 1913 mit einer Verfassungsänderung eingeführt, die einen jahrelangen Streit beendete, ob der Bund das Rechte hätte, die Einkommen seiner Bürger zu besteuern.

Die Steuerquellen der Staaten brachten infolge der nachlassenden Wirtschaftstätigkeit – seit 1929 – zu wenig ein, um die soziale Not zu lindern. Die Zuständigkeit der Staaten für das Sozialwesen war indes unstrittig. Der Bund aber, der in diesem Sektor keine Zuständigkeit besaß, nutzte die Situation aus, um auf indirektem Wege eine Zuständigkeit zu reklamieren. Der Bundeskongress beschloss Zuschussprogramme (grants-in-aid) für sozial- und wirtschaftspolitische Zwecke. Diese wurden den Staaten angeboten. Als Gegenleistung für die Inanspruchnahme dieser Mittel mussten sie aber die Zweckbindungen des Bundes akzeptieren. In Anbetracht der mangelnden Ergiebigkeit der von den Staaten abgeschöpften Steuerquellen blieb ihnen wenig anderes übrig, als sich auf die Vorgaben des Bundes einzulassen. Auf diesem Wege fassten die Prioritäten des Bundes in der Politik der Staaten Fuß. Dieser Mechanismus, der als fiskalischer Föderalismus bezeichnet wird, verschränkte Bund und Staaten. Er hat seine Instrumente und Ziele mehrfach verändert (Kincaid 2001: 146ff.). Hier und

3 Der Bundesstaat 103

dort gelang es dem Bund sogar, sanktioniert von den Gerichten, die Staaten darauf zu verpflichten, seine Gesetze auch ohne Kostenausgleich auszuführen. Doch alles in allem handeln die Bundesgerichte die Autonomie der Staaten als ein so hohes Gut, dass der Bund den Staaten gegen ihren Willen keine Aufgaben aufzwingen kann (dazu und im Folgenden Welz 2007).

Rechtlich gilt also unverändert, dass alles, was die Verfassung dem Bund nicht ausdrücklich zur Regelung überträgt, in der Kompetenz der Staaten verbleibt. Politisch aber gilt: Der Bund setzt mit finanziellen Anreizen Schwerpunkte, wo er keine formale Kompetenz hat, und die Staaten nehmen die Auflagen des Bundes für kostspielige Programme in Kauf, die sie aus eigener Tasche nicht finanzieren könnten. Beide Ebenen arrangieren sich, indem sie verhandeln.

Verhandlungsplatz ist der Kongress der Vereinigten Staaten. Die politischen Grundlagen der Politikverflechtung werden in den USA also von Parlamentariern ausgehandelt, nicht – wie in Deutschland – von Regierungen. Der einzige Regierungsakteur in diesem Spiel ist die Bundesregierung in Washington. Ihre Fachbehörden erarbeiten Gesetzentwürfe, die dann von Parteifreunden des Präsidenten als eigene Anträge in den Kongress eingebracht werden, um den Gesetzgebungsprozess zu initiieren. Diese Bundesbehörden üben auch eine Fachaufsicht über die einzelstaatlichen Behörden, soweit diese Programme verwalten, die ganz oder in Teilen aus Mitteln des Bundes finanziert werden.

Der Senat ist die Staatenvertretung des Kongresses. Wurden die Senatoren bis 1913 von den Einzelstaatenparlamenten gewählt und konnten sie bei Missfallen vom Parlament ihres Heimatstaates aus Washington abgezogen werden, werden sie seither direkt gewählt und sitzen für die Dauer der Legislaturperiode – sechs Jahre – fest im Sattel. Der Senat mit seinen hundert Mitgliedern ist kleiner und feiner als das Repräsentantenhaus. Aber sonst sind die Unterschiede gering. Abgeordnete wie Senatoren gehorchen dem gleichen Kalkül: Sie wollen wiedergewählt werden und richten sich nach den Stimmungen und Erwartungen ihrer Wähler.

Die Parteizugehörigkeit ist bei Senatoren wie Abgeordneten nur ein Entscheidungsmotiv unter vielen, oft nicht einmal das wichtigste. Es wäre unklug, die Parteifahne zu schwenken, wo es für das politische Überleben im Heimatstaat sicherer erscheint, sich von der eigenen Partei abzusetzen. Das Erscheinungsbild einer Staatenkammer hat sich seit langem verflüchtigt. Wenn sich einzelne Senatoren als Verteidiger der Staatenrechte in Szene setzen, stehen sie keineswegs allein. Viele Abgeordnete, die damit in ihren Wahlkreisen Punkte sammeln wollen, tun es ihnen gleich. Der Kontrast zum deutschen Bundesstaat mit seinen beherrschenden Regierungsakteuren und und Parteiinteressen könnte nicht größer sein.

„Für den Kongress gibt es praktisch keinen Anreiz, beim Treffen konkreter Entscheidungen die Prinzipien föderalistischer Gewaltenteilung zu beachten. (...) Ungeachtet seines in den Einzelstaaten und Gemeinden wurzelnden Wahlsystems ist der Kongress stets bestrebt, die Politik zur Sache der Nation zu machen. Die Konservativen und Liberalen im Kongress sind über den Sinn oder Unsinn spezieller Programme sowie über die Höhe der für die verschiedenen Programme bereitzustellenden Mittel geteilter Meinung. Ungeachtet der Position ihrer Partei in einem liberalkonservativen Spektrum oder der Gegend Amerikas, aus der sie stammen, sind jedoch alle Abgeordneten an der Schaffung einer Situation interessiert, in der sie auf lokaler Ebene Anerkennung für die ihren Wählern zugutekommenden Maßnahmen der Bundesregierung für sich in Anspruch nehmen können. Diese Bemühungen um Anerkennung sollen die Wiederwahl erleichtern. (...) Das Verhalten der Kongressmitglieder ist darauf gerichtet, lokale Interessen zu befriedigen und zu verteidigen, nicht, lokalen Parteien, Beamten oder Regierungen zu gefallen. (...) Sie versuchen aber auch, sich der Zuneigung einer Anzahl national orientierter Interessengruppen zu vergewissern. Auf diese Weise versuchen sie, ihre Handlungen so zu balancieren, dass sie einerseits ein hinreichendes Ausmaß sichtbarer und spürbarer bundesstaatlicher Vorteile für ihren eigenen Wahlkreis bereitstellen und doch andererseits das verwirklichen, was sie für gute nationale Politik halten, indem sie einer Vielfalt nationaler Interessengruppen sowohl innerhalb als auch außerhalb der Politik zu Diensten sind (Randall B. Ripley: Kongress und Einzelstaaten, in: Uwe Thaysen, Roger H. Davidson und Robert G. Livingston (Hrsg.), US-Kongress und Deutscher Bundestag, Opladen 1988, S. 170f.)."

Der oben skizzierte fiskalische Föderalismus in den USA läuft auf eine gewisse Unitarisierung der gesamtstaatlichen Politik hinaus. Die Zuschussprogramme des Bundes legen einen Korridor fest, in dem die Staates selbst darüber befinden dürfen, auf welche Weise sie die vom Bund erwünschten Ziele erreichen wollen. Auf Druck des Kongresses hat sich der Bund vor gut 30 Jahren dazu bequemt, seine Verwendungsauflagen zu lockern. So wird es den Staaten überlassen, ob sie mit den Bundeszuschüssen für Sicherheit und Ordnung Haftanstalten bauen, die Ausrüstung der Feuerwehr verbessern oder mehr Polizisten einstellen. Demgegenüber lässt der Zuständigkeitsperfektionismus der Art. 70ff. GG mit ihren mehr als dreißig Gegenstandsbereichen für die konkurrierende Bundesgesetzgebung den deutschen Ländern nur noch wenig Spielraum, um eigene Akzente zu setzen.

In Deutschland fallen die Unterschiede zwischen den Ländern selbst dort, wo ihnen das Bundesrecht keine Vorschriften macht, nicht mehr allzu groß aus. Nehmen wir nur den Bereich der Polizei, wo hier vom Revier, dort vom Kommissariat die Rede sein mag und im Volksmund schlicht die „Wache" gemeint ist, wo aber bei der Uniformierung und der Markierung der Dienstfahrzeuge das international übliche Blau waltet und wo sich die Sicherheits- und Ordnungsgesetze als Grundlage polizeilichen Handelns nur im Detail unterscheiden. Eine

3 Der Bundesstaat 105

niedersächsische Kreisverwaltung und ein bayerisches Landratsamt haben ihre Eigenheiten, aber sie sind nicht durch Welten getrennt.
Wie anders das Bild in den USA! Selbst das Strafrecht, das Zivilrecht, das Kapitalgesellschaftsrecht und die Sozialgesetzgebung unterscheiden sich von Staat zu Staat, und zwar nicht nur in Nuancen. Der Nordosten und der Mittlere Westen der USA gelten – auf dem dort insgesamt bescheidenen Niveau – als sozialgesetzgebungsfreundlicher, der Süden und der Westen als minimalistisch. Die Staaten und auch die Gemeinden der USA ähneln Labors, in denen mit Problemlösungen experimentiert wird. Im Erfolgsfall werden sie jenseits Grenzen des Staates nachgeahmt, im Misserfolgsfall warnen sie vor falschen Wegen.

Die 50 Staaten der USA verzeichnen so viele Unterschiede, in der Größe, der Wirtschaftskraft und der Verwaltungsgliederung, dass jedem Neugliederungsapologeten in deutschen Landen darüber der Atem stocken sollte. Der kleinste Staat, New Hampshire, hat kaum eine halbe Million Einwohner, der größte, Kalifornien, beinahe so viele wie Polen oder Spanien. Einer der ärmsten Staaten, Mississippi, bewegt sich statistisch auf dem Niveau der Armutsgesellschaften der Dritten Welt. Die reichsten Staaten wie Florida, Texas und Kalifornien hätten gute Chancen, zu den wohlhabendsten Staaten der Welt zu gehören, wären sie unabhängige Staaten. Einige Staaten kennen als Träger der Exekutivgewalt starke Gouverneure, die der Verfassungsfigur des Präsidenten der USA nachempfunden sind. Andere stellen ihrem Gouverneur direkt gewählte Minister an die Seite, die womöglich einer konkurrierenden Partei angehören und sich gern auf Kosten des amtierenden Gouverneurs profilieren, um diesem bei nächster Gelegenheit sein Amt streitig zu machen. Nur ein halbes Dutzend Staaten leisten sich Legislaturen mit gut ausgestatteten und anständig bezahlten Vollzeitparlamentariern, die regelmäßig zusammenkommen und fleißig Gesetze beraten. Sonst üben sie ihr Mandat als ehrenamtliche, miserabel bezahlte Tätigkeit neben einem bürgerlichen Beruf aus, und sie haben nur wenige Tage im Jahr die Gelegenheit, sich überhaupt als Gesetzgeber zu betätigen.

3.6.2 Bund und Kantone in der Schweiz

Die Schweiz modernisierte 1848 ihr föderalstaatliches System nach amerikanischem Vorbild. Zuletzt wurde es 1999 überarbeitet und befindet sich in dieser Form seit dem Jahr 2000 in Kraft. Der Bund und die Kantone haben separate Zuständigkeiten. Die Bundesverfassung ist ein höchst kompliziertes Regelwerk. Es ist darauf angelegt, den Bund auf Abstand zu den Kantonen zu halten. Fläche, Einwohnerzahl und Wirtschaftskraft der Kantone weisen große Unterschiede auf. Das Recht des Bundes wird von den Kantonen ausgeführt. Doch keineswegs alle Kantone bieten im gleichen Umfang dieselben staatlichen Leistungen an (Linder/

Vatter 2001). Die Steuereinkünfte reichen in vielen Kantonen nicht aus, um das Leistungsniveau des Nachbarkantons zu erreichen. Hier kommt dann der Bund ins Spiel, um die Unterschiede zu nivellieren (Neidhart 1988: 142ff.). Die Bundespolitik kann die Kantone zu nichts zwingen, wenn die Bundesverfassung dies nicht vorsieht. Verhandlungen und Kompromisse bestimmen das Verhältnis des Bundes zu den Kantonen. Dies gilt auch für die Frage, welche Ebene die Bundesgesetze administriert. Die Toleranzschwelle für kantonale Unterschiede liegt weit höher als in Deutschland oder Österreich (Neidhard 2001). Enorme Vielfalt auf engstem Raum ist ein tragendes Element der Schweizer Identität.. Der Ständerat, die Vertretung der Kantone im Bundesparlament, ist ein parlamentarisches Gremium in der Art des US-amerikanischen Senats, keine Regierungskammer wie in Deutschland. Sein Votum gehorcht wie das des Nationalrates den Absprachen der Parteien in der supergroßen Regierungskoalition, von der die Schweiz seit 70 Jahren regiert wird.

3.6.3 Bund und Länder in Österreich

Die österreichische Republik ist wie Deutschland ein Beispiel für den Föderalismus als zweitbeste Lösung anstelle des eigentlich gewünschten, in der Gründungsphase aber unrealisierbaren Einheitsstaates. In den Wirren des Ersten Weltkrieges und der nachfolgenden europäischen Revolutionen zerbrach 1918 zunächst die österreichisch-ungarische Doppelmonarchie. Danach zerlegten sich noch einmal die österreichische und die ungarische Reichshälfte in ihre nationalen Bestandteile. Das ökonomische Filetstück des österreichischen Reichsteils, Böhmen und Mähren, das überwiegend von Tschechen bewohnt war, verselbständigte sich im Rahmen des Retortenstaates Tschechoslowakei. Nach dem Wegbröckeln auch der italienischen und slowenischen Gebiete blieb nur noch ein kleines geschlossenes Kerngebiet der deutschsprachigen Österreicher übrig. Selbst dieses untergliederte sich in historisch gewachsene Landschaften von eigenem politischen Zuschnitt. Es gab erhebliche Spannungen zwischen der multinationalen Metropole Wien, der Bergprovinz Tirol, dem der Schweiz benachbarten Vorarlberg und den an Bayern grenzenden Gebieten. In deutsch-nationalistischen Kreisen genoss nach dem Zusammenbruch der Monarchie ein Anschluss an Deutschland große Sympathie.

Weil der Kitt der gemeinsamen deutschen Sprache diesen Staat nicht zusammenzuhalten versprach, fiel die Entscheidung, die Verschiedenheit der Landschaften in eigenen Bundesländern abzubilden. Am jungen österreichischen Staatsgebilde zerrten letztlich aber weniger landsmannschaftliche Identitäten als vielmehr die zentrifugalen Kräfte weltanschaulicher Parteien – eine starke Linke, welche die sozialistische Republik wollte, die Klerikal-Konservativen, denen ein

3 Der Bundesstaat

Ständestaat vorschwebte, und die Deutschnationalen, die Österreich am liebsten im Deutschen Reich hätten aufgehen lassen.

Der Bundesstaat, für den man sich in Österreich entschied, war aus dem gleichen Zeitgeist geboren wie der deutsche. Die unitarische Komponente der Republik Österreich war geradezu erdrückend. Die Bundesregierung okkupierte nicht nur nahezu vollständig die gesamtstaatliche Gesetzgebungsfunktion. Sie erhielt auch einen Verwaltungsunterbau, in dem die Wiener Regierung als Regisseur des Gesamtstaates im Bürgeralltag noch stärker sichtbar wurde, als dies etwa in der Weimarer Republik der Fall war. Nicht genug damit, wurden aber auch die Länder zum Vollzug der Bundesgesetze (mittelbare Bundesverwaltung) verpflichtet. Für eine wahrnehmbare Landespolitik blieb den Ländern noch weniger Raum als den Ländern des Deutschen Reiches. Selbst Schule und Gemeindeverfassung werden bis heute – wie übrigens auch die Eckdaten der Landesverfassungen selbst – detailliert in der Bundesverfassung geregelt.

Der österreichische Bundesrat, die Ländervertretung, ist keine Regierungskammer wie in Deutschland, sondern eine parlamentarische Körperschaft. Er wird von den Parlamenten der Bundesländer gewählt. Seine schärfste politische Waffe erschöpft sich in der Ablehnung eines Beschlusses des Nationalrates, dem regierungstragenden Teil des Parlaments. Bestätigt der Nationalrat jedoch seinen Beschluss, ist die Ablehnung der Länderkammer gegenstandslos.

In den Ländern ist mit zwei Ausnahmen noch die Proporzregierung vorgeschrieben, d.h. alle Parteien müssen an der Regierung beteiligt werden. Diese Tatsache dämpft bereits die politische Konkurrenz im Gesamtstaat. Umso wichtiger wird die Figur des Landeshauptmanns, dem Regierungschef, der von der Mehrheit im Landtag gewählt wird. Um die Kandidaten für dieses Amt kristallisiert sich das Konkurrenzverhalten der Parteien (Marko/Poier 2006: 949ff.). Landtagswahlen sind Landeshauptmannswahlen.

Die Länder haben es verstanden, ihren bescheidenen Status im Wege der Kooperation aufzuwerten. Wie in Deutschland haben sie eine Dritte Ebene von Länderkonferenzen etabliert (siehe auch dieses Kapitel, 3.5). Das Ergebnis sind vergleichbare Länderpolitiken, die den Ruf nach bundesgesetzlichen Lösungen abwehren und den Vorwurf einer unzeitgemäßen Eigenbrötelei der Länder unterlaufen. Die Aktivitäten dieser Dritten Ebene werden von einer Verbindungsstelle koordiniert. Besondere Bedeutung kommt der Landeshauptmännerkonferenz zu, einer regelmäßigen Zusammenkunft der Länderregierungschefs. Sie entspricht in ihrer Funktion und Arbeitsweise der Ministerpräsidentenkonferenz der deutschen Länder (Bußjäger 2003). Obgleich verfassungsrechtlich ohne Basis, hat sie als Vertretung der Länderinteressen größeres politisches Gewicht als der Bundesrat. Die Einstimmigkeit der Konferenzbeschlüsse schließt stets den Konsens „roter" und „schwarzer" Regierungschefs ein. Schon deshalb ist den Beschlüssen der Landeschefs die Beachtung in Wien sicher. Eine der beiden Traditionsparteien, wenn nicht gar die rote SPÖ und die die schwarze ÖVP gemeinsam, ist stets an der Bundesregierung beteiligt (Fallend 2006: 1035, Pernthaler 1988: 100f.).

3.6.4 Regionalisierte Einheitsstaaten

Frankreich und Großbritannien sind keine lupenreinen Einheitsstaaten mehr. Schottland und Wales besitzen seit 1997 – wie von jeher Nordirland, auf das hier nicht eingegangen werden soll – eigene Parlamente. Sie besitzen breite Rechte zur Gestaltung der Innenpolitik einschließlich der Bildungs- und Sozialpolitik. Die einzige Basis für die Existenz dieser Regionen sind Gesetzesbeschlüsse des Londoner Parlaments. Beide Regionen empfangen Zuschüsse aus London, um ihre Aufgaben zu bewältigen. Vor allem in Schottland, dessen Wirtschaft von der neoliberalen Politik der Ära Thatcher/Major (1979-1997) stark in Mitleidenschaft gezogen wurde, gibt es den Wunsch nach vollständiger Autonomie, bei einer starken Minderheit sogar nach Unabhängigkeit von London. Spielmacherin in Edinburgh ist eine schottische Nationalpartei. Im Rahmen ihrer Gestaltungsmöglichkeiten stellt die schottische Regierung ihre Bürger im Bildungswesen und in der sozialen Absicherung besser als die Menschen, die im Landesteil England leben. Die rigide Haltung der Londoner Regierung zur Europäischen Union kommt in Schottland schlecht an. Der Landesteil England hat keine politische Vertretung. Dort ist das Zentralparlament auch in denjenigen Politikbereichen zuständig, die in Schottland und Wales in regionaler Verantwortung geführt werden. Im Parlament sind Nordirland, Schottland und Wales allein mit ihren Unterhausabgeordneten vertreten. Eine Regionalvertretung in der Art einer Zweiten Kammer gibt es nicht, ebenso wenig ein Verfassungsdokument, das klipp und klar die Zuständigkeiten Londons und der Regionen aufführt. Kurz: Großbritannien lässt sich unter dem Bundesstaatsaspekt schlecht thematisieren.

Frankreich ist seit 1982 in 26 Regionen aufgeteilt. Sie haben Kompetenzen im Bereich der Wirtschafts-, der Infrastruktur- und der Schulpolitik und finanzieren sich durch eigene Steuern. Die Führung ihrer Verwaltungen obliegt einem Regionalpräsidenten, Beschlüsse werden von Regionalversammlungen gefasst. Diese Regionalversammlungen werden abweichend vom Zentralparlament nach dem Verhältniswahlsystem gewählt. Die Grenzen, die Aufgaben und die Organe der Regionen sind durch Gesetz geregelt und könnten auch jederzeit durch ein Gesetz geändert werden. Nach ihrer Verfassungsqualität sind sie bloße Verwaltungen. Eine Mitwirkung an der nationalen Gesetzgebung ist ihnen nicht zugestanden. Die zweite Kammer des Zentralparlaments, der Senat, repräsentiert lediglich die Départements, doch ausgerechnet deren Bedeutung ist seit der Exis-

3 Der Bundesstaat 109

tenz der Regionen rapide gesunken. Der verfassungsrechtlich schwache Status der Regionen steht im krassen Gegensatz zu ihrer tatsächlichen Bedeutung. Die Regionen führen ein ausgeprägtes politisches Eigenleben und sind – ähnlich wie die Länder in Deutschland – zwischen den Parteien hart umkämpft. Regionalwahlen werden – ähnlich wie hierzulande die Landtagswahlen – als Testwahlen gehandelt. Populäre Regionalpräsidenten nutzen die Chance, sich als Anwärter für Positionen in der gesamtstaatlichen Politik ins Spiel zu bringen.

3.7 Fazit

Im Vergleich mit Österreich relativiert sich die Kompetenzfülle des Bundes, aber auch die schwerpunktmäßige Verwaltung der Bundesgesetze durch die Länder in Deutschland. Wird die Perspektive auf die bundesstaatlichen Systeme der Schweiz und der Vereinigten Staaten erweitert, zeigt sich, dass Deutschland und Österreich beide in derselben Liga von Bundesstaaten mit stark zentralstaatlichem Drall spielen. Blickt man auch noch auf Frankreich, fällt es allerdings schwer, dem konstitutionellen Unterschieden zwischen dem regionalisierten französischen Einheitsstaat und etwa dem stark unitarischen österreichischen Bundesstaat noch irgendwelche Bedeutung beizumessen.

4 Das Wahlsystem: Eine Erfolgsgeschichte

4.1 Die historischen Wahlsysteme

Kein technischer Faktor beeinflusst das Parteiensystem, die parlamentarischen Mehrheitsbilder und die Regierungsbildung so stark wie das Wahlsystem. Generell wird zwischen der Mehrheitswahl und der Verhältniswahl unterschieden. Die Verhältniswahl ist das modernere Wahlsystem. Sie zielt darauf ab, die Stimmenverteilung der Wähler im Parlament abzubilden. Dieses Wahlsystem setzt die Existenz von Parteien voraus, Verhältniswahl ist Parteienwahl. Die Mehrheitswahl ist demgegenüber auf eine Personenwahl angelegt (Einzelheiten bei Nohlen 2007: 142ff., siehe auch Nohlen 1992). Werden die Kandidaten als Vertreter einer Partei wahrgenommen, wird auch dieses Wahlsystem zum Instrument einer Parteienwahl. Die vielfältig variierte Verhältniswahl charakterisiert den in Europa vorherrschenden Wahlmodus. Ihren Siegeszug trat sie nach dem Ersten Weltkrieg an.

4.1.1 Wilhelminisches Reich

Das wilhelminische Reich war im Kreise der europäischen Staaten mindestens in dem einen Punkt fortschrittlich, dass es allen männlichen Einwohnern deutscher Staatsangehörigkeit das Recht zur Wahl des Reichstages garantierte. Lediglich in Frankreich gab es schon damals das allgemeine Männerwahlrecht. Das Reich war in Wahlkreise eingeteilt, und dort entschied sich nach dem Prinzip der absoluten Mehrheitswahl, welcher Kandidat diesen Wahlkreis im Reichstag vertreten sollte. Gewann ein Kandidat bereits in einem ersten Wahlgang die absolute Mehrheit der Wählerstimmen, war er gewählt. Verfehlten alle Kandidaten die Schwelle zur absoluten Mehrheit, kam es zu einer Stichwahl, in welcher die beiden Kandidaten mit den besten Ergebnissen gegeneinander antraten.

Zwischen dem ersten und dem zweiten Wahlgang wurden Absprachen getroffen und Wahlempfehlungen ausgesprochen. Erst dadurch wurde die Personenwahl zu einer Lagerwahl. Der Zuschnitt der Wahlkreise war so beschaffen, dass die ländlich-konservative Bevölkerung überrepräsentiert, Großstädte und Arbeiterhochburgen aber krass unterrepräsentiert waren.

In der Innenpolitik hatte das Reich kaum Kompetenzen (siehe vorausgehendes Kapitel, 3.3.1). Der Alltag der Menschen bestimmte sich weitestgehend nach der von den Mitgliedstaaten des Reiches betriebenen Politik. Dort aber war das

4 Das Wahlsystem 111

Wahlrecht überwiegend auf die Diskriminierung der Arbeiterklasse angelegt. Im größten Staat des Reiches, Preußen, war die Bevölkerung in drei Steuerklassen eingeteilt. Die Stimme eines Vermögenden zählte das Mehrfache eines Wählers – je nach Wahlbezirk im Extremfall bis zum Zwanzigfachen – in der dritten Steuerklasse. Grundbesitzer und Fabrikanten waren individuell und erst recht im Kollektiv Schwergewichtswähler. Das Klassenwahlrecht wurde auch in den Stadtstaaten (Bremen, Hamburg, Lübeck) und im hoch industrialisierten Sachsen praktiziert.

4.1.2 Weimarer Republik

Die Weimarer Republik führte das Verhältniswahlsystem ein und beendete die Ausschließung der Frauen vom Wahlrecht. Sein stärkster Fürsprecher war die vom Wahlsystem des wilhelminischen Reiches diskriminierte SPD. Das Verhältniswahlrecht wurde sogar unter den Schutz der Verfassung gestellt (Art. 22 Weimarer Verfassung). Gewählt wurden jetzt nicht mehr Personen, sondern Kandidatenlisten, die von den Parteien zusammengestellt wurden. Die Wahlkreiseinteilung des Reiches hatte nur noch zähltechnische Bedeutung. Die auf die Listen entfallenden Stimmen wurden addiert und in Reichstagsmandate umgerechnet.

Die politischen Lagerbindungen in der Gesellschaft trugen über die Zäsur der Republikgründung hinweg. Das Verhältniswahlrecht enthüllte die Schwäche der im wilhelminischen Reich begünstigten Parteien der privilegierten und vermögenden Klassen in der Wählerschaft. Das Proportionalitätsprinzip ermunterte kleine und kleinste Parteien und auch Abspaltungen von den größeren Parteien, für den Reichstag zu kandidieren. Mochten sie jede für sich auch nur wenige Wähler gewinnen, stellten sie insgesamt doch ein nennenswertes Kontingent der Reichstagsmandate. Für die konstruktive Einbindung in Regierungsmehrheiten taugten dieses Parteiensammelsurium aber nicht. Seine Vertreter waren aber rasch dabei, wenn es darum ging, eine Regierung zu Fall zu bringen oder sich verunsicherten Mittelständlern, verschuldeten Landwirten und preußischen Großagrariern als Sprachrohre anzudienen.

4.2 Das Wahlsystem der Bundesrepublik

Die frühe Bundesrepublik hielt an am Verhältniswahlsystem fest. Sie modifizierte es allerdings. Art. 38 GG bestimmt lediglich die Minima der allgemeinen, gleichen, unmittelbaren und geheimen Wahl. Das heute praktizierte Wahlsystem mit je einer Erst- und Zweitstimme für jeden Wähler gehört zum Konsensbestand der Republik. In den 1950er und 1960er Jahren wurden Debatten über eine Wahlrechtsreform geführt, die den Übergang zur Mehrheitswahl ins Spiel brachten. Außer den damals dominierenden Unionsparteien stand aber keine Partei dahinter. Allzu offensichtlich verfolgte die Debatte den Zweck, den lästigen Koalitionspartner FDP zu disziplinieren, dem die Mehrheitswahl den Garaus gemacht hätte.

Die eine Hälfte der Bundestagsabgeordneten wird mit der Zweitstimme des Wählers über Parteilisten gewählt (zum Folgenden: Nohlen 2007: 326ff.). Diese Listen werden wegen ihrer Geltung für jeweils ein Bundesland als Landeslisten bezeichnet. Die andere Hälfte der Bundestagsabgeordneten werden als Wahlkreiskandidaten mit der Erststimme gewählt. Gewählt ist jeweils der Kandidat mit der relativen Stimmenmehrheit. Die Landeslisten der Parteien werden so abgearbeitet, dass alle direkt gewählten Kandidaten vom Kontingent der Mandate abgezogen werden, das der betreffenden Partei nach ihrem Zweitstimmenanteil zusteht. Erst danach kommen die Listenkandidaten entsprechend ihrer Listenposition zum Zuge.

Die Direktwahl folgt der Idee, die anonyme Parteien- und Richtungswahl durch die Wahl einer Person zu ergänzen. Tatsächlich sind diese Direktkandidaten von Parteien Gnaden, mögen sie auch, wenn es die Vermögensverhältnisse erlauben, aus dem eigenen Portemonnaie für Werbematerialien – üblicherweise Flyer, Kugelschreiber, Blumen, Obst oder Häppchen am Infostand – bezahlen. Kandidieren in einem Wahlkreis Parteiführer und parlamentarische Sachgebietsexperten (z.B. für Sozialpolitik, Verteidigung, Haushalt, Steuern), auf die man in der parlamentarischen Arbeit nicht verzichten kann, sind sie für den Eventualfall des Scheiterns auf einem aussichtsreichen Listenplatz abgesichert. Ein schlechtes Wahlergebnis für die Partei trifft hauptsächlich die Hinterbänkler, vor allem diejenigen mit höheren zweistelligen Listennummern. Die parlamentarischen Funktionseliten sind im nächsten Bundestag wieder dabei.

Die Landesliste wird von einer Landesdelegiertenkonferenz beschlossen, die Wahlkreiskandidaten werden von einer Wahlkreisdelegiertenkonferenz nominiert. Pro forma stellen auch kleinere Parteien eigene Direktkandidaten auf. Reale Chancen auf eine Mehrheit der Erststimmen im Wahlkreis haben allein die Kandidaten der größeren Parteien. In der Absicherung ausgewählter Direktkandidaten auf einem sicheren Listenplatz überlagert letztlich das Element der Parteienwahl dasjenige der Personenwahl. Dieser Effekt ist parlamentarismuskonform. Im parlamentarischen System geht es schließlich darum, dass die im Parlament vertretenen Parteien eine stabile Regierung bilden. Funktional betrachtet ist die Aufteilung der Abgeordneten in Listen- und Wahlkreiskandidaten überflüssig, die wenigsten Bürger dürften den Namen ihres Wahlkreisrepräsentanten kennen. Das personale Element im deutschen Wahlsystem ist ein Stück politische Romantik, ein matter Gruß des liberalen Honoratiorenparlamentarismus im vorletzten Jahrhundert. Die Tatsache, dass die Sinnhaftigkeit des Zweistimmensystems nicht thematisiert wird, zeigt abermals, dass es sich hier um ein Konsensgut im politischen Betrieb handelt, eine Regelung, die niemandem schadet und niemanden privilegiert. Eine Konsequenz des Nebeneinanders von Listen- und Personalwahl ist allerdings zum Gegenstand des politischen Streits geworden: die Überhangmandate.

Tabelle 8: Überhangmandate bei den Bundestagswahlen

	insgesamt	davon CDU	davon SPD	neue Länder
1949	2	1	1	
1953	3	2	1	
1957	5	5		
1961	5	5		
1965	keine			
1969	keine			
1972	keine			
1976	keine			
1980	keine			
1983	2		2	
1987	1	1		
1990	6	6		6
1994	16	12	4	13
1998	13		13	12
2002	5	1	4	4
2005	7	9		
2009	24	24[1]		7

[1] CSU drei Mandate.

Überhangmandate spielten in den ersten 40 Jahren der Bundesrepublik so gut wie keine Rolle bei der Diskussion der Wahlergebnisse. Sie fanden erst größere Beachtung, als nach der Vereinigung der beiden deutschen Staaten ungewohnt viele Direktmandate in den neuen Bundesländern anfielen. Für die Wahl eines Kanzlers haben die Überhangmandate aber noch nie den Ausschlag gegeben (Tabellen 6 und 7). Mit dieser Begründung wies das Bundesverfassungsgericht eine Klage gegen die Bundestagswahl von 1994 ab.

Tabelle 9: Ergebnisse der Wahlen zum Deutschen Bundestag (in Prozent, Sitze einschließlich Überhangmandate)

	CDU/CSU	FDP	SPD	Grüne	PDS/Linke	Sonstige
1949	31,0	11,9	29,2			27,9
Sitze	139	52	131			80
1953	45,2	9,5	28,8			16,7
Sitze	243	48	151			45
1957	50,2	7,7	31,8			10,3
Sitze	279	41	169			17
1961	45,3	12,8	36,2			5,7
Sitze	242	67	190			
1965	47,6	9,5	39,3			3,6
Sitze	245	45	202			
1969	46,1	5,8	42,7			5,4
Sitze	242	30	224			
1972	44,9	8,4	45,8			0,9
Sitze	225	41	230			
1976	48,6	7,9	42,6			0,9
Sitze	243	39	214			
1980	44,5	10,6	42,9			2,1
Sitze	226	53	218			
1983	48,8	7,0	38,2	5,6		0,3
Sitze	244	34	193	27		
1987	44,3	9,1	37,0	8,3		1,3
Sitze	223	46	186	42		
1990	43,8	11,0	33,5	5,0	2,4	6,3
Sitze	319	79	239	8	17	
1994	41,4	6,9	36,4	7,3	4,4	3,6
Sitze	290	47	252	49	30	
1998	35,1	6,2	40,9	6,7	5,1	5,9
Sitze	245	43	298	47	35	
2002	38,5	7,4	38,5	8,6	4,0	3,0
Sitze	248	47	251	55		
2005	35,2	9,8	34,2	8,1	8,7	2,3
Sitze	226	61	222	51	54	
2009	33,8	14,6	23,0	10,7	11,9	2,5
Sitze	239	93	146	68	76	

Das Überhangmandat kommt zustande, wenn in einem Land mehr Direktkandidaten einer Partei gewählt werden, als es dem prozentualen Anteil dieser Partei am Gesamtstimmenaufkommen entspricht, wenn also, anders ausgedrückt, die Lan-

4 Das Wahlsystem 115

desliste gar nicht erst zum Zuge kommt. Die überzähligen Mandate bleiben dann erhalten. Im Ergebnis ist die betreffende Partei dann überproportional im Bundestag vertreten (dazu ausführlich Behnke: 2003).

Die Überhangmandate sind zum Streitpunkt zwischen den Parteien geworden. Mit dem Argument, viele Überhangmandate verzerrten die proportionale Vertretung der Parteien, wurde 1994 beim Bundesverfassungsgericht geklagt. Das Gericht gab den Klägern recht. Es erteilte dem Bundestag den Auftrag, das Wahlgesetz zu überarbeiten, um den Makel der mangelnden Gleichwertigkeit der auf die Parteien entfallenden Stimmen zu beseitigen. Erst 2008, kurz vor der letzten Bundestagswahl, kam der Bundestag dieser Aufforderung nach. Gerade die Bundestagswahl von 2009 aber produzierte so viele Überhangmandate wie nie zuvor. Die nächste Klage ließ nicht auf sich warten. Bei äußerster Strapazierung der vom Verfassungsgericht gesetzten Frist beschloss der Bundestag 2011 mit den Stimmen der christlich-liberalen Regierungskoalition eine Neuregelung. Sie löste bei den Oppositionsparteien heftigen Widerspruch aus. Diese Art der Novellierung des Wahlgesetzes war ein Unikum. Bis dahin war es Brauch, das Wahlgesetz im Konsens aller im Bundestag vertretenen Parteien zu überarbeiten und es mit den Stimmen der Opposition zu verabschieden. Eine neue Klage wurde angekündigt. Ein Appell an den Bundespräsidenten, dem Gesetz die Zustimmung zu versagen, blieb ohne Resonanz.

Im Juli 2012 entschied das Bundesverfassungsgericht, das Wahlgesetz verstoße wegen der geltenden Regelung für die Überhangsmandate gegen den Grundsatz der Stimmengleichheit. Allenfalls 15 Überhangmandate seien noch tolerierbar. Für die nächste Bundestagswahl komme das Gesetz nicht mehr infrage. Daraufhin besann sich die schwarz-gelbe Koalition auf den alten Brauch, das Wahlgesetz im Konsens mit den Oppositionsparteien zu reformieren.

Für die Umrechnung der Wählerstimmenanteile in parlamentarische Mandate stehen verschiedene mathematische Modelle im Angebot. Bis 1983 galt das System d'Hondt. Dann wurde es vom System Hare-Niemeyer abgelöst; es stellt kleinere Parteien geringfügig besser. Vehemente Fürsprecherin der Abkehr von d'Hondt war die Regierungspartei FDP. Auch in einigen von der FDP mitregierten Ländern wurde auf das System Hare-Niemeyer umgestellt.

Der Erste Deutsche Bundestag bot mit einigen kleinen und kleinsten Parteien noch ein fast so buntes Bild wie der Deutsche Reichstag in den 1920er Jahren. Allein die Union war etwas Neues. Diese Parteienvielfalt gab den Anstoß zu einer strukturprägenden Modifikation des Wahlsystems. Für die Wahl zum Zweiten Deutschen Bundestag galt bereits eine Fünfprozentklausel. Nur jene Parteilisten sollten bei der Mandatsberechnung zum Zuge kommen, die mindestens fünf Prozent der Wählerstimmen erreicht hatten. Auf einen Schlag verringerte diese Bestimmung die Anzahl der Parteien, die noch in den Bundestag einzogen. Sie hatte den weiteren Effekt, dass sie kleinere Parteien dazu veranlasste, ihre Selbständigkeit aufzugeben und bei den Unionsparteien um Aufnahme zu bitten. Die Wahlsysteme der Länder weichen vom Wahlsystem des Bundes teilweise erheblich ab. Auch die meisten Länder sind in den letzten Jahren dazu übergegangen, eine Variante der Kombination von Verhältnis- und Mehrheitswahl einzuführen. Sie räumen aber, wie es im Bund geschieht, sämtlich dem Verhältniswahlprinzip den Vorrang ein. Auch die Landeswahlsysteme sehen eine Sperrklausel von fünf Prozent vor.

Das in Deutschland praktizierte Wahlsystem trug maßgeblich dazu bei, dass sich die Parteien darauf eingestellt haben, in Koalitionen zu regieren und vor den Wahlen Koalitionsaussagen treffen. Diese Koalitionsfestlegungen ermöglichen es dem Wähler, mit seiner Stimme eine Koalitionspräferenz auszudrücken. Für kleine Parteien kann die Sperrklausel zur Gefahr werden. Die FDP war schon mehrfach nahe daran (besonders im Wahljahr 1969), an der Fünfprozentklausel des Bundeswahlrechts zu scheitern. In den Ländern geschah dies schon recht häufig. Die Grünen scheiterten an der Klausel einmal sogar im Bund (1990). Vor allem in den Ländern kommt es hin und wieder vor, dass populistische und rechte Parteien die Sperrklausel überwinden. Weil es sich aber um Parteien handelt, die vorübergehende Stimmungen repräsentierten, konnte sich keine davon dauerhaft in den Parlamenten halten.

Das Wahlsystem ist an sich kein Thema politischen Streits. Es gehört zum Konsensbestand. Ein Problem ist es trotzdem. Dank der Überlagerung des Personenwahlprinzips durch die Listenwahl ist der Abgeordnete vollständig vom Wohlwollen der Landesdelegiertenversammlung abhängig, die ihm einen Platz auf der Liste zuweist. Abgeordnete, die in ihrer Fraktion unbequem agieren, aber ihre politische Existenz nicht aufs Spiel setzen wollen, brauchen entweder den Rückhalt ihres Landesverbands oder aber die Gewissheit, ihren Wahlkreis direkt zu gewinnen, wenn sie denn überhaupt darauf zählen dürfen, als Direktkandidaten aufgestellt zu werden. Die Abhängigkeit von der Partei ist gemeinhin größer als die Bereitschaft, sich auf einen Konflikt einzulassen, der das Mandat und die Karriere kosten kann.

4.3 Vergleich: Das gleiche Wahlsystem erzielt nicht überall die gleiche Wirkung

In Österreich, der Schweiz, Dänemark und Schweden treffen wir Verhältniswahlsysteme an. Beobachten wir dort aber stabile Regierungsbündnisse, treten in den Niederlanden und in Dänemark, wo ebenfalls Verhältniswahlsysteme praktiziert

4 Das Wahlsystem

werden, zerbrechliche Koalitionen auf. Die Regierungsbildungen waren dort häufig schwierig und nahmen viel Zeit in Anspruch. Die Bedeutung des Wahlsystems für das Parteiensystem und die Regierungsstabilität, dies lässt sich daraus ersehen, darf nicht überschätzt werden.

Tabelle 10: Verzerrungseffekte des Wahlsystems bei der Umrechnung von Wählerstimmen in Parlamentsmandate am Beispiel der größeren Parteien in europäischen Ländern (in Prozent)

	Mehrheitswahlsystem		Verhältniswahlsystem	
Bundesrepublik Deutschland 2009[1]			CDU/CSU	+3,8
			FDP	+1,3
			SPD	-0,4
			Grüne	-1,1
Österreich 2008			FPÖ	+1,1
			ÖVP	+1,8
			SPÖ	+2,3
			Grüne	+0,5
Niederlande 2010			Liberale	+0,3
			Christdemokraten	+0,3
			Arbeiterpartei	+0,4
			Demokraten 66	+0,3
			Grüne	0
Dänemark 2011			Dän. Volkspartei	+0,2
			Konservative	-0,9
			Liberale	+0,1
			Sozialdemokraten	+0,9
			Soz. Volkspartei	0
			Sozialliberale	-0,4
Schweden 2010			Konservative	+0,5
			Liberale	+0,5
			Christliche Zentrum	+0,2
				+0,4
			Sozialdemokraten	+1,3
			Linkspartei	+0,5
			Grüne	+0,2
Großbritannien 2010	Konservative	+11,1		
	Liberaldemokraten	-16,2		
	Labour Party	+10,7		
Frankreich 2007	UMP	+14,7		
	Sozialisten	+10,9		

[1] Ergebnisse mit Überhangmandaten.

Sperrklauseln begünstigen deutlich die Parteien mit nennenswertem Rückhalt in der Gesamtwählerschaft. In der Bundesrepublik muss eine Partei fünf Prozent der Stimmen im gesamten Bundesgebiet erreichen, um im Bundestag vertreten zu sein. In Österreich genügen vier Prozent der landesweiten Stimmen, um eine Partei für den Nationalrat zu qualifizieren.

Schweden hat eine Sperrklausel von vier Prozent in jedem der 29 Wahlkreise des Landes eingeführt, verzeichnete aber ebenso wie die Niederlande vorübergehend sensationelle Erfolge populistischer Parteien. Insgesamt 310 der 349 Reichstagsmandate werden in den Wahlkreisen gewonnen. Weitere 39 Mandate werden nach der landesweiten Stimmenverteilung zugewiesen, um die Proportionalität von Wählern und Mandaten zu steigern. Genauso verfährt Dänemark, wo 135 Folketingmandate in kleineren Abstimmungsbezirken, weitere 40 Mandate aber in großflächig zugeschnittenen Stimmenzähleinheiten zugewiesen werden. Eine großzügige Sperrklausel von zwei Prozent entfaltet in Dänemark schon kaum noch ausschließende Wirkung für die Kleinstparteien.

Wahlsysteme sind eine Sache der politischen Technik. Beim politikwissenschaftlichen Vergleich demokratischer Systeme kommen sie als nüchtern abgehakter Berichtspunkt vor. Der Unterschied zwischen Verhältniswahl und Mehrheitswahl ist allerdings fundamental (Tabelle 7). Die wahltechnischen Unterschiede sind hier so groß, dass eine Umstellung von der Verhältnis- auf die Mehrheitswahl gar nicht anders vonstatten gehen kann, als dass sie das Parteiensystem massiv verändert. Ein Wechsel des Wahlsystems ist ein politisches Großereignis, er kommt äußerst selten vor.

4.3.1 Mehrheitswahlsystem in den USA

Die Mehrheitswahl ist in den USA eine Personenwahl. Das gleiche Wahlsystem in Einerwahlkreisen, das auch in Großbritannien praktiziert wird, ermittelt dort Sieger und Verlierer. Auf den britischen Inseln ist die Personenwahl aber seit langem von der Parteienwahl überlagert worden. Die Kandidaten werden als Parteienvertreter wahrgenommen und entsprechend gewählt. In den USA hingegen steht viel stärker die Person des Kandidaten im Vordergrund. Im Kongress der USA agieren mehr als 500 politische Individualunternehmer. Sie werden zwar in Verbindung mit einem Parteilogo gewählt. Die erfolgreichen Kandidaten sehen sich aber zu allererst dem Wahlkreis und nachrangig ihrer Partei verpflichtet. Ein populärer Kandidat kann Demokrat bleiben und immer wieder gewählt werden, obgleich er im Kongress oft gemeinsam mit seinen Kollegen von der republikanischen Seite votiert. „All politics is local!" Kongressvoten stürzen keine Präsidenten. Eine parlamentarische Regierung hingegen ist am Ende, wenn sie das Vertrauen des Parlaments verliert. Hier liegt der Grund, weshalb auch das Mehrheitswahlsystem im Kontext eines parlamentarischen Regierungssystems letztlich auf eine Parteienwahl hinausläuft.

4.3.2 Mehrheitswahlsystem in Großbritannien

Nach dem Prinzip der relativen Mehrheitswahl gewinnt in einem britischen Wahlkreis der Kandidat mit den meisten Stimmen. Die Stimmen für die Mitkandidaten fallen unter den Tisch. In Großbritannien werden in 650 Wahlkreisen je eine Abgeordnete bzw. ein Abgeordneter gewählt. Dennoch gibt es im Unterhaus lediglich drei – jahrzehntelang waren es zwei – bedeutsame Parteien. Der britische Untertan wählt weniger eine Person, die ihn im Wahlkreis vertreten soll, als eine Partei, die regieren soll (Nohlen 2007: 284ff.). Der Drall hin zum Zweiparteiensystem, der diesem Wahlsystem innewohnt, hat allerdings nicht verhindern können, dass mit den Liberaldemokraten neben den Traditionsparteien der Konservativen und Labour inzwischen auch eine dritte Partei für die Regierungsbildung relevant geworden ist. Im Jahr 2010 wurde erstmals nach Jahrzehnten wieder eine Koalitionsregierung gebildet.

4.3.3 Das Mehrheitswahlsystem in Frankreich

Seit 1958 praktiziert Frankreich das System der absoluten Mehrheitswahl, also die Mehrheitswahl in zwei Wahlgängen. Der zweite Wahlgang erledigt sich, wenn ein Kandidat bereits im ersten Wahlgang die absolute Mehrheit gewinnt. Dieses System löste ein Wahlsystem ab, das eine vielfältige Parteienlandschaft begünstigte und stabile Mehrheiten im Parlament erschwerte. Der Übergang zur absoluten Mehrheitswahl löste die Erwartung ein, stabile Regierungsmehrheiten zu produzieren. Er ging im Zusammenhang einer kompletten Revision des politischen Systems vonstatten, dem Wechsel von der IV. zur V. Republik, der eine tiefgreifende Krise des politischen Systems beendete. Dieser Kontext macht es schwierig, den spezifischen Beitrag des Wahlsystems zur Veränderung der französischen Politik zu bestimmen (Nohlen 2007: 310ff.).

Hier drängt sich eine Parallele mit Deutschland auf. Auch in der Gründungsphase der Bundesrepublik kam vieles zusammen – die Stärkung des Kanzlers, die Neuformierung des Parteiensystems und das mit der Sperrklausel gegen Kleinstfraktionen bewehrte personalisierte Verhältniswahlsystem. Wahlsysteme sind letztlich bloß Regelwerke. Wie sie in der Praxis wirken, hängt von vielen anderen Faktoren ab.

5 Die Medien: Schnittmenge zwischen Politik und Kommerz

5.1 Die Macht des Bildermediums

Die Unterhaltungsindustrie und die politische Öffentlichkeit lassen sich heute – wie im Kunstwort „Politainment" ausgedrückt – kaum noch unterscheiden. Diese Feststellung klingt wie eine kulturkritische Klage. Sie ist aber keineswegs so gemeint. Politische Kontroversen, Skandalaufklärung, der Kampf um Freund- und Feindbilder – dies alles ist seit dem Anbruch des demokratischen Zeitalters auch eine Sache des Geldverdienens. Solange die Medientechnik keine bunten und beweglichen Bilder übermitteln konnte, war das geschriebene Wort noch Trumpf. Die erste Hälfte des letzten Jahrhunderts war eine Blütezeit der Richtungs- und Parteipresse. Die ersten Gehversuche des Fernsehens wurden in Europa an der Hand der öffentlichen Rundfunkanstalten unternommen. Rundfunk und Fernsehen sind eine teure und technisch überaus aufwendige Angelegenheit. Das Fernsehen wirkte noch recht lange wie die Fortsetzung der klassischen Presseinformation mit anderen Mitteln. Die Vertreter des Parteienstaates und die mit ihm assoziierten gesellschaftlichen Gruppen – Kirchen, Arbeitgeber, Gewerkschaften – steckten in den Rundfunkgremien die Grenzen ab, innerhalb derer die Richtungen zu Worte kamen. Die Auswahl der Intendanten und Chefredakteure trug die Handschrift nahestehender Parteien. Beide, sowohl die die Rundfunk- und Fernsehjournalisten als auch ihre Adressaten in der Politik, waren noch in der Welt der klassischen Print-Medien groß geworden.

Das Grundgesetz wollte den Rundfunk als Länderangelegenheit. Im westlichen Deutschland gab es bis zur Vereinigung mit der DDR in zehn vollgültigen Ländern (ohne Berlin) sieben öffentliche Landesrundfunkanstalten und das gemeinsame Länderfernsehen ZDF. Typisch für die Kartellisierung der öffentlichen Rundfunklandschaft waren die notorischen Querelen im NDR. Als Dreiländeranstalt – heute eine Vierländeranstalt – hatte er gleich mehreren Herren zu dienen. Erst Mitte der 1980er Jahre wurde das öffentlichen Rundfunkoligopol mit der Zulassung privater Rundfunk- und Fernsehanbieter gebrochen, sinnigerweise im Sendebereich des NDR, und zwar von den „schwarzen" Ministerpräsidenten in Kiel und Schleswig-Holstein. Als Preis für den Fortbestand der Dreiländeranstalt ließ sich das „rot" regierte Hamburg auf die Zulassung privater Rundfunk- und Fernsehsender ein.

5 Die Medien

Es dauerte nicht allzu lange, bis die Rundfunk- und TV-Landschaft der ganzen Republik einen bunten Mix von privaten und öffentlichen Veranstaltern präsentierte. Die Landesmedienanstalten prüfen die wirtschaftlichen Voraussetzungen für den Sendebetrieb, und sie überwachen die Einhaltung der gesetzlichen Anforderungen an ein Mindestmaß von öffentlicher Information, Fairness, Jugend- und Minderheitenschutz. Sie verwalten die Rundfunkhoheit der Länder. Für diese Anstalten stand das amerikanische Vorbild der Federal Communications Commission Pate, die seit 1934 Rundfunk- und Fernsehlizenzen an private Wettbewerber vergibt.

Nicht nur die Angebotsseite des Medienmarktes veränderte sich in kürzester Zeit. Auch die jüngeren Politikkonsumenten traten ins wahlfähige Alter ein. Sie waren mit dem Medium Fernsehen als Primärquelle für Information, Politik und Unterhaltung groß geworden. Nichts von alledem war typisch für Deutschland. Diese Entwicklung gab es in ganz Europa. In den meisten Ländern waren private Sender noch viel früher gestartet als in Deutschland.

Der Anfang mit dem Fernsehen als Vehikel politischer Selbstdarstellung wurde in den USA gemacht. Der spätere Präsident John F. Kennedy setzte sich 1960 dank seiner Wirkung im Fernsehen als erster Präsidentschaftskandidat zunächst gegen den aussichtsreichsten Mitbewerber in der eigenen Partei und dann gegen den Kandidaten der politischen Konkurrenz durch: Richard M. Nixon kandidierte für seine republikanische Partei aus dem Amt des Vizepräsidenten heraus.

Auch in Europa und Deutschland veränderte das Fernsehen die Kommunikation der Politik mit den Bürgern (Pfetsch 2001). Die Ergebnisse lassen sich an einigen Beispielen verdeutlichen, die heute so selbstverständlich sind, dass sie gar nicht mehr reflektiert werden:

Die Spitzenkandidaten der Parteien müssen nach Aussehen, Gestik und Mimik sowie in ihrer Sprechweise den Erwartungen des Fernsehpublikums entsprechen (von Alemann/Marshall 2002). Diesem werden in Soaps, Quiz-Sendungen, Filmen und Vorabendserien durchweg gut aussehende Frauen und Männer präsentiert. Sogar in Unterhaltungssendungen, die das Herunterfahren des Intellekts auf Nullstellung geradezu voraussetzen, werden die Wettkandidaten und das Saalpublikum gecastet, bevor es auf Sendung geht. Bestimmte, nach ihrem politisch-parlamentarischen Können und taktischem Instinkt hervorragende Amtsträger und Mandatsinhaber haben schlechte Chancen auf Spitzenpositionen, wenn die kommerziellen Image-Berater abwinken.

5.2 Die Medientauglichkeit als Wettbewerbs- und Karrierevorteil

Wenn bei Politikern ein Mikrophon, besser noch eine Kamera den Adrenalinausstoß in die Höhe treibt, wenn zudem die Fähigkeit ausgereift ist, mit den üblichen Versatzstücken der Formulierungskunst und den aktuellen Anglizismen frei in die Kamera zu sprechen, wenn die frohe Botschaft schließlich noch ohne Stammeln, am besten mit einer Prise von Humor überbracht wird, dann winkt eine vielversprechende Laufbahn. Wie weit die oder der solchermaßen Befähigte mit diesem medialen Grundkapital kommt, ist allerdings eine andere Sache.

Er oder sie spielen auf einem Feld, das keine festgelegte Spielerzahl und nur wenige Regeln kennt. Wer sich allein auf eine vertraute Bühne kapriziert, wird sein Publikum, sobald er eine gewisse Position erreicht hat, bald am Nasenring vorführen können. Er kennt es schließlich haargenau. Dies entsprach lange der durchschnittlichen Befindlichkeit eines bayerischen Ministerpräsidenten, der am politischen Aschermittwoch der CSU in Passau zur Deftigkeits-Show bestellt ist. Das kann, muss aber nicht zum Problem werden, sobald ein Bühnenwechsel ansteht. In der sicheren Erwartung, die CSU werde ad infinitum das Mandat zur Alleinregierung erhalten, verzankten sich die CSU-Granden, um den linkischen, als Regenten aber tüchtigen Ministerpräsidenten Edmund Stoiber loszuwerden, der seinen Platz nicht für Jüngere räumen mochte. Stoiber nahm 2007 seinen Abschied von der Politik. Doch seine Nachfolger machten die Rechnung ohne den Wähler. Schon ein Jahr später, nach gut fünfzig Jahren musste sich die CSU auf einen Koalitionspartner, die FDP, einlassen, um überhaupt weiterregieren zu können.

Nehmen wir Nordrhein-Westfalen als ein Bundesland von ganz anderem Zuschnitt. Aus dem größten Bundesland kommen für gewöhnlich nicht nur bekannte Sozialdemokraten, sondern auch etliche Spitzenleute der Union und der Liberalen. Nahezu die Hälfte aller FDP-Mitglieder bundesweit leben dort. Sämtliche nordrhein-westfälischen Parteien stehen lebhafter Konkurrenz, nicht anders als dieselben Parteien auf der bundespolitischen Ebene. Zum Vergleich: Jahrzehntelang ernteten die bayerischen Sozialdemokraten regelmäßig Tapferkeitsauszeichnungen ob ihres Durchhaltens gegen einen übermächtigen Gegner.

Politiker müssen bereit sein, vor der Kamera bei den impertinentesten und einfältigsten Fragen die Fassung zu bewahren, sich schnöde unterbrechen zu lassen – kurz: alles das, was im Alltagsleben als ungebührlich gilt, kommentarlos und mit guter Miene über sich ergehen zu lassen. Die Rache nicht nur des TV-Mediums wäre gewiss, würde ungnädig darauf reagiert. Das Schmerzliche solchen Geschehens wird erst deutlich, wenn man bedenkt, dass dieselben Personen, die diese Situation auf sich nehmen, im Umgang mit ihrer Umgebung nicht selten ungeduldig und intolerant sind. Beides hat seinen guten Grund.

5 Die Medien

Hier geht es darum, aus der Konfrontation mit den Medien das Beste zu machen. Dort sind Zeitmanagement, Effizienz und die Trennung des Wichtigen vom Unwichtigen gefragt. Anders ausgedrückt: Wer bei einem laberhaften oder schlicht unverschämten Moderator oder Interviewer keine Nerven zeigt, riskiert das Image fehlender Professionalität. Zum Vergleich: Wer hätte schon einen Wettkandidaten in einer TV-Show erlebt, der dem Talkmaster bedeutet, dass er ein hohler Schwätzer sei, wer einen Ministerpräsidenten, Kanzler oder Parteivorsitzenden, der sich von einem Referenten hochnehmen ließe? Im Fernsehmedium sind die schlichtesten Statements Trumpf. Sie haben die größte Breitenwirkung. Das Verhältnis der Politik zu den Medien ist symbiotisch. Das politische Ereignis als Nachrichtenstoff ist das tägliche Brot des Journalisten, in welchem Medium auch immer. Ohne die Medien hätten ambitionierte Politiker keine Stimme. Sie lassen sich inzwischen hier und dort bereits auf das Auftreten in Talkshows und anderen Unterhaltungssendungen ein, bei denen die Einschaltquote mit Sicherheit größer ist als bei Politmagazinsendungen und Programmen für einschlägig Interessierte (Holz-Bacha 2000).

„Im Zeitalter des Politainment werden (..) nicht nur Showgrößen zu politischen Meinungsführern, sondern Politiker auch zu Showgrößen. Sie sind im Angesicht des allgegenwärtigen Medienpublikums dringend darauf angewiesen, Bildschirmpräsenz zu zeigen. Politische Elite und Prominenz stellen sich heute als untrennbare Komponenten des öffentlichen Lebens dar. Politische Macht kann in der medialen Erlebnisgesellschaft mit ihrem demokratischen Massenmarkt nur generiert und dauerhaft verankert werden, wenn sie medial wahrnehmbar ist. (...) Das knappe Gut der Aufmerksamkeit derjenigen, die zugleich Fernsehpublikum und Wählerschaft sind, lässt sich aber nur dann erobern, wenn man es mit Hilfe geschickter Inszenierungstechniken schafft, immer wieder präsent zu sein und die knappe Medienzeit möglichst markant zu nutzen. Wer diese Ressource erobert hat, kann sich dann auch im innerparteilichen Machtkampf leichter durchsetzen (Andreas Dörner: Politainment. Politik in der medialen Erlebnisgesellschaft, Frankfurt/M. 2001, S. 142)."

Stellen wir dem die Situation vergangener Zeiten, etwa der 1950er und 1960er Jahre, gegenüber: Ein Konrad Adenauer, sein zeitgenössischer sozialdemokratischer Kontrahent Kurt Schumacher, ein prominenter Liberaler wie seinerzeit Erich Mende waren im Bildermedium Fernsehen noch gar nicht angekommen. Dazu braucht man nur einige historische Aufnahmen von Interviews oder Bundestagsdebatten anzuschauen. Interviewer wie Frager setzten gleichermaßen noch auf das gesprochene Wort, sei es in der reflektierten Art und Weise, die für die FAZ tauglich war, oder auf einen primitiven, aber eingängigen Slogan, der für ein Massenblatt wie BILD hingeworfen wurde. Frager wie Befragte waren mit der Darbietung zufrieden, es waren eben andere Zeiten.

Die Visualisierung der Politik durch das Fernsehen vermittelt kein realistisches Bild von den in der Regel mühsamen und langwierigen politischen Prozessen und von der Relevanz politischer Regelungsdetails. Was sich nicht in interessante, sprich: unterhaltsame Bilder und kurze Statements fassen lässt, existiert für das Fernsehmedium nicht. Der Unterhaltungseffekt konsumiert die realitätsnahe Information. Die politisch Informierten bleiben letztlich unter sich. Es handelt sich weitgehend um jene, die beruflich mit der Politik zu tun haben (Meyer 2001: 63ff.). Die publizitätsdurstigen Spitzenpolitiker jedoch instrumentalisieren das Medium, um in aller Öffentlichkeit Fakten zu schaffen, die von Problemen ablenken, denen sich keine günstigen Meldungen abgewinnen lassen.

„Der lange, im Ergebnis stets ungewisse Prozess, der Kern des Politischen, findet vor der Logik der Medien keine Gnade, er wird auf kurze Augenblicke der Spannung, der allerneuesten Aktualität geschrumpft oder gänzlich ignoriert – ausgenommen die seltenen Features im entlegenen Medium für den anspruchsvollen Geschmack. Denn auch da, wo das Medium sich im Spannungsbogen von Politik und Unterhaltung Zeit nimmt, weil die Dominanz des Unterhaltsamen über das Politische das längere Verweilen seiner Kunden erwarten lässt, etwa in der Talk- oder Gameshow, ist es ja nicht politische Prozesszeit, die sich entfalten kann, sondern Inszenierungszeit der Unterhaltung, wenn auch unter Benutzung politischer Themen oder politischer Prominenz. Soweit die Spitzenakteure des politischen Systems auf die Grundgleichung der Mediendemokratie setzen, Publizität gleich Erfolg, fügen sie sich den Gesetzen der medialen Produktionszeit als vermeintlich unumgehbarer Bedingungen für die Gewinnung der Publikumsgunst. Das gilt nicht nur in dem trivialen Sinne, dass Reisen, Tagungsordnungen von Parteitagen, Events, Symbolhandlungen, Erklärungen, die Verkündung von Entscheidungen und alles, was sonst noch in Betracht kommt, mit Kennerschaft auf die Tage und Stunden platziert wird, die die beste Garantie für mediale Aufmerksamkeit bieten, also das *mediale Timing*. Daran arbeiten professionelle Beraterstäbe zu jeder Zeit. Es gilt vor allem für den sehr viel folgenreicheren Sachverhalt, dass der lange politische Prozess mitsamt den intermediären Instanzen, die ihn organisieren, einschließlich der Parteien, von den medialen Spitzenrepräsentanten der Politik wo immer nötig und möglich umgangen wird, damit die mediale Produktionszeit pariert werden kann (Thomas Meyer: Mediokratie. Die Kolonisierung der Politik durch die Medien, Frankfurt/M. 2001, S. 69f.)."

In Zeiten betrüblicher Haushalts-, Wirtschafts- und Arbeitsmarktdaten zündete Kanzler Gerhard Schröder im Sommer 2003 das Feuerwerk einer beabsichtigten vorgezogenen Steuersenkung – ein populäres Unterfangen. Die Ministerpräsidenten, auch die seiner eigenen Partei, und selbst der seine Irritation schwer verbergende Finanzminister waren nicht begeistert: Es war völlig unklar, wie Bund und Länder ihre laufenden Ausgaben ohne zusätzliche Verschuldung hätten bestreiten können. Aber der Vorschlag war in der Öffentlichkeit, die SPD konnte ihren

Kanzler nicht bloßstellen, und große Teile der oppositionellen Union gerieten in die Defensive, weil ihnen der Kanzler das publizistisch gepflegte Image der Steuersenkungspartei zu nehmen drohte.

Der heute abverlangte Spagat zwischen der Image-Projektion der lockerunterhaltsamen Persönlichkeit, die noch gute Miene zum Niveau der Soap macht, und der nüchternen Geschäftsatmosphäre des Regierens, das mit Haushaltsdaten, Steuerprognosen, Wirtschaftsberichten und Arbeitsbesprechungen gefüllt ist, begünstigt einen anderen Typus, als er noch vor wenigen Jahrzehnten vorherrschte. Die Probleme waren vor 40, 50 Jahren anderer Art. Geringer waren sie nicht. Man denke nur an die Bewältigung der Kriegsfolgen. Politik poliert in der Mediengesellschaft stärker die Oberfläche als in Zeiten, da sich die Empfänger politischer Botschaften das Gemeinte noch beim Konsum des geschriebenen Wortes erschließen mussten.

5.3 Die Medien und die Rückbindung der Politik an die Bürger

Die Präsenz der Medien in der Politik hat ihre Vorteile. Gute Journalisten sind unerbittlich. Sie haken nach, tragen Nonchalance gegenüber den Regierenden zur Schau, konfrontieren bisweilen mit dem Geschwätz von gestern. Die Politikergeneration, die derlei noch als Majestätsbeleidigung nahm und zurückkeilte – mit großem Unterhaltungswert konnten dies einmal ein Herbert Wehner und ein Franz-Josef Strauß – gehört der Geschichte an. Schlagfertigkeit ist Trumpf. Was im Parlament im täglichen Einerlei untergeht – wer verfolgt schon Bundestagsdebatten, wenn nicht gerade dramatische Ereignisse unter der Glaskuppel des Reichstags diskutiert werden? –, das kommt ersatzweise vor den TV-Kameras herüber: Witz, ein guter Konter oder die kurze Sachlichkeitseinlage an der richtigen Stelle (Dörner 2001: 240). Zu überschätzen ist dies alles nicht.

Der langjährige Kanzler Helmut Kohl war ein Mediendarsteller mit sehr mäßigen Gaben. Trotzdem ist er viermal im Amt bestätigt worden. Auch Kanzlerin Angela Merkel glänzte in Interviews und öffentlichen Auftritten nicht eben mit rhetorischen Glanzlichtern und humorigen Einlagen. Beide aber traten authentisch auf. Kanzler Gerhard Schröder indes hätte die Wahl von 2002 ohne den gekonnten Umgang mit der Medienklaviatur, die er allerdings hervorragend beherrschte, kaum gewinnen können. Wenige Monate vor der Wahl und auch wieder wenige Wochen danach steckten Kanzler und SPD im Umfragentief.

Die Wählerin und der Wähler wissen zwischen dem Kanzlerkandidaten und seiner Partei zu unterscheiden. Kein deutscher Kanzler hat wohl mehr intellektuelle Souveränität und geschliffene Rhetorik besessen als Helmut Schmidt. Es hinderte seine Partei nicht daran, ihn zu demontieren. Die Quittung ließ nicht lange auf sich warten. Die SPD hatte 16 Jahre lang Zeit, sich als Bundesopposition wieder in Regierungsform zu bringen. Der grundlegende Konflikt ist geblieben. Wie vor einigen Jahren ein Kanzler Schröder seine Partei daran erinnerte, dass er als Person seine Partei in den letzten Wahlen mitgezogen habe, argumentierte die SPD-Fraktion bereits gegen Kanzler Schmidt und gegen Schröder, dass er ja schließlich nicht einfach als Person, sondern als Repräsentant seiner Partei angetreten sei. So recht beide Seiten hatten, verlangt eine gekonnte politische Führung, dass solche Debatten gar nicht erst aufkommen (zum Problem des Politikmanagements in der Medienwelt die Beiträge in: Nullmeier/Saretzki 2002).

Die Medien machen weder Gewinner und Verlierer noch machen sie Politik. Aber sie sind wichtige Parameter des politischen Erfolgs. Sie haben sogar einen demokratischen Effekt. Im Wissen, dass Millionen Zuschauer die Szene verfolgen, lassen sich Spitzenpolitiker in Diskussionsrunden und Interviews auf mündliche und visuelle Prüfungen ein, in denen viele den Probandenstatus schwer zu verbergen vermögen (Schmitt-Beck 1998). Das baut Distanz ab. Regierungslenker taugen für das breite Publikum weder zur Verteufelung noch zur Gloriole. Das gesellschaftliche Glamour eines Politikers, der sich daran erfreuen mag, dass ihn die Natur mit gutem Aussehen und flotter Zunge ausgestattet hat, qualifiziert ihn vielleicht zur Reklamefigur für seine Partei. Doch spricht sich erst einmal herum, zuerst in den Insider-Kreisen des politischen Betriebs, bei Abgeordneten, Ministern und Staatssekretären, dass er keine Akten studiert, dass er lieber den publizistischen Knalleffekt sucht statt sich zu erkundigen und zu beraten, bevor er mit einer spontanen Idee an die Öffentlichkeit tritt, sinken seine Aktien dort, wo Regierungsfähigkeit gewogen wird. Dort hat der zwar nicht glanzvolle, aber fleißige, loyale Typus die Nase vorn, der weiß, dass tüchtige und motivierte Mitarbeiter Gold wert sind. Den Kontrast zwischen beiden Figuren personifizierten die Verteidigungsminister Karl-Theodor zu Guttenberg und Thomas de Maizière. Ersterer stieg wie ein Komet aus der fränkischen Provinz in Rekordzeit in die Bundespolitik auf, entbehrte aber jeglicher Regierungs- und Verwaltungserfahrung. Sein Nachfolger de Maizière hatte sich jahrelang als Fahrensmann im Regierungsbetrieb von Bund und Ländern bewährt.

Platzt dann auch noch, wie bei Guttenberg, der äußere Glanz ab, als herauskam, dass der Erwerb des Doktortitels, der beim Weg nach oben flüchtig einkassiert wurde, mit der eigentlich für das militärische Handwerk bestimmten Devise des Tarnens und Täuschens bewerkstelligt worden war, ist es mit der Rolle im öffentlichen Leben vorbei.

Auch der allzu enge Kontakt mit der Welt der Reichen und Schönen birgt für Spitzenpolitiker seine Tücken. Dies musste Bundespräsident Christian Wulff erfahren, der sich nach einer Recherche diverser Blätter in seiner Vordienstzeit als niedersächsischer Ministerpräsident allzu oft von reichen Gönnern hatte aus-

5 Die Medien

halten lassen. Die Sache entwickelte sich zum Skandal, als sich Wulff, bereits Präsident, zur besten Fernsehzeit mit widersprüchlichen Erklärungen verstolperte und mit öffentlichen Entschuldigungen Situationen produzierte, für die das Wort Fremdschämen hätte erfunden werden müssen. Dieser Präsident war bereits erledigt, bevor noch die Staatsanwaltschaft Hannover tätig wurde und den Rücktritt unausweichlich machte.

Beide Beispiele, Guttenberg und Wulff, exemplifizieren einen weiteren Aspekt der Symbiose von Politik und Medienwelt. Die Presse lebt von Auflage. Der Höhenflug eines Politiker, der zum Publikumsliebling wird, produziert ebenso Schlagzeilen wie sein tiefer Fall. Die Aufdeckung eines Fehlverhaltens, der Erklärungsmarathon der Zielperson, die sich korrigiert und dann zur Korrektur des vermeintlichen Missverständnisses übergeht, das Bohren und Nachgraben – dies alles sind vertraute Szenen im Ablauf politischer Skandale. Derlei ist Kommerz, wie die Betroffenen und ihre politischen Freunde zu beklagen dann nicht müde werden. Doch dieses Geschäft hat den positiven Effekt, Politiker daran zu erinnern, was sie auf dem Weg nach oben besser vermeiden sollten, um ihre Reputation nicht zu beschädigen und letztlich ihre Karriere zu ruinieren.

Politiker wollen im engen Kontakt mit Journalisten einen guten Eindruck und gute Nachrichten unterbringen, Journalisten aber wollen Neuigkeiten, Futter für die nächste Auflage, am besten noch für eine ganze Serie. Beides ist legitim, aber keine Sache zwischen Freunden.

Das Fernsehen eignet sich nicht für jedes Publikum. Die vielbeschworenen Multiplikatoren, wozu neben Verlegern und Moderatoren die politischen Funktionsträger selbst, dazu Wirtschaftsleute, der Kulturbetrieb und die Lehrberufe gehören, bilden ihr Urteil unter anderem beim Konsum der Print-Medien. Die FAZ und die Süddeutsche Zeitung mit ihren ungefähren Halbmillionenauflagen sind eher konservativ oder liberal gepolt. Die „Welt" bedient unter anderem die Bundeswehr, die TAZ das rot-grüne Spektrum. Print wird vom grellen Medium des Fernsehens überstrahlt. Über seine meinungsbildende und -verstärkende Wirkung ist damit nichts gesagt. Vermutlich ist sie größer, als gemeinhin angenommen wird.

Dies gilt auch für den Boulevard, worunter in Deutschland allemal die BILD-Zeitung zu verstehen ist. Wie es Kanzler Schröder einmal treffsicher ausdrückte, kommt es auf die Gunst von „BILD, BAMS und Glotze" an. Bei allen gigantischen Veränderungen in der Medienwelt hat sich seit Kanzler Adenauers Zeiten daran nichts geändert. Der alte Adenauer informierte sich täglich in BILD darüber, welche Themen und Stimmungen im Blatt verbreitet wurden. Was Wunder? Hinter dem Massenblatt steht die geballte Medienmacht des Springer-Konzerns. Die Abermillionengemeinde der BILD-Leser hört es nicht gern, wenn prominente Politiker ihre einzige Tageslektüre und damit ihren Pressegeschmack abschätzig kommentieren.

Nicht von ungefähr schmücken sich die großen Blätter des politischen Journalismus mit aufwendigen Feuilletons und großen Buchbeilagen zu den einschlägigen Messeereignissen. Dies zeigt nur, welches Publikum sie vor Augen haben. Der SPIEGEL ist eine Institution, Pflichtlektüre für Freund und Feind. Sein investigativer Journalismus ist hier wie dort gefürchtet. Die wechselnde Nuancierung seiner Häme in der Berichterstattung reflektiert nicht nur Stimmungen, sondern produziert sie auch mit. SPIEGEL-Interviews mit den Großkopferten der Republik waren bereits in den 1960er Jahren Legende. Sein Stil hat eine Bresche geschlagen, die später den frecheren TV-Magazinen und Moderatoren den Weg wies.

Wo das Fernsehpublikum einmal nur die Wahl zwischen ARD und ZDF hatte, lohnte es, in Magazinen, Berichterstattungen und Kommentaren das gegnerische Lager unter Feuer zu nehmen. Heute stehen Dutzende von Sendern zur Wahl, die mit gelegentlich guter, aber ungleich mehr schlechter Unterhaltung Werbung an die Frau und an den Mann zu bringen versuchen. Die Besetzung von Rundfunkräten, Intendantenposten und Programmdirektoren war früher einmal ein Politikum, das nicht nur Berufspolitiker mobilisierte. Heute interessiert es die Öffentlichkeit kaum noch. Für die Parteien selbst sind die öffentlichen Sendeanstalten allerdings unverändert wichtig, anders als bei den Privaten haben sie dort immer noch gewisse Steuerungsmöglichkeiten.

Dass die Medienkontrolle in privater Hand zum großen Problem für die demokratische Integrität werden kann, führte in Italien der Medienunternehmer Silvio Berlusconi vor, der als Parteigründer nur deshalb erfolgreich sein konnte, weil er ein gigantisches Vermögen im Rücken hatte. Als Regierungschef ließ er wenig unversucht, um die Konkurrenz der staatlichen Sender zu deckeln. Bis zu seinem unrühmlichen Abgang aus der Politik im Jahr 2011 hatten es die Oppositionsparteien schwer, überhaupt ein Medienecho zu finden. Auch in Großbritannien gibt es eine starke Konzentration des Eigentums an den TV-Sendern und Print-Medien. Der Medienzar Rupert Murdoch besitzt die auflagenstärksten Zeitungen der einflussreichen Massenpresse.

Der Australier Murdoch, der auf das Geschäft mit rechter Gesinnung setzt, hat auch in den USA großen Einfluss. Sein Fernsehsender Fox News, dessen Repertoire keine Grenze zur Hasspropaganda kennt, wettert gegen Steuern, Staatsaktivität, den Islam und Kürzungen im Verteidigungshaushalt, er diffamiert mit abenteuerlichen Unterstellungen Politiker im liberalen Spektrum und spricht damit ultrakonservativen Amerikanern aus der Seele – dies alles in einem politischen Milieu, das die Weltanschauung des Free enterprise, so auch die

5 Die Medien 129

mediale Unternehmerfreiheit, höher bewertet als den mit der Polarisierung angerichteten Schaden.

Vor Parteinahmen in politischen Auseinandersetzungen scheut Murdoch nicht zurück, er ist ein allzu gewichtiger Meinungsmacher. Vor allem aber ist er ein Geschäftsmann, der in der Politik nichts werden will. Der Versuchung einer Parteigründung ist er gänzlich unverdächtig. Für die Herrscher über Medienimperien gibt es aber auch Grenzen. Dies zeigte sich 2011, als Murdoch eines seiner Blätter – die Sunday Times – spektakulär einstellen ließ, um die Empörung der Öffentlichkeit zu dämpfen. Seine Reporter hätten illegal Gespräche in Familien von Verbrechens- und Irakkriegsopfern belauscht, um mit der Reaktion der Trauernden Schlagzeilen zu machen. Damit war ein Bann gebrochen. Murdoch, sein Sohn und führende Journalisten seines Hauses wurden vor einen Untersuchungsausschuss des Unterhauses zitiert.

Die Gefahr übermäßiger Konzentration der Medienmacht bei einem Unternehmer gibt es vielerorts. Hier ist es die Aufgabe der Regulierungsbehörden und vor allem der Politik selbst, dafür zu sorgen, dass die Medienlandschaft ihren pluralistischen Charakter nicht verliert.

Auf weitere Schilderungen aus anderen Ländern wird hier verzichtet. Resümieren wir kurz: Die Medienlandschaft gehorcht den Marktgesetzen. Sie ist wechselhafter als die Szenerie politischer Ämter und Mandate. Ihre Schilderung ist ein Thema für sich. Für die Zwecke dieses Einführungsbuches mag diese Skizze genügen.

6 Der Parteienstaat, die politische Klasse und der Parlamentarismus

6.1 Die Parteien

Die Parteien durchdringen das öffentliche Leben (zum Parteiensystem: Detterbeck 2011, von Alemann/Erbentraut/Walther 2010). Neben dem parteienabhängigen parlamentarischen Betrieb bieten die öffentlichen Verwaltungen, die Universitäten, die Gewerkschaften und die für Deutschland charakteristischen Institutionen der sozialen Selbstverwaltung bis hin zu den kommunalen Wirtschaftsbetrieben zahlreiche Beispiele. Dieser Zustand wird gemeinhin mit dem Parteienstaat umschrieben. Der Parteienstaat wurde von den Vätern des Grundgesetzes als ein positives Gut verstanden. Dies zu vermitteln lag ihnen um so mehr am Herzen, als seit den Tagen Bismarcks stets verächtlich von den Parteien die Rede war.

Der Parteienstaat als politisches Leitbild für die Verfassungsinterpretation, für die politische Bildung und für die Wahlkampf- und Parteienfinanzierung gründet sich auf den Artikel 21 des Grundgesetzes. Das Grundgesetz will die Parteien als Instrumente der politischen Willensbildung, also des interessierten und engagierten Bürgers.

Grundgesetz (Auszug):
„*Artikel 21* (1) Die Parteien wirken bei der politischen Willensbildung des Volkes mit. Ihre Gründung ist frei. Ihre innere Ordnung muß demokratischen Grundsätzen entsprechen. Sie müssen über die Herkunft und Verwendung ihrer Mittel sowie über ihr Vermögen öffentlich Rechenschaft geben."

Die Sozialdemokratie wirkte bis in die 1970er Jahre hinein wie eine Lebensform. Ihre Mitglieder bekannten sich in einer noch vom kleinbürgerlichen Geist durchwehten Republik zum Ideal der sozialen Gerechtigkeit und Gleichheit – eine Art säkulare Kirche von unten. Demgegenüber huldigte die verbreitete Stimmung in der Gesellschaft damals dem Apolitismus eines von wachsendem Wohlstand gekennzeichneten Status quo. Die Unionsparteien waren in den katholischen Gegenden Deutschlands in dieser Zeit nicht wie die Kirche, sie waren die weltlichen Ausläufer der Kirche in der Politik. Es ist ein historisches Verdienst der Union, dass es ihr gelang, in den protestantischen Zonen des westlichen Deutschlands das bürgerliche Milieu zu erobern und so dessen autoritären Konservatismus zu neutralisieren. Die von Helmut Kohl, Kurt Biedenkopf und Heiner Geißler

6 Der Parteienstaat, die politische Klasse und der Parlamentarismus 131

betriebene Umwandlung der Union in eine Mitgliederpartei war bis Mitte der 1970er Jahre abgeschlossen. Jetzt gab es neben der Sozialdemokratie eine zweite politische Großorganisation, die Sympathisanten, Unterstützer und politischen Nachwuchs rekrutierte (Lösche 1993).

Die FDP als eine kleine Partei mit festen Wurzeln in den höheren Einkommens- und Bildungsschichten war ein anderes Phänomen. Hier gab es immer wieder Richtungsdiskussionen, Kontroversen, Spaltungen und dramatische Kurswechsel (Dittberner 2010). Die FDP ist ein Bruder Leichtfuß, dem es lange immer wieder gelang, mit Knalleffekten Beachtung zu finden und sich als Behelf zu empfehlen, um neuen Regierungskoalitionen den Weg zu bahnen. Wie Quecksilber dehnte sich ihr Zuspruch gelegentlich in bemerkenswerte Prozentbereiche aus, um dann bei anderer Gelegenheit wieder rapide zu schrumpfen.

Als sich die Grünen etablierten, fassten sie in einem anderen Sozial- und Wertemilieu Fuß, das mit wachsendem Unbehagen teilweise noch in der SPD beheimatet gewesen war: linke Studenten, Bürgerinitiativen, Umweltschützer, Pazifisten. Dieselbe Klientel engagiert sich über 20 Jahre später unverändert für Frieden, Umwelt und erneuerbare Energien. Aber sie ist in die Jahre gekommen und beruflich arriviert.

Die Grünen haben inzwischen eines mit der FDP gemeinsam: Auch sie repräsentieren die höheren Bildungsschichten und gesicherten Einkommen – Letzteres allerdings weniger in den selbständigen Berufen, wie in der FDP, sondern häufig mit einer Giroverbindung zu den öffentlichen Arbeitgebern in Ländern und Gemeinden. Beide Parteien sind deutlich lebendiger als die Großtanker unter christ- und sozialdemokratischer Flagge. Hier lässt man Individualismus und Einkommens- und Leistungsunterschiede hochleben, dort Umwelt- und Naturschutz und Gewaltfreiheit.

Wenn landläufig vom Parteienstaat die Rede ist, kommen weniger die Grünen und die FDP in den Sinn als vielmehr CDU/CSU und SPD. Es handelt sich um die so genannten Volksparteien, die dieses Markenzeichen trotz schrumpfender Wahlergebnisse immer noch wie eine Monstranz vor sich hertragen. Bei Bundestagswahlen erreichten sie früher einmal Ergebnisse um die 40 Prozent und mehr. Im ersten Jahrzehnt des neuen Jahrhunderts pendelten sie sich um die 30 Prozent ein. Mit der Volkspartei verbindet sich die Assoziation volksverbundener politischer Organisationen, die für das Ganze, nicht für bestimmte Schichten, Konfessionen und Weltanschauungen handeln (Mintzel 1984). Die Volkspartei steht für den Anspruch, ihre Mitglieder aus allen Schichten und Strömungen der Gesellschaft zu rekrutieren. Heute besagt dieses Label nicht mehr viel. Die Volkspartei hatte ihre besten Zeiten, als sie die älteren Klassen- und Konfessionsparteien ablösten, die noch in der Weimarer Republik das Bild prägten (Kirchheimer 1965).

Die Idee der Volkspartei und ein Stückweit auch ihre Realität fußten auf einer vergangenen Erwerbsgesellschaft, in der es noch eine große Industriearbeiterschaft und eine breite gewerbliche Mittelschicht (Handwerk) gab. Die Konfessionsangehörigen befanden sich noch im Einflussbereich der Kirchen, eine höhere Schulbildung wurde erst wenigen in der Gesellschaft zuteil. Die Bevölkerung ist den Kirchen heute weitgehend entfremdet. Dies gilt selbst für viele, die noch Kirchensteuern zahlen. Über die Hälfte eines Schülerjahrgangs erwirbt das Abitur, die Anzahl der industriellen Arbeiter ist dramatisch geschrumpft; die Masse der Erwerbstätigen siedelt in der statistischen Omnibusrubrik der Angestellten.

Das Bild der Volkspartei entspricht nicht mehr der Parteienrealität. Auch die Grünen vertreten ein breites Spektrum, darunter Wertkonservative, aktive Christen, aber auch Protagonisten der bäuerlichen Landwirtschaft – ganz abgesehen von der Affinität zu Erwerbszweigen im Bereich der erneuerbaren Energien. Ihr bundesweiter Wähleranteil liegt mittlerweile bei um die zehn Prozent – eine dritte Kraft im Parteiensystem, die so gut etabliert und deren Arbeit in den Parlamenten so professionalisiert ist wie die der politische Konkurrenz. Professionalität findet sich auch bei der FDP. Um ihre Wählerbasis steht es schlechter. Extreme Schwankungen bei den Bundes- und Landtagswahlen, von knapp über fünf Prozent bis in den zweistelligen Bereich, dann wieder Abstürze unter fünf Prozent, zeigen an, dass diese Partei nicht um ihrer selbst willen gewählt wird, sondern als Vehikel, um eine Regierungskoalition abzuwählen, die nach verbreiteter Einschätzung ihren Kredit verspielt hat. Mögen sich alle übrigen größeren Parteien, wenn man denn bei dieser Bezeichnung bleiben will, irgendwie als Volksparteien qualifizieren, gilt dies für die Liberalen keineswegs. Ihre Kettung an die Besserverdienenden ist allzu offensichtlich. Als Bürgerrechtspartei sind sie von den Grünen eingeholt und überholt worden. Das Ende des Kalten Krieges hat ihnen auch noch die außen- und deutschlandpolitischen Themen genommen, mit denen sie sich früher einmal erfolgreich als Juniorpartner in wechselnden Regierungen profiliert haben. Zwar hat auch die Union ihren Wirtschaftsflügel. Sie ist aber weit davon entfernt, sich einer Politik auszuliefern, die hauptsächlich von den Neureichen, vom Geldgewerbe und von den Managern großer Kapitalgesellschaften goutiert wird.

Während die größeren Parteien in den letzten Jahren das Problem einer wachsenden Schere zwischen Arm und Reich aufgriffen, vermittelte die FDP eher das Image einer Einpunktpartei, der es allein um steuerliche Entlastung und Privilegien für die Betuchteren ging. Anfang 2012 attestierten ihr Meinungsforscher bei der Sonntagsfrage einen Stimmenanteil von zwei bis drei Prozent. Das Ende der FDP als politische Kraft, schon häufig zuvor prognostiziert, war noch nie wahrscheinlicher.

6 Der Parteienstaat, die politische Klasse und der Parlamentarismus 133

Wenn politische Themen frei vagabundieren, wenn es also keine Partei gibt, die sie einzufangen und zu artikulieren versteht, schlägt die Stunde neuer Parteien. Davon profitierten einmal die Grünen, als die großen Parteien verkannten, welche Brisanz das Thema der Atomkraft barg und als der nonkonformistische Habitus der ersten Generation grüner Politiker das Lebensgefühl junger Menschen traf. Der Aufstieg der Grünen vollzog sich vor allem auf Kosten der SPD, die dauerhaft Wähler an die grüne Konkurrenz verlor.

Die SPD musste einen weiteren Aderlass verkraften, als sie 2005 in eine große Koalition mit den Unionsparteien eintrat. Sozialdemokratische Funktionäre, Parteimitglieder und vor allem Wähler, die mit der Sozial- und Arbeitsmarktpolitik der Regierung Schröder nicht einverstanden waren (Hartz-Reformen), kehrten der Partei 2004 den Rücken. Sie sammelten sich in einer kurzlebigen Wählerinitiative Soziale Gerechtigkeit (WASG). Schon zwei Jahre später stieß diese disparat anmutende Sammlungsbewegung, die auch politisch marginalen linken Gruppen ein Trittbrett bot, zur damaligen PDS, der linken Volkspartei in den neuen Bundesländern. Beide fusionierten zur neuen Partei Die Linke. Mit der Infrastruktur der Gründerpartei PDS brachte Die Linke die Organisationsmacht einer in Wahlkämpfen erfahrenen Partei in diese politische Ehe ein, die frühere WASG planierte den Weg der früheren Ostpartei in den Westen der Bundesrepublik. Die Linke ist mittlerweile mit gut über fünf Prozent der Wählerstimmen im Bund und selbst in den meisten Westländern etabliert. Um bei den politischen Themen zu bleiben: Diese Vorgänge waren nur möglich, weil in der Wahrnehmung etlicher Wähler bei der SPD ein Thema nicht mehr gut aufgehoben schien, das einmal als ihr Markenzeichen galt: das Eintreten für die Belange der Armen, Arbeitslosen und prekär Beschäftigten. Die Enttäuschten suchten einen neuen Themenanwalt und fanden ihn bei der Linken.

Wie sich nach wenigen Jahren zeigte, passten die West- und die Ostlinke doch schlecht zusammen. Während sich die westlichen Landesverbände, die sich um den früheren SPD-Vorsitzenden Oskar Lafontaine scharten, als soziale Protestpartei gerierten und die Differenz zur SPD herausstrichen, betonten die östlichen Verbände, die in den Landesregierungen bereits Minister gestellt hatten, das Erbe der PDS als pragmatische linke Volkspartei. Exponenten der West- und der Ostlinken boten im Frühjahr 2012 der Öffentlichkeit das Schauspiel eines mit härtesten Bandagen ausgetragenen Machtkampfes. Vordergründig ging es um die Wahl der beiden Bundesvorsitzenden, der dahinter stehende Richtungsstreit wurde aber nicht einmal kaschiert. Kurioserweise zog dabei die Ostlinke, die Stimmenbringerin bei Bundes- und Landtagswahlen, den Kürzeren, während die Linke aus den ersten westlichen Landesparlamenten bereits wieder herausgewählt wurde. Das Gelingen des Projekts einer gesamtdeutschen linken Partei neben der SPD erschien zu diesem Zeitpunkt durchaus fraglich.

Letztes Beispiel: Ende 2011 erzielte die Piratenpartei bei den Wahlen zum Berliner Abgeordnetenhaus auf Anhieb einen sensationellen Erfolg. Auch im Saarland und in Schleswig-Holstein sowie in Nordrhein-Westfalen gelang ihr im ersten Anlauf der Einzug in den Landtag. Demoskopen sagten voraus, die Piraten würden locker in den nächsten Bundestag einziehen. Die Piraten werben um eine Generation, die im digitalen Zeitalter aufgewachsen ist und die sich mit Dingen, die ihr wichtig sind, vor allem der unbeschwerte Selbstbedienung in der virtuellen Welt des Netzes, von Politikern aller Couleur nicht mehr verstanden sieht. Dass die Exponenten dieser Partei ihre Amateurhaftigkeit im eingefahrenen Politikbetrieb gar nicht erst verbargen, wurde von den Sympathisanten geradezu als Empfehlung verbucht. Wie einst die SPD blutete, als sich die Grünen als vierte Kraft im Parteiensystem etablierten, wildern die Piraten im Revier der übrigen Parteien, wovon diesmal auch die Grünen stark betroffen sind. Ob sie mehr als nur einen Knalleffekt in der Entwicklung des Parteiensystems bedeuten, bleibt abzuwarten. Nach dem Einzug in einige Landesparlamente machten die Piraten durch interne Streitereien über die künftige Struktur und Personaldebatten von sich reden. Demoskopen registrierten schon im Herbst 2012 eine stark nachlassende Bereitschaft der Wähler bei der berühmten „Sonntagsfrage", sich für die Piraten zu entscheiden.

Seit dem raschen Niedergang der FDP nach ihrem größten Wahlerfolg im Herbst 2009 schließen sich alte Optionen, neue bahnen sich an. Diese Entwicklung setzt vor allem die Unionsparteien unter Anpassungsdruck. Je weniger der alte Vorzugspartner FDP als Mehrheitsbeschaffer taugt und die Nachrufe bereits in Schubladen und auf Festplatten liegen, desto zwingender gilt es, sich auf eine neue Koalition mit den Sozialdemokraten vorzubereiten oder sich aber – horribile dictu – gar für eine vor kurzem noch unvorstellbare Zusammenarbeit mit den Grünen vorzubereiten. Die Große Koalition ist gemessen an der Vergangenheit zwar auch nur eine Second best-Lösung. Aber man kennt die Sozialdemokraten als Vollprofis im Regierungsgeschäft und als koalitionsgestählten Partner. Demgegenüber wäre eine schwarz-grüne Koalition im Bund nach Lage der Dinge nicht nur für die Union, sondern mehr noch für die Grünen eine unkalkulierbare innerparteiliche Zerreißprobe. Je flacher die Gräben, die dem Parteiensystem Kontur geben, desto größer die Einigungsfähigkeit über die Parteien und Lager hinweg. Hier liegt die Bedeutung der Themenbesetzung: Politische Entscheidungen, die kontroverse Themen aus der Welt schaffen, wie etwa die spektakuläre, unvorbereitete Abkehr der Unionsparteien von der Atomenergie (2011), planieren das Gelände für spätere Bündnisse.

Komplexe Koalitionen (Klecha 2011) sind Bündnisse mit mehr als zwei Partnern, mit unklaren Schnittmengen oder mit fraglicher Belastbarkeit. Im politischen System bislang noch die Ausnahme, könnten sie in Zukunft des Öfteren auftreten. Von jeher sind die Länder Probebühnen für die Bündnisoptionen im Bund (zu den Landesparteien als Unterbau des Parteiensystems: Kost/Rellecke/ Weber 2010). Um konkrete Beispiele zu nennen. Nach einem ersten holprigen Versuch mit Rot-grün in Hamburg, der 1987 scheiterte, lernten beide Parteien, besser miteinander auszukommen. Für Schwarz-grün sind vorerst noch Fehlversuche zu vermelden. In Hamburg scheiterte eine schwarz-grüne Koalition nach immerhin fünf Jahren, im Saarland platzte 2011 eine schwarz-gelb-grüne Koalition bald nach dem Überschreiten der Halbzeit.

Wenden wir uns nun dem Parteienstaat zu. Dieser wird weithin mit der Kolonialisierung der öffentlichen Bereiche durch die Großparteien gleichgesetzt (von Beyme 1993: 58ff.). Der Parteienstaat ist die materielle Existenzgrundlage der professionellen Politiker: der politischen Klasse (von Beyme 1996). Als die Reformpolitik der 1960er und 1970er Jahre auf der Linken wie auf der Rechten den Bekenntnisdrang mobilisierte, verzeichneten die Parteien einen Mitgliederboom. Danach verloren sie dramatisch an Mitgliedern (Tabelle 8). Gemeinsam kamen sie 2010 auf ca. 1,3 Millionen Mitglieder. Zum Vergleich: In Großbritannien gibt es insgesamt ca. 400.000 Parteimitglieder, in Frankreich mehr als 500.000.

Tabelle 11: Mitgliederentwicklung der größeren politischen Parteien

	2012[1]	2005	2000	1990
CDU	484.397	571.881	616.722	789.609
CSU	150.585	170.117	181.021	186.198
FDP	63.123	65.022	62.721	168.217
SPD	484.382	590.485	734.667	943.402
Grüne	59.210	45.105	46.631	41.316
Linke[2]	69.458	61.270	83.475	210.882

[1] Stand April 2012.
[2] Bis 2005 PDS.
Quelle: Süddeutsche Zeitung vom 20.5.2012, S. 6; Oskar Niedermayer: Parteimitglieder in Deutschland. Version 2011, Arbeitshefte aus dem Otto-Stammer-Zentrum, Nr. 18, FU Berlin 200, Tabelle 1.

Die wenigsten Parteimitglieder opfern noch freie Zeit für die Partei. Meist handelt es sich bei den Aktiven um Mandatsträger und um Mitglieder mit politischen

Ambitionen auf ein Parteiamt. Die Manpower der Parteien, früher einmal sehr wichtig, man denke an Plakatklebekolonnen, reicht schon lange nicht mehr aus, um den in kurzen Intervallen anfallenden Werbeaufwand für die Wahlkämpfe aus eigener Kraft zu bewältigen. Entsprechende Leistungen werden kommerziell eingeworben. Die Kosten der politischen Werbung sind exponentiell gestiegen. Spenden haben zwar unverändert Bedeutung. Die finanzielle Grundversorgung wird jedoch längst durch Wahlkampfkostenpauschalen und andere Formen staatlicher Alimentierung sichergestellt. Der Anteil öffentlicher Mittel an den Einkünften der im Bundestag vertretenen Parteien beläuft sich auf gut 60 Prozent (Naßmacher 2002, von Beyme 1993: 131ff.). Im Bundestag und in den Landtagen beschließen die Parteien selbst über die Form und das Ausmaß ihrer öffentlichen Alimentierung (Landfried 1994).

Nach einer Aufstellung der Bundestagsverwaltung betrug der Anteil der staatlichen Zuschüsse an der Finanzierung der Parteien im Jahr 2011 für die CDU 32,3, für die SPD 28,4, für die Grünen 42,4, für die FDP 39,6, für die Linke 42,5, für die CSU 29,2, für die noch sehr junge Piratenpartei 48,7 und für die NPD 42,7 Prozent (zitiert in: Süddeutsche Zeitung vom 17.2.2012, S. 6). Diese Zahlen sprechen für sich. Eine absteigende Partei, die aus einem Landtag nach dem anderen ausscheidet, wie es der FDP seit einigen Jahren widerfährt, verliert mit den Wählern auch ihr finanzielles Betriebskapital.

6.2 Die Parteien und der Staat

Ohne die Symbiose mit den Verwaltungen des Bundes, der Länder und der Gemeinden lassen sich die Parteien nicht realistisch schildern. Bei Einstellungen und Beförderungen im öffentlichen Dienst wird auch die Parteizugehörigkeit berücksichtigt. Diese Praxis ist akzeptiert, soweit das Qualifikationskriterium mitbeachtet wird. Gönnen wir in diesem Zusammenhang deshalb dem Staat einen kurzen Blick. Damit die Parteien überhaupt an den Staat andocken können, muss dieser zunächst einmal passende Anlegestellen bieten. Daran mangelt es nicht (Wagschal 2001). Verglichen mit den meisten europäischen Nachbarländern darf man sie in Deutschland getrost als üppig bezeichnen.

Die Leitungsebenen der Ministerien werden mit Personen besetzt, die aus politischen Gründen berufen werden und aus denselben Gründen auch wieder entlassen werden können. Es handelt sich um die politischen Beamten. Zählen wir einmal durch, wie viele Ministerialbehörden es in Deutschland gibt. Jedes Ressort, sei es noch so klein, hat als Chef der Verwaltung einen Staatssekretär. Die größeren Bundesministerien haben sogar zwei und mehr. In jedem Bundesministerium gibt es darüber hinaus noch das Amt des Parlamentarischen Staats-

6 Der Parteienstaat, die politische Klasse und der Parlamentarismus 137

sekretärs, der aber keine Verwaltungsfunktion ausübt, sondern den Minister vertritt und ihn bei der Wahrnehmung parlamentarischer Aufgaben entlastet. Der beamtete Staatssekretär, der höchste weisungsbefugte Ministeriale, ist ein politischer Beamter. Die meisten Staatssekretäre haben ein Parteibuch. In der Regel scheiden sie aus, wenn die Regierung oder der Minister wechselt. Die Bundesregierung zählte im Februar 2011 insgesamt 14 Minister, 25 Staatssekretäre bzw. Staatsminister (Auswärtiges Amt) und 26 Parlamentarische Staatssekretäre. Die Landesregierungen und Senate (Berlin, Bremen, Hamburg) verzeichneten im selben Zeitpunkt 148 Minister (Senatoren) und über 161 beamtete Staatssekretäre oder Beamte in gleichwertiger Funktion (Staatsräte etc.).

Die Amtsleiter, die Chefs der großen Sachgebietsuntergliederungen in den Ministerien, sind ebenfalls politische Beamte, ebenso die Abteilungsleiter auf der Ebene darunter. Auch dort ist im Regelfall davon auszugehen, dass sie einer Partei angehören oder ihr mindestens nahe stehen. Dort ist die Neigung freilich schwächer, die Funktionsträger auszuwechseln. Doch die Ministerbüros, die engsten persönlichen Vertrauten des Ressortleiters, fallen wieder in die andere Kategorie. An die 1.000 Stellen und mehr im Bund und in den Ländern werden mit Personal aus den Reihen der Regierungsparteien bestückt. Die Minister und Staatssekretäre stellen wieder selbst Personal ein und sie befördern. Wenn es Stellen zu besetzen gilt, nehmen sie unter den Qualifizierten jene, die ihnen politisch nahe stehen. Alles in allem hat die Regierungskontrolle einen beachtlichen Kaskadeneffekt im leitenden Personal der politischen Verwaltungen.

An Parlamentsmandaten kommen in Deutschland 522 Bundestagsmandate und über 1860 Landtagsmandate (Stand Februar 2012) zusammen. Dazu kommen noch die Abgeordneten- und Fraktionsmitarbeiter. Hinzu kommen des Weiteren Stellen, welche die Regierung in der Europäischen Union und in anderen internationalen Organisationen zu besetzen hat. Auch die Kommunen sind nicht zu vergessen. Deutschland ist hochgradig urbanisiert. Es gibt drei Metropolenstädte mit deutlich mehr als einer Million Einwohnern (Berlin, Hamburg, München), eine Großstadt mit knapp einer Million (Köln) sowie ein halbes Dutzend Großstädte mit um die halbe Million und mehr Einwohnern (Stuttgart, Frankfurt/M., Essen, Hannover, Leipzig, Dresden). Auch die Einsetzung der Schulleiter, Dezernatsleiter und Vorstände kommunaler Betriebe folgt nach aller Erfahrung nicht selten dem Parteibuch. Es kommt nicht von ungefähr, dass schon lange nicht mehr nur sozialdemokratische, sondern auch christdemokratische Parteimitglieder eine starke Affinität zum öffentlichen Dienst besitzen.

Die Nähe des öffentlichen Dienstes zu den Parteien hat dieselben Ursachen, die Max Weber (2002 (Erstausg. 1919): 522) vor bald 90 Jahren als die „Abkömmlichkeit" für die Politik beschrieben hat: Weber hatte hauptsächlich Anwälte und Unternehmer vor Augen, die auf der Grundlage einer gesicherten materiellen Existenz die erforderliche Zeit und Energie für eine politische Arbeit erübrigen konnten. Heute gilt das Gleiche für Verwaltungsbeamte, Lehrer und Professoren.

6.3 Die Parteikarriere als Grundlage der beruflichen Politik

Der Telefonanschluss im steuerfinanzierten Büro ist Arbeitsmittel des Arbeitgebers und zugleich politisches Gestaltungsmittel, hin und wieder auch Tatwerkzeug bei einer Intrige der gemeineren Art. Ein vermutlich nicht geringes Quantum von Parteigängern entdeckt ihr Herz für eine Partei deshalb, weil dies für eine Anstellung im öffentlichen Dienst nützlich ist. Etliche treten von vornherein mit dem festen Willen ein, eine politische Karriere zu machen. Je weniger Frauen und Männer in die Parteien eintreten, desto wahrscheinlicher konzentrieren sich unter den Neuzugängen die Karrieristen. Will sagen: Derselbe Typus entscheidet sich in Würzburg für die CSU, weil diese im Freistaat Bayern von jeher das Sagen hat, und im Land Nordrhein-Westfalen für die SPD, weil diese dort für gewöhnlich bei Wahlen gut abschneidet. Oder eben hier für eine schwache SPD und dort für eine schwache CDU, weil sich in der ewigen Opposition eher aufsteigen lässt; das Gedrängel ist nicht so groß. Vermutlich sind christliche Demokraten und Sozialdemokraten außerhalb ihrer Hochburgen auch stärker von politischer Überzeugung motiviert. Diejenigen Länder und Landesparteien, die keine Betonmehrheiten kennen, belohnen persönlichen Einsatz mit der realistischen Aussicht auf ein Amt oder Mandat (zum soziologischen Profil der Parteimitglieder: Spier/Klein/Hoffmann/Laux/Nonnemacher/Rohrbach 2011).

Die Union in Hamburg und die Sozialdemokraten in Bayern machten jahrzehntelang eine deutlich schlechtere Figur als beide Parteien in Ländern, die alle Jahre wieder einen Mehrheitswechsel verzeichneten. Die Langzeitoppositionsparteien bieten wenig Interessantes, wenn es darum geht, die Politik als Beruf zu suchen. Die für die Kameras aufgebauten politischen Richtungsunterschiede sind heute weitgehend Kulisse. Für innerparteiliche Richtungskämpfe gilt dies erst recht.

„Organisatorisch stellt die SPD heute ein eigenartiges Gebilde dar. (...) Der heutigen SPD mangelt es an organisatorischer Geschlossenheit, Macht ist auf viele Zentren verteilt. Thesenartig formuliert unterscheiden vier Merkmale die SPD der Gegenwart von jener Traditionskompanie, die noch in den fünfziger Jahren existierte.
1. Parteipräsidium, Parteivorstand und Mitarbeiterstab der Bundespartei stehen nicht an der Spitze einer hierarchischen Organisation, sondern sie sind zu einer Dienstleistungszentrale für innerparteiliche Kommunikation sowie für Wahlkämpfe geworden.

6 Der Parteienstaat, die politische Klasse und der Parlamentarismus 139

2. Ortsvereine und Unterbezirke führen ein organisatorisches Eigenleben, sie haben sich verselbständigt und agieren weitgehend autonom. Weder der Bundesverband noch der Landesverband (...) vermögen in sie hineinzuregieren.
3. Der innerparteiliche Willensbildungsprozess findet ausgesprochen pluralistisch-unübersichtlich statt, die verschiedenen Parteiflügel, Interessengruppen (in Form der Arbeitsgemeinschaften), Gebietsverbände und Patronagegruppen konkurrieren mit- und gegeneinander. (...) Innerparteilich ist Koalitionsbildung angesagt. Die Formulierung der Parteipolitik erfordert ein langes und mühseliges Aushandeln von Kompromissen.
4. Als Organisation zeichnet die SPD ein Doppelcharakter aus. Sie ist in dem Sinne ein Kampfverband, daß sie Machterwerb und Machtausübung anstrebt. Zugleich ist sie jedoch eine freiwillige Vereinigung von Mitgliedern, die – wie in anderen Vereinen auch, zum Beispiel in Freizeitvereinen – nicht nur aus politischen Gründen, sondern auch aus sozialen Gründen der Partei beigetreten sind, die in ihr Dinge wie Selbstbestätigung, Freizeitgestaltung oder ein Stück Heimat finden wollen (Peter Lösche und Franz Walter: Die SPD. Klassenpartei – Volkspartei – Quotenpartei, Darmstadt 1991, S. 225f.)."

Die sozialdemokratische Linke und die Rechte haben mit den einstmals groß gehandelten Fragen nach mehr Markt oder Staat nichts mehr zu tun (Walter 2004). Pragmatismus beherrscht das Handeln. Dieser erhält auf allen politischen Ebenen noch Auftrieb von den Sparzwängen der öffentlichen Haushalte und von den bescheidenen Verteilungsmöglichkeiten (Walter 2009: 232ff.).

In den innerparteilichen Auseinandersetzungen geht es nicht nach dem Prinzip des „alles oder nichts" zu. Die Verlierer in den innerparteilichen Verteilungsrunden gehen nicht leer aus. Nur die Filetstücke gehen an die Sieger. Kenner der Szene bestätigen, dass es sich heute bei links und rechts um wohlfeile Logos handelt. Sie zieren Seilschaften, die um attraktive Kandidaturen kämpfen und sich auf die Besetzung von Führungspositionen in den Behörden kaprizieren. Machtkämpfe im einen oder anderen Landesverband tarnen sich gar nicht erst mit Reminiszenzen an richtungspolitisch bewegtere Zeiten. Dort geht es unverblümt ums Eingemachte, darum, wer für die Partei die Attribute eines gutdotierten Mandats oder gar der Regierungsmacht kosten darf.

Der gesellschaftliche Interessen- und Wertepluralismus teilt sich im parlamentarischen Raum durch die Rückbindung der Parteien an Referenzgruppen wie die Gewerkschaften, die Kirchen, das Handwerk, die freien Berufe oder an Pazifisten und Ökologen mit. Dies ist nicht nur bildhafte Demokratietheorie. Es hat eine sehr konkrete Dimension. Gelingt es den vorhandenen Parteien nicht, diesen Mix zu integrieren, riskieren sie die Konkurrenz neuer Parteien. Diese reifen nach aller Erfahrung im Humus von Interessen und Sorgen, um die sich lange niemand recht gekümmert hat. In den Schattenecken der tatsächlichen Repräsentation sind, wie oben beschrieben, einmal die Grünen entstanden. Auch

Anti-Parteien-Parteien haben ihren Ursprung in Repräsentationsversäumnissen, etwa die so genannte Schill-Partei in Hamburg (2002), die Freien Wähler in Bayern (2007) oder in jüngster Zeit die Piraten (2011). Die Möglichkeit der Parteien, beim Regieren noch eigene Akzente zu setzen, ist gering. Letztlich ist sie nicht größer, als es die berühmten Sachzwänge gestatten. Und diese Sachzwänge, zu denen ganz entscheidend der verfügbare Finanzrahmen für staatliche Aufgaben gehört, wirken so brachial, dass sich jede Häme ob der geringen politikinhaltlichen Pendelausschläge im Bund und in den Ländern verbietet. Ohne hier in den Ton politischer Gesangbücher vom Schlage der schlichteren politischen Bildung verfallen zu wollen, mag aus diesen Schlaglichtern deutlich werden, dass die Parteien durchaus noch Aufgaben der Interessenbündelung leisten. Sie wirken als Sammler, Verpacker und Werber gesellschaftlicher Interessen. Doch die Parteien segeln nicht mehr unter den wehenden Fahnen großer Gesellschaftsentwürfe. Sie sind zu Service-Agenturen für den politischen Betrieb geworden.

„Im Zuge der ‚nachgeholten Parteibildung' (der CDU, J.H.) ist die Bundesgeschäftsstelle ausgebaut worden, insbesondere sind drei Hauptabteilungen (Politik, Organisation, Öffentlichkeit) sowie eine Planungsgruppe eingerichtet worden. Später sind die Aufgabengebiete Personal und Verwaltung in eine eigenständige Hauptabteilung ausgegliedert worden. Ein erheblicher Teil der Arbeit der Bundesgeschäftsstelle besteht in administrativen Dienstleistungen, wie Mitglieder- und Finanzverwaltung, Druck und Versand etc. Sie betreibt weiterhin die Öffentlichkeitsarbeit der Bundespartei in Form von Pressekonferenzen und -mitteilungen sowie Broschüren, ständigen Publikationen und ähnlichen Mitteln und stellt damit allen Parteimitgliedern eine breite Palette von Informations- und Werbematerialien zur Verfügung. Für diese stehen auch verschiedene Beratungs- und Dienstleistungsangebote wie Referentenvermittlung, Informationsdienste usw. bereit. Eng damit verbunden ist die Unterstützung der Ortsvereine bei der Mitgliederwerbung. (...) Des weiteren betreibt die Bundesgeschäftsstelle das Wahlkampfmanagement der Bundespartei und bietet auch in diesem Bereich Beratungs- und Unterstützungsleistungen für nachgeordnete Gliederungen. (...) Die CDU/CSU-Bundestagsfraktion ist ein vielschichtiges Gebilde, das sehr starke Züge einer Koalition trägt. Dies gilt zum einen für das Verhältnis zur bayerischen Schwesterpartei, mit der sie eine Fraktion bildet. Die CSU-Landesgruppe (...) ist nicht nur der ‚Vorposten' der CSU in Bonn, sondern zugleich Dreh- und Angelpunkt des rechten Flügels der Union und Lobby für bayerische Regionalinteressen. Zum anderen verfügt die CDU selbst über eine ausdifferenzierte Binnenstruktur, bei der nicht nur die interne Interessenvielfalt, sondern auch die institutionelle Anpassung an die Normen und Prozeduren des Deutschen Bundestages als Arbeitsparlament zum Tragen kommen. (...) Ferner bilden die CDU-Abgeordneten der einzelnen Länder Landesgruppen, die vor allem regionale Interessen vertreten und bei der Ämterverteilung eine wichtige Rolle spielen. (...) Aufgrund dieses Aufbaus und der Einflüsse der parlamentarischen Umwelt ähnelt die CDU-Bundestagsfraktion in ihrer Arbeitsweise und in ihren Entscheidungsprozessen eher einer formalisierten, arbeitsteiligen Bürokratie als einer Gesinnungsgemeinschaft oder einer von herausragenden Persönlichkeiten geführten Gruppe (Josef Schmid: Die CDU. Organisationsstrukturen, Politiken und Funktionsweisen einer Partei im Föderalismus, Opladen 1990, S. 256ff.)."

Die Rekrutierungsmechanismen, die Handlungsanreize und die Aufstiegsregeln der Parteien haben sich angeglichen. Nichts daran ist sensationell oder gar schlecht. Konkurrieren die kommerziellen Produzenten oder Leistungsanbieter im selben Marktsegment, entwickeln sie häufig die gleichen Eigenschaften. Das Geschäft der Parteien ist nüchtern und mühsam. Hin und wieder korrumpiert es. Die immer mal wieder hochkochenden Spendenskandale erinnern daran. Jede der Traditionsparteien ist von ihnen betroffen gewesen, namentlich die FDP in den 1980er und die CDU in den späten 1990er Jahren. Vergleicht man diese Vorgänge mit den zahlreichen betrügerischen Konkursen, Anlegertäuschungen und Falschabrechnungen im Erwerbsleben, nehmen sich die Fehltritte in den Parteien höchst selten und meist auch noch bescheiden aus.

6.4 Die Parteien – ein Kartell?

Blicken wir nun auf die internationale Politikwissenschaft. Sie ist vom Wandel der Parteien genauso betroffen ist wie ihr Gegenstand! Die Erstentdeckung der Parteien als funktionsgerechte Gebilde des politischen Systems weckte das Interesse an der Systematisierung. Zunächst wurden aufwändige Parteientypologien entwickelt, um die Vielfalt der Parteien in den Griff zu bekommen. Bezeichnungen wie Kaderparteien für die Kommunisten, Mitgliederparteien für Sozialdemokraten und Christdemokraten und Klassenparteien für Liberale und Konservative wurden geprägt (Duverger 1959, Neumann 1956).

Katz und Mair sprechen im Zusammenhang mit der politischen Partei unserer Tage von einer Kartellpartei: Alle Parteien gemeinsam bilden ein Kartell. Gewinnen ist zwar das Wichtigste, doch dabei zu sein ist immer noch besser als ganz auszuscheiden. Die Zuteilung der Mehrheit und der Regierungsmacht geschieht weiterhin in einem Wettbewerbsprozess. Aber die Kosten dieses Wettbewerbs werden per Wählerstimmenpauschale und per Anrechnungsfähigkeit der Spenden auf die Steuerschuld – wie bei gemeinnützigen Organisationen – an den Bürger weitergereicht (Katz/Mair 1994).

Die Verlierer der Parteienkonkurrenz bleiben, sofern sie aus dem Pool der eingeführten Markenproduzenten kommen, in der Regel allemal als Opposition in den Parlamenten vertreten. In Deutschland kommt hinzu, dass die Parteien der Bundesopposition noch die eine oder andere Landesregierung und darüber hinaus eine Vielzahl von Mehrheiten in den kommunalen Räten stellen. Sie stehen als Regierende oder als parlamentarische Opponenten im Zentrum der Öffentlichkeit. In der Regel werden sie auch mit Ämtern in den paritätisch besetzten öffentlichen Gremien und Rundfunkräten bedacht. Wenn die Partner im Kartell keine allzu großen Fehler machen, halten sie sich mit der öffentlichen Alimentierung und mit ihrer Mediensichtbarkeit neue Konkurrenten vom Leib.

In Deutschland ist das Kartell, wie oben geschildert, verschiedene Male aufgebrochen und dann erweitert worden: zunächst von den Grünen, später von der Partei Die Linke.

Von Beymes These von der professionalisierten Wählerpartei beschreibt dasselbe Phänomen wie die Kartellparteithese. Sie greift nur einen anderen Aspekt heraus. Die Parteien konzentrieren sich heute im Wesentlichen darauf, Zielgruppen zu kultivieren und mit medialem Können Symbole zu jonglieren (von Beyme 2000: 43ff., 64ff., 104ff.). Es handelt sich um politische Dienstleistungsbetriebe für Wähler und organisierte gesellschaftliche Interessen und zugleich, wenn sie gut funktionieren, um Resonanzböden für politische Stimmungen.

6.5 Die Fraktionen und die Ministerpräsidenten

Eine Partei, die es nicht schafft, eine arbeitsfähige Parlamentsfraktion auf die Beine zu stellen, bleibt ohne Bedeutung. Umgekehrt verhält es sich allerdings so, dass eine Partei durchaus ohne eine leistungsfähige Parteiorganisation bestehen kann. Ganz ohne außerparlamentarische Strukturen kommt auf die Dauer wohl keine Partei aus. Aber zwischen einem ausgebauten, in Länder, Kreise und Gemeinden verzweigten Parteiapparat und einem rudimentären Büronetzwerk liegen Welten. Eine flächendeckende, von Parteiangestellten getragene Organisation besitzen vor allem die mitgliederstarke CDU/CSU und die SPD. Die Organisationskapazität der FDP – eine Partei der Selbständigen und der Wirtschaftsberufe – ist viel stärker an ihre Präsenz in den Parlamenten gebunden als die der Grünen, die zwar weniger Mitglieder zählen. Ihre Aktiven arbeiten dafür aber viel stärker in den kommunikationsträchtigen Lehr- und Sozialberufen.

Die Nominierung für Ämter und Mandate muss hart erarbeitet werden. Wer nicht von der kommunalen Pike auf Einsatz für die Partei zeigt, darf sich keine guten Chancen auf die besseren Plätze in der Landes- und Bundespolitik ausrechnen. Das hieß in der SPD früher einmal die Ochsentour. Sie ist nicht spezifisch für die Sozialdemokratie, sondern für Großorganisationen überhaupt. Seit der Parteiwerdung der CDU – in den 1970er Jahren – geht es dort nicht anders zu. Insofern lässt sich die folgende Beobachtung am Beispiel der CDU durchaus verallgemeinern.

6 Der Parteienstaat, die politische Klasse und der Parlamentarismus 143

„Die *Ochsentour*, der lange und zähe Aufstieg durch den Parteiapparat, kostet viel Zeit und ist durchaus als bewusste Entscheidung für die Politik als Beruf zu verstehen. Dieser Nachwuchs sammelt Ämter und ist auf die Gunst der Altvorderen angewiesen. Er ist daher pragmatisch und in seiner Loyalität zum Vorsitzenden durchaus flexibel – im Zweifel zählt immer der vermeintliche oder tatsächliche Sieger der nächsten Wahl. Provokante Debatten sind nur dann zu vernehmen, wenn sich die Nachfolger profilieren möchten und ihre Chance auf ein bezahltes oder wichtiges, für ihren Aufstieg bedeutsames Amt wittern. Diese Entwicklung nimmt an Schärfe zu. Je größer die ökonomischen Unsicherheiten auf dem offenen Arbeitsmarkt anwachsen, desto größer ist die Angst, in der Partei zu kurz zu kommen (Franz Walter, Christian Werwath und Oliver D'Antonio: Die CDU. Entstehung und Verfall christdemokratischer Geschlossenheit, Baden-Baden 2011, S. 156)."

Es ist aber nicht nur der Push-Faktor persönlicher Ambition, der die die Amateure, meist im Ehrenamt, an den Rand des Parteigeschehens drängt. Nicht minder stark wirkt der Pull-Faktor der Professionalisierung. Politik fordert die Aktiven, die eine Karriere im Blick haben, mit Haut und Haaren. Für anderes bleibt keine Zeit. Auch hier hat das folgende Zitat nicht nur Gültigkeit für das Beispiel der CDU.

„Die CDU dünnt aus, tausende Mitglieder treten Jahr für Jahr aus oder sterben. Viele andere bleiben zwar in der Partei, machen aber wie die große Mehrheit nicht mehr aktiv mit. Die Spaltung von Parteispitze und lokaler Ebene wird unter diesen Voraussetzungen auch in Zukunft voranschreiten. Denn Politik wird unter den Bedingungen der internationalen und nationalen Zersplitterung der Interessenlagen – beinahe täglich – komplexer. Die Professionalisierungstendenzen in Institutionen des beruflichen Umfelds der politischen Akteure werden den politischen Betrieb immer stärker prägen. Für innerparteiliche Willensbildung bedeutet dies zukünftig, dass ehrenamtlich engagierte Parteimitglieder immer weniger an Entscheidungen beteiligt werden. Anders: Der Willensbildungsprozess verläuft zunehmend in Kreisen professioneller Politiker ((Franz Walter, Christian Werwath und Oliver D'Antonio: Die CDU. Entstehung und Verfall christdemokratischer Geschlossenheit, Baden-Baden 2011, S. 157)."

Das Management flächendeckend verzweigter Organisationen lässt sich schlecht mit lockerer Hand als Nebenbetätigung betreiben. Es verlangt Fertigkeiten und Herangehensweisen, die speziell dort, aber nicht unbedingt in der parlamentarischen Arbeit reifen. Die Partei- und die Fraktionsarbeit sind keineswegs hermetisch voneinander getrennt. Sie sind aber jeweils so typisch, dass sie nur arbeitsteilig und professionell miteinander kombiniert werden können (Borchert/Golsch 1999). Zu den erforderlichen Qualifikationen gehört in wachsendem Maße die Steuerung des gewünschten Erscheinungsbildes in den Medien (Jun 2002a). Stimmungen in Partei und Fraktion lassen sich nicht ungestraft ignorieren. Dies musste Kanzler Gerhard Schröder mehrfach schmerzhaft erfahren. Er vernachlässigte hin und wieder sehenden Auges die Einbindung der sozialdemokratischen Fraktion in seine Politik, verlangte andererseits jedoch kategorisch den Gehorsam seiner parlamentarischen Fußtruppe.

Eine gebräuchliche Form der Quittung für Abgeordnete, dass sie ihre Rolle als Teil einer Regierungs- oder Oppositionspartei nicht zufriedenstellend ausfüllen, ist die Nominierungsverweigerung oder die Platzierung der Betreffenden auf den aussichtslosen Listenplätzen. Solange sie aber den Rückhalt ihrer Landesverbände und Kreisverbände genießen, agieren auch Abweichler und Unbequeme sanktionsfrei.

Die Führer der Parteiorganisation, d.h. Generalsekretäre, Vorsitzende und Stellvertretende Vorsitzende treten gelegentlich in Konkurrenz zu den Profiteuren der Parteiarbeit, den Mandatsträgern. Der Parteivorsitz und das Amt des Kanzlers oder Ministerpräsidenten werden in den Unionsparteien und bei den Sozialdemokraten je nach den innerparteilichen Machtverhältnissen einmal getrennt gehalten, unter anderen Voraussetzungen wieder zusammengeführt.

Die FDP ist eine Mandatsträgerpartei. Die Anzahl ihrer Parteimitglieder ist gering, der Verwaltungsaufwand deshalb klein.

„Es ist erstaunlich, welche zentrale Rolle auf diesem Parteitag (von Jena 1994, J.H.) einzelne Persönlichkeiten spielen. Ein Redebeitrag von wenigen Minuten reicht aus, um die Delegierten von der einen Seite (‚Laßt ihn im Amt!') auf die andere Seite (‚Kreuziget ihn!') zu kippen. Auf Parteitagen von SPD, CDU und CSU wäre das so ganz undenkbar. Der Angegriffene ist nicht eingebunden in einen Parteiflügel oder eine Gruppierung, jede Solidarität fehlt. (...) Wer Organisation und Politik der FDP begreifen (...) will, darf nicht nur die Partei selbst analysieren, sondern muß jene Surrogate einbeziehen, die – im sozialwissenschaftlichen Jargon formuliert – das funktionale Äquivalent für die fehlende bzw. defizitäre Organisationsstruktur darstellen. Prosaisch gesprochen: Fraktionen, Regierungsbehörden, kommunale Verwaltungen und die Friedrich-Naumann-Stiftung sind im Hinblick auf die Tätigkeiten zu betrachten, die sie für die FDP erbringen. Denn wie es ein früherer Insider ausgedrückt hat: Parteizugehörigkeit und Regierungsbeteiligung stellen für die FDP die wohl wichtigste Organisationsressource dar. Die FDP ist eben eine Fraktions- und Ministerpartei. (...) Minister können sich von ihren Mitarbeitern Expertisen anfertigen lassen. So hat sich Genscher als Parteivorsitzender zu den verschiedenen Anträgen in unterschiedlichsten Politikfeldern auf Parteitagen von seinen Ministerialbeamten zuarbeiten lassen. Persönliche Referenten sind auch für die Parteiarbeit da; man kann Materialien aus den Ministerien und den jeweiligen Presseämtern an Parteifreunde verschicken lassen. Exekutiver Machtverlust bedeutet also zugleich Wegbrechen von Organisationspotential, wie es den Freidemokraten in den Bundesländern immer wieder passiert ist (Peter Lösche und Franz Walter: Die FDP. Richtungsstreit und Zukunftszweifel, Darmstadt 1996, S. 171f., 176)."

6 Der Parteienstaat, die politische Klasse und der Parlamentarismus

Umso bedrohlicher wird es gleich für die politische Existenz, wie dieses Zitat unterstreicht, wenn der FDP mit dem Ausscheiden aus den Landtagen ihr organisatorisches Korsett abhanden kommt.

Schaubild 15: Vorherige politische Ämter der Bundeskanzler bei ihrer Erstwahl durch den Bundestag

	Erstmalige Wahl	Vorheriges politisches Amt
Konrad Adenauer	1949	Parteivorsitzender der CDU, bis 1933 und nach1945 Kölner Oberbürgerbürgermeister
Ludwig Erhard	1963	Bundeswirtschaftsminister, davor Wirtschaftsdirektor Westzonen, davor Wirtschaftswissenschaftler
Kurt-Georg Kiesinger	1966	Ministerpräsident von Baden-Württemberg, davor Bundestagsabgeordneter, davor CDU-Landesgeschäftsführer
Willy Brandt	1969	Außenminister und SPD-Vorsitzender, davor Regierender Bürgermeister von Berlin, davor Berliner Abgeordnetenhaus
Helmut Schmidt	1974	Bundesfinanzminister, davor Bundesverteidigungsminister, davor Vorsitzender der SPD im Bundestag
Helmut Kohl	1982	Fraktionsvorsitzender im Bundestag (Opposition) und CDU-Bundesvorsitzender, davor Ministerpräsident von Rheinland-Pfalz
Gerhard Schröder	1998	Ministerpräsident von Niedersachsen, davor Fraktionsvorsitzender der SPD (Opposition) in Niedersachsen, davor Bundestagsabgeordneter
Angela Merkel	2005	Fraktionsvorsitzende der CDU (Opposition) und CDU-Bundesvorsitzende, davor Generalsekretärin der Bundes-CDU

In den kleineren Parteien werden die Wahlkämpfe mit wenig Eigenleistung betrieben. Das ist heute kein allzu großes Handikap mehr. Auch die Großparteien kaufen vom Plakatekleben bis zum Fotodesign und zum TV-Spot bei der Werbewirtschaft ein.

Das beliebte Herausstreichen der Unterschiede zwischen den durchorganisierten Großparteien und den kleineren Parteien verdrängt die Tatsache, dass Parteien überhaupt mit einem Minimum von Organisation auskommen (Panebianco 1988, Lawson/Merkl 1988). Dies gilt heute mehr als je zuvor. Die Gründe liegen, wie oben dargestellt, in der staatlichen Alimentierung der Fraktionsarbeit und der Wahlkämpfe sowie in den Angeboten der Medien- und Werbelandschaft (Wiesendahl 1998: 24f.). Richtet man den Blick über die deutschen Grenzen nach Skandinavien, auf die Niederlande, nach Spanien, Polen, Ungarn und Tschechien, zeigt sich, dass die Parteien dort recht schwach organisierte Gebilde mit wenigen Mitgliedern sind, eigentlich „Fraktionsparteien", wie sie hierzulande in der FDP verkörpert sind (Poguntke 2000).

Die CDU war in ihrer Anfangsphase einmal eine typische Fraktionspartei. Sie hatte oberhalb der Landesverbände keine nennenswerte Parteiorganisation. Die Publizistik der 1950er und 1960er Jahre brachte ihr Image als Kanzlerwahlverein auf den Punkt. Der damals „ewigen" Regierungspartei im Bund genügten Bundesregierung und Bundestagsfraktion vollständig als Infrastruktur für bundespolitische Aktivitäten. Der Verlust der Regierungsmacht im Jahr 1969 führte der Union vor Augen, dass es ohne eine passende Infrastruktur in der Oppositionsrolle schwierig für sie würde. Diese Erkenntnis war die Initialzündung für die organisatorische Parteiwerdung der Union. Diese wurde 1973 mit dem Aufbau einer modernen Parteiorganisation abgeschlossen. Seither muss sich die CDU-Fraktion mit der Partei, insbesondere mit der Bundespartei, arrangieren (Kleinmann 1993). Dessen ungeachtet ziehen Partei und Fraktion nicht selten in verschiedene Richtungen, besonders dann, wenn die Union in der Opposition steht.

Der Parteivorsitz ist eine Basis, von der aus Ansprüche gestellt werden, sei es auf die Kanzlerkandidatur oder auf inhaltliche Entscheidungen. Die Fraktion hat in aller Regel den stärkeren Part. Das Gewicht der Fraktion relativiert sich in der Union jedoch durch die starke Rolle der CDU-Landesverbände (Schmid 1990), ferner durch die Vereinigungen in der Union (Wirtschaftsrat, Mittelstand, Sozialausschüsse) und durch die Fraktions- und Werbegemeinschaft mit der CSU. Die Christlich-Demokratische Arbeitnehmerschaft (CDA) bildet den linken Flügel der Union, sie hält die Verbindung zu den Gewerkschaften. Ihre Gegenpole in der Parteistruktur sind die Mittelstandsvereinigung und der Wirtschaftsrat der Union. Von jeher bildet die bayerische Union einen Fraktionsverbund mit der übrigen Union. Die CSU hat den Status einer eigenen Partei. In der Gesamtunion, wenn man sie so nennen will, hat sie die klassische Rolle eines Vetospielers. Beide Parteien halten sich an eine alte Abmachung, nicht miteinander zu konkurrieren (Mintzel 1977).

6 Der Parteienstaat, die politische Klasse und der Parlamentarismus 147

Schaubild 16: Vorherige politische Ämter der unterlegenen Kanzlerkandidaten bei ihrer ersten Kandidatur*

	Kandidatur	Vorheriges politisches Amt
Kurt Schumacher	1949	Vorsitzender der SPD und der SPD-Bundestagsfraktion, bis 1933 Reichstagsabgeordneter
Erich Ollenhauer	1953	Vorsitzender, davor Stellvertretender Vorsitzender der SPD, bis 1933 Reichstagsabgeordneter
Willy Brandt	1961	Regierender Bürgermeister von Berlin, davor Bundestagmitglied und Mitglied des Berliner Abgeordnetenhauses
Rainer Barzel	1969	Vorsitzender der CDU im Bundestag und CDU-Bundesvorsitzender, davor Bundesminister für Gesamtdeutsche Fragen
Helmut Kohl	1976	Ministerpräsident von Rheinland-Pfalz und Bundesvorsitzender der CDU
Franz-Josef Strauss	1980	Ministerpräsident von Bayern, CSU-Vorsitzender, davor Bundesminister für Finanzen und davor Verteidigung
Hans-Jochen Vogel	1983	Oppositionsführer, davor Regierender Bürgermeister in Berlin, davor Bundesjustizminister
Oskar Lafontaine	1990	Ministerpräsident des Saarlandes, davor Oberbürgermeister von Saarbrücken
Rudolf Scharping	1994	Ministerpräsident von Rheinland-Pfalz, davor dort Oppositionsführer
Helmut Kohl	1998	Bundeskanzler und CDU-Bundesvorsitzender
Edmund Stoiber	2002	Ministerpräsident von Bayern und CSU-Landesvorsitzender
Walter Steinmeier	2005	Außenminister, davor Staatssekretär und Leiter des Bundeskanzleramtes

* Streng genommen kann bei der SPD erst seit 1961 von Kanzlerkandidaten die Rede sein, weil sich erst mit Willy Brandt eine Personalisierung der Wahlkämpfe durchsetzte.

Als ewiger Juniorpartner schärft die CSU ihr Profil immer wieder, um sich bundespolitisch zu platzieren. Zweimal setzten sich bayerische Parteivorsitzende mit Hilfe einiger CDU-Landesverbände als Kanzlerkandidaten durch (Franz-Josef Strauss 1980, Edmund Stoiber 2002). Schließlich haben auch die christlich-demokratischen Ministerpräsidenten im innerparteilichen Geschehen an Bedeutung gewonnen. Sie haben den Vorteil der tagtäglichen Sichtbarkeit – durch die Rolle des Bundesrates häufig auch in der Bundespolitik. Die Verfügung über die Ressourcen eines Regierungsapparats kommt hinzu. Längst nicht alle christdemokratischen Regierungschefs zeigten bundespolitische Ambitionen. Die Ambitionierten aber profitierten von der Vielfalt der Regierungsstrukturen im Bundesstaat (Schaubilder 13 und 14).

In der SPD hatte traditionell die Partei den Primat vor der Fraktion. Noch in der Adenauer-Zeit verstand sich die Bundestagsfraktion als Mundstück der Parteigremien; sie übte eine programmatische Opposition – ein Kontrastprogramm zur Regierung Adenauer. Die Partei zog dann ihre Lehren aus einer Reihe enttäuschender Wahlniederlagen. Mit der programmatischen Wende zur Volkspartei, die im Godesberger Programm vollzogen wurde, rang sie sich 1958 dazu durch, die Grundlinien der seit 1949 betriebenen Innen- und Außenpolitik zu akzeptieren.

Das wichtigste Etappenziel war vorerst die Regierungsbeteiligung, vorzugsweise in einer Regierung mit der Union. Eine Große Koalition war am besten geeignet, ihre Regierungsfähigkeit bis ins bürgerliche Lager hinein unter Beweis zu stellen. Die Regierungsbeteiligung gelang in der ersten Großen Koalition. Wenig später, im Jahr 1969, wurde sogar das Ziel einer sozialdemokratisch geführten Regierung – mit dem Juniorpartner FDP – erreicht. In diesen Entwicklungen steigerte die sozialdemokratische Fraktion ihr Gewicht auf Kosten des Parteivorstands (Soell 1969). Dabei sollte es bleiben. Die Partei trat aber keineswegs in den Schatten der Fraktion. Die Fraktion ist ein Hort des Pragmatismus. Dessen ungeachtet reiben sich auch dort Richtungsgruppen. Die Seeheimer (Seeheimer Kreis) haben das Image eines rechten Flügels. Im Netzwerk sammeln sich jüngere, betont pragmatische Abgeordnete. Die Parlamentarische Linke profiliert sich als Kritikerin einer liberalen Wirtschafts- und Sozialpolitik. Die AfA – Arbeitsgemeinschaft für Arbeitnehmerfragen – ist die Plattform der Gewerkschafter in der Partei.

Der Parteivorsitzende und der Parteivorstand stehen in allen Parteien in der Funktion eines Scharniers zwischen Parteibasis und parlamentarischer Vertretung. Was die Aktiven in den Ortsvereinen denken, was dort am Erscheinungsbild der Partei stört und was gutgeheißen wird, wo Belastungsgrenzen erkennbar werden, die das Engagement beeinträchtigen – dies alles vermittelt sich über den außerparlamentarischen Zweig der Partei. Als Daueraufgabe pflegt die Parteispitze den Austausch mit den Funktionsträgern auf Gemeinde- und Landesebene.

Der Parteivorsitzende, der Generalsekretär und weitere Vorstandsmitglieder gehören gleichzeitig der Bundestagsfraktion an, wenn sie nicht gerade einer Landesregierung vorstehen.

6 Der Parteienstaat, die politische Klasse und der Parlamentarismus 149

Die Generalsekretäre stehen allenthalben in der Rolle eines Generalmanagers der Parteiorganisation. Darüber hinaus haben sie die Rolle, mit viel Polemik und grobem Geschütz den politischen Gegner zu attackieren – solange sie diesen Job machen, geben sie den Grobian: nichts für Feingeister und empfindsame Gemüter!

Ganz in der Logik des parlamentarischen Regierungssystems gehören die Fraktionsvorsitzenden, ob sie nun die Regierungsmehrheit oder die Opposition repräsentieren, zu den wichtigsten Akteuren im Regierungsprozess. In die Fraktionen dringen auch, obgleich gefiltert und mit viel Beigabe von Weichspüler, die Stimmungen der Parteibasis durch. Insbesondere den Fraktionsvorsitzenden kommt die Aufgabe zu, die Stimmungen auf einem Nenner zusammenzuführen, in dem sich keine relevante Gruppe ausgegrenzt sieht. Die Fraktionsvorsitzenden der Regierungsmehrheit sind im Kerngeschäft des Regierens tätig. Die Oppositionsführer dürfen sich stärker gehen lassen. Ihnen liegen die Spezialisten der Parteiabteilung für Attacke in den Ohren, weil es ja darum geht, aus der Opposition herauszukommen. Doch auch ihre Aufgabe ist subtil. Bei aller Derbheit im Plenum und vor den Kameras darf der Gesprächsfaden zu den Kollegen auf der Regierungsseite nicht abreißen. Außerdem sind sie gut beraten, sich mit den Ministerpräsidenten ihrer Partei abzustimmen, die als Teilhaber am gesamtstaatlichen Multifunktionsorgan des Bundesrates in einer mehr oder weniger starken Rolle mitregieren.

6.6 Vergleich: In den meisten Demokratien bestimmen die parlamentarischen Parteistrukturen den politischen Kurs

6.6.1 USA

Die US-amerikanischen Parteien haben mit denen in Europa wenig gemeinsam. Sie kennen keine förmliche Parteimitgliedschaft und besitzen lediglich rudimentäre Organisationen. Aktiv werden die Anhänger und Sympathisanten der Parteien lediglich für Wahlkampfzwecke (zum Folgenden: Lösche 2007). Eine zentrale Aufgabe der europäischen Parteien ist die Nominierung der Kandidaten für Wahlämter und Mandate. Sie findet in den USA weitgehend außerhalb der Parteien statt: in den Vorwahlen. Dabei handelt es sich um öffentliche Wahlen, an denen sich die Wähler und Anhänger der betreffenden Partei beteiligen. Die stärkste Beachtung finden die Vorwahlen für die Präsidentschaftskandidatur. Auf die gleiche Weise, aber nach laxeren Regeln, als sie für die Präsidentschaftskandidaten gelten, werden die Kandidaten für die 535 Mitglieder des Kongresses ermittelt. Für die Teilnahme genügen eine Erklärung, die betreffende Partei wählen zu wollen, hier und dort wird nicht einmal dies verlangt, und der Blick in die Liste der Wahlberechtigten. Die Vorwahlen für die Kandidatur zum Gouverneur eines Staates, für das Repräsentantenhaus und für den Senat werden kaum weniger heftig ausgetragen als die Hauptwahlen, in denen dann die Gewinner der innerparteilichen Vorwahlen gegeneinander antreten. Schon die Vorwahlen verschlingen große Geldmittel. Sie fordern den aussichtsreichen Kandidaten erhebliche Organisationsanstrengungen ab und werden mit harten Bandagen ausgetragen. Gewinnt ein Kandidat die offizielle Kandidatur seiner Partei, übernimmt das Management seines Vorwahlkampfes meist auch die Wahlkampfführung für die Hauptwahl. Erst in diesem Stadium beteiligen sich die Parteien am Wahlkampf für den Kandidaten.

Vereine, Interessengruppen und Firmen finanzieren die Wahlkämpfe der Kandidaten mit, und zwar durch das Instrument eigens zu diesem Zweck gegründeter Political Action Committees. Durch sie kommt die Macht des großen Geldes ins Spiel. Großzügige Spender erwarten stillschweigend ein Entgegenkommen, wenn der von ihnen unterstützte Kandidat später im Kongress aufgefordert ist, für oder gegen ein Gesetz zu votieren.

In diesen lockeren Strukturen kommt es gelegentlich dazu, dass gut organisierte Bewegungen eine Partei geradezu kapern. Früher einmal gelang es der Bürgerrechtsbewegung, der es um die politische Gleichstellung der Afro-Amerikaner ging, die demokratische Partei für ihre Ziele zu gewinnen. Mangels anderer Adressaten im Parteiensystem haben auch Umweltgruppen und soziale Protestbewegungen eine Neigung zur demokratischen Partei. Die republikanische Partei bietet konservativen Bewegungen eine politische Heimat. Die evangelikalen Kirchen sind eine mächtige gesellschaftliche Kraft. Als christliche Rechte haben sie sich eng an die republikanische Partei gebunden. Dafür entrichten republikanische Politiker den Preis, dass sie die rigiden Vorstellungen der christlichen Rechten von Moral und Familie in den politischen Prozess hineintragen. Das jüngste Beispiel für eine politische Bewegung, die einer Partei Themen aufzwingt, ist die radikale Tea Party-Bewegung. Ihre Macht gründet sich auf die staatsabweisende Haltung der gut situierten Mittelschicht. Ihr Programm ist libertär, die Regierung soll sich aus dem Leben der Bürger heraushalten und davon ablassen, mit Steuern ihr Vermögen anzugreifen. Auch diese Bewegung wählte die republikanische Partei als Plattform.

Die Wahlkämpfe sind auf allen Ebenen stark personalisiert. Der Kandidat, weniger die Partei repräsentiert Themen und Positionen. Auch in der deutschen Politik rücken die Parteien Personen, hierzulande den Kanzler- oder Ministerpräsidentenkandidaten, in den Mittelpunkt. Die richtige Werbetechnik und der richtige Kandidat werden so gehandelt, als entschieden sie maßgeblich die Wahl. Dessen ungeachtet gibt es in Deutschland wie im übrigen Europa eine Grenze für

6 Der Parteienstaat, die politische Klasse und der Parlamentarismus 151

die Personalisierung des politischen Wettbewerbs: Ein politisches System mit so langen Vetostrecken wie in den USA würde den parlamentarischen Regierungsmodus schlicht lahmlegen. Parlamentarische Regierungen brauchen eine stabile Regierungsmehrheit, um im Amt zu bleiben. Auch wissen die Wähler, dass sie sich schon für eine Partei entscheiden müssen, um dem Kanzlerkandidaten ins Amt zu verhelfen, den sie dort gern installiert sähen.

Die amerikanische Verfassung gibt dem Präsidenten eine sichere Verweilperspektive von vier Jahren, maximal acht, wenn er wiedergewählt werden sollte. Niederlagen im Kongress mögen den Präsidenten schwächen. Doch nach der Niederlage in einer Sache mag er auf andere Themen ausweichen, die größeren Erfolg versprechen. Oder die Kongresswahlen, die im dichten Takt aller zwei Jahre stattfinden, bescheren ihm eine günstigere Mehrheit, so dass er einen Zweitversuch unternehmen mag. Allemal bestimmt jedoch der Präsident die Agenda, der Kongress entscheidet, ob und wieweit sie abgearbeitet wird..

Im parlamentarischen System wird das Agenda setting vom Kanzler oder Ministerpräsidenten und von den Ministern besorgt. Der deutsche Kanzler kann, wenn er sich zu Misserfolgen erklären muss, nicht mit dem Finger auf den Bundestag zeigen, der seine hervorragenden Ideen Mal für Mal zurückgewiesen hat. Allein dem Bundesrat lässt sich unter Umständen ein schwarzer Peter zuspielen. Der Kanzler ist nicht nur für die Präsentation des Regierungskatalogs, sondern auch für die Herstellung und die Lieferung verantwortlich. Sein Versagen wird vom Wähler mit dem Entzug der Regierungslizenz bestraft. Der Vorschlag und die Realisierung gehören zusammen. Und wenn die Bilanz in den Augen der Wahlbürger schlecht ausfällt, wird die Quittung den Parteien der Regierungsmehrheit ausgestellt.

Die Parteien profitieren von ihrer Unverzichtbarkeit für den politisch-parlamentarischen Betrieb nicht nur mit Ämtern und Mandaten, sondern auch finanziell. Die Wahlkampffinanzierung ist überall in Europa engmaschig reguliert. Die bereits vorhandenen, seit Jahrzehnten bekannten Markenproduzenten – hierzulande die Unionsparteien, Sozialdemokraten, Liberale, Grüne, inzwischen auch Die Linke – werden dabei kollektiv begünstigt. Sie dürfen damit rechnen, nach der nächsten Wahl wenigstens als Teil der Opposition wieder im Hohen Haus vertreten zu sein.

Bei der amerikanischen Präsidentenwahl geht es um eine Person, die das Land regieren muss. Ganz konsequent werden allein die Präsidentschaftswahlkämpfe öffentlich bezuschusst, auch mit der Absicht zu verhindern, dass sich nur noch die Inhaber großer Vermögen um das höchste Staatsamt balgen. Auch der Kandidat für das Repräsentantenhaus oder den Senat wirbt für sich als Person, weniger als Mitglied einer Partei. Gelten für die Wahl des Präsidenten klare Regularien für Spenden und öffentliche Zuschüsse, hat sich der Kongress geweigert, die Wahl seiner Mitglieder vergleichbaren Regeln zu unterwerfen. Der Vorteil für Kandidaten mit einem großen Privatvermögen liegt auf der Hand. Über die Hälfte der Senatoren und 40 Prozent der Abgeordneten sind Einkommensmillionäre. Für weniger vermögende Kandidaten gibt es gute Gründe, ein bewährtes Umfeld von Sponsoren und Spendern zu pflegen. Die Wiederwahlquote der Kongressmitglieder liegt mit durchschnittlich über 90 Prozent entsprechend hoch (dazu auch Oldopp 2005: 59f., 159ff.).

6.6.2 Schweiz

Die schweizerischen Parteien treten im politischen Prozess nicht prominent hervor. Die Dauerkoalition der größeren Parteien lässt einzelne Koalitionspartner im Regierungs- und Parlamentsgeschehen kaum sichtbar werden. Hinzu kommt die niedrige Schwelle für Volksbegehren und Volksentscheid. Sie eröffnet gut organisierten und finanzstarken Interessen die gute Chance, ein Vorhaben am Parlament vorbei zu lancieren. Die Parteien bilden die kantonale Vielfalt des Landes ab. Fraktionsdisziplin wird sehr klein geschrieben. Die relative Unabhängigkeit der Abgeordneten stützt sich auf den Milizcharakter des nationalen und der kantonalen Parlamente: Die Abgeordneten üben ihr Mandat als Nebentätigkeit aus. Auf die Nominierung der Abgeordneten haben die Parteivorstände geringen Einfluss. Im Zentrum der Parteitätigkeit stehen die parlamentarischen Fraktionen (Linder 2009: 575, Hirter 1997).

6.6.3 Großbritannien

Schauen wir uns weiter um im Kreise vergleichbarer Demokratien. Der deutsche Begriff des Parteienstaates hat eine andere Bedeutung als der englische Begriff des Party government. In seltener Simplizität meint Party government wirklich nur die Regierungskontrolle durch eine Partei. Dies entspricht der britischen Realität mit einem parteiengesteuerten Parlaments- und Kabinettsbetrieb, aber mit einer politisch neutralen Verwaltung. Lediglich die 650 Damen und Herren im Unterhaus üben eine veritable Parlamentariertätigkeit aus. Durch die Regionalisierung sind in Schottland und Wales seit 1997 weitere 189 Parlamentarier hinzugekommen.

Der britische Civil Service ist parteipolitisch neutral. Die kommunale Politik vollzieht sich unter der administrativen Leitung von Fachbeamten. Die Wahlkampffinanzierung fällt bescheiden aus. Industriespenden alimentieren die bescheidene Infrastruktur der Konservativen Partei, Zuwendungen der Gewerkschaften die der Labour Party. Die Labour Party zählte 2005 215.00, die Konservative Partei 320.00 und die Liberaldemokratische Partei 70.000 Mitglieder (Sturm 2009b: 288). Im Mehrheitswahlsystem entscheiden die lokalen Parteiaktivisten über die Nominierung der Parlamentskandidaten. Der Einfluss der zentralen Parteiorgane auf das Kandidatenfeld ist bescheiden. Obgleich die Kandidaten letztlich als Vertreter einer Partei gewählt werden, zählen bei der Nominierung persönliche Qualitäten. Wer mit seiner Bewerbungsrede vor Parteimitgliedern, die selbst keine größeren politischen Ambitionen haben, nicht überzeugt, wer keinen guten Eindruck hinterlässt, dem nützen auch die besten Empfehlungen der Londoner Parteizentrale wenig. Und im Parlament selbst, wo die eigentliche politische Karriere erst beginnt, werden rhetorische Fähigkeiten besonders hoch bewertet. Das britische Unterhaus wird in der Lehrbuchliteratur als Typus des Debattier- oder Redeparlaments aufgeführt – im Unterschied zum Arbeitsparlament (Steffani 1979: 333ff.). Das britische Parlamentsmandat ist heute professionalisiert; der Parlamentarier, der noch einen bürgerlichen Beruf ausübt, ist zur Seltenheit geworden. Im Zuge dieser Entwicklung haben auch parlamentarische Gremien mit fachpolitischer Zweckbestimmung an Bedeutung gewonnen. Sie kontrollieren die Regierungsbehörden und laden Beamte, Experten und Minister vor, veranstalten öffentliche Anhörungen und bieten fachlich versierten Abgeordneten die Chance, sich außerhalb des Plenums einen Ruf als Experten für bestimmte Themenfelder zu erarbeiten.

Großbritannien ist kein Parteienstaat, wie wir ihn in Deutschland kennen. Dafür fehlen die Voraussetzungen, d.h. es gibt keine öffentlichen Medien, Verwaltungen oder Regiebetriebe, in denen verdiente Parteiarbeiter überwintern und einen Teil ihrer Arbeitszeit für die Organisation abzweigen könnten. Die Gründe liegen in der Verwaltungstradition und in der Art der öffentlichen Verwaltung.

6.6.4 Frankreich

Auch in Frankreich sind die staatlichen Verwaltungen einigermaßen resistent gegen Gefälligkeitseinstellungen und -beförderungen. Prüfungen, Diplome und Zeugnisse regulieren den Zugang. Eine andere Sache sind die Großstadt- und Regionalverwaltungen. Dort allerdings hat der Parteienstaat in einer Weise Fuß gefasst, die dem Vergleich mit den deutschen Verhältnissen standhält. Das Verschaffen von Jobs nach der Parteiadresse steht in hoher Blüte. Lokalpolitiker, die noch zusätzlich ein Parlamentsmandat in Paris wahrnehmen, und Parlamentarier, die sich einen Namen als erfolgreiche Anwälte örtlicher Belange machen, genießen hohe Wertschätzung. Die Verbindung des Mandats mit dem Amt des Bürgermeisters eröffnet auch allerlei Möglichkeiten, etwa durch die Nutzung der kommunalen Infrastruktur, der Partei nützlich zu sein (Jun 2000: 130ff.). Die unvermeidlichen Missbräuche, zu denen es dabei kommt, werden schon seit geraumer Zeit nicht mehr als Kavaliersdelikte bagatellisiert, sondern von einer kritischen Öffentlichkeit als Skandale angeprangert und auch strafrechtlich verfolgt.

Frankreich ist die Heimat der klassischen Honoratiorenpartei. Die UMP, die Partei des gaullistischen bzw. liberalkonservativen Lagers, und die Sozialisten, die größten Parteien des Landes, haben eine über ganz Frankreich verzweigte Organisation. Die Mitgliederzahl hält sich in bescheidenen Dimensionen. Die Sozialisten zählten 2005 etwa 120.000 Mitglieder. In zahlreichen Großstädten stellen sie die Mehrheit in den Räten. Die UMP bringt es auf 215.00 Mitglieder, die hauptsächlich im Großraum Paris und den übrigen Großstädten des Landes leben (Kempf 2007: 188, 214). Wenn es gilt, einen Präsidentschaftskandidaten zu küren, wird dies für die Parteien zur Belastungsprobe, sei es in Gestalt innerparteilicher Richtungsgruppen, die ihre Anhänger mobilisieren, oder sei es nur das Ausleben persönlicher Ambition, nach dem höchsten Staatsamt zu greifen (Zadra 1997). Die Kandidaten mobilisieren dann auch ihre Hausmacht in der Provinz (Kreuzer 1999: 178ff.).

6.6.5 Österreich und Niederlande

Österreich ist ein klassischer Parteienstaat. Die öffentlichen Verwaltungen vom Bund bis in die Kommunen sind mit Parteigängern der regierenden Parteien bestückt. Die Mitgliedschaft in einer Partei lohnt sich (Müller 1994). Die SPÖ zählte 2005 350.000, die ÖVP 630.000, die Grünen 4.300 Mitglieder; vor ihrer Spaltung stand die FPÖ 1994 bei 44.000 Mitglieder (Pelinka 2009: 627). Gemessen an einer Bevölkerungszahl, die um das achtfache kleiner ist als die deutsche, handelt es sich hier – trotz rasch abnehmender Zahlen – um extrem hohe Werte.

Der Kreis der politischen Beamten ist sehr klein gehalten. Ressorts, die jahrelang vom Minister einer bestimmten Partei geführt wurden, behalten auf lange Zeit den Anstrich dieser Partei. Erst dann, wenn Stellen frei oder neue Positionen geschaffen werden, hat die politische Führung Möglichkeiten, die politische Grundrichtung in einem personell feindlich bestückten Ressort zu korrigieren.

Die Koalitionspartner respektieren diese Praxis. Die in fünf der sieben Bundesländer noch geltende Pflicht, alle in den Landesparlamenten vertretenen Parteien an den Regierungen der Länder zu beteiligen, verzahnt die Parteien ebenfalls eng mit den Verwaltungen (Müller/Steininger 2000, Pelinka 1997: 229).

Die Niederlande bieten ihren Parteien wenig an Patronage in den öffentlichen Verwaltungen. Die Verwaltungen führen ein Eigenleben. Die kommunalen und Provinzräte werden gewählt. Aber die Bürgermeister und Provinzchefs, also die Vorsteher der zahlreichen mittleren und unteren Verwaltungsapparate, werden von der Haager Regierung ernannt. Diese lässt zwar auch Parteigänger zum

Zuge kommen. Das Ganze ist für die Parteien aber schwer kontrollier- und lenkbar. Die niederländischen Parteien sind denn auch überschaubare Gebilde. Ihr politisches Zentrum sind die Fraktionen in der Zweiten Kammer des Parlaments (Andeweg 2000, Koole 1994). Die Mitgliederzahlen der größeren Parteien liegen nicht weit auseinander. Im Jahr 2007 zählten die christlichen Demokraten 69.500, die Arbeiterpartei 62.000, die Liberalen gut 41.000, die Demokraten 66 10.000 Mitglieder (Lepszy/Wilp 2009: S. 429).

6.6.6 Dänemark und Schweden

In den skandinavischen Ländern entlastet der Staat die Parteien, indem er einen Teil ihrer Organisationskosten übernimmt. Die staatlichen Behörden sind den Parteien aber weitgehend verschlossen. Die Staats- und Kommunalverwaltungen arbeiten beispiellos transparent, die ausführenden Verwaltungen sind autonom und stellen nach ihren eigenen Kriterien ein. Die Parteien sind traditionell auf die gesellschaftlich nahestehenden Vorfeldorganisationen orientiert, so etwa die Sozialdemokraten auf die Gewerkschaften und die Zentrumsparteien auf die landwirtschaftlichen Verbände. Der Organisationsgrad der Gewerkschaften liegt im europäischen Vergleich extrem hoch, in Schweden bei 79 Prozent der Gesamtbeschäftigten und in Dänemark sogar bei 87 Prozent (Stand 2002).

In Schweden gab es Ende der 1980er Jahre insgesamt 520.000 Menschen, die sich einer Partei angeschlossen hatten, wenn man bei dieser Zählung die assoziierten Mitglieder der Sozialdemokratischen Partei ausschließt. Als die Kollektivmitgliedschaft der Gewerkschaften in der Partei beendet wurde, sank die Mitgliederzahl aller Parteien bis 1992 auf nur mehr 260.000; 15 Jahre später waren es nur noch 125.000 (Jahn 2009: 128). Ein ganz anderes Bild bietet Dänemark. Dort gab es 2005 überhaupt nur noch insgesamt 186.000 Parteimitglieder; knapp 20 Jahre zuvor waren es beinahe doppelt so viele (Nannestad 2009: 92). In Schweden spielen die Parteiführungen bei wichtigen politischen Entscheidungen eine bedeutende Rolle (Hagevi 2000, Hagevi/Jahn 1997). In den minimalistischen dänischen Parteien stehen demgegenüber die Fraktionen des Folketing im Mittelpunkt (Bille 2000, Eysell 1997).

Gewerkschaften, Arbeitgeberverbände, Unternehmen und landwirtschaftliche Verbände strukturieren das für die Parteien relevante Umfeld. Es handelt sich um die wichtigsten politischen Referenzgruppen der Sozialdemokraten, der Konservativen und der Liberalen bzw. des Zentrums. Die Parteien rekrutieren einen Teil ihrer Funktionsträger aus diesen Vorfeldorganisationen.

6.6.7 Protestparteien

Die Achillesferse etablierter Parteien ist ihre Dauerpräsenz auf der politischen Bühne; sie geht auf Kosten der Strahlkraft. Wenn sich Probleme wie Kriminalität, Arbeitslosigkeit und Einwanderung zu Reizthemen auswachsen, rütteln sie die Parteienlandschaft durcheinander. Dazu bedarf es nur des Auslösers charismatischer oder einfach polternder Parteigründer, die medienwirksam artikulieren, wo viele Menschen der Schuh drückt. Beispiele gibt es in der jüngsten Vergangenheit zuhauf: Mogens Glistrup (Dänemark), Jörg Haider (Österreich), Silvio Berlusconi (Italien), Jean-Marie Le Pen (Frankreich), Barnabas Schill (Deutschland), Pim Fortuyn (Niederland). Die Medien tragen ihren Teil dazu bei, dass Persönlichkeiten wie diese aus dem Stand heraus sensationelle Wahlergebnisse einfahren (Decker 2003, Minkenberg 1998). Einiges deutet darauf hin, dass ihr Stern ebenso schnell wieder sinkt, sobald die Reklamephase vorbei und nach dem Wahltag die Bewährung in der Regierung gefragt ist – oder wenn sich andere Themen in den Vordergrund schieben, die wieder stärker die Kompetenz der traditionellen Parteien belohnen.

6.7 Fazit

Die Parteimitgliederdichte weist in den betrachteten europäischen Ländern erhebliche Unterschiede auf. In Österreich ist sie immer noch sehr groß, in Frankreich gering. Staatliche Alimentierung sichert die Parteien in finanzieller Hinsicht allenthalben recht gut ab. Politische Professionalität setzt sich in parlamentarische Mitentscheidungsmacht um und bereitet auf Regierungsämter vor. Sie wird in parlamentarischen Karrieren erworben. Versuchen wir, diese Feststellungen in einem kurzen Satz zusammenzubringen: Politische Systeme kommen mit Parteien aus, die ein gewisses Minimum an Mitgliedern besitzen – so viele, wie sie benötigen, um Kandidaten für Ämter und Mandate zu nominieren und den Nachwuchs auf die kompetente Ausübung dieser Positionen vorzubereiten.

7 Die Schlüsselinstitutionen des Regierungsbetriebs: Die Regierungschefs, die Ministerien und die Parlamente

7.1 Die Ressortstruktur

Auf den Kanzler kommt es an! So hieß vor langer Zeit einmal der Wahlkampfslogan einer großen deutschen Volkspartei. Für die politische Werbung mag das immer noch stimmen. Aber Politik hat nicht nur ihre werbliche Seite. Sie muss auch liefern, arbeiten, Gesetze produzieren, die Außenbeziehungen managen, Parlamentarier, Verbände, die Öffentlichkeit und 27 Verhandlungspartner in den Gremien der Europäischen Union überzeugen. Eine gängige Floskel zur Charakterisierung des politischen Systems der Bundesrepublik lautete einmal auf „Kanzlerdemokratie." Der Bundeskanzler hat die Organisationsgewalt. Er könnte hypothetisch neue Ministerien aus dem Bestand der älteren bilden, alte Ressorts auflösen und Zuständigkeiten zwischen den Ressorts verschieben. Alle Jahre wieder, zumeist nach Wahlen, tut sich in dieser Hinsicht einiges. Aber es kommt dann nicht so dramatisch, dass der Wiedererkennungswert der Ressortstruktur darüber verloren ginge. Ganz im Gegenteil: Die wichtigsten Ressorts haben eine beachtliche Beharrungskraft.

Die Ministerien werden allgemein in die klassischen und in die neoklassischen Ressorts unterschieden. Die klassischen Ressorts bezeichnen nichts anderes als die Zuständigkeiten des liberalen Minimalstaates. Dabei steht die Justizzuständigkeit für die Gestaltung des Rechtstaates, das Innenministerium für die Polizei und das Ordnungswesen, das Finanzministerium für die Steuererhebung und den Haushalt, das Auswärtige Amt für die Beziehungen zu anderen Ländern, das Verteidigungsressort für die Landesverteidigung. Heute sind eine Reihe weiterer Ressorts aus dem Aufgabenkatalog des Staates nicht mehr wegzudenken. Dazu gehören die Bereiche Sozialversicherung, Gesundheitswesen und Umwelt.

Die genannten Ressorts sind heute ein Muss in der Ausstattung jeder Bundesregierung. Abzüglich der Kompetenz für die Außenbeziehungen gilt das Gleiche für die Länder, bei denen noch die wichtigen Bereiche Bildung, Hochschulen und Wissenschaft hinzutreten. Eine Reihe von Ressorts werden als Spielmaterial für Koalitionsverhandlungen und für die Befriedigung unversorgter Ansprüche in der größten Regierungspartei gehandelt. Früher einmal, in den

Zeiten Konrad Adenauers und der ersten Großen Koalition, wurden solche Ressorts unverblümt als Ministerien für Besondere Angelegenheiten, für Bundesratsangelegenheiten oder für Bundesvermögen benannt. Heute werden allenfalls Abteilungen bestehender Ministerien hin und her geschoben. Oder sie werden aus den bestehenden Ministerien herausgelöst und arbeiten unter dem Dach eines neugebildeten Ministeriums weiter. Als Atomkraftwerke und Naturverbrauch in den 1970er Jahren zum Gegenstand politischer Kontroversen wurden, war die Zeit gekommen, die Umweltzuständigkeit aus dem Schattendasein einer Abteilung im Innenministerium herauszuholen und sie zu einem Ministerium auszubauen.

Das Bundeswirtschaftsministerium ist die Anlaufstelle der unternehmerischen, darunter der mittelständischen Interessen. In wesentlichen Teilen ist es auch ein Energieministerium. Die Stromkonzerne sehen hier ihre Vertretung in der Bundesregierung. Das Wirtschaftsministerium stand bis zum Beschluss, aus der Atomenergie auszusteigen (2011), in einem notorischen Konflikt mit dem Umweltministerium, das als Atomgenehmigungsbehörde im sensibelsten Bereich der Stromwirtschaft tätig war. In der Regierung Kohl waren Arbeit, Gesundheit und Soziales noch in einem Hause integriert. Das Bundesarbeitsministerium stand bis zu seiner Auflösung im Jahr 2002 im Zentrum des gewerkschaftlichen Interesses. Im Zuge einer Regierungsumbildung beschlossen die rot-grünen Koalitionspartner, die Arbeitsmarktzuständigkeit dem Wirtschaftsministerium zuzuschlagen, das in den Medien daraufhin übertreibend als Superministerium bezeichnet wurde. Die Gesundheit erhielt ein eigenes Ministerium. Mit Bildung der Großen Koalition im Jahre 2009 wurden Arbeit und Soziales in einem Haus zusammengeführt. Dabei sollte es auch über den Regierungswechsel zur schwarz-gelben Koalition hinweg bleiben.

Kein Minister gibt gern eine Zuständigkeit ab, mit der sich sein Status in der Regierung verringert. Im Frühjahr 2002, gerade im Vorfeld der Bundestagswahl, bot ein Streit um das Auswärtige Amt eine aufschlussreiche Illustration. Kanzler Gerhard Schröder hatte sich von der Idee begeistern lassen, die Kompetenz für Fragen der künftigen europäischen Verfassung und der europäischen Außenbeziehungen dem Auswärtigen Amt zu entziehen und sie im Bundeskanzleramt anzusiedeln. Verlierer wäre in diesem Fall der grüne Koalitionspartner gewesen, dessen Vertreter Joschka Fischer das Außenamt leitete.

Die deutsche Politik gehorcht im Inneren immer stärker den europäischen Vorgaben. Um dem Schnittstellencharakter der europäischen Politik Rechnung zu tragen, haben viele europäische Staaten bereits vor langer Zeit eigene Europaministerien ins Leben gerufen,. Insofern wäre die Bündelung der europapolitischen Arbeitsbereiche durchaus sinnvoll gewesen. Fischer indes signalisierte härtesten Widerstand. Auch dies war verständlich. Mit bloßer Diplomatie und

7 Die Schlüsselinstitutionen des Regierungsbetriebs 159

Sicherheitspolitik wäre das Auswärtige Amt zwar nach wie vor ein wichtiges Ressort geblieben. Aber gerade die Wachstumsbranche im politischen Spektrum, der hochverzahnte Bereich von europäischer und deutscher Politik, wäre ihm abhanden gekommen.

Auf den ersten Blick kurios anmutend, auf den zweiten Blick aber durchaus konsequent sekundierte damals der FDP-Vorsitzende Guido Westerwelle dem grünen Außenminister. Auf keinen Fall dürfe das Auswärtige Amt seine Europakompetenz abgeben. Westerwelle hatte im Frühjahr 2002 noch einigen Grund, sich eine Regierungsbeteiligung der FDP auszurechnen, vermutlich im Bündnis mit der Union, womöglich aber auch in einem Regierungsbündnis mit den Sozialdemokraten. Der kleinere Koalitionspartner beansprucht seit 1966 üblicherweise das Auswärtige Amt, und weil es sich hier um ein feines und recht sichtbares Ressort handelt, legt gern der Vorsitzende der kleineren Koalitionspartei seine Hand darauf.

In Deutschland sind die Ministerien mehr als Zweckeinrichtungen, um bestimmte Regierungsaufgaben zu lösen. Sie markieren Revierzuteilungen im politischen Machtspiel. Damit sind sie stärker aus den funktionalen Kalkülen herausgelöst, die etwa den Ressortzuschnitt in Großbritannien und in Frankreich charakterisieren. Dort löst der Premierminister nach Gusto Ressorts auf, er benennt sie um oder er gliedert sie neu.

Eine Besonderheit der deutschen Ministerialverwaltung ist die Institution des politischen Beamten. Sie hat ihren Ursprung im wilhelminischen Reich und in Preußen. Damals ging es darum, eine politisch homogene, konservative Beamtenschaft heranzuzüchten. Die Weimarer Republik behielt den politischen Beamten aus systempolitischen Gründen bei: Jetzt gab die Erwägung den Ausschlag, die im konservativ-monarchischen Geist verharrende Bürokratie unter die Leitung administrativer Führungskräfte zu stellen, die das Vertrauen demokratischer Politiker genossen (von Beyme 1999a: 341ff.).

Bundesbeamtengesetz (Auszug):
„§ 54 (1) Die Bundespräsidentin oder der Bundespräsident kann jederzeit die nachfolgend genannten politischen Beamtinnen und politischen Beamten in den einstweiligen Ruhestand versetzen, wenn sie Beamtinnen auf Lebenszeit oder Beamte auf Lebenszeit sind:
1. Staatssekretärinnen und Staatssekretäre sowie Ministerialdirektorinnen und Ministerialdirektoren,
2. sonstige Beamtinnen und Beamte des höheren Dienstes im auswärtigen Dienst von der Besoldungsgruppe B 3 an aufwärts sowie Botschafterinnen und Botschafter in der Besoldungsgruppe A 16,

3. Beamtinnen und Beamte des höheren Dienstes des Amtes für den Militärischen Abschirmdienst, des Bundesamtes für Verfassungsschutz und des Bundesnachrichtendienstes von der Besoldungsgruppe B 6 an aufwärts,
4. die Chefin oder den Chef des Presse- und Informationsamtes der Bundesregierung, deren oder dessen Stellvertretung und die Stellvertretende Sprecherin oder den Stellvertretenden Sprecher der Bundesregierung,
5. die Generalbundesanwältin oder den Generalbundesanwalt beim Bundesgerichtshof,
7. die Präsidentin oder den Präsidenten des Bundeskriminalamtes und
8. die Präsidentin oder den Präsidenten des Bundespolizeipräsidiums.
(2) Gesetzliche Vorschriften, nach denen andere politische Beamtinnen und politische Beamte in den einstweiligen Ruhestand versetzt werden können, bleiben unberührt."

Um zu gewährleisten, dass der Minister mit Beamten zusammenarbeitet, die seine Vorstellungen loyal umsetzen, ist nicht nur die höchste Beamtenstelle eines Ressorts, die des Staatssekretärs, sondern sind auch die Stellen auf den darunter liegenden Ebenen bis hin zum Abteilungsleiter so ausgestaltet, dass die Stelleninhaber ohne nähere Begründung abgelöst werden dürfen (siehe oben Kapitel 6, 6.2). Ihre Nachfolge kann von Beamten angetreten werden, die nach Dienstalter und Qualifikation noch nicht dran wären. Die zugrunde liegende Idee ist schlicht und einfach lebensnah:

Für einen großen Apparat dürfte es ein Leichtes sein, einen neuen Minister auszubremsen, der seinem Ressort den eigenen Stempel aufdrücken möchte. Es verhält sich keinesfalls so, dass mit einem Regierungswechsel sämtliche Stellen, die nach dem Beamtenrecht ausgewechselt werden könnten, auch tatsächlich ausgewechselt werden. In seinem Hause ist der Minister auch personalpolitisch der Herr. Insofern ist es bezeichnend, dass die leitenden Beamten bei einem erwarteten Regierungswechsel frühzeitig Wechselszenarien durchspielen. Bei alledem ist die Bedeutung des Apparats, d.h. die dauerhafte Aufgabenwahrnehmung durch die große Zahl der Karrierebeamten, nicht zu unterschätzen. Hier liegt die Bedeutung der Staatssekretäre. Sie wirken als eine Art Scharnier zwischen der politischen Ebene und der Fachebene (dazu und im Folgenden: Hesse/Ellwein 2004, Bd.1: 333ff.).

„Im Wechselspiel zwischen den Rollen der *politischen Führung* und den Rollen der politikberatenden und *politikvorbereitenden,* damit zwangsläufig auch politisch denkenden *Ministerialbürokratie* wird man (..) nicht auf präzise Rollenzuweisungen oder brauchbare Typologien stoßen. Viele Beamte antizipieren das Verhalten politischer Rollenträger so geschickt, daß man nicht mehr nachprüfen kann, ob es sich um die Politik dieser Beamten oder um die der zustimmenden Politiker gehandelt hat. Andere Beamte verhalten sich intransigent, weichen vom einmal eingenommenen

7 Die Schlüsselinstitutionen des Regierungsbetriebs 161

Standpunkt nicht mehr ab und werden ggf. ihrer ‚aufrechten' Gesinnung wegen ebenso geschätzt wie allmählich aus dem Arbeitsprozess eliminiert, weil ihr Verhalten doch stört. Wieder andere kommen mit dem Minister schon deshalb gut aus, weil dieser bürokratisch denkt und damit dem von ihm geführten Haus sehr nahe steht. (...)
Zum eigentlichen Problem wird dagegen *Herrschaftspatronage*. Sie bedeutet von der Verwaltung her gesehen ein Unterlaufen der gültigen Regeln, von den ‚Patronen' her gesehen meist ein Mißtrauen gegenüber der Verwaltung oder das schlichte Bedürfnis, im Arbeitsalltag gelegentlich auf das unkonventionelle Zusammensein mit Gleichgesinnten ausweichen zu können. Vielfach beweist sie aber auch nur, daß eine Trennung von Politik und Verwaltung nicht wirklich gelingt. Herrschaftspatronage üben i.w.S. etwa Verbände und Parteien aus, wenn sie ihren Einfluß dazu nutzen, Gefolgsleute in der Verwaltung zu platzieren. Der Minister kann wiederum Beamte mit der gleichen Parteizugehörigkeit bevorzugen, weil er ganz einfach weiß, daß sich bei ihnen eine Gemeinsamkeit des Denkens voraussetzen und im Verwaltungsalltag umsetzen läßt. (...) Der (neue) Minister kann sich zudem in der Lage sehen, wenigstens einige Vertraute ernennen zu müssen, weil das Ministerium in toto eine etwas einseitige Ausrichtung zeigt, also erst führbar gemacht werden muß (Jens-Joachim Hesse und Thomas Ellwein: Das Regierungssystem der Bundesrepublik Deutschland, Bd. 1, 8. Aufl., Opladen 2004, S. 348f.)."

Die Masse dessen, was in den Ministerien geschieht, sind Routineaufgaben. Im Apparat werden nach Stichtagen oder nach dem Eingang in Brüssel beschlossener höherrangiger Rechtsnormen Schubladen aufgezogen. Politisch nicht umstrittene Regularien werden fortgeschrieben. Ressortübergreifende Dinge werden im Gespräch mit den Kollegen aus anderen Ressorts vorgeklärt. Sofern es hier der Koordinierung zwischen den Ressorts bedarf, sind die Staatssekretäre am Zuge. Sie kommen regelmäßig in einer Staatssekretärsrunde unter dem Vorsitz des Staatssekretärs im Bundeskanzleramt bzw. des Kanzleramtsministers zusammen. Vom Staatssekretär wird erwartet, dass er die Weisungen des Ministers im Apparat durchzusetzen hilft. Von besonderem Nutzen sind hier Staatssekretäre, die aus dem Ministerialapparat kommen. Minister, die ihren Job eher lässig angehen, schieben ihrem Staatssekretär unter Umständen politische Gestaltungsmacht zu.

Der Streit um Kompetenzen und Kompetenzverschiebungen lohnt sich, ob er nun zwischen Koalitionspartnern oder zwischen Parteifreunden stattfindet. Es geht hier um den Verschiebebahnhof der Ämter und Abteilungen, in die sich die Ministerialbehörden gliedern. Der Rangierbetrieb wird sporadisch aufgenommen, meist nach den Wahlen. Dann ruht er wieder für einige Jahre. Bei der Neugliederung der Ressorts geschieht nichts anderes, als dass einige Ministerien durch die Herauslösung von Ämtern und Abteilungen Zuständigkeiten verlieren. Andere Ministerien mögen Aufgaben hinzugewinnen oder vorhandene Ministerien mögen insgesamt verlieren, weil aus ihrem Bestand neue Ressorts gebildet werden. Zwischen den großen Ressorts werden die Zuständigkeiten selten verschoben. Es sind nicht so sehr die Ressorts, die begehrt sind, als vielmehr ihre Kompetenzen. Die Regierungsbildung des Jahres 1998 war vor diesem Hintergrund bemerkenswert.

Nie zuvor hatte es in der Bundespolitik einen so deftigen und öffentlich wahrnehmbaren Streit der Koalitionspartner um die Ämter und Abteilungen der Ministerien gegeben. Solange die FDP noch mit der Union regierte und üblicherweise das Wirtschaftsressort leitete, befand sich dort eine Grundsatzabteilung für Wirtschaftspolitik. Sie war unter anderem für den Jahreswirtschaftsbericht zuständig. Das Wirtschaftsressort genoss den Ruf eines Hauses, das die Wirtschaftsphilosophie der Regierung administriert. Der Union machte dies keine Schwierigkeiten, weil sie in der Wirtschaftspolitik mit den Liberalen harmonierte. In dem Moment, da die rot-grünen Mandate für die Regierungsbildung ausreichten und die Liberalen 1998 auf die Oppositionsbänke wechselten, war das Wirtschaftsministerium zum Ausschlachten freigegeben. Die Grundsatzabteilung wurde ins Finanzministerium eingegliedert. Dies schmeichelte dem Ego des SPD-Vorsitzenden Oskar Lafontaine, der nach dem Vorbild der britischen und französischen Regierungsorganisation deutscher „Superminister" für Finanzen und Wirtschaft werden wollte. Lafontaine hatte für die liberale Wirtschaftsphilosophie wenig übrig. Dieser Zuwachs gefiel auch den Beamten im Finanzministerium. Die Kollegen vom Ressort Wirtschaft konnten ihnen bei Wachstums- und Steuerprognosen jetzt nicht mehr in die Parade fahren. Der grüne Koalitionspartner war an keinem dieser Ressorts interessiert. Der designierte parteilose Wirtschaftsminister Werner Müller (bis 2002) war folglich wehrlos gegen die Ansprüche des machtbewussten Lafontaine. Solche Entscheidungen haben auch Auswirkungen auf den parlamentarischen Betrieb. Die Aufgabenbeschreibung der Bundestags- und Landtagsausschüsse hält sich im Großen und Ganzen an den Zuschnitt der Ministerien.

Entsprechend der arbeitsteiligen Konstruktion des deutschen Bundesstaates sind die Bundesministerien überwiegend politische Verwaltungen. Nur wenige Verwaltungsbereiche (Bundeswehr, Bundespolizei, Zoll) haben einen administrativen Unterbau. Die Ministerialbehörden der Bundesregierung sind im Kerngeschäft der Gesetz- und Verordnungsgebung tätig. Die Bestimmungen an den Bürger zu transportieren ist vorrangig die Sache der Länder. Der Bereich, in dem die Länder ähnlich frei gestalten können wie der Bund, beschränkt sich auf Schule, Kommunales, Polizei und die Hochschulen. Sonst setzen die Landesministerien ihre Akzente in der Art und Weise, wie sie das Bundesrecht verabreichen.

Alles in allem betreiben die obersten Landesbehörden, d.h. die Landesministerien, klassische Verwaltung. Durch die Einbindung der Landesregierungen in den Bundesrat sind allerdings auch die Länderressorts mit Initiativen und Ideen gefordert. Verlangt es das Rollenspiel im Bund, erarbeiten sie Gegenentwürfe zu den Vorschlägen der Bundesregierung, wenn der Regierungschef die politischen Freunde in der Bundestagsopposition unterstützen will. Wenn es die Mehrheitsverhältnisse im Bundesrat hergeben, kann daraus eine Gesetzesinitiative der Länderkammer werden. Das Bild einer Hierarchie taugt schlecht, um das Verhältnis zwischen Bundes- und Landesbehörden zu beschreiben. Am Bundesrat kommt die Bundesregierung bei keiner wichtigen Gesetzgebung vorbei. Insofern sind auch die Landesministerien substanziell an der Bundesgesetzgebung beteiligt. Die Länder besitzen im Übrigen ein Wissen und Erfahrung, die der Bund nur zum eigenen Schaden ignorieren könnte.

7.2 Die Regierungschefs

7.2.1 Der Bundeskanzler

Das Bundeskanzleramt ist die Antwort auf die starke Stellung der Ressorts. Ein Pendant gab es bereits in der Weimarer Republik und sogar im wilhelminischen Reich. Die ureigene Dienststelle des Reichskanzlers war aber noch nicht allzu wichtig. Der Regierungsapparat beschränkte sich damals auf die klassischen Ressorts. Der gesamtstaatliche Verwaltungs- und Regierungsaufwand war wesentlich geringer als heute. Prägend für die Bundesrepublik sollte die Regierungspraxis des ersten Bundeskanzlers Konrad Adenauer sein (Baring 1969). Adenauer war ein Verwaltungsmann, viele Jahre Oberbürgermeister seiner Heimatstadt Köln. Als Regierungschef hatte er dank stabiler parlamentarischer Mehrheiten Perspektiven von mehrjähriger Dauer. Unter Adenauers Kanzleramtsstaatssekretär Hans Globke wurde das Bundeskanzleramt zur Relaisstation für die Regierungstätigkeit ausgebaut.

Die Ministerien sind zu eigenständig, als dass sie sich als verlängerter Arm des Kanzleramtes einspannen ließen (zum Kanzleramt: Knoll 2010). Im Kanzleramt existieren in Form der sogenannten Spiegelreferate fachlich spezialisierte Dienststellen. Sie beobachten die Tätigkeit der Ressorts. Idealerweise dienen sie als Frühwarnsystem. In dieser Funktion versagen sie häufig. Wäre dem anders, gäbe es keine Pannen im Arbeitsbereich eines Fachministeriums mehr, die anschließend mit Hilfe des Kanzlers und der gesamten Regierung behoben werden müssten (ganz allgemein zum Komplex der Regierungsorganisation: Helms 2005).

„Globkes wichtigste Leistung, das Referentensystem des Bundeskanzleramtes, ermöglichte ihm – und damit dem Bundeskanzler – (...) die wirksame Lenkung des gesamten Bonner Regierungsapparates. Ohne Vorbild in den früheren Reichskanzleien, in denen sachliche Ressortarbeit unbekannt war, hat Globke das Kanzleramt mit (einer im Laufe der Zeit wachsenden) Zahl qualifizierter Referenten ausgestattet, deren jeder große Sachbereiche der Ministerialverwaltung koordinierte und kontrollierte. Der Referentenstab des Bundeskanzleramtes (...) hatte und hat die Vorlagen der Ministerien zu beurteilen, den formlos-informativen Kontakt zu den Referenten der einzelnen Sachgebiete in den Ministerien zu halten, die Entscheidungen des Regierungschefs, in Eilfällen ohne vorherige Rücksprache mit den Ministerialressorts, vorzubereiten und in der Durchführung zu überwachen. Operative Planung wie taktische Koordinierung der Regierungsarbeit, zu der auch die zentrale Steuerung der Personalpolitik gehört, lagen im Bundeskanzleramt – der Führungszentrale, einem politischen Generalstab des Bundeskanzlers (Arnulf Baring: Adenauers Kanzlerdemokratie, Bd. 1, München 1971, S. 27)."

„Vor allem gegen Ehmke, den Chef des Bundeskanzleramtes, hatten sich viele Vorbehalte und Ressentiments aufgestaut. Seine burschikose, hemdsärmelige Art im Umgang mit jedermann macht ihn weithin unbeliebt. Daß er in der Ministerialbürokratie – umtriebig und impulsiv, wie er war – einen schlechten Ruf hatte, sprach auch nicht nur gegen ihn. Aber auch führende Sozialdemokraten stießen sich an ihm; in der Fraktion wie im Kabinett erweckte er profundes Mißtrauen. (...) Er wurde nicht der Diener des Regierungschefs. Vielmehr sah er im Kanzleramt die Zentrale der Macht und sich selbst am Schaltpult. Er kontrollierte von dort aus – so stellte er sich die Sache vor – das Anlaufen und Abstoppen aller wichtigen politischen Vorhaben. (...) Auch seine sachliche Arbeit fand scharfe Kritik. Die von ihm erfundene und aufgebaute Planungsabteilung (...) hielten erfahrene Praktiker der Politik für glatten Unsinn. Ihr sozialwissenschaftlich ambitioniertes, hohles Gehabe fiel allen Ministern auf die Nerven. (...) Die allgemeine Überzeugung wuchs mit der Zeit, daß Globke als Chef des Kanzleramtes unter Adenauer mit hundert Bediensteten weit wirkungsvoller gearbeitet habe als Ehmke mit seinen vierhundert (Arnulf Baring: Machtwechsel. Die Ära Brandt-Scheel, Stuttgart 1982, S. 520ff.)."

„Bei der Koordination aller wichtigen innenpolitischen Regierungsprojekte war und ist Steinmeier im Kanzleramt die Schaltstelle. (...) Der Chef des Kanzleramtes (...) ist nicht deshalb so erfolgreich, weil er ‚wie der Kanzler denkt', sondern weil er von der Problem- und Arbeitsebene her denkt. Er liest Akten, diskutiert mit den Ressorts, sitzt in Staatssekretärsrunden. Der Kanzler (Schröder, J.H.) hat die Nase im Wind, er lernt aus Gesprächen, entnimmt die Entwicklung eines Problems eher der Zeitung als der Vorlage, er sieht auf Themenkonjunkturen, hat ein Gespür für das, was geht. Andere entwerfen die Politik, er selbst testet ihre Plausibilität. (...) ‚Regierung mit Strategie', das Tagesmanagement und das Personal für Krisenmanagement sind aufgebaut. Aber wird das reichen? Es gibt keine (..) Konzepte, Verabredungen, Maßnahmen für mittelfristiges Themen- und Öffentlichkeitsmanagement. Nur das Parteimanagement dringt auf mittelfristige Perspektiven. Kanzler und Fraktion leben, wie sie am liebsten leben: von der Hand in den Mund. (...) Schröder ist Situationist und Taktiker, nicht Stratege. Das unterscheidet ihn zum Beispiel von

7 Die Schlüsselinstitutionen des Regierungsbetriebs 165

Blair oder Clinton, die für Fragen konstruktiver Strategiebildung immer offen sind bzw. waren.(...) In der Sprache von Firmen ist Schröder nicht der Ingenieur, sondern der Verkäufer von Politik (Joachim Raschke: Die Zukunft der Grünen. „So kann man nicht regieren", 2. Aufl., Frankfurt/M. und New York 2001, S. 127f.)."

Das Kanzleramt bietet eine Parallelstruktur für das Kabinett selbst. Es ist ein sehr wandlungsfähiges politisches Organ und wird dem Stil des jeweiligen Kanzlers angepasst (Walter/Müller 2002). Einige Kanzler – wie Willy Brandt, Helmut Kohl und Angela Merkel – haben den Kanzleramtsleiter in den Status eines Ministers erhoben, andere haben sich damit begnügt, ihn im Range eines Staatssekretärs zu führen – Konrad Adenauer, Ludwig Erhard, Kurt-Georg Kiesinger, Helmut Schmidt und Gerhard Schröder (Busse 2001).

Das Kanzleramt kann so genutzt werden, dass das Kabinett selbst, also das Gesamtorgan aller Bundesminister, nur noch zum Ratifizieren von Vereinbarungen und Absprachen einberufen wird, die zuvor in Einzelgesprächen vom Kanzleramt herbeigeführt worden sind. So verhielt es sich unter Kanzler Kohl (zum Regierungsstil Kohls: Korte 1992, zu demjenigen Schröders: Helms 2002). Sein Regierungsstil wurde in der Presse stark übertreibend als eine Präsidialisierung des Regierungssystems beschrieben (Helms 1996, Niclauß 1988). Gemeint war lediglich, dass das Kabinett in eine Statistenrolle zu geraten drohte. Tatsächlich kann das Kabinett nicht gänzlich an den Rand gedrängt werden. Um den Willen der Bundesregierung auszudrücken, also etwa Gesetzesvorlagen für den Bundestag oder Rechtsverordnungen auf den Weg zu bringen, muss das Verfassungsorgan Bundesregierung förmlich beschließen. Sonst aber macht es durchaus einen großen Unterschied, ob der Kanzler einen kollegialen Führungsstil praktiziert. Die Minimalbeteiligung des Kabinetts an der vom Kanzler gewünschten Regierungspolitik begünstigt publizitätsträchtige Alleingänge der Ressortminister, die am Kabinettstisch selten zu Worte kommen.

„Dem Urteil von Wirtschaftsminister Lambsdorff zufolge, das mehrere seiner Kollegen teilten, herrschten in den Regierungen, denen er angehörte, unterschiedliche Diskussionsgepflogenheiten: *‚Im Kabinett Helmut Schmidt waren die Diskussionen intensiver und zeitlich aufwendiger. Im Kabinett Helmut Kohl wurden die Entscheidungen in Ministergesprächen vorbereitet und im Kabinett mehr oder weniger nur noch „abgesegnet.'* Daß Kohl weniger Wert auf Diskussionen um allgemeine politische Fragen legte, bestätigten auch Unionspolitiker wie Heiner Geißler: *‚Die Diskussionen spielte in den Kabinettsitzungen eine untergeordnete Rolle. Schwerpunkt war die gegenseitige Information. Kabinettsvorlagen, die strittig waren, kamen entweder gar nicht erst auf den Tisch oder wurden wieder an die beteiligten Ressorts zurückgeschickt'* (Udo Kempf und Hans-Georg Merz: Einleitung, in: Udo Kempf und Hans-Georg Merz (Hrsg.), Kanzler und Minister 1949-1998, Wiesbaden 2001, S. 66)."

Jede Kabinettssitzung, ob sie nun häufig oder selten stattfindet, wird in der Regie des Kanzleramtes peinlichst genau vorbereitet. Soviel wie möglich wird dabei zwischen den Ministerbüros und den Staatssekretären – also auf Stabs- und Beamtenebene – vorgeklärt (Bröchler/von Blumenthal 2011). Unter Vorsitz des Staatssekretärs oder Ministers im Kanzleramt tagt regelmäßig eine Staatssekretärsrunde, die Differenzen zwischen den Ministerien möglichst noch im Vorfeld der Kabinettsberatungen ausräumt. Nur solche Punkte bleiben offen, die das Kabinett wirklich selbst entscheiden muss.

Strittige Punkte, die Konfliktstoff für die Koalitionspartner enthalten, werden im Kabinett ausgeklammert. Für sie ist die Einigung im Koalitionsausschuss vorgesehen (siehe nächstes Kapitel). Kabinettsentscheide, bei denen eine Mehrheit ausgezählt wird, haben in der Praxis keine Bedeutung – es sei denn, eine Regierungskoalition ist am Ende und will diese Tatsache weithin vernehmbar mitteilen.

Diese Praxis unterstreicht die Bedeutung der Ressorts. Die zumeist tonnenschwer interpretierte Richtlinienkompetenz des Bundeskanzlers ist tatsächlich ein bescheidenes Instrument. Gegenüber dem Koalitionspartner kann sie kaum geltend gemacht werden. Sie wird von den Einigungszwängen in der Koalition überlagert.

Grundgesetz (Auszug):
„*Artikel 65* Der Bundeskanzler bestimmt die Richtlinien der Politik und trägt dafür die Verantwortung. Innerhalb dieser Richtlinien leitet jeder Bundesminister seinen Geschäftsbereich selbständig und unter eigener Verantwortung. Über Meinungsverschiedenheiten zwischen den Bundesministern entscheidet die Bundesregierung. Der Bundeskanzler leitet ihre Geschäfte nach einer von der Bundesregierung beschlossenen und vom Bundespräsidenten genehmigten Geschäftsordnung."

Geschäftsordnung der Bundesregierung (Auszüge):
„*§ 1* (1) Der Bundeskanzler bestimmt die Richtlinien der inneren und äußeren Politik. Diese sind für die Bundesminister verbindlich und von ihnen in ihrem Geschäftsbereich selbständig und unter eigener Verantwortung zu verwirklichen. In Zweifelsfällen ist die Entscheidung des Bundeskanzlers einzuholen.
(2) Der Bundeskanzler hat das Recht und die Pflicht, auf die Durchführung der Richtlinien zu achten. (...)
§ 9 Der Geschäftsbereich der einzelnen Bundesminister wird in den Grundzügen durch den Bundeskanzler festgelegt. Bei Überschneidungen und sich daraus ergebenden Meinungsverschiedenheiten zwischen den einzelnen Bundesministern entscheidet die Bundesregierung durch Beschluß. (...)
§ 12 Äußerungen eines Bundesministers, die in der Öffentlichkeit erfolgen oder für die Öffentlichkeit bestimmt sind, müssen mit den vom Bundeskanzler gegebenen Richtlinien der Politik in Einklang stehen."

Im Verhältnis zu den Ministern der eigenen Partei braucht der Kanzler erst recht keine Richtlinienkompetenz. Er ist nun einmal Erfolgsträger und Hoffnung seiner eigenen Partei. Nicht einmal die in der Richtlinienkompetenz implizierte Organisationsgewalt im Bereich der Bundesregierung, also die Befugnis, Ministerien aufzulösen und sie neu zu bilden, bedeutet viel. Zuständigkeitsveränderungen sind Gegenstand der Koalitionsvereinbarungen. Der so genannte Vizekanzler, d.h. der mit der Stellvertretung des Kanzlers beauftragte Bundesminister (Art. 69 GG), kommt in der Regel aus den Reihen des Juniorpartners in der Koalition. Die Stellvertretung des Kanzlers bezieht sich lediglich auf repräsentative Anlässe und die förmliche Leitung der Kabinettsitzungen.

7.2.2 Die Regierungen der Länder

In den Ländern ist manches anders. Doch alles in allem sind dort die gleichen Verhältnisse anzutreffen. Als Äquivalent des Kanzleramtes fungieren die Staats- oder Senatskanzleien (dazu Florack/Grunden/Korte 2011, Florack/Grunden 2011). Ihr Gewicht in der Landespolitik ist durchweg größer als dasjenige des Bundeskanzleramtes in der Bundespolitik. Ihre administrative Leitung ist einem Staatssekretär anvertraut, in einigen Ländern trägt er den klangvollen Titel eines Ministers. In den Regierungskanzleien sind auch die wichtigen Schnittstellenbereiche zum Bund und zu den übrigen Ländern angesiedelt. Für diesen Bereich ist ein Staatssekretär oder ein Minister für Bundes- und Europaangelegenheiten zuständig (Schneider 2001: 282).

Auch in den Landesministerien amtiert ein Staatssekretär als Verwaltungsspitze. In Baden-Württemberg ist der Staatssekretär kein Verwaltungsbeamter, sondern ein Mitglied der Landesregierung ohne Stimmrecht. In Bayern wird er ebenfalls als Regierungsmitglied geführt. Dort hat er die Aufgabe, den Minister zu vertreten und ihn zu unterstützen. Die eigentlichen Staatssekretäre tragen in diesen Ländern die Bezeichnung eines Regierungsdirektors oder Amtschefs. In Bremen und Hamburg haben sie den Titel eines Staatsrates. Ungeachtet der Bezeichnungen ist das Aufgabenspektrum überall das Gleiche.

Die Berliner Landesvertretungen werden in der Zuständigkeit der Staats- bzw. Senatskanzleien geführt. Sie haben die Aufgabe, den Kontakt zu den Bundesministerien zu pflegen. Ihre Beamten sprechen sich mit den Vertretern politisch nahestehender Länder ab und bereiten die Sitzungen des Bundesrates vor. Jedes Land unterhält ferner in Brüssel eine eigene Vertretung – lediglich Hamburg und Schleswig-Holstein unterhalten ein gemeinsames Hanse Office – als Kontaktstelle zur Europäischen Kommission und den übrigen Organen der Europäischen Union. Auch die Europaangelegenheiten ressortieren in den Staatskanzleien.

Die Regierungstätigkeit in den Ländern hat oft unmittelbare Auswirkungen auf bestimmte Gemeinden, Regionen, Industrien oder Firmen. Einige Beispiele: Die Entscheidung über atomare End- und Zwischenlager, die Errichtung zentraler Mülldeponien, die Genehmigung des Braunkohleabbaus – mit der Folge, dass ganze Gemeinden umgesiedelt werden müssen –, die Ausweisung von Naturschutzgebieten – mit der Konsequenz, dass sie für die landwirtschaftliche Nutzung gesperrt werden –, die Ortsbestimmung für neue Strafanstalten oder geschlossene Psychiatrien, der Abbau von Lehrerstellen vor dem Hintergrund überalterter Kollegien und massiver Stundenausfälle, und die Auflösung von Polizeidirektionen oder die Ausdünnung der ständig besetzten Polizeiwachen: dies alles setzt die Landesregierungen einem Druck der örtlich Betroffenen aus, den die Bundespolitik in dieser Weise nur selten spürt.

Viermal im Jahr kommen die Regierungschefs der Länder in der Ministerpräsidentenkonferenz zusammen, um Fragen von grundsätzlicher Bedeutung zu beraten. Darüber hinaus treffen sie sich zweimal im Jahr im Anschluss an eine gemeinsame Sitzung mit dem Bundeskanzler. Vor den Plenarsitzungen tagen die Regierungschefs der A- und der B-Länder, d.h. der sozialdemokratisch und unionsgeführten Länder separat. Kommt es zu förmlichen Beschlüssen, werden die Stimmen der Länderchefs so gewogen wie im Bundesrat. Die Konferenz hat den Zweck, die Gesamtinteressen der Länder gegenüber dem Bund zu vertreten. Dementsprechend wird auf einen breiten Konsens hin verhandelt.

7.3 Der Bundestag und die Gesetzgebung

Der Bundestag ist ein Arbeitsparlament. Die im Anschluss an die Regierungserklärungen des Kanzlers geführten großen Debatten sind seltene, medientauglich inszenierte Ereignisse. Am Regierungsprozess wirkt der Bundestag hauptsächlich durch seine Fachausschüsse mit. Die Ausschüsse kopieren die ministeriellen Zuständigkeiten. Dies entspricht dem Kontroll- und Gesetzgebungsauftrag des Bundestages.

> „Das Redeparlament ist ein eminent politisches Parlament. (...) Die parlamentarische Parlamentsrede gilt im wesentlichen Maße der öffentlichen Meinung, der Presse, dem Wähler. Das Redeparlament lebt davon, daß die wichtigsten Redepartner entscheidende politische Macht repräsentieren. Daher steht im Zentrum die Debatte zwischen Premier und Oppositionsführer, zwischen Minister und ‚Schattenminister'. (...) Während im Redeparlament das Plenum die wesentliche Rolle spielt, verlagern sich im Arbeitsparlament Macht und Arbeit in entscheidender Weise in die Ausschüsse. Nicht der Redner, sondern der kenntnisreiche Detailexperte, der unermüdliche Sachbearbeiter wird zur wichtigsten Parlamentsfigur. (...) Hier wird das Parla-

7 Die Schlüsselinstitutionen des Regierungsbetriebs 169

ment vielmehr weitgehend zu einer Spezialbürokratie, in der parlamentarische Experten die Exekutive in höchst intensiver Weise um Rede und Auskunft ersuchen und bis zu Detailfragen und bis zu kleinsten Einzelposten hin überprüfen und weitgehend durch Bestimmungen im Vorhinein festzulegen versuchen (Winfried Steffani: Parlamentarische und präsidentielle Demokratie, Opladen 1979, S. 333)."

Die meisten und die wichtigen Gesetzesinitiativen werden, wie in allen parlamentarischen Regierungssystemen gebräuchlich, von der Regierung in den Bundestag eingebracht. Gelegentlich bringen auch die Regierungsfraktionen eigene Entwürfe ein. Diese sind dann in der Regel mit der Regierung abgestimmt. Dieses Verfahren hat meist den Zweck, das Gesetzgebungsverfahren abzukürzen. Ein Gesetzesbeschluss, der auf die Initiative einer Bundestagsfraktion zurückgeht, passiert nur einmal den Bundesrat, falls dieser dem Bundestagsbeschluss zustimmt. Ein Regierungsentwurf muss in einem ersten Durchgang zunächst dem Bundesrat zugestellt werden; erst dann wird er mit dessen Stellungnahme dem Bundestag zugeleitet. In einem abschließenden Schritt entscheidet der Bundesrat im zweiten Durchgang, ob er dem Bundestagsbeschluss zustimmt oder aber einen Einspruch geltend macht.

Grundgesetz (Auszug):
„*Artikel 76* (1) Gesetzesvorlagen werden beim Bundestage durch die Bundesregierung, aus der Mitte des Bundestages oder durch den Bundesrat eingebracht.
(2) Vorlagen der Bundesregierung sind zunächst dem Bundesrat zuzuleiten. (...)
(3) Vorlagen des Bundesrates sind dem Bundestage durch die Bundesregierung innerhalb von sechs Wochen zuzuleiten. Sie soll hierbei ihre Auffassung darlegen."

Die Entscheidungsmacht der Bundestagsmehrheit gelangt an ihre Grenzen, wenn der Bundesrat die Verfahrensampel auf Rot schaltet. Als der Bundesrat in den 1970er Jahren, wie oben geschildert (siehe oben Kapitel 3, 3.3), aus oppositionsstrategischen Gründen dazu überging, seine Zustimmung zu den Bundestagsbeschlüssen zu verweigern, konterte die Regierungsmehrheit mit der Praxis, komplexe Gesetzentwürfe in Einzelgesetze aufzuspalten, darunter viele, die auch gegen den Widerstand des Bundesrates beschlossen werden konnten. Der verfassungspolitische Hintergrund: Enthält ein Gesetz zustimmungsbedürftige und nicht zustimmungsbedürftige Passagen, unterliegt es als Ganzes der Zustimmung des Bundesrates. Manöver dieser Art gehören inzwischen zum Standardrepertoire jeder Regierungsmehrheit, die sich mit einem unbequemen, von den Parteien der Bundestagsopposition kontrollierten Bundesrat konfrontiert sieht.

Nach Einbringen einer Gesetzesvorlage debattiert das Plenum, falls es sich um ein wichtiges und kontroverses Vorhaben handelt, das Für und Wider. Entsprechend der parlamentarischen Rollenverteilung verteidigen die Regierungsfraktionen das Vorhaben, während sich die Opposition kritisch mit ihm auseinandersetzt. Am Ende dieser ersten Lesung beschließt das Plenum die Überweisung der Vorlage an den fachlich zuständigen Ausschuss.

Der Vorsitz der Bundestagsausschüsse wird nach Proporz auf die im Bundestag vertretenen Parteien aufgeteilt. Der Vorsitzende hat die Rolle eines Moderators. Die Obleute der Fraktionen repräsentieren das parteiliche Element in der Ausschussarbeit. Wie der Bundestag selbst, sind auch die großen Fraktionen arbeitsteilig organisiert, indem sie fachpolitische Fragen in den Fraktionsarbeitskreisen beraten. Schlüsselfigur für die fachliche Bearbeitung der Gesetzesvorlagen im Bundestagsausschuss ist ein nach Themengebiet wechselnder Berichterstatter. Seine Aufgabe lässt sich mit der eines parlamentarischen Projektmanagers beschreiben.

„Das Interesse an einer Akzeptanz über die Fraktionsgrenzen hinweg ist so ausgeprägt, daß sich die Ausschussvorsitzenden im allgemeinen auch im Plenum eine gewisse Zurückhaltung auferlegen, sowohl was die Häufigkeit als auch was den Stil ihrer Redebeiträge betrifft. (...)
Der Diskussions- und Arbeitsstil der Ausschüsse ist im allgemeinen fair und kollegial. Die Abgeordneten arbeiten hier in einem überschaubaren Gremium oft seit mehreren Jahren regelmäßig zusammen und führen in kleinen Gruppen Delegationsreisen durch. Nach dem konzentrierten Vortrag des Berichterstatters oder Ministerialbeamten kann im Ausschuß eine offene Diskussion (...) mit üblicherweise knappen Beiträgen geführt werden. Allerdings beteiligen sich – vor allem bei spezielleren Themen – als ‚Wortführer der Fraktionen' überwiegend die Obleute (bzw. Sprecher) und die zuständigen Berichterstatter sowie die anwesenden Regierungsvertreter und Ministerialreferenten.
Übergreifend informiert sind vornehmlich die Obleute (...), die mit ihren Stellvertretern kooperieren und intern auch konkurrieren. (...) Voraussetzung ist, dass sich diese Führungspersonen in den Sitzungen der Fraktionsgremien, in vorbereitenden Gesprächen mit den Berichterstattern, in Obleute- und Koalitionsgesprächen und ggf. im Kontakt mit dem Ministerium einen Überblick über Entwicklung und Sachstand der einzelnen Vorhaben geschaffen haben (Wolfgang Ismayr: Der Deutsche Bundestag, 2. Aufl., Opladen 2006, S. 183)."

Die meisten Dinge, die in den Bundestagsausschüssen verhandelt werden, sind zwischen den Parteien nicht weiter kontrovers. Sachkundiger Rat von der Oppositionsbank wird gern zur Kenntnis genommen und eingearbeitet. Im deutschen Parlamentarismus ist es Brauch, dass die Opposition ausgefeilte eigene Gesetzentwürfe vorlegt, um ihre Regierungsfähigkeit zu unterstreichen. Bisweilen macht sich die Regierungsmehrheit solche Ideen zu eigen (Sebaldt 2001).

Die Kontroversen im Plenum des Bundestages und die scharfen Worte der Fraktionsvorsitzenden sind keineswegs die berühmte Spitze eines Eisbergs. Der

7 Die Schlüsselinstitutionen des Regierungsbetriebs

zumeist kontroversenarme, indes detailgesättigte und zeitaufwändige Schongang zweiter Lesungen ist typisch für die Parlamentsarbeit. Hier wird über die Änderungsempfehlungen der Ausschüsse entschieden, und auch hier beherrschen wieder Fachpolitiker bzw. Ausschussexperten das Geschehen. Die mit der dritten Lesung vorgeschriebene endgültige Abstimmung setzt nur noch einen Schlusspunkt. Sie findet in der Regel unmittelbar nach der zweiten Lesung statt. Die Fraktionen verzichten für gewöhnlich auf das lange Wiederholen der Argumente, die in den vorausgehenden Beratungen ausgetauscht worden sind.

Die Fraktionen und die Ausschüsse haben den Ehrgeiz, dem Know-how der Ministerien Paroli zu bieten. Mit deren Ressourcen können sie zwar nicht konkurrieren. Aber die dauerhafte Beschäftigung mit einem Thema verhilft zu gleicher Augenhöhe mit den Ministerialbeamten, die in mehr oder minder großer Zahl in den Ausschüssen den Standpunkt ihres Hauses vertreten (Lösche 1999: 926ff.). Deshalb ist es für die Fraktionen wichtig, auf das Wissen und Können ihrer Fachpolitiker auch im nächsten Bundestag zählen zu können. Entsprechend werden sie in aussichtsreicher Position auf den Landeslisten platziert (siehe oben Kapitel 4.4.2). Eine Besonderheit des deutschen Parlamentarismus ist die Liebe zur Detailarbeit. Gern vertiefen sich Parlamentarier in die Einzelheiten der Vorlagen, die ihnen zugestellt werden.

„Stellvertretend für den Rest der Fraktion befaßt sich jeweils nur noch eine kleine Gruppe von Abgeordneten mit der anstehenden Gesetzgebung, gilt durch ihre Sachkompetenz als ‚zuständig' und der Folgebereitschaft der Kollegen würdig. Erstens bedarf aber diese Folgewürdigkeit des stetigen Nachweises durch die Präsentation überzeugender Lösungen, denn die Folgebereitschaft kann mittels der Letztzuständigkeit der Fraktionsversammlung durch Kritik eingeschränkt oder durch Widerspruch revoziert werden. Einfluß- und Positionsverluste der betreffenden Abgeordneten sind die Folge. Zweitens wechselt die Gruppe der ‚Zuständigen' von Gegenstand zu Gegenstand, so daß keine Expertenoligarchie entsteht, sondern jeder Abgeordnete selbst einmal Experte ist oder dazu werden kann, wie er auch darauf angewiesen ist, seinen Fraktionskollegen sachpolitisches Vertrauen entgegenzubringen, wo er Laie ist. (...) Die große Masse der Gesetzesentwürfe, die die Ausschüsse für das Bundestagsplenum entscheidungsreif aufbereiten, da ‚vorentscheiden', ist äußerst speziell und technisch, strittig oft nur in Details oder hinsichtlich der Mittel zur Erreichung des unstrittigen Ziels; nur ein geringer Teil ist inhaltlich in einer Weise polarisiert oder polarisierbar, daß eine breite Öffentlichkeit damit erreicht werden kann. (...) Im Normalfall dieser Spezialwissen erfordernden Gesetzesberatungen dominieren die Ausschußexperten, prozedural zudem die Obleute (...) ihre jeweilige Fraktion, und zwar Vorstand wie Gesamtfraktion. Stimmt ihre Position mit den Richtungsvorgaben der Fraktionsführung überein, wird diese die Vorlagen der Fachleute übernehmen und die Fraktionsversammlung diese absegnen. Fülle, Detailliertheit und Komplexität dieser Materien läßt naturgemäß nur selten Bedarf nach – noch dazu kontroverser – Diskussion entstehen (Suzanne S. Schüttemeyer: Fraktionen im Deutschen Bundestag, Opladen und Wiesbaden 1998, S. 301f.)."

Im parlamentarischen Expertenmilieu reifen fraktionsübergreifende Gemeinschaften. Gefuchste Fachpolitiker betonen weniger ihre Parteizugehörigkeit als ihre Sachkunde und Verständigungsfähigkeit auf hoch komplizierten Politikfeldern. Dies gilt exemplarisch für die Sozialpolitiker in den Reihen der Sozialdemokratie und der Union. Sie neigen dazu, sich gegen missliebige Initiativen der Regierung und der Opposition gleichermaßen abzuschotten. Unter Rechts- und Haushaltspolitikern walten Kameraderie und das Bewusstsein, einer parlamentarischen Elite anzugehören. Alle Politik dreht sich um Geld und Rechtsverträglichkeit. Für die Opposition hat diese Wertschätzung des parlamentarischen Experten den Vorteil, dass auch ihre Handschrift in den Beschlüssen erkennbar wird (Ismayr 2006: 178). Die Übung in der gesetzgeberischen Detailarbeit hat den weiteren Vorteil, dass darin Spezialisten heranreifen, die später einmal für Regierungsämter in Frage kommen. Fachpolitiker sind auch unverzichtbar für die Verständigung mit dem Bundesrat, falls die Länderkammer ihre Zustimmung an Bedingungen knüpft und den Vermittlungsausschuss auf den Plan ruft (König 1999: 33ff.).

In diesem Vermittlungsausschuss, einem gemeinsamen Schlichtungsgremium von Bundestag und Bundesrat, sind die Bundesratsvertreter – abweichend von den Abstimmungen im Bundesratsplenum – nicht an Weisungen gebunden (Art. 77 Abs. 2 GG). In aller Regel vermittelt das Gremium mit Erfolg. Legt der Vermittlungsausschuss einen Kompromissvorschlag vor, ist davon auszugehen, dass er von den Parteien auch gutgeheißen und von Bundestag und Bundesrat bestätigt wird (Lhotta 2001, Renzsch 2000).

Die Bundestagsausschüsse holen von den Beamten des betreffenden Ministeriums Berichte ein und lassen sich vortragen. Sie lassen nicht mit sich spaßen. Wenn sie den Eindruck gewinnen, dass sie nicht voll informiert und für Dinge eingespannt werden, bei denen die Karten nicht offen auf dem Tisch liegen, gerät Sand ins Gesetzgebungsgetriebe, und dies häufig sogar überparteilich.

Für die Sitzungsplanung und die Koordinierung der vom Bundestag zu beschließenden Vorhaben sind zunächst die Fraktionen verantwortlich. Ihre prominente Rolle im Management des Bundestages bringt sehr anschaulich das Wort vom „Fraktionenparlament" (Thaysen 1975: 69ff.) auf den Punkt.

Die Parlamentarischen Geschäftsführer sind die prozeduralen Kärrner des Parlamentsbetriebs. Ihr Aufgabe ist es unter anderem, den Gesetzgebungsfahrplan zu organisieren und bei kritischen Abstimmungen ausreichende Präsenz zu gewährleisten. Im Ältestenrat des Bundestages planen sie gemeinsam die Arbeitswoche des Hohen Hauses. Der Ältestenrat beschließt traditionell im Konsens der Parteien.

Die Fraktionsvorsitzenden bekleiden die sichtbarsten und prominentesten parlamentarischen Ämter. Gehören sie zur Regierungsmehrheit, sind sie materiell im Kerngeschäft des Regierens tätig. Alle Kanzler haben früher einmal in dieser Rolle des parlamentarischen Regisseurs gestanden. Die Fraktionsvorsitzenden der Opposition bestimmen maßgeblich das öffentliche Erscheinungsbild ihrer Partei mit. Von ihnen wird erwartet, bei wichtigen Anlässen im Plenum als erste für ihre Partei zu sprechen.

7.4 Die Gesetzgebung und die organisierten Interessen

Ist die Rede vom Gesetzgebungsprozess, dann gehören die Verbände dazu. Bestimmte Probleme begleiten die Politik unabhängig von der Zusammensetzung der Regierung, oder sie treten einfach dann auf, wenn die Zeit reif für sie geworden ist. Der Handlungsdruck auf die Regierung ist vorhanden, die Minister stellen Handlungsbedarf fest und beauftragen die Dienststellen ihres Hauses, Optionen auszuloten und einen bestimmten Lösungsweg zu verfolgen. Der Rest ist dann die Sache der Referenten, Abteilungsleiter und Amtsleiter. Die Konsultation der Verbände ist sogar im Arbeitsablauf der Ministerien vorgeschrieben .

Gemeinsame Geschäftsordnung der Bundesregierung (Auszug):
„Artikel 44 (5) Das für den Gesetzentwurf fachlich zuständige Bundesministerium hat (...) Angaben der beteiligten Fachkreise und Verbände, insbesondere der mittelständischen Wirtschaft und der Verbraucher einzuholen. (...)."

In ähnlicher Weise hakt sich das zu lösende Problem bei bestimmten Organisationen ein, die mit dem Anspruch auftreten, die Interessen der Betroffenen zu artikulieren. Je nach den Überlegungen im Ministerium haben von einer avisierten Lösung die Einen relative Vorteile, die Übrigen Nachteile. Weil die Ressortgliederung der Bundesregierung oder einer Landesregierung politische Problemfelder abgrenzt, man denke an den Umweltschutz oder an Ärzte und Krankenkassen, konzentriert sich die Aufmerksamkeit der Verbände und Lobbyisten stets auf ein bestimmtes Ministerium. Dort treffen dann immer wieder dieselben Beamten und Verbandsmitarbeiter aufeinander. Auch der Bundestag und seine Fachausschüsse sind in das Geflecht aus Ministerialverwaltungen und organisierten Interessen integriert (von Beyme 1997). Es bilden sich stabile Beziehungen heraus, in denen ungeschriebene Gesetze für die Grenzen des Erlaubten und Schicklichen reifen (Sebaldt 1997).

Die Art des Regierungssystems bestimmt, wo die Verbände ihren Einfluss geltend machen. Man spricht in diesem Zusammenhang von den Anlaufstellen der organisierten Interessen. Charakteristisch für das parlamentarische Regierungssystem ist, wie bereits an verschiedenen Stellen dieses Buches erörtert, die Vorschlagstätigkeit der Regierung in der Gesetzgebung. Im präsidentiellen Regierungssystem, das mustergültig in den USA anzutreffen ist, agiert auch das Parlament als wichtiger Agenda setter. Was in Deutschland und in Europa die Parteien leisten, das Sortieren und Filtern gesellschaftlicher Interessen, besorgt dort eher der Kongress. Dieser ist deshalb auch eine bevorzugte Adresse für Lobbyisten.

Das Verhältnis der Ministerialbehörden zu den Verbänden ist symbiotisch. Beide Seiten haben etwas davon. Die Ministerialen profitieren von Informanten, die kein Interesse daran haben, zu mogeln und zu täuschen. Sonst nähme ein wertvoller Kontakt unvermeidlich und irreparabel Schaden. Und die Ministerialbeamten wissen sehr wohl, dass die schönste Musterlösung für ein Problem nichts taugt, wenn jene, an die sie adressiert ist, das ganze Spektrum ihrer Möglichkeiten bis hin zur Rechtsklage ausnutzen werden, um die Wirkung eines Gesetzesbeschlusses zu unterlaufen (dazu näher: Sebaldt/Straßner 2004)..

Die zahlreichen öffentlichen Konflikte zwischen der Politik und den Verbänden berühren die Beziehungen zwischen den verbandlichen und den ministeriellen Apparaten kaum. Sie sind Sache der politischen und verbandlichen Spitzen, die ein mehr oder minder ernst gemeintes Spiel betreiben. Die Arbeitsebenen der Beamten und Verbandsfachleute halten still, bis weiter oben eine Lösung erreicht ist. Auf der Grundlage dieser politischen Vorgaben machen sie dann in gewohnter Professionalität weiter (Sebaldt 1997). Nicht selten stehen die Ministerien im Zentrum gegenläufiger und konkurrierender Interessen. Man denke an die Mittelstandsförderung und an die Großindustrie im Geschäftsbereich des Wirtschaftsministeriums oder an die Auseinandersetzungen um Arzthonorare und Verschreibungskosten sowie um stabile Versichertenbeiträge in den Ministerien für Gesundheit und Soziales. Je nach der Generalrichtung der Regierung und je nach der Politik des Ministers kommt das eine Interesse besser zum Zuge als das andere.

Auch das Instrument der Expertenkommission erfreut sich regen Gebrauchs. Das bekannteste und folgenreichste Beispiel war in jüngerer Zeit die so genannte Hartz-Kommission (2001) für die Findung neuer Beschäftigungsmodelle und zur Reform der sozialen Sicherungssysteme. Sämtliche Kommissionen dieser Art produzieren Vorschläge mit dem Beiklang fachlicher und parteiferner Autorität. Darauf kann sich die Regierung anschließend berufen, um eigene Vorschläge zu formulieren. Kommissionen haben bisweilen auch den Zweck, akuten Entscheidungsdruck abzuwehren, weil erst einmal die Ergebnisse eines hochkarätigen Expertengremiums abgewartet werden sollen (von Blumenthal 2003).

7.5 Die Landtage

Während die Landesregierungen bedeutende Spieler im Gesamtstaat sind, steht es um die Landtage schlechter. In der Gesetzgebung bleibt ihnen nicht mehr allzu viel Gestaltungsmasse. Wie politikwissenschaftliche Beobachter schon vor Jahrzehnten notiert haben, ist ihre Gesetzgebungsfunktion durch die Ausschöpfung der konkurrierenden Gesetzgebung des Bundes ausgehöhlt worden (Schneider 1979, Friedrich 1975). Der Bundestag ist der Haupt- und Übergesetzgeber, aber selbst er verliert durch die zahlreichen Vorgaben der Europäischen Union an Gestaltungsfreiheit.

Die Folgen dieser Entwicklung für die Landtage: Neben den öffentlich beachteten und kontroversenträchtigen Bereichen der Inneren Sicherheit, der Bildung und der Kommunalangelegenheiten bleiben ihnen lediglich gesetzgeberische Gestaltungsräume für Gegenstände, die in der breiteren Öffentlichkeit wenig Aufmerksamkeit wecken. Lediglich die Stadtstaaten Berlin, Bremen und Hamburg bieten ihren Parlamenten in der kommunaltypischen Gesetzgebung einen Ausgleich. Was die Stadt Oldenburg und die Stadt Leipzig als kommunale Satzung (Gebühren, Nutzungsordnungen, Grundsteuern etc.) beschließen, trägt in Bremen und Hamburg den wohlklingenden Titel des Gesetzes.

Vor diesem Hintergrund widmen sich die Landtage umso stärker den Aufgaben der Verwaltungskontrolle (zu den Landtagen ausführlich: Reutter 2008, Mielke/Reutter 2004). Hier allerdings finden sie ein großes Betätigungsfeld vor. Schließlich führen die Landesverwaltungen – gemeinsam mit den Kommunalverwaltungen – nicht nur die eigenen, sondern auch die Bundesgesetze aus (siehe oben Kapitel 3, 3.3.2).

„Die Landtage unterliegen einem Funktionswandel. Während sie im Bereich der Landesgesetzgebung Kompetenzen einbüßen mußten, haben sich ihre Aufgaben auf die Legitimation und – dies gilt insbesondere für die Oppositionsfraktionen – Kontrolle von Regierung und Verwaltung verlagert. Die Parlamente können ihre Regierungen jedoch nur unzureichend für deren bundesstaatlich eingebundene Entscheidungen und Maßnahmen verantwortlich machen, nehmen die Landesregierungen im Bundesrat und Planungsgremien doch kompetenz- und ebenenübergreifende Aufgaben wahr. Die von den Exekutiven von Bund und Ländern gemeinsam ausgeübte Verantwortung kann von Bundes- und Landtagen nicht gemeinsam kontrolliert und eingefordert werden. (...) Und umgekehrt: Die Länderparlamente und ihre Ausschüsse nehmen zwar Einfluß auf die laufenden Geschäfte von Regierung und Verwaltung, können diese aber nur bedingt für Entscheidungen verantwortlich machen, die gemeinsam mit dem Bund und den anderen Ländern ausgehandelt worden sind (Sabine Kropp: Die Länder in der bundesstaatlichen Ordnung, in: Oscar W. Gabriel und Everhart Holtmann (Hrsg.): Handbuch politisches System der Bundesrepublik Deutschland, 3. Aufl., München 1997, S. 258)."

Den Kontrollaspekt der Landtagstätigkeit dokumentieren die zahlreichen Großen Anfragen, ein klassisches Oppositionsinstrument, sowie die von den Landtagen eingesetzten Untersuchungsausschüsse, die üblicherweise auf Verlagen der Opposition eingesetzt werden. Das deutsche Parlamentsrecht legt die Schwelle für die Einrichtung eines Untersuchungsausschusses niedrig – im Niedersächsischen Landtag ein Fünftel der Abgeordneten, in der Hamburgischen Bürgerschaft ein Viertel. Feststellungen trifft der Untersuchungsausschuss mit Mehrheit. Die Zielscheibe des Untersuchungsauftrags ist im allgemeinen die Landesregierung (Plöhn 1991). Folglich wird die Landtagsmehrheit alles daran setzen, um den Beschluss eines Untersuchungsausschusses zu verhindern, der die Regierung schlecht aussehen lässt. Daher rührt das Parlamentarier- und Journalistenbonmot, ein parlamentarischer Untersuchungsausschuss sei nicht formlos, aber folgenlos!

Die Landtagsfraktionen sind schließlich ein Rekrutierungspool für den Politikernachwuchs auf den Regierungsbänken und gleichzeitig Testfelder für die Tauglichkeit politischer Nachwuchshoffnungen in der Bundespolitik.

7.6 Vergleich: Das Kerngeschäft des Regierens kreist um die Ministerialbürokratie

Der folgende Blick auf die Verhältnisse in anderen Ländern beschränkt sich auf die Vorschlagsfunktion der Regierungen in der Gesetzgebung und auf die Politisierung der Personalauswahl für die ministeriellen Apparate (zur vertiefenden Information über die Gesetzgebung der europäischen Staaten: Ismayr 2008).

7.6.1 USA

Die USA haben auf der Bundesebene eine sehr fest gefügte Ressortstruktur. Es kommt nicht allzu häufig vor, dass die Departments, die in Deutschland für gewöhnlich mit Ministerien übersetzt werden, aufgelöst und umbenannt werden. Der Grund liegt zunächst darin, dass letztlich der Kongress entscheidet, welche Departments es geben darf. Diese Organisationsgewalt hat er lediglich auf Widerruf an den Präsidenten delegiert.

Die Fachausschüsse des Kongresses, einem exemplarischen Arbeitsparlament, orientieren sich in der üblichen Weise an der Zuständigkeitsverteilung in der politischen Verwaltung. Selbst diese Ausschüsse stehen heute schon teilweise im Schatten eines einzelnen Senators und Abgeordneten. Das Kongressmitglied verkörpert den Typus eines politischen Unternehmers, der sich in allen Fragen engagiert, die ihm – auch für seinen Wahlkreis – wichtig erscheinen (Jäger/Steffani/Welz 2007).

7 Die Schlüsselinstitutionen des Regierungsbetriebs

„In einer einfachen, altbekannten Typologie gilt der US-Kongreß als ,Arbeitsparlament'. Gemeint ist damit, daß sein Schwergewicht nicht in der Selbstrepräsentation, nicht bei Plenardebatten zwischen Regierung und Opposition (...) liegt, sondern bei Ausschußberatungen, Anhörungen, Schriftverkehr und in Verhandlungen mit der Bürokratie. Das Klischee ,Arbeitsparlament' bestätigt sich aber auch dem oberflächlichen Beobachter, der Einlaß in die riesigen Gebäude mit Abgeordnetenbüros an den Flanken des Capitol Hills findet. Der Kongreß erscheint hier nicht als Stätte weihevoller Politikrituale, sondern eher wie ein aufgestörter Ameisenhaufen, voll wuseliger Geschäftigkeit. In überfüllten Büros quellen Aktenbündel aus Registrierschubladen; smarte, frisch gebackene Hochschulabsolventen mit gelockerten Krawatten bedienen Computer und Telefon gleichzeitig und hasten mit Umlaufmappen über die endlosen Gänge. Die Atmosphäre prägt eine eigenartige Mischung aus nervöser Angespanntheit und schulterklopfender Jovialität. Auch wenn er den Senator oder die Repräsentantin noch gar nicht getroffen hat, gewinnt der Besucher allein durch die Begegnung mit den Mitarbeitern den Eindruck eines politischen Unternehmens, das stetig auf Hochtouren für seinen ,Chef' produziert (Rainer Prätorius: Die USA. Politischer Prozess und soziale Probleme, Opladen 1997, S. 57)."

Der Kongress beschließt den Haushalt. Dabei beachtet er heute weniger als je zuvor die Wünsche des Präsidenten. Jede einzelne Behörde ist vom Wohlwollen des Kongresses, seiner Fachausschüsse und insbesondere seiner Haushaltsausschüsse abhängig (Haas 2007).

Die Präsidenten kommen und gehen, spätestens im Achtjahresrhythmus, die Kongressmitglieder aber werden in ihren Wahlkreisen – teilweise jahrzehntelang – wieder gewählt. Die meisten Beamten in den Ministerien, sozusagen die Stammbesatzung, die vom Wechsel der Präsidenten und politischen Beamten unbehelligt bleibt, pflegen ein dauerhaft gutes Verhältnis zu den zuständigen Kongressausschüssen. Ihnen gesellen sich noch Lobbyisten und Verbände hinzu, die im fachpolitischen Einzugskreis des betreffenden Ausschusses und der zugeordneten Behörde arbeiten. Sie bilden politische Geflechte, die als „issue networks" oder „iron triangles" bezeichnet werden.

Die USA sind ein Dorado des politischen Beamten. Mehrere tausend Stellen in den verschiedensten Zweigen der Bundesregierung werden von einem ins Amt kommenden Präsidenten neu besetzt. Dabei kommen häufig administrative Außenseiter zum Zuge, teils aus der Geschäftswelt, teils aus dem Milieu der Universitäten und Forschungsinstitute. Kongressmitglieder tauschen ein sicheres Mandat allenfalls dann gegen eine Regierungsposition, wenn es sich um ein prestigeträchtiges Ressort (Verteidigung, Finanzen, Äußeres) handelt. Alle wichtigen Ebenen eines Ressorts werden von Personen geleitet, die ihre Ernennung dem Präsidenten verdanken. Politische Beamte verlassen die amerikanische Ministerialverwaltung nicht selten wieder, wenn sie hinreichend Bekanntschaften geknüpft haben, um mit ihrer Erfahrung und ihren Kontakten in gut dotierte Lobbyistenstellen zu wechseln.

Das Kabinett als Zusammenkunft der Minister hat keine Bedeutung. In der Verfassung nicht vorgesehen, hat es auch keine Entscheidungsmacht. Es wird eigentlich nur dann zur Kenntnis genommen, wenn es zu seltenen gemeinsamen TV-Auftritten der Department-Verantwortlichen mit dem Präsidenten kommt. Das Präsidialamt, das Executive Office of the President, ist das US-amerikanische Äquivalent zum Berliner Bundeskanzleramt. Es wurde 1939 geschaffen, um die Arbeit der damals rasant wachsenden Ministerialbürokratie zu koordinieren. Im Bereich der Außen- und Sicherheitspolitik ist seine Koordinierungsleistung eindrucksvoller als im innenpolitischen Bereich. Der Nationale Sicherheitsrat im Präsidialamt und dessen Geschäftsführer, der in der Öffentlichkeit als enger Ratgeber des Präsidenten wahrgenommene so genannte Sicherheitsberater, gelten neben dem Pentagon – Verteidigungsministerium – und dem State Department – Außenministerium – als außenpolitische Akteure von Gewicht.

Im Vergleich mit seinen europäischen Pendants ist das Finanzministerium untergewichtig. Ihm fehlt die Haushaltskompetenz. Im Jahr 1921 wurde dem Haushaltsbüro des Präsidenten – 1975 in Office of Management and Budget (OMB) umbenannt – per Gesetz die Aufgabe zugewiesen, den Haushaltsentwurf vorzubereiten. Das OMB ist eine Dienststelle im Präsidialamt. Der Haushaltsentwurf, dessen Vorlage zu den Verfassungspflichten des Präsidenten gehört, wird dem Kongress zur Beschlussfassung vorgelegt. Der Kongress rief 1975 eine eigene Haushaltsbürokratie ins Leben, das Congressional Budget Office (CBO). Das CBO versetzt die Legislative in die Lage, die Haushaltskompetenz des Präsidenten zu konterkarieren (Klages 1997).

An dieser Stelle kann abgebrochen werden. Wollte man für diese Verhältnisse eine Parallele mit Deutschland konstruieren, wäre das realitätsfremde Bild zu zeichnen, dass die Haushaltsabteilung des Finanzministeriums, der edelste Teil dieses Ressorts, ihre Aufgaben künftig mit den Mitarbeitern des Haushaltsausschusses des Bundestages teilte.

Die Regierungsstruktur der USA unterstreicht die Mitregierungsfunktion des Kongresses. Der Kongress ist dem Präsidenten, um dies abermals in Erinnerung zu rufen, in keiner Weise verpflichtet. Der Präsident aber ist auf den Kongress angewiesen, um das Regierungsgeschehen nach seinen Vorstellungen zu gestalten.

7.6.2 Schweiz

Den Gesetzgebungsprozess der Schweiz beherrscht die Bundesbürokratie. Politische Beamte gibt es nicht, obgleich bei der Rekrutierung für entsprechende Stellen heute auch politische Kriterien eine Rolle spielen (Linder 2005: 236). Bedarf es eines neuen Gesetzes oder einer Gesetzesänderung, lädt der Chefbeamte des Departements – entsprechend einem Ministerium – die betroffenen Verbände in einem Vernehmlassungsverfahren zur Stellungnahme ein. Die mächtigen Interessengruppen werden rechtzeitig eingebunden, um die Unwägbarkeiten eines Referendums zu unterlaufen. Dieses lauert stets im Hintergrund, wenn starke Interessen reklamieren, bei der Politikvorbereitung nicht hinreichend konsultiert worden zu sein. Die Hürden für ein Referendum sind nicht allzu hoch. Auch macht es kampferprobten Gruppen keine Mühe, ihre Mitglieder für eine Unterschriftenaktion zu mobilisieren. Die Beteiligung an den zahlreichen Referenden ist generell schwach. Gelingt es aber mitglieder- und finanzstarken Gruppen, ihre Klientel an die Urne zu bringen, lässt sich ein Gesetzesbeschluss unter Umständen mit überschaubarem Aufwand zu Fall bringen (Linder 2005: 305ff.).

Die Schweiz wird alles in allem bürokratischer regiert als die Nachbarländer, aber durchaus nicht schlechter. Der Vorteil der supergroßen Parteienkoalition, von der das Land regiert wird, liegt darin, dass bereits der Konsens der regierenden Parteien eine Vielfalt gesellschaftlicher Interessen integriert (Obinger 2000).

7.6.3 Großbritannien

In Großbritannien haben die Ministerialbehörden keinen annähernd so bedeutenden Status wie in Deutschland. Es ist keineswegs ungewöhnlich, dass ein Premierminister sein Kabinett mehrmals in der Legislaturperiode umbildet. Die Möglichkeiten des Ressortministers, mit politischen Initiativen eigene Akzente zu setzen, sind gering. Große Projekte werden in sogenannten Kabinettsausschüssen konzipiert, die Minister verschiedener Ressorts beteiligen.

„Im Unterschied zu Deutschland findet Regierung in Großbritannien in einem weit gefächerten Netz von Kabinettszirkeln statt. Sie sind häufig Spezialproblemen gewidmet und können hinsichtlich ihrer Aufgabenstellung, personellen Zusammensetzung und Dauerhaftigkeit vom Premierminister beliebig manipuliert werden. Teilweise arbeiten in ihnen Spitzenbeamte, teilweise Minister. Entscheidungen des Kabinetts werden in diesen Ausschüssen nicht nur vorbereitet, sondern meist schon getroffen. Margaret Thatcher nutzte vor allem in ihren ersten Kabinetten, in denen sie mit ihrem radikalen sozial- und wirtschaftspolitischen Kurs in der Minderheit war, konsequent die Möglichkeit der Vorentscheidung in den Kabinettsausschüssen – mit nur einer Handvoll Mitglieder und unter ihrem Vorsitz. Sie initiierte so erfolgreich eine einschneidende Wende in der britischen Politik. Koordiniert wird die Arbeit des Kabinetts durch das *Cabinet Office* bzw. das Büro des Premierministers (Roland Sturm: Staatsordnung und politisches System, in: Hans Kastendiek, Karl Rohe und

Angelika Volle (Hrsg.), Länderbericht Großbritannien. Geschichte – Politik – Wirtschaft – Gesellschaft, Bonn 1998, S. 205)."

Federführend bei der Bildung dieser Ausschüsse ist der Premierminister. Indem er bestimmt, welche Ministerien beteiligt werden, kann er Ressorts übergehen, von denen Widerstände oder unerwünschte Vorschläge zu erwarten sind (dazu im Einzelnen: Burch 1998). Gemeinsam mit dem Kabinett bestimmt er ferner die Agenda des Unterhauses. Der Leader of the House, vergleichbar einem Fraktionschef der Regierungspartei, ist ein Regierungsmitglied. Im Zusammenspiel mit dem Sprecher des Unterhauses bestimmt er die Themen und den Fahrplan der parlamentarischen Beratung. Zum Vergleich: Diese Aufgabe kommt in Berlin dem Ältestenrat des Bundestages zu, in dem alle Fraktionen vertreten sind. Der Bundestag beschließt seine Agenda traditionell im Konsens der darin vertretenen Parteien.

Den Typus des politischen Beamten kennt die britische Regierung nicht. Der Senior Civil Service besteht aus Karrierebeamten. Diese verstehen sich vorrangig als als Generalisten. Ihr Fachwissen erwerben Sie „on the job"– beim Wandern durch die Abteilungen eines Ressorts. Der Civil Service ist loyal und parteiblind. Er handelt nach den politischen Vorgaben des tagesaktuellen Ministers.

Die Beamten des Civil Service sind es gewohnt, ihre Aufgaben in altbewährter Weise anzugehen. Sie weisen den Minister diskret darauf hin, dass ein Auftrag hier und dort an Machbarkeitsgrenzen stößt oder dass es klüger sein könnte, absehbaren Konflikten mit mächtigen Vetogruppen aus dem Wege zu gehen oder nichts zu tun, was gegen die Stimmung in der Öffentlichkeit ohnehin nicht durchzusetzen wäre. Diese im Kernbereich des Politikbetriebs arbeitenden Ministerialbeamten sind die wichtigste Zielgruppe der Interessenverbände. Gemeinsam bilden der Civil Service, der betreffende Fachminister und die einschlägig interessierten Verbände lockere Policy communities. Es handelt sich um die auf die britischen Verhältnisse abgestellte Variante der Politiknetzwerke, wie sie in allen Demokratien anzutreffen sind.

„In Großbritannien suchen und finden natürlich Interessengruppen (...) Zugang zu den Ministerien ohne Kenntnis des Parlaments. Minister und Beamte bemühen sich (...) um die Zuarbeit von Verbänden, um die möglichen Auswirkungen legislativer Maßnahmen im voraus beurteilen zu können. Es sind sogar Fälle bekannt, in denen ein Ministerium dann, wenn kein Verband in seinem Bereich existierte, die Gründung einer solchen gesellschaftlichen Gruppe mit Staatsgeldern subventionierte, um einen gesellschaftlichen Ansprechpartner zu besitzen. (...) In Großbritannien werden ähnlich wie in anderen hochindustrialisierten Demokratien Politikfelder durch sogenannte ‚klientelistische Netzwerke' ganz oder teilweise aus dem Parteienwettbewerb ausgeklammert. (...) Neben der eigentlichen Regierung, die sichtbar im Zentrum von Westminster und Whitehall steht, taucht ein im Verborgenen wirkendes ‚other government' auf (Herbert Döring: Großbritannien: Regierung, Gesellschaft und politische Kultur, Opladen 1993, S. 173, 175)."

Das Auftreten der Verbände vollzieht sich diskreter als in anderen Ländern. Die Minister selbst sind die Starverkäufer ihres Ressorts im Parlament. Sie müssen dort ihre Politik verteidigen. Auch in der Öffentlichkeit müssen sie dafür werben.

Der Premierminister kann sich üblicherweise auf seine Fraktion verlassen. Das Unterhausplenum debattiert über das Für und Wider eines Projektes. Bei den ständigen Parlamentsausschüssen handelt es sich aber nicht nicht um Fachgremien. Sie bearbeiten Vorlagen aus wechselnden Politikbereichen. Eine legislatorische Detailarbeit wie in den Ausschüssen des Deutschen Bundestages findet kaum statt.

„Das Unterhaus räumt auch im technisch komplexen Wohlfahrtsstaat, in dem andere Parlamente Spezialfragen an die Ständigen Ausschüsse delegiert haben, dem Plenum sehr viel Zeit ein. (...) in der Zahl der Stunden, die das Haus in Westminister dem Plenum täglich bis spät in die Nacht widmet, während die brennende Lampe im Turm von Big Ben den Nachtbummlern verkündet, daß die Commons ihre ‚legislative duty' erfüllen, sticht Großbritannien von allen übrigen Systemen ab. Wichtige Gesetze werden mit Vorliebe im Plenum als ‚Komitee der gesamten Kammer' (Committee of the Whole House) und nicht in den Ausschüssen beraten. Wenn die Ausschüsse Gesetze beraten, agieren sie in prinzipiell öffentlicher Sitzung als verkleinerte Plenarversammlungen. Sie sind auf Kritik und Beratung der präsentierten Vorlagen, aber nicht auf sachliche Detailarbeit eingerichtet. Als Forum der Nation soll das Parlament vielen Standpunkten Resonanz und Gehör, aber nicht der Opposition Mitwirkung an der Regierung verschaffen (Herbert Döring: Großbritannien: Regierung, Gesellschaft und politische Kultur, Opladen 1993, S. 138)."

Die rhetorische Attacke und der Konter werden – typisch für ein Redeparlament – hoch geschätzt. Diese traditionellen Markenzeichen des britischen Parlamentarismus eignen sich gut für die Medien und für öffentliche Auftritte. Dessen ungeachtet hat die Professionalisierung der Parlamentariertätigkeit – wie auch in anderen Ländern – dazu geführt, dass die Abgeordneten aus eigenem Interesse fachpolitische Kompetenz erwerben, dass sie den Kontakt zu gesellschaftlichen Gruppen suchen und dass sie die Arbeit und das Innenleben der Ministerien unter Beobachtung stellen. Ihre Bühnen sind die Select Committes des Unterhauses, kontrollierende Ausschüsse, die sich mit der fachlichen Regierungstätigkeit vertraut machen (dazu allgemein Plöhn 2001; an Beispielen Helms 1997c).

Die starke Stellung des Premierministers im Regierungsprozess ist in der Vergangenheit schon einmal als British Presidency beschrieben worden (Rose

2001, Foley 1993). Diese Zuspitzung entbehrt nicht ganz der Grundlage, vor allem im Ausbau der Regierungszentrale (Cabinet Office) und des Premierministerbüros von Instrumenten der politischen Koordination und Lenkung zu Werkzeugen politischer Richtungskontrolle (Becker 2002: 133ff.). Neben den traditionellen Dienststellen des Premierministers haben sich in der Downing Street No. 10 verwaltungsfremde Experten, Imagepfleger und Politikberater aus privaten Instituten eingerichtet. Die frühere Premierministerin Margaret Thatcher bahnte ihnen den Weg. Sie hegte starkes Misstrauen gegen den Civil Service. Nach ihrer Ansicht hielt man dort zu wenig von der Idee einer liberalen Minimalregierung. Thatchers Nachfolger John Major, auch der spätere Labour-Premier Tony Blair, behielten diese neuen Strukturen bei.

Die Folge: Die klassischen Ministerialbeamten halten sich als politische Ratgeber stärker zurück als früher oder sie antizipieren die Vorstellungen und Erwartungen ihres Ministers Die höchsten Beamten werden auch nicht mehr von einem Kollegium aus ihresgleichen ausgewählt. Die Beförderungen werden stärker aus dem Amt des Premierministers heraus gesteuert. Auf diese Weise hat eine schleichende Politisierung des Civil Service eingesetzt (Jenkins 2004). Dessen ungeachtet ist ein Übergang zum politischen Beamtentum, wie man es in Deutschland kennt, nicht vorstellbar. Er käme einer Revolution im Regierungsbetrieb gleich (Wilson/Barker 1995).

7.6.4 Frankreich

Auch die französischen Minister stehen viel stärker als ihre Kollegen hierzulande im Schatten des Premierministers (dazu näher: Thiébault 1998). Ressortzuschnitte sind keine heiligen Kühe. Nicht von ungefähr wurde die Figur des Premierministers in der Verfassung der V. Republik nach dem Modell des britischen Parlamentarismus konstruiert. Es steht dem Premier frei, sein Kabinett nach Ermessen umzubilden. Auf den Rückhalt der Parlamentsmehrheit darf er sich dabei verlassen.

Die höheren Beamten in der Ministerialverwaltung sind ein Charakteristikum des Regierungssystems. Seit Gründung einer nationalen Verwaltungsakademie – ENA (École Nationale d'Administration) – im Jahr 1946 wird ein besonderer Beamtentypus für die Kernbereiche des Regierens wie Finanzen, Inneres und Wirtschaftsangelegenheiten ausgebildet.

ENA-Absolventen besetzen die Schlüsselstellen in den wichtigsten Ministerien. Auch in der Nationalversammlung sind diese „Enarchen", die eine Zeitlang als hohe Beamte in den Ministerien gearbeitet haben, zahlreich vertreten. Die ENA zählt viele spätere Premierminister und Fachminister in den Reihen ihrer Absolventen. Für die technischen Zweige der Staatsverwaltung gibt es ähnliche Akademien und Ausbildungswege (École Polytechnique, École des Mines, École des Ponts et Chaussées). Die Absolventen der Eliteschulen, die sich dann für eine Verwaltungslaufbahn entscheiden, werden in ein Verwaltungskorps aufgenommen. Hier handelt es sich um Körperschaften höherer Beamter. Sie versorgen die Ministerien mit Spitzenpersonal. Den Typus des politischen Beamten, der in Deutschland auf den Leitungsebenen der Ministerien anzutreffen ist, kennt die französische Ministerialverwaltung nur vereinzelt (Botschafter, Spitzenbeamter eines Ministeriums). Aber es gibt Strukturen von gleichwertiger Qualität. Von jeher ist es üblich, dass ein Minister sein persönliches Kabinett bildet: ein Beraterkreis enger Vertrauter. Die Kabinette gehören zwar nicht zur Ministerialhierarchie; ihre Mitglieder haben keine Weisungsbefugnis. Doch als Vertraute des Ministers dürften sie Informationen einholen, und sie kontrollieren, ob die Vorgaben des Ministers in der Ressortarbeit beachtet werden (Kempf 2007: 110ff.).

Das Parlament ist im Regierungsgeschehen zu vernachlässigen. Dies war nicht immer so. Die Verfassung der V. Republik wollte die Macht eines übermächtigen Parlaments brechen. Dieses hatte einer stabilen Regierung in den beiden Vorgängerrepubliken im Wege gestanden. Um das Mitregieren des Parlaments zu verhindern, wurde die maximale Sitzungsdauer in der Verfassung verankert. Schließlich wurde dort auch festgelegt, dass die Nationalversammlung lediglich sechs Ausschüsse bilden darf. Die Regierung kann verlangen, dass über ein Gesetz abgestimmt wird, ohne Änderungsanträge zuzulassen.

Die ministeriell-administrative Seite der Politik dominiert in Frankreich weit stärker als in Deutschland. Die Kompetenz der Ministerialbürokratie ist unbestritten, vor allem bei der Analyse von Problemen und bei technischen Lösungen. Ihr Schwachpunkt ist ihre relative Abgeschlossenheit von der Gesellschaft. Die Gründe liegen in der sozialen Exklusivität der Kreise, aus denen die Absolventen der Verwaltungsakademien kommen oder in die sie hineinsozialisiert werden. Weil die Lebenswelten der Spitzenbeamten sowie vieler Minister und Parlamentarier und die der übrigen Gesellschaft weit auseinanderliegen, wird des Öfteren an der Befindlichkeit der Betroffenen vorbei entschieden. Die Folge sind dann massive Proteste, nicht selten Straßenproteste (Bode 1997). Policy communities oder Netzwerke, die anderswo die Möglichkeit bieten, bereits im Vorfeld einer Entscheidung die Akzeptanzgrenzen der Betroffenen zu sondieren, sind erst im Entstehen begriffen.

7.6.5 Österreich und Niederlande

Die österreichischen Parteien durchdringen die gesamte Verwaltung. Die Ministerien sind keine Ausnahme. Dennoch kennt das Regierungssystem die Institution des politischen Beamten nicht. Die Minister behelfen sich mit Ministerbüros, die in ihrer Funktion und Struktur den französischen Ministerkabinetten entsprechen: Mitarbeiter, die das Vertrauen des Ministers genießen und beobachten, ob dessen Politik im Hause auch befolgt wird. Ihre Aufgabe ist in mancher Hinsicht noch schwieriger als die ihrer französischen Kollegen. Sind es in Frankreich Technokraten mit einem politischen Auftrag, die Technokraten in bürokratischer Funktion in die Karten sehen, handelt es sich in Österreich um Parteikarrieristen, die Ministerialbürokraten über die Schultern sehen, die dort dank ihrer Nähe zu einer anderen Partei aufgestiegen sind.

Der Gesetzgebungsprozess wird von den Ministerien beherrscht (Gerlich/ Müller 1998). Den Ressorts wird es zugebilligt, dass ihnen andere Ressorts, die unter der Kontrolle des Koalitionspartner stehen, nicht in die Parade fahren (zum Folgenden auch: Müller 2006: 173ff.).

Die großen Verbände sind mit einer der großen Parteien verbunden. Die Gewerkschaften im Österreichischen Gewerkschaftsbund (ÖGB) stehen den Sozialdemokraten nahe, sie beherrschen in den Arbeiterkammern auch die gesetzlichen Vertretungen der Arbeitnehmer. Genauso verhält es sich mit dem Unternehmerverband. Er steht der Volkspartei nahe und kontrolliert in den Wirtschaftskammern die öffentlich-rechtliche Vertretung der Unternehmer. Regieren Volkspartei und Sozialdemokraten gemeinsam oder eine dieser Parteien mit einem Juniorpartner, legen sie bei der Regierungsbildung gern ihre Hand auf Ressorts, in denen sie etwas für ihre Klientel tun können. Die Interessenvertretung regelt sich unter alten Bekannten. Dieses System funktionierte perfekt, solange Österreich noch von Großen Koalitionen regiert wurde. Auch wenn sich später eine der großen Parteien vorübergehend in der Opposition befand, bewahrten die Ministerien auf der Arbeitsebene (Sachbearbeiter, Referenten, Abteilungsleiter) ihre Parteifärbung: Ein Ministerwechsel geht keineswegs, da es den politischen Beamten nicht gibt, wie in Deutschland mit einem Kehraus der leitenden Ministerialbürokraten einher. Hier zeichnen sich jedoch Veränderungen ab. Kurzlebigere Regierungsbündnisse, wechselnde Regierungsparteien und vor allem eine Regelung, nach der die Verwaltungsspitzen für lediglich fünf Jahre in eine Position berufen werden, haben die Mauern der Ministerien als Parteihochburgen bröckeln lassen.

Der Bundeskanzler hat keine Richtlinienkompetenz. Entscheidungen fallen im Konsens. Die vom Kanzler und vom Vizekanzler repräsentierten Auffassungen der Koalitionsparteien müssen stets zur Deckung gebracht werden. Wo es um die Interessen der Länder geht, muss zusätzlich noch die Übereinstimmung mit den dort regierenden Parteien berücksichtigt werden (siehe oben Kapitel 3, 3.6.3).

In der niederländischen Ministerialverwaltung spielen parteipolitische Einfärbungen keine Rolle. Der Premierminister ist lediglich Erster unter Gleiche nim Kabinett. Die Ministerien arbeiten weitgehend autonom und fachorientiert (Andeweg/Irwin 2009: 137ff.; Andeweg 1998).

7.6.6 Dänemark und Schweden

In Schweden und ähnlich in Dänemark sind die Ministerien sehr kleine Behörden. Sie beschränken sich darauf, Entwürfe für das Parlament vorzubereiten (Larsson 1998, Schou 1998). Zu diesem Zweck organisieren sie – teilweise gemeinsam mit dem Parlament – Kommissionen. Diese werden von einschlägigen Interessengruppen, von wissenschaftlichen Experten und von den Parteien beschickt (Jann/Thiessen 2008: 105ff., Nannestad 2008: 140ff.). Das Ergebnis ihrer Arbeit gelangt dann als Gesetzgebungsentwurf in das Parlament. Die breite Beteiligung gesellschaftlicher Akteure und neutraler Sachverständiger erleichtert die Akzeptanz der Regierungsvorschläge. Die Tatsache, dass sich in diesem vorparlamentarischen Stadium auch die Parteien mit Korrekturen, Ergänzungen und Bedenken einbringen, kommt der Arbeitsfähigkeit gerade auch der Minderheitsregierungen entgegen.

> „Im Gegensatz zu vielen anderen westeuropäischen Staaten sind die Freiheiten der Minister in Schweden stark eingeschränkt. Zum einen stellen die Entscheidungen Kollektiventscheidungen der Regierung dar. Darüber hinaus sind die Ministerien relativ klein, und viele Regierungsbeschlüsse werden durch ad hoc gebildete Fachkommissionen *(utredning)* vorbereitet.. Die Kommissionen sind der Regierung unterstellt und haben den Status einer öffentlichen Verwaltung. (...) Für die Durchführung der Regierungsbeschlüsse ist eine Reihe von zentralen Verwaltungsbehörden zuständig. Jede Behörde steht unter der Leitung eines Generaldirektors, der in der Regel für sechs Jahre von der Regierung ernannt wird. (...)
> Ein Charakteristikum der Arbeit von Untersuchungskommissionen besteht im *Remiss*-Verfahren. Sämtliche Verwaltungen und Interessengruppen, die von dem entsprechenden Gesetz betroffen sind oder sein können, werden aufgefordert, zu den Vorschlägen der hierfür eingerichteten Kommissionen Stellung zu beziehen. Dieser Schritt (...) dient auch dazu, daß unterschiedliche politische Interessen berücksichtigt werden. Die Integration verschiedener politischer Interessen schon in dieser Phase des Gesetzgebungsprozesses ist das entscheidende Charakteristikum schwedischer Konsenspolitik. (...)
> Falls die *Remiss*-Antworten positiv waren, werden die Gesetzesvorlagen der Regierung (...) von der Ministerialverwaltung unter Leitung des Ministers und des Staatssekretärs ausgearbeitet. Fiel das Urteil im *Remiss*-Verfahren dagegen negativ aus, wird der Gesetzesentwurf entweder überarbeitet oder verworfen (Detlef Jahn: Das politische System Schwedens, in: Wolfgang Ismayr (Hrsg.), Die politischen Systeme Westeuropas, 4. Aufl., Opladen, 2009 S. 115, 119.)."

„In der politischen Wirklichkeit funktioniert das Zusammenwirken von Regierung und *Folketing* im Gesetzgebungsprozeß (..) etwas anders als nach dem Wortlaut der Verfassung. Einerseits hat die Regierung in Bezug auf die Gesetzgebungsinitiative ein deutliches Übergewicht, andererseits ist das *Folketing* dadurch trotzdem nicht zu einem Zustimmungsorgan reduziert worden, da dänische Regierungen nur in seltenen Fällen über eine gesicherte parlamentarische Mehrheit verfügen. (...) Grundlage umfangreicher Gesetzes- und Reformvorhaben sind häufig Kommissionen, die von der Regierung bestellt werden, um ein Problemfeld zu analysieren und – unter Berücksichtigung der davon berührten Interessen – Lösungsvorschläge zu skizzieren. (...) In der Ministerialphase werden routinemäßig Interessenverbände konsultiert und informiert. (...) Die Exekutive kann auf diesem Wege die oft bedeutende Expertise der Interessenverbände in die Gesetzgebung einfließen lassen und sich die Unterstützung der Interessenverbände sichern, was die parlamentarische Mehrheitsfindung oft sehr erleichtert (Peter Nannestadt: Dänemark, in: Wolfgang Ismayr (Hrsg.), Die politische Systeme Westeuropas, 4. Aufl., Opladen 2009, S. 81ff.)."

Bei beiden Parlamenten, dem Folketing in Dänemark und dem Reichstag in Schweden, handelt es sich um Arbeitsparlamente. Ein gutes Teil der Konsensfindung zwischen den Parteien findet in den Parlamentsausschüssen statt (Jahn 2009: 112, Nannestad 2009: 72f.).

In beiden Ländern sind die Ministerpräsidenten lediglich Erste unter Gleichen. Die Regierung als Kollektiv hat weit größeres Gewicht als etwa in Frankreich und Großbritannien und selbst in Deutschland (Arter 2006: 144ff.).

Die Ministerien sind rein politische Behörden, die Figur eines politischen Beamten gibt es nicht. Die ausführenden Verwaltungen sind aus den Ministerien ausgegliedert. Gesetze werden entweder von so genannten Ämtern administriert, die in eigener Verantwortung arbeiten, oder sie werden von Kommissionen geleitet, an denen die Verbände im Einzugsbereich der betreffenden Verwaltungen beteiligt werden.

7.7 Fazit

In Frankreich und Großbritannien ist der Regierungschef politisch gewichtiger als der Kanzler in Deutschland, obgleich das Grundgesetz Letzterem eine Richtlinienkompetenz an die Hand gibt. Der Grund liegt zum einen im Regelfall der Koalitionsregierung. Zum anderen werden der konstitutionell starken Rolle des Kanzlers durch die Beharrungskraft der Ministerien Grenzen gezogen.

Die deutschen Ministerien sind politische Domänen des Ministers und seiner Partei, nicht zuletzt dank des Zugriffs auf die Führungsebenen der Ministerialverwaltung. Auch die Konstruktion der französischen Ministerkabinette ist dazu bestimmt, den Willen des Ministers in der Bürokratie geltend zu machen. Die Traditionen des britischen Civil Service sind aber absehbar noch zu stark, um eine vergleichbare Politisierung der Ministerialbürokratie ins Kraut schießen zu lassen.

Die Konsensdemokratie begnügt sich mit Verwaltungsprofessionalität. Die Beispiele aus den Niederlanden, der Schweiz, Dänemark und Schweden zeigen, dass alle bedeutenderen Parteien und Verbände bereits im vorparlamentarischen Raum sehr stark in den Gesetzgebungsprozess eingebunden sind.

In den Wettbewerbsdemokratien, wo Koalitionen selten vorkommen, in Frankreich und Großbritannien, finden wir keine Arbeitsparlamente vor, wohl aber überall dort, wo im Regierungsprozess starke Konsenszwänge wirken. Im parlamentarischen Ausschuss ist Fachpolitik die Seele des Geschäfts.

8 Die Grundlagen politischer Handlungsfähigkeit: Regieren in Koalitionen

8.1 Die Koalition als Generalmerkmal der deutschen Politik

Die Koalitionsregierung ist ein charakteristisches Merkmal der deutschen Politik (Sturm/Kropp 1999). Sie entspricht der kontinentaleuropäischen Standardsituation. Alle bedeutenderen Parteien beherrschen die Kunst des Regierens in politischen Bündnissen. Die jüngste größere Kraft im Parteiensystem, Die Linke, ist keine Ausnahme. Sie hat erfolgreich in Brandenburg, in Mecklenburg-Vorpommern und in Sachsen-Anhalt mitregiert.

Es war der jungen Bundesrepublik nicht an der Wiege gesungen, dass es einmal so kommen sollte. Noch in der Weimarer Republik waren die Regierungskoalitionen kompliziert und von geringer Dauer. Der Blick auf die Koalitionsmuster zeigt Bündnisse aller Art und Größe, vom Standardfall einer kleinen Koalition mit Senior- und Juniorpartner bis hin zur Elefantenhochzeit von Sozialdemokraten und Unionsparteien in einer Großen Koalition (Schaubilder 17 und 18).

Lediglich Bayern verzeichnete sage und schreibe beinahe 50 Jahre lang die ununterbrochen alleinige Regierung einer Partei. Doch auch dort gehen die Uhren inzwischen anders. Die CSU, die selbst von Wohlmeinenden gelegentlich schon als Staatspartei tituliert wurde, musste sich 2008 auf ein Bündnis mit den ungeliebten Liberalen einlassen. Die ebenfalls über lange Zeiträume sozialdemokratisch beherrschten norddeutschen Stadtstaaten lernten die Koalitionsregierung noch früher kennen.

Koalitionsvertrag von CDU, CSU und FDP vom 24. Oktober 2009 (Auszug):
„Die Koalitionspartner (...) werden ihre Arbeit in Parlament und Regierung laufend und umfassend miteinander abstimmen und zu Verfahrens- und Personalfragen Konsens herstellen. Die Koalitionspartner treffen sich regelmäßig zu Beginn einer jeden Sitzungswoche zu Koalitionsgesprächen im Koalitionsausschuss. Darüber hinaus tritt er auf Wunsch eines Koalitionspartners zu sammen. Er berät Angelegenheiten von grundsätzlicher Bedeutung, die zwischen den Koalitionspartnern abgestimmt werden müssen, und führt in Konfliktfällen Konsens herbei. Ihm gehören an die Parteivorsitzenden, die Fraktionsvorsitzenden, die Generalsekretäre, die 1. Parlamentarischen Geschäftsführer, der Chef des Bundeskanzleramtes, der Bundesfinanzminister und ein weiteres von der FDP zu benennendes Mitglied. (...)

8 Die Grundlagen politischer Handlungsfähigkeit 189

Im Kabinett wird in Fragen, die für einen Koalitionspartner von grundsätzlicher Bedeutung sind, keine Seite überstimmt. (...)
CDU und CSU stellen die Bundeskanzlerin und die Minister in folgenden Bereichen: Innen; Finanzen; Verteidigung; Arbeit und Soziales; Bildung und Forschung; Familie, Senioren, Frauen und Jugend; Ernährung, Landwirtschaft und Verbraucherschutz; Verkehr, Bau und Stadtentwicklung; Naturschutz und Reaktorsicherheit; Minister für besondere Aufgaben im Bundeskanzleramt.
Die FDP stellt die Minister in den folgenden Bereichen: Auswärtiges; Justiz, Wirtschaft und Technologie; Gesundheit; Wirtschaftliche Zusammenarbeit und Entwicklung.
Das Vorschlagsrecht für die jeweiligen Ämter liegt bei den verantwortlichen Parteien."

Koalitionsvertrag zwischen der SPD und Bündnis 90/Die Grünen vom 16. Oktober 2002 (Auszug):
„Kapitel X. Kooperation der Parteien:
Allgemeines
Diese Koalitionsvereinbarung gilt für die Dauer der 15. Wahlperiode. Die Koalitionspartner verpflichten sich, diese Vereinbarung in Regierungshandeln umzusetzen. Beide Partner tragen für die gesamte Politik der Koalition gemeinsam Verantwortung.
Die Koalitionspartner werden ihre Arbeit in Parlament und Regierung laufend und umfassend miteinander abstimmen und zu Verfahrens-, Sach- und Personalfragen Konsens herstellen. Die Koalitionspartner treffen sich regelmäßig mindestens einmal monatlich zu Koalitionsgesprächen im Koalitionsausschuss. Darüber hinaus tritt er auf Wunsch eines Koalitionspartners zusammen.
Er berät Angelegenheiten von grundsätzlicher Bedeutung, die zwischen den Koalitionspartnern abgestimmt werden müssen, und führt in Konfliktfällen Konsens herbei. Ihm gehören acht Mitglieder je Koalitionspartner an.
Arbeit im Bundestag
Im Bundestag und in allen von ihm beschickten Gremien stimmen die Koalitionsfraktionen gemeinsam ab. Das gilt auch für Fragen, die nicht Gegenstand der vereinbarten Politik sind. Wechselnde Mehrheiten sind ausgeschlossen.
Über das Verfahren und die Arbeit im Parlament wird Einvernehmen zwischen den Koalitionsfraktionen hergestellt. Anträge, Gesetzesinitiativen und Anfragen auf Fraktionsebene werden gemeinsam, oder, im Ausnahmefall, im gegenseitigen Einvernehmen eingebracht. Die Koalitionsfraktionen werden darüber eine Vereinbarung treffen.
Arbeit im Kabinett
Im Kabinett wird in Fragen, die für einen Koalitionspartner von grundsätzlicher Bedeutung sind, keine Seite überstimmt. Ein abgestimmtes Verhalten in den Gremien der EU wird sichergestellt.
In allen Ausschüssen des Kabinetts und in allen vom Kabinett beschickten Gremien sind beide Koalitionspartner vertreten, sofern es die Anzahl der Vertreter des Bundes zulässt. Die Besetzung von Kommissionen, Beiräten usw. beim Kabinett erfolgt

im gegenseitigen Einvernehmen, wobei dem Stärkeverhältnis Rechnung getragen wird.
Zuschnitt des Kabinetts
Dem Bundeskanzler obliegt die Organisationsgewalt. Größere Änderungen des Ressortzuschnitts werden zwischen den Koalitionspartnern einvernehmlich geregelt.
Personelle Vereinbarungen
Die Koalitionspartner vereinbaren, Gerhard Schröder (SPD) zum Bundeskanzler zu wählen.
Das Amt des Vizekanzlers wird durch Joschka Fischer (Bündnis 90/Grüne) ausgeübt.
Die SPD stellt die Leitung folgender Ministerien:
Bundesministerium des Innern
Bundesministerium der Justiz
Bundesministerium der Finanzen
Bundesministerium für Arbeit und Wirtschaft
Bundesministerium für Gesundheit und Sozialordnung
Bundesministerium der Verteidigung
Bundesministerium für Familie, Senioren, Frauen und Jugend
Bundesministerium für Verkehr, Bau- und Wohnungswesen, Aufbau Ost
Bundesministerium für Bildung und Forschung
Bundesministerium für wirtschaftliche Zusammenarbeit und Entwicklung.
Das Bündnis 90/Die Grünen stellt die Leitung folgender Ministerien:
Auswärtiges Amt
Bundesministerium für Umwelt, Natur und Reaktorsicherheit
Bundesministerium für Verbraucherschutz, Ernährung und Landwirtschaft.
Das Vorschlagsrecht für beamtete und Parlamentarische Staatssekretäre liegt bei den jeweiligen Bundesministerinnen und Bundesministern. Die SPD hat das Vorschlagsrecht für einen Staatsminister im Auswärtigen Amt, Bündnis 90/Die Grünen für einen Parlamentarischen Staatssekretär im Bundesministerium für Arbeit und Wirtschaft. (...)."

Die Koalition bedeutet von der Kleinstadt bis hinauf in die politische Welt von Berlin-Mitte keine schlichte Abrede zwischen Politikern, dass man gewisse Dinge gemeinsam vorhat und dabei auf die Bedürfnisse des anderen Rücksicht nimmt. Sie ist ein politisches Ereignis mit Brief und Siegel. Die Bündnisparteien setzen einen Koalitionsvertrag auf, der mit großem Brimborium unterzeichnet wird. Der typische Vertrag listet penibel auf, was man unternehmen will und was nicht, auch wie man vorzugehen gedenkt, wenn ein unvorhergesehenes Problem nach einer Lösung verlangt. Die Parteien stellen die Koalitionsverträge ganz unbefangen ins Internet.

8 Die Grundlagen politischer Handlungsfähigkeit

Schaubild 17: Koalitionen im Bund

	CDU/CSU	FDP	SPD	Grüne
1949-1966	■	■		
1966-1969	■		■	
1969-1982		■	■	
1982-1998	■	■		
1998-2005			■	■
2005-2009	■		■	
2009-	■	■		

Die rechtliche Verbindlichkeit des Koalitionsvertrags ist gleich Null. Es handelt sich um „agreements to agree." Die politische Wirkung ist aber denkbar groß. Politische Bündnisse werden im Lichte der Öffentlichkeit geschlossen. Zumeist ratifizieren sie Bündniszusagen, die im Vorfeld des Wahlkampfes gemacht worden sind.

Schaubild 18: Koalitionen in den Bundesländern

Baden-Württemberg

	CDU	FDP[1]	SPD	Grüne
1952-1953		■	■	
1953-1958	■	■	■	
1958-1960	■		■	
1960-1964	■	■		
1964-1968	■		■	
1968-1991	■			
1992-1996	■		■	
1996-2011	■	■		
2011-			■	■

[1] Bis 1958 mit DVP und BHE, von 1960 bis 1964 nur mit BHE.

Bayern

	CSU[1]	FDP	SPD[2]	Grüne
1946-1954	■	■	■	
1954-1958		■	■	
1958-1962	■	■		
1962-2008	■			
2008-	■	■		

[1] Von 1957 bis 1962 mit BHE, von 1962 bis 1966 mit Bayernpartei.
[2] Zeitweise bis 1958 mit BHE und Bayernpartei.

8 Die Grundlagen politischer Handlungsfähigkeit

Berlin

	CDU	FDP	SPD	Grüne	Linke
1951-1953					
1953-1955					
1955-1963					
1963-1967					
1963-1981					
1981-1988					
1989					
1990-1999					
2000-2001					
2002-2011					
2011-					

Bremen

	CDU	FDP	SPD[1]	Grüne
1946-1948				
1948-1951				
1951-1959				
1959-1963				
1963-1970				
1971-1990				
1991-1994				
1995-2005				
2005-				

[1] Bis 1948 mit KPD und BDV, bis 1951 mit BDV.

Hamburg

	CDU	FDP[2]	SPD[1]	Grüne	Sonstige
1946-1949					
1949-1953					
1953-1957					
1957-1966					
1965-1970					
1970-1978					
1978-1986					
1987-1990					
1991-1993					
1993-1996					
1997-2000					
2001-2005					
2005-2011					
2011-					

[1] Mit KPD.
[2] Mit DP.

8 Die Grundlagen politischer Handlungsfähigkeit

Hessen

	CDU	FDP	SPD	Grüne
1945-1947	■		■	
1947-1951	■			
1951-1955			■	
1955-1957[1]			■	
1963-1967[1]			■	
1967-1970			■	
1970-1982		■	■	
1982-1984			■	
1984-1987			■	■
1987-1991	■	■		
1991-1999			■	■
1999-2003	■	■		
2003-2009	■			
2009-	■	■		

[1] Mit BHE.

Mecklenburg-Vorpommern

	CDU	FDP	SPD	Linke
1990-1994	■	■		
1994-1998	■		■	
1998-2006			■	■
2006-	■		■	

194 8 Die Grundlagen politischer Handlungsfähigkeit

Niedersachsen

	CDU	FDP	SPD	Grüne
1946-1948[1]	■	■	■	
1948-1951[2]	■		■	
1951-1955[3]			■	
1955-1957[4]	■			
1957-1959[5]	■			
1959-1963[6]			■	
1963-1965	■		■	
1965-1969	■			
1969-1974			■	
1974-1976		■	■	
1976-1978	■			
1978-1986	■	■		
1986-1989	■	■		
1989-1993			■	
1993-1998			■	
1998-2003			■	■
2003-	■	■		

[1] Zeitweise mit KPD und anderen kleineren Parteien.
[2] Mit Zentrumspartei.
[3] Mit BHE und Zentrum.
[4] Mit DP und BHE.
[5] Mit DP.
[6] Zeitweise mit BHE.

Nordrhein-Westfalen

	CDU	FDP	SPD	Grüne
1947-1950[1]	■		■	
1950-1954[2]	■		■	
1954-1956[2]			■	
1956-1958[2]		■	■	
1958-1962	■			
1962-1966	■	■		
1966-1979		■	■	
1979-1994			■	
1994-2005			■	■
2005-2010	■	■		
2010[3]-			■	■

[1] Mit Zentrum, bis 1948 mit KPD.
[2] Mit Zentrum.
[3] Bis 2012 Minderheitsregierung.

8 Die Grundlagen politischer Handlungsfähigkeit

Rheinland-Pfalz

	CDU	FDP	SPD	Grüne
1947-1948[1]	■	■	■	
1948-1951	■		■	
1951-1971	■	■		
1970-1986	■			
1986-1990	■	■		
1990-2009		■	■	
2009-			■	■

[1] Mit KPD.

Saarland

	CDU	FDP	SPD	Grüne
1957-1959	■	■	■	
1959-1961	■		■	
1961-1970	■	■		
1970-1977	■			
1977-1985	■	■		
1985-2004			■	
2004-2009	■			
2009-2012	■	■		■
2012-	■		■	

Sachsen

	CDU	FDP	SPD	Linke
1990-2008	■			
2008-2009	■		■	
2009-	■	■		

Sachsen-Anhalt

	CDU	FDP	SPD	Grüne	Linke
1990-1994	■	■			
1994-1998[1]			■	■	
1998-2002			■		
2002-	■	■			

[1] Von der PDS tolerierte Minderheitsregierung.

196   8 Die Grundlagen politischer Handlungsfähigkeit

Schleswig-Holstein

	CDU	FDP	SPD	Grüne
1947-1949			■	
1950-1955[1]	■			
1955-1959	■			
1959-963	■			
1963-1970	■	■		
1970-1987	■			
1987-1996			■	
1996-2005			■	■
2005-2009	■		■	
2009-2012	■	■		
2012-			■	■

[1] Zeitweise mit BHE und DP.

Thüringen

	CDU	FDP	SPD	Grüne
1990-1994	■	■		
1994-1998	■		■	
1998-2004	■			
2004-2008	■			
2009-	■		■	

Koalitionszusagen strukturieren die Wahlkämpfe. Eine Partei, die aus einer Koalition aussteigt, muss der Öffentlichkeit gute Gründe dafür bieten.

8.2 Das koalitionsgerechte Handeln

Welche Folgen hat die Allgegenwart der Koalitionsregierung im politischen Alltag? Die erste wichtige Langzeitwirkung dürfte darin liegen, dass die meisten politischen Karrieren von den bescheidenen Anfängen in der Kommune bis hin in die Parlamente und Regierungen Koalitionserfahrung anhäufen. Das Arrangement mit anderen Parteien wird zur Gewohnheit. Einigungsfähigkeit ist der Schmierstoff jeglicher Mehrheitsbildung. Eine weitere Lernerfahrung aus der Allgegenwart des politischen Bündnisses ist das Denken in geteilter Macht. Dieser Punkt bedarf der näheren Betrachtung. Im klassischen Parlamentarismus britischer Machart gibt es nur Gewinner und Verlierer. Ein Abgeordneter wird dort gewählt oder nicht, eine Partei gewinnt die Parlamentsmehrheit oder sie verfehlt diese. Die Opposition wie die Regierungsmehrheit wissen, was sie erwartet: alles oder nichts!

8 Die Grundlagen politischer Handlungsfähigkeit 197

In der Koalitionsregierung liegen die Dinge komplizierter. Kleine Parteien, die sich gemeinsam mit einem großen Partner zu einem Bündnis aufstellen, fordern ihren Anteil an der Regierungsmacht ein, wenn die Stimmen für die gemeinsame Mehrheit ausreichen. Wie dieser Anteil bemessen wird, hängt von vielen Faktoren ab. Das Kalkül mit Machtanteilen und Mitgestaltungsrechten steuert das Innenverhältnis der Koalitionspartner und beider Verhalten gegenüber der politischen Konkurrenz. Die Partner stehen unter Druck, für ihre Wähler den eigenen Beitrag zum Regierungserfolg sichtbar zu machen.

Das geräuscharme politische Handeln im Rahmen abgesteckter Ressortgrenzen mag eine effiziente Art des Regierens sein. Für den politischen Wettbewerb taugt es nicht. Reklame und Beachtung sind Handlungsgrößen auch für Parteien, die gemeinsam regieren. Öffentlich ausgetragene Meinungsverschiedenheiten gehören zum Koalitionsalltag. Selten überschreiten sie die Zumutbarkeitsgrenzen. Die Machtworte der Kanzler und Ministerpräsidenten, das Aufbegehren des Juniorpartners in der Koalition und dessen Brüskierung durch die größere Regierungspartei sind keine bloße Spielerei. Ebenso wie bei der anschließend für die Medien inszenierten Einigung und Versöhnung handelt es sich um Schritte in der Choreographie des Regierens in der Koalition. Die Koalition ist die wichtigste, komplizierteste und sensibelste Institution des politischen Systems.

Die Regierungspartner sind voneinander abhängig. Sie müssen aber deutlich machen, dass sie sich unterscheiden. Beide achten bei allem Theaterdonner sorgsam darauf, dass aus der Profilierungskonkurrenz kein Vorteil für die Oppositionsparteien erwächst. Wenn die Partner einem Streit über die öffentlich deklarierten Schmerzgrenzen hinaus seinen Lauf lassen, ist eine Koalition am Ende. Dann bereitet der Konflikt in der Regierung bereits die Positionierung für neue Bündnisse vor.

„Die Methoden und Instrumente koalitionsmäßiger Vereinbarungen stellten (..) unverzichtbare Verhaltens- und Entscheidungskoordinaten dar, wie für seine Regierung Altbundeskanzler Helmut Schmidt mitteilen ließ: ‚(...) auch das Kabinett in seiner Gesamtheit ist an grundsätzliche politische Festlegungen und Verabredungen in der Koalition gebunden. Da die Beteiligten an diesen Verabredungen nicht nur Kabinettsmitglieder sind, kommt bei diesen gelegentlich Unbehagen auf. Aber die verfassungsrechtliche Verantwortung des Bundesministers für seinen Geschäftsbereich unterliegt ähnlichen politischen Rahmenbedingungen wie die Richtlinienkompetenz des Bundeskanzlers.'* Eine Beeinflussung der Meinungsbildung des Koalitionspartners sei möglich durch ‚ordentlichen Umgang der Partner, durch Kompetenz in strittigen Fragen und durch eine Politik des Gebens und Nehmens. Die Identität der Partner muss gewahrt bleiben. Sind die persönlichen Beziehungen zwischen den Partnern zerrüttet, so wird eine gemeinsame Politik schwierig'* (Udo Kempf und

Hans-Georg Merz: Einleitung, in: Dies. (Hrsg.), Kanzler und Minister 1949-1998, Wiesbaden 2001, S. 73f.)."

Dramatische Beispiele für Koalitionskonflikte gab es in der späten Ära Adenauer, als die FDP den Kanzler zum Rücktritt zwang (1961/63), in der Krise der Regierung Erhard (1966), auf welche die Große Koalition folgte, und am Ende der Regierung Schmidt, als sich die FDP auf die Union umorientierte (1982). Die FDP schied 1966 zu Beginn und noch einmal 1982 zur Mitte der Legislaturperiode aus. Im ersten Falle handelte sie dabei denkbar unklug, weil sie keine Wechseloption hatte. Zur Koalition mit der SPD war sie noch nicht bereit. Also hatte die Kündigung des Bündnisses mit der Union den Charakter eines Streits ohne Strategie, eines Krachs ohne Ausweg. Das Ergebnis war die Große Koalition, die im Herbst 1966 den Querulanten FDP in die Ecke stellte. Lachender Dritter war die SPD. Der Wechsel von 1982 war von langer Hand vorbereitet, der Vorrat an Gemeinsamkeiten mit der SPD verbraucht. Die Union stand bereit, mit der FDP eine neue Koalition zu bilden.

8.3 Typische Reibungen im Alltag der Koalitionsregierung

Der Stil des Regierungschefs spielt bei der Art und Häufigkeit der Konflikte in einer Koalition eine große Rolle. So bewegten sich die SPD und die GAL (Grün-Alternative Liste – die Hamburger Landesorganisation der Grünen) in rauen Gewässern, solange der Sozialdemokrat Henning Voscherau als Erster Bürgermeister den Senat führte. Politisch scheiterte er 1997. Voscherau war sensibler für die Law & Order-Stimmung in weiten Teilen der Hansestadt als die GAL und Teile seiner eigenen Partei. Er scheiterte, weil die Wähler diese Differenz sehr wohl bemerkt hatten. Voscheraus Nachfolger Ortwin Runde hielt es damit, die in seiner Partei beliebteren weichen Themen zu bedienen. Das Konfliktniveau in der Koalition sank. Ebenso sank die Zustimmung zur Koalition in der Bevölkerung. Im Jahr 2001 kam es nach 44 Jahren zum Machtverlust der SPD in der Hansestadt. Ein populärer CDU-Bürgermeister Ole von Beust experimentierte in den nächsten zehn Jahren unter anderem mit der ersten schwarz-grünen Koalition in der Bundesrepublik. Nach seinem überraschenden Rückzug vom Amt des Bürgermeisters im Jahr 2010 hielt diese Koalition nicht mehr. Die vorgezogene Bürgerschaftswahl brachte der SPD 2011 eine absolute Mehrheit.

Als die Sozialdemokraten in Düsseldorf erstmals mit den Grünen regierten, war der raue Umgangston zwischen den Koalitionspartnern Legende. Die SPD. jahrzehntelang gewohnt, Rathäuser und Kreisverwaltungen zu beherrschen, hatte ihre Schwierigkeiten mit den Grünen, die von der ökologischen und pazifisti-

8 Die Grundlagen politischer Handlungsfähigkeit 199

schen Gegenkultur an den Universitäten des Landes geprägt waren. Auch im sozialdemokratischen Herzland setzte der Wähler einen Kontrapunkt, indem er 2005 der CDU den Regierungsauftrag erteilte. Als die CDU-Regierung fünf Jahre später abgewählt wurde, hatten SPD und Grüne in der Opposition dazugelernt. Die alten Platzhirsche, die den Einbruch der Grünen ins sozialdemokratische Revier mental nie bewältigt hatten, waren auf dem Altenteil oder sie hatten ihre Aktivitäten nach Berlin verlegt. Die neuen rot-grünen Koalitionäre in der Regierung Hannelore Kraft regierten ohne störende Geräusche sogar mit einer Minderheitsregierung, die sich ihre Mehrheiten pragmatisch beim Zugehen auf die Oppositionsparteien besorgte. In Baden-Württemberg biss die SPD 2011 sogar in den sauren Apfel, als Juniorpartner in eine von den Grünen geführte Landesregierung einzutreten. Die Alternative wäre eine Koalition mit der dramatisch abgestürzten CDU gewesen. Sie hätte den eigenen Anhängern nicht verkauft werden können.

Der selbstherrliche Stil eines Ministerpräsidenten Gerhard Schröder sorgte in Hannover zwischen 1994 und 1998 für mancherlei Frustration beim grünen Koalitionspartner. Schröder kultivierte das Image des Automannes im VW-Land Niedersachsen. Dessen ungeachtet kamen die Partner recht gut miteinander zurecht. Im wichtigen Punkt der Energiepolitik gab es Übereinstimmung. Die von den Grünen mit großer Sympathie begleiteten Großdemonstrationen gegen den Transport von Castor-Nuklearabfällen in das Zwischenlager Gorleben gingen politisch auf die Kappe der unionsgeführten Bundesregierung.

Die Großen Koalitionen, zu denen es vor allem in den Ländern immer wieder kommt, vorzugsweise in Nord- und Nordostdeutschland, laufen für gewöhnlich ruhig. Dies ist wenig erstaunlich. Sozialdemokraten und Union beherbergen viel Professionalität beim Management einer recht breiten Meinungs- und Interessenpluralität in den eigenen Parteien. Die Bereitschaft, politikinhaltliche Differenzen herunterzuspielen, ist für die Bündnisfigur der Großen Koalition überlebensnotwendig.

Auch die FDP steht für Professionalität im Koalitionsgeschäft. Ihre Reihen sind aber ausgesprochen dünn. Mit Selbständigen und Freiberuflern sind ihre Zielgruppen in der Wählerschaft sehr überschaubar. Vierzig Jahre lang war die FDP im Bund und in den Ländern mit lediglich kurzen Unterbrechungen Regierungspartei. Doch in einer ersten Welle von Wahlniederlagen ab 1998, nach der eine gewisse Erholung eintrat, und dann noch einmal dramatisch in einer zweiten Serie von Niederlagen ab 2010 wurde sie aus einem Landtag nach dem anderen herausgewählt. Die Sperrklausel fest im Auge, braucht die kleine FDP geradezu existenziell nicht nur Präsenz in den Landtagen, sondern vor allem Sichtbarkeit als Regierungspartei. Deshalb ihr Motto: Dabei sein ist alles! Die FDP stellte in den 63 Jahren Bundesrepublik lediglich elf Jahre lang keine Bundesminister.

In den zahlreichen Koalitionen, an denen die FDP beteiligt war, sammelte die Partei große Parlaments- und Regierungserfahrung. Im Koalitionsgerangel ist sie gestählt. Meist ist sie ein lästiger Partner. Am besten erinnert Widerspruch zum größeren Koalitionspartner an ihre Existenz. Die FDP war allerdings stets ein berechenbarer Partner. Nichts war ihr weniger bekömmlich ist als das Abseits in der parlamentarischen Opposition. Werden die Liberalen aus den Parlamenten herausgewählt, geht es gleich um die Existenz. Eine kleine bürgerliche Oppositionspartei, der die parlamentarische Bühne abhanden kommt, kann sich kaum noch bemerkbar machen. Kein Reporter, kein Sender interessiert sich mehr für sie.

Moralgeleiteter Rigorismus ist Gift für jede Koalition. Mit dem ersten Auftreten der Grünen als Regierungspartei in den Ländern, in Bündnissen mit den Sozialdemokraten, gerieten die Koalitionstaktiereien zeitweise irrational und schrill. Es brauchte viel Energie, um verfahrene Situationen zu retten. Die relative Geräuscharmut der Grünen in den nachfolgenden rot-grünen Koalitionen stellte unter Beweis, dass die Grünen dazugelernt: dass sie sich professionalisiert haben. Die Koalitionsentscheidungen in den Ländern folgen anderen Erwägungen als im Bund. Die Landesparteien haben ihr eigenes Profil. Die Herausforderungen der Landespolitik – Schule, Verwaltungsreform, Kommunalverfassung, Standortpolitik – bieten andere Voraussetzungen für eine Zusammenarbeit als im Bund (Jun 1994).

In Berlin, Brandenburg, Mecklenburg und Sachsen-Anhalt arbeitete die SPD verschiedentlich mit der Linken zusammen. Eine Zusammenarbeit auf Bundesebene schließt die Partei jedoch kategorisch aus. Bei den Themen, die dort zu bearbeiten sind, liegen Sozialdemokraten und Linke zu weit auseinander.

Der Kanzler bzw. der Ministerpräsident und die Fraktionsführungen kämpfen in der Koalition an zwei Fronten: in den eigenen Reihen und im Verhältnis zum Regierungspartner. Zeit und Erfahrung lösen manche Verspannung. Ob und wann es dazu kommt, entscheiden die Partner. Wenn es zu spät geschieht, fällt der Wähler sein Urteil. Die Koalitionsusancen gelten in jeder Konstellation: der nicht auf die Spitze getriebene Konflikt und die zelebrierte Versöhnung, wenn man sich einig geworden und überzeugt ist, die Bürger wieder hinreichend an die Existenz zweier Regierungsparteien erinnert zu haben. Der taktische Koalitionskonflikt entspinnt sich nicht selten aus dem Eingreifen des einen Koalitionspartners in ein Problem, für welches das Ressort des anderen Koalitionspartners zuständig ist. Dessen ungeachtet handelt es sich bei Koalitionskrächen nicht um coole Spielchen. Stets sind Leidenschaften, persönliche Animositäten und Verletzungen im Spiel. Ein Übermaß an Ärger mag in Verdruss am gemeinsamen Regieren umschlagen und den Partner dazu veranlassen, das Regierungsbündnis zu lösen. Dann gilt es, die Funktionäre, die Medien und die Wähler mit beständi-

8 Die Grundlagen politischer Handlungsfähigkeit 201

ger Eskalation darauf vorzubereiten, dass die gemeinsame Veranstaltung auf das Ende zusteuert. Wo erst der Wille vorhanden ist, nicht mehr gemeinsam zu regieren, ist die Trennung nur noch eine Frage der Zeit. Vollends unvermeidlich wird sie, sobald vor laufenden Kameras die ersten Kampfhandlungen stattfinden.

Solange auf beiden Seiten der Wille vorhanden ist, gemeinsam weiterzumachen, verträgt sich jede Koalition mit einem beachtlichen Geräuschpegel. Schon der Auftakt eines Regierungsbündnisses kann furios geraten. In den Koalitionsverhandlungen, dem ersten Ritual nach einer Bundes- oder Landtagswahl, heißt es immer und immer wieder, Personalien kämen ganz zuletzt. Zunächst gehe es um die Sache, um die politischen Ziele. Der Koalitionsvertrag der Unionsparteien mit der FDP vom Oktober 2009 umfasst stolze 132 Druckseiten und lässt kein Politikfeld aus. Doch lassen wir die politischen Ziele einmal beiseite. In den großen Fragen wie Arbeitsmarkt, Standortpolitik etc. sind sich die koalierenden Parteien irgendwann einig. Sonst hätten sie sich kaum zusammengesetzt. Die im Koalitionsvertrag nicht thematisierten Probleme haben damit zu tun, dass keine Regierungspartei ihr seit Jahren in die Öffentlichkeit projiziertes Image beschädigen möchte und dass die Erwartungen treuer Wähler bei allen Zugeständnissen an den Partner nicht allzu zu arg verprellt werden dürfen.

Sozialdemokraten reklamieren für gewöhnlich die Ressorts Arbeit und Soziales. Der größere Partner in einer Koalition legt gern seine Hand auf das Finanzministerium. Mit seiner Haushaltsabteilung ist es die wichtigste Schaltstelle für die geldwirksame Regierungstätigkeit. Freidemokraten beanspruchen gern das Justizressort, weil sie Wert darauf legen, das Bild der Rechtsstaatspartei zu pflegen. Besonders wichtig ist ihnen das Wirtschaftsministerium. Im Zeichen des europäischen Binnenmarktes und der europäischen Einheitswährung hat dieses den Zenit seiner Bedeutung zwar schon vor langer Zeit überschritten. Aber immer noch ist es eine wichtige Kontaktstelle zu den Wirtschaftsverbänden, zu den großen Unternehmen und zum gewerblichen Mittelstand. Die FDP als Marktpartei, aber eben auch als mitgliederschwache Partei mit großem Spendenbedarf braucht die Zuwendung der Managerklientel, der mittelständischen Wirtschaft und des Handwerks.

Die Grünen wollen in der Regel das Umweltressort für sich und auch die Kompetenz für die Energiepolitik. Jeder Juniorpartner in der Bundespolitik reklamiert für sich das Auswärtige Amt. Es bringt der liberalen Klientel sowenig wie der grünen. Doch Politiker sind ambitioniert, sonst würden sie sich mit der Lokalpolitik in Castrop-Rauxel oder Miesbach begnügen. Der Außenminister gilt in der politischen Wertigkeit als die Nummer zwei hinter dem Kanzler. Das Auswärtige Amt bringt vor allem Mediensichtbarkeit. Der Außenminister erscheint als Vielflieger tagtäglich im Fernsehen und in der Zeitung, wenn er andere Länder besucht. Und wenn er einmal eine längere Heimschicht einlegt, empfängt er Berufskollegen und Botschafter. Bei Empfängen steht er neben Kanzlerin oder Kanzler und ist auch bei vielen anderen Anlässen mit von der Partie. Persönliche Bekanntheit und Beliebtheit, so das Kalkül, bringen der Partei Stimmen. Ob dieses Kalkül heute noch aufgeht, ist eine andere Frage. Das Agieren des Finanzministers ist in den Zeiten der Globalisierung wichtiger und folgenschwerer als die klassische Diplomatie.

Werden in den Ländern Koalitionen gebildet, die vom Koalitionsbild in Berlin abweichen, hat es sich eingebürgert, dass die Partner eine Bundesratsklausel in den Koalitionsvertrag aufnehmen. Diese Klausel legt fest, dass sich das betreffende Land im Bundesrat der Stimme enthält, wenn die Regierungsparteien kein Einvernehmen erzielen. Bereits die Enthaltung kann ein Projekt der Bundesregierung bei knappen Mehrheitsverhältnissen zum Scheitern bringen. Der Koalitionspartner im Land, dessen Partei im Bund in der Opposition steht, wird seinen Parteifreunden in Berlin kaum in den Rücken fallen und deshalb auf Enthaltung bestehen. Die Enthaltung gilt als eine bewährte Formel der Friedenswahrung (Schneider 2001: 204).

Koalitionsvereinbarung zwischen CDU und FDP für die 15. Wahlperiode des Niedersächsischen Landtages 2003 bis 2008 (Auszug):
„CDU und FDP tragen für die gesamte Politik der Koalition gemeinsam Verantwortung.
1. Kooperation der Partner
Landtag
Beide Partner werden bei Abstimmungen im Landtag und in den Gremien ein einheitliches Votum abgeben. Das gilt auch für Fragen, die nicht Gegenstand der Koalitionsvereinbarung sind. Über das Verfahren und die Arbeit im Parlament wird Einvernehmen zwischen den Koalitionsfraktionen hergestellt. Anträge, Gesetzesinitiativen und Große Anfragen werden in den Landtag nur im Einvernehmen der Koalitionspartner eingebracht. Bei Unstimmigkeiten wird der Koalitionsausschuss eingeschaltet.
Koalitionsausschuss
Beide Partner bilden für die Klärung der als wesentlich erachteten Angelegenheiten einen paritätisch besetzten Koalitionsausschuss. Dieser besteht aus dem Ministerpräsidenten, dem stellvertretenden Ministerpräsidenten, den beiden Fraktionsvorsitzenden und bei Bedarf weiteren Personen. Er tritt regelmäßig zu Beginn der Sitzungswochen des Niedersächsischen Landtages zusammen und ansonsten auf Wunsch eines Koalitionspartners. Vorsitzender des Gremiums ist der Ministerpräsident, bei dessen Verhinderung der stellvertretende Ministerpräsident. Entscheidungen werden einstimmig getroffen.
Bundesrat
Die Landesregierung wird sachbezogen und konstruktiv an der Gesetzgebung des Bundes mitwirken und dabei die Interessen Niedersachsens wirksam vertreten. Die Koalitionspartner vereinbaren, bei der Festlegung des Abstimmungsverhaltens im

8 Die Grundlagen politischer Handlungsfähigkeit

Bundesrat nur übereinstimmende Entscheidungen zu treffen. Kommt eine Einigung über das Abstimmungsverhalten im Bund nicht zustande, wird sich das Land Niedersachsen im Bundesrat der Stimme enthalten."

Vereinbarung zwischen der Christlich-Demokratischen Union Deutschlands, Landesverband Sachsen-Anhalt, und der Freien Demokratischen Partei, Landesverband Sachsen-Anhalt über die Bildung einer Regierungskoalition für die 4. Legislaturperiode des Landtages von Sachsen-Anhalt (Auszug):
„8. Kooperation der Partner
(...) Koalitionsausschuss
Die Koalitionspartner bilden für die Klärung der als wesentlich erachteten Angelegenheiten einen paritätisch besetzten Koalitionsausschuss, für den beide Koalitionspartner jeweils fünf Personen benennen. Er tritt auf Wunsch eines Koalitionspartners zusammen. Den Vorsitz im Koalitionsausschuss führt der Ministerpräsident, bei dessen Verhinderung der stellvertretende Ministerpräsident. Entscheidungen werden einstimmig getroffen.
Bundesrat
Die Koalitionspartner einigen sich im Einzelfall über das Abstimmungsverhalten im Bundesrat. Dabei haben die Interessen des Landes absoluten Vorrang. Wortlaut und Geist der Koalitionsvereinbarung sind zu beachten.
Kommt eine Einigung über das Abstimmungsverhalten des Landes im Bundesrat nicht zustande, werden sich die Mitglieder des Landes im Bundesrat (...) der Stimme enthalten.
Mitglieder des Bundesrates (Art. 51 Abs. 1 GG) sind der Ministerpräsident, der Staatsminister, der Minister der Finanzen sowie der Minister für Justiz. Der Minister der Finanzen ist der Vertreter des Ministerpräsidenten im Finanzausschuss. (...)
Kabinett
Dem Ministerpräsidenten obliegt die Organisationsaufgabe. Größere Änderungen in den Ressorts innerhalb der Wahlperiode werden zwischen den Koalitionspartnern in den Zuständigkeiten der Ressorts innerhalb der Wahlperiode einvernehmlich geregelt.
Erklärt einer der Koalitionspartner im Kabinett einen Abstimmungspunkt im Landeswohl ausdrücklich für wesentlich, kann vor einer Entscheidung des Koalitionsausschusses nicht gegen dessen Votum im Kabinett mit Mehrheit entschieden werden."

Koalitionspolitik ist etwas anderes als Regierungspolitik. Am Koalitionsmanagement sind die Parlamentarier genauso beteiligt wie die Minister und die Parteivorstände (dazu ausführlich Rudzio 2002: 54ff., Kropp 2001: 118ff.). Der Kanzler mag ein begnadeter Moderator sein. Wenn es ihm aber nicht gelingt, die Abgeordneten der Regierungsmehrheit bei der Stange zu halten, droht ihm ein Problem. Ein guter Fraktionsvorsitzender kann mehr bewegen als jeder Minister mit Ausnahme des Kanzlers selbst. Starke Fraktionspolitiker wie seinerzeit Helmut Schmidt, Herbert Wehner, Rainer Barzel, Wolfgang Schäuble, Wolfgang Mischnick und Peter Struck setzten Maßstäbe für ein Koalitionsmanagement mit Augenmaß und Gespür für die Belastbarkeit des Partners.

8.4 Der Koalitionsausschuss

Kommen wir zum letzten Punkt der Koalitionsproblematik: dem Koalitionsausschuss. Seit der Bildung der letzten Regierung Adenauer (1961) hat es sich eingebürgert, dass strittige Punkte zwischen den Koalitionspartnern in einem speziellen Gremium geklärt werden. Den Koalitionsausschuss gibt es in vielerlei Varianten. Die zahlreichen Beispiele im Bund und in den Ländern zeigen typische Merkmale. So gehören dem Ausschuss der Kanzler und in den Ländern der Ministerpräsident, ferner sein Stellvertreter, in der Regel die Nummer eins des Juniorpartners, schließlich die Fraktionsvorsitzenden und die Parteivorsitzenden der Bündnisparteien an. Hinzu kommen gegebenenfalls Fachminister und Fraktionsexperten für den Sachbereich, über den beraten werden soll.

„Kohls politisches Handeln orientierte sich weniger an Institutionen als vielmehr an Personen. (...) Der Regierungsstil des Bundeskanzlers Kohl war infolge des Personalismus durch eine eindeutige Abwertung der Verfassungsinstitutionen Kabinett sowie der ministerialbürokratischen Abläufe geprägt. (...) Rat und Entscheidung suchte er in informellen Runden, die er selbst hierarchieunabhängig zusammensetzte und einberief. Da mochte der einfache Regierungsdirektor des Kanzleramtes neben dem Minister, Staatssekretär, Ministerialdirektor oder hohen Parteipolitiker sitzen. Über die persönliche Nähe zu sich entschied allein der Kanzler. Die Runde wechselte in ihrer Zusammensetzung. Keiner der Beamten besaß die vollen Informationen einer Entscheidungssituation. Der Kanzler selbst suchte über das Informationsmonopol zu verfügen, indem er partiell informierte und sich auf unterschiedlichen Ebenen von zahlreichen Persönlichkeiten auch außerhalb der Administration unterrichten ließ. Die endgültigen Regierungsentscheidungen fielen nicht im Kabinett, sondern in regelmäßigen Koalitionsgesprächen, wo alle machtpolitisch relevanten Kräfte des Regierungslagers vertreten waren. (...) Diese Koalitionsgespräche wurden sogar in zunehmendem Maße formalisiert. Sie stellten ein äußerst effizientes Scharnier zwischen Regierung, Parlament und Parteien dar, allerdings mit der Folge der Entmachtung von Kabinettsmitgliedern, die von Koalitionsbeschlüssen nicht unmittelbar betroffen waren und deshalb zu den Koalitionsgesprächen nicht hinzugezogen wurden, aber im Rahmen der grundgesetzlichen Verantwortung der Bundesregierung doch dafür einstehen mussten (Wolfgang Jäger: Helmut Kohl, in: Udo Kempf und Hans-Georg Merz (Hrsg.), Kanzler und Minister 1949-1998, Wiesbaden 2001, S. 369f.)."

Es gibt teils den Brauch, den Koalitionsausschuss regelmäßig tagen zu lassen, teils auch die gegenteilige Usance, ihn nur dann zu bemühen, wenn beim Regieren Probleme auftreten, die sich im Wege einer Verständigung zwischen den Fachministern nicht lösen lassen. Auch an Versuchen, ganz ohne den vereinbarten Koalitionsausschuss auszukommen, hat es in jüngster Zeit nicht gefehlt. Die rot-grüne Koalition im Bund trat 1998 mit dem Vorsatz an, möglichst nicht mit den vereinbarten Koalitionsgremien zu regieren. Weit sollte sie damit nicht kommen. Als sich die üblichen Koalitionsquerelen erst einmal eingestellt hatten, kam man überein, es sei kräfte- und zeitsparender, Konflikte nicht erst ungeregelt in die Fraktionen und Parteien spülen zu lassen, sondern statt dessen die Multiplikatoren und Signalgeber der Koalition regelmäßig an einen Tisch zu holen.

Was passiert im Koalitionsausschuss? Dort werden Regierungsentscheidungen getroffen, in aller Regel besonders schwierige. Aber nicht alle schwierigen Entscheidungen fallen dort, sondern an einer anderen Stelle, wo die Verfassung sie vorsieht: im Kabinett! Nur solche Entscheidungen stehen im Koalitionsausschuss an, die Probleme zwischen den Bündnisparteien verursachen. Der Koalitionsausschuss ist also kein Instrument des Regierungsalltags, sondern ein Krisenpräventions- und Konfliktbewältigungsmechanismus. Dies heißt aber keineswegs, dass sich die Kanzlerin oder der Kanzler kategorisch durchsetzen, wenn Probleme in der Koalition weit unterhalb der Sollbruchstelle bleiben. Der Kanzler und die Ministerpräsidenten lassen die Minister der Juniorpartei gewähren und halten den Ball der Ressortkonflikte an der Koalitionslinie flach. Was ist vor diesem Hintergrund die Richtlinienkompetenz eines Kanzlers oder Ministerpräsidenten noch wert?

8.5 Vergleich: In den meisten Demokratien fußt das Regieren auf dauerhaften Parteienbündnissen oder wechselnden Gesetzgebungsbündnissen

Koalitionen sind ein schwer generalisierbares Thema der Politikwissenschaft. Sie resultieren aus dem Parteiensystem. Ihre Arbeitsfähigkeit drückt die Konsensbereitschaft der politischen Eliten aus. Es gibt förmliche Regierungsbündnisse wie in Deutschland mit ihren formalen Institutionen und Regeln. Anderswo begnügt man sich mit pragmatischen Vereinbarungen zum Regieren, die am Kabinettstisch getroffen werden. Hier und dort sind Koalitionen sogar flüchtige Zweckbündnisse.

8.5.1 USA

Koalitionen sind in den USA ein vertrautes Phänomen des Regierungsalltags. Der kardinale Unterschied zu Deutschland besteht darin, dass die USA keine Parteien kennen, wie es sie in Europa gibt. Im Kongress bestimmen ad hoc-Koalitionen das Bild. Ist ein Projekt nach langer Zeit und mit vielen Mühen beschlossen, löst sich das Bündnis auf, das sich zu diesem Zweck gebildet hat. Behördenvertreter tun sich mit einzelnen Senatoren und Abgeordneten zusammen, andere Senatoren und Abgeordnete vertreten die Gegenposition. Koalitionen halten selten in mehr als einer Sachfrage zusammen. Geht es um ein anderes Vorhaben, bilden sich neue Koalitionen um Pro und Kontra. Wechselnde Abstimmungskoalitionen sind legislatorischer Alltag. Die Parteizugehörigkeit der Kongressmitglieder gibt hier und dort Anhaltspunkte, warum sich bestimmte Koalitionen bilden (Schreyer 1997). Bei anderen Themen besagt die Parteizugehörigkeit wenig.

„Amerikanische Politik ist immer Koalitionspolitik, sie läuft auf Koalitionsbildungen zwischen einer Vielzahl von Beteiligten hinaus, ohne daß Instrumente wie Fraktionszwang, Partei- und Kabinettsdisziplin, Vertrauensfrage oder Drohung mit Parlamentsauflösung zur Verfügung ständen. Der Aggregatzustand amerikanischer Politik könnte als ‚instabil und flüchtig' charakterisiert werden. Permanent findet zwischen einer großen Vielzahl von Akteuren gegenseitiges Überzeugen, Werben, Lobbying, Reden, Verhandeln, Kuhhandeln, Kompromisse-Schließen, Sich-verständigen, Sich-verständigen-sich-nicht-zu-verständigen statt. Dabei werden eigenartig anmutende Koalitionen geschlossen, ‚strange bedfellows' finden sich – und verlassen einander wieder. Die Zahl potentieller Koalitionspartner ist zuweilen schwer und überhaupt nicht zu nennen. Entscheidend für den Zusammenhang unserer Argumentation ist, daß Exekutive und Legislative im Prozeß ständiger Koalitionsbildung und Koalitionsauflösung nicht als weitgehend einheitliche, kohärente Institutionen auftreten (...), sondern selbst fragmentiert sind und aus einer Vielzahl politischer Akteure bestehen. Diese agieren in dem Prozeß permanenten Koalitionierens weitgehend selbständig. (...)
Das Problem für den Präsidenten als nationaler Institution besteht aber (...) darin, in den Prozeß der Koalitionsbildung und gegenüber den etablierten ‚subgovernments' seinen politischen Willen einzubringen und ihn durchzusetzen. Letztlich kann ein Präsident nur dadurch erfolgreich arbeiten, daß er mit den mühseligen Mitteln von permanentem Verhandeln und ständiger Überzeugungskraft Koalitionen ad hoc zimmert, an denen – je nach Politikfeld verschieden – Mitglieder, Unterausschüsse und Ausschüsse des Kongresses, Einzelstaaten und Kommunen, Interessengruppen und Expertennetzwerke, ideologische, politisch-programmatische oder regionale (...) Koalitionen, aber eben auch die Ämter des ‚permanent government' teilhaben (Peter Lösche: Herrschaft des Kongresses oder Herrschaft des Präsidenten?, in: Jürgen Hartmann und Uwe Thaysen (Hrsg.), Pluralismus und Parlamentarismus in Theorie und Praxis, Opladen 1992, S. 219, 224f.)."

Ob mit dem Kalkül, wiedergewählt zu werden, oder demjenigen, sich nach zwei Legislaturperioden mit einer positiven Bilanz in den Geschichtsbüchern zu verewigen: Der Präsident muss mehrheitsfähige Koalitionen für seine Projekte zusammenbringen. Doch dies geschieht ohne Absprachen, die über den Tag hinausreichen. Die Mehrheit ist so flüchtig, dass sie buchstäblich aus den Fingern gleitet, wenn die Hand nicht nachfasst oder wenn sie ihren Griff lockert. Für institutionelle Arrangements auf Dauer ist sie viel zu feinkörnig. Die Gemeinsamkeit dieser Art von Koalition mit dem Phänomen der Koalitionsregierung, wie es oben erörtert wurde, erschöpft sich in der Begrifflichkeit.

8.5.2 Großbritannien

Die Richtlinienkompetenz, also das Machtwort des deutschen Kanzlers, verträgt sich nicht mit der Logik der Koalitionsregierung. An der Themse hingegen gibt es üblicherweise keinerlei Koalitionsräson, auf die ein Premierminister Rücksicht zu nehmen hätte.

Die Regierungsmehrheit pendelte jahrzehntelang, allein unterbrochen durch die turbulente Zwischenkriegszeit, zwischen Konservativen und Labour Party. Zwar kam es in der jüngeren Vergangenheit gelegentlich vor, dass die Wahlen keine regierungsfähigen Parlamentsmehrheiten hervorbrachten. Zuletzt war dies 1974 und dann noch einmal 1979 der Fall. Statt einer Koalition mit kleineren Parteien entschied sich die stärkste Unterhausfraktion damals für eine Minderheitsregierung.

Die Unterhauswahlen des Jahres 2010 ließen die Liberaldemokraten, eine junge Partei, die es erst seit 1998 gibt, so erstarken, dass weder Konservative noch Labour Party an einer Koalition vorbeikamen. Die Liberaldemokraten entschieden sich für das Bündnis mit den Konservativen. Die Regierungsbildung verlief erstaunlich reibungslos. Auch die Zugeständnisse, welche die Konservativen dem Koalitionspartner machten, waren eindrucksvoll: eine Volksabstimmung über die Einführung eines repräsentativeren Wahlsystems und das Recht des Unterhauses, über eine vorzeitige Neuwahl selbst zu entscheiden sowie eine endgültige Reform des Oberhauses, das künftig gewählt werden sollte.

Das wichtigste Anliegen des liberalen Juniorpartners, ein repräsentativeres Wahlsystem, scheiterte bereits ein Jahr später im verabredeten Referendum. Die Oberhausreform kam 2012 am Widerstand eines Teils der konservativen Regierungsfraktion zu Fall. Die liberale Basis war nicht nur darüber unglücklich, sie beklagte auch, dass ihre Minister in der Regierungsarbeit nicht sichtbar würden. In der öffentlichen Wahrnehmung regierte der konservative Regierungschef David Cameron wie seine Vorgänger. Die Konfliktbereitschaft, mit der sich der Juniorpartner in einer Koalition bemerkbar macht, fällt nicht vom Himmel. Ein begrenzter Konflikt, der nicht gleich die gemeinsame Regierung auf Spiel setzt, will gelernt sein. Ob der britische Wähler einen stillen oder einen lauten Koalitionspartner honoriert, ja ob diese erste Koalition nach 65 Jahren ein Einmal-Ereignis bleibt, wird die Zukunft zeigen.

Die Bäume eines Premierministers, der allein mit seiner Partei regiert, wachsen auch nicht in den Himmel. Strapaziert er die Gefolgschaft seiner Fraktion über die Maßen, wie zuletzt spektakulär mit der Beteiligung Großbritanniens am Krieg gegen den Irak (2003) geschehen, werden Grenzen sichtbar. Öffentliche Kritik aus den eigenen Reihen schadet dem Image. Innerparteiliches Gezänk liefert der Opposition und den Medien Nahrung für eine übertreibende Kritik. Um es gar nicht erst so weit kommen zu lassen, ist die Fähigkeit zur Moderation gefragt, also geschicktes symbolisches Handeln, die passende Rhetorik und die treffende Geste.

8.5.3 Frankreich

Das politische System der V. Republik ist in seiner Grundstruktur parlamentarisch (zum Folgenden Jun 2002b). Mit einer loyalen Parlamentsmehrheit hinter sich stellt der Präsident den Premierminister in den Schatten. Umgekehrt wird ein Premierminister, der nicht in Opposition zur Partei des Präsidenten steht, dem Präsidenten die Führung der Regierungsgeschäfte überlassen. Und nach derselben Logik wird der Präsident dem Regierungschef einer gegnerischen Partei das Leben schwer machen – mit rhetorischen Nadelstichen im alltäglichen Interviewkrieg, mit protokollarischer Zurücksetzung des Regierungschefs und damit, dass er auf internationalen Konferenzen und im Europäischen Rat nicht von seiner Seite weicht (siehe oben Kapitel 2, 2.4.4).

Koalitionen, wie sie in Deutschland praktiziert werden, kennt man in Frankreich nicht. Wohl werden hin und wieder kleine Regierungsparteien mit ins Boot geholt. So paktierten die Sozialisten 1981 mit den Kommunisten, ohne sie als Mehrheitsbeschaffer wirklich zu brauchen. Es handelte sich um eine Geste, die vom Kalkül geleitet war, ein stimmungsträchtiges Milieu in die Regierungsmehrheit einzubinden. Im Jahr 1988 bildeten die Sozialisten eine Minderheitsregierung. Sie verließen sich darauf, die linken Kleinparteien würden sie schon nicht im Stich lassen. Als 1997 eine Parlamentswahl bevorstand, schlossen die Sozialisten Wahlpakte mit kleineren Parteien (siehe oben Kapitel 4, 4.3.3). Als sie die Wahl gewonnen hatten, wurden Vertreter dieser Parteien in die Regierung aufgenommen.

Die Schlüsselministerien einschließlich der wirtschaftlichen Ressorts gibt die Partei, die den Premier stellt, nicht aus der Hand. Die Juniorpartner werden mit weichen Ressorts abgespeist und geben sich in der Regel damit zufrieden.

Feste Absprachen für das Regierungsgeschäft werden nicht getroffen, Koalitionsausschüsse gibt es nicht.

8.5.4 Weitere europäische Beispiele

Österreich ist das Musterland der Koalitionsregierung schlechthin. Alle einschlägigen Phänomene, die wir in der Bundesrepublik kennen, muten an wie von Österreich kopiert: der Koalitionsausschuss, das „agreement to disagree" und das frühe Einüben des Regierens in Koalitionen in den Gemeinden und Ländern. Das Prinzip der Nicht-Einmischung des einen Regierungspartners in die Angelegenheiten des anderen geht dort so weit, dass der Bundeskanzler selten aus der Rolle der protokollarischen Nummer eins im Regierungsbetrieb heraustritt. Österreich hat de facto stets zwei Regierungschefs, den Kanzler für die Verantwortungsbereiche seiner Partei und den Vizekanzler für die Ressorts des Koalitionspartners (Pelinka 2002: 81ff., Müller 1988: 89ff.).

In der Schweiz erübrigen sich Mechanismen des Koalitionsmanagements. Die jahrzehntelange supergroße Koalition erzieht die wichtigsten Regierungsakteure bereits zum wechselseitigen Arrangement, bevor sie noch in das zentrale Regierungsorgan des Bundesrates aufsteigen (Armingeon 2002).

Auch die niederländischen Parteien beherrschen die hohe Kunst der Koalitionsregierung. Koalitionsausschüsse sind nicht üblich. Umso stärker regieren die Fraktionsführer mit (Keman 2002: 131ff.). Im Übrigen kommt dem Koalitionsfrieden die Konvention entgegen, dass es den Ressorts überlassen wird, ihre eigene Politik zu treiben. Minderheitsregierungen werden auch bei schwierigen Mehrheitsverhältnissen nicht als brauchbare Option angesehen.

Dänemark und Schweden kommen komfortabel auch mit Minderheitsregierungen über die Runden.

„Das häufige Auftreten von Minderheitsregierungen führte zu Hypothesen, die gerade auf die skandinavischen Länder besonders zutreffen. Diese gehen davon aus, daß Minderheitsregierungen ein Ergebnis von ‚Politikbeeinflussungsstrategien' sind. Danach haben alle Parteien durch parlamentarische und außerparlamentarische Aktivitäten einen stärkeren Einfluß auf eine Minderheitsregierung als auf eine Mehrheitsregierung. Deshalb ist eine Mehrzahl der Oppositionsparteien daran interessiert, eine Minderheitsregierung zu unterstützen. Empirisch stützt sich diese These darauf, daß die Opposition starken Einfluß in diesen Ländern hat, wobei Schweden eine Spitzenstellung einnimmt. Nach dieser These treten Minderheitsregierungen besonders häufig im Zusammenhang mit konsensuellen und korporativen Politikstilen auf (Detlef Jahn: Schweden, in: Wolfgang Ismayr (Hrsg.), Die politischen Systeme in Westeuropa, 4. Aufl., Opladen 2009, S. 113)."

Wie oben beschrieben, werden bereits im parlamentarischen Vorverfahren in großer Transparenz nicht nur alle Parteien, sondern auch die betroffenen gesellschaftlichen Gruppen beteiligt (siehe oben Kapitel 2, 2.4.6). Die formelle Regierungsbeteiligung zählt deshalb weniger als in den Nachbarländern. Interministerielle Ausschüsse stimmen in Dänemark nicht nur die fachlichen Standpunkte der Ministerialbehörden, sondern bei dieser Gelegenheit auch die unterschiedlichen Bewertungen der Koalitionspartner ab (Jahn 2002: 237). Im schwedischen Koalitionsbetrieb haben die Ressorts keine so große Bedeutung. Beschlüsse fasst vielmehr das Regierungskollektiv, in das die Führer der Regierungsparteien als Minister eingebunden sind. Koalitionsfragen werden am Kabinettstisch geklärt (Pehle 2002: 202ff.)

8.6 Fazit

Koalitionspartner sind träge Vetospieler. Bevor es zur vorzeitigen Kündigung eines Regierungsbündnisses kommt, muss schon ein dramatisches Zerwürfnis eintreten. In Deutschland hält sich ein Regierungsbündnis so lange im Sattel, wie es nur eben geht. Insofern orientieren sich die koalierenden Parteien, wenn sie nicht gerade eine Große Koalition bilden, am Leitbild der Mehrheitsdemokratie. In den Niederlanden und Dänemark hingegen platzen Regierungen nicht selten auch im laufenden Politikbetrieb. In Dänemark und auch in Schweden finden sich von Fall zu Fall Partner, die ein Minderheitskabinett unterstützen. Die koalierte Mehrheitsregierung ist eine verhandelte Mehrheit auf Dauer. Sie braucht Konventionen und Institutionen, die Konflikte ausräumen oder weichspülen, wenn der Konsens vorübergehend abhanden kommt. Es handelt sich um Konsensregierung im Binnenverhältnis der Koalitionspartner.

9 Die Grenzen der Mehrheitsentscheidung: Das Verfassungsgericht, der Verfassungsstaat und der Sozialstaat

9.1 Die Konstitutionalisierung der Alltagspolitik

Das Verfassungsgericht ist aus der deutschen Politik nicht fortzudenken. Ob es sich um die steuerliche Ungleichbehandlung von Renten und Beamtenpensionen handelt, um die Haushaltsrechte des Deutschen Bundestages bei der Beschaffung eines neuen Transportflugzeugs für die Luftwaffe, um den Finanzausgleich zwischen den Ländern, um den gesetzlichen Finanzausgleich zwischen den Gesetzlichen Krankenkassen, um die Zulässigkeit des christlichen Kreuzes als Ausstattungsgegenstand bayerischer Klassenräume, ob es um die Substitution des konfessionellen Religionsunterrichts durch ein Kombinationsfach Lebenskunde, Ethik, Religion im Land Brandenburg geht oder immer wieder um die Parteienfinanzierung und die Wahlkampfkostenerstattung: Bei all diesen Themen der allerjüngsten Zeit betätigte sich das Bundesverfassungsgericht als letzte Instanz. Schon die Aussicht, dass die Verliererseite mit guten Erfolgsaussichten eine Klage anstrengen könnte, soll die Mehrheit des Bundestages schon zum Einlenken veranlasst haben (Landfried 1996).

Die vom Grundgesetz gewählte Art der Verfassungsgerichtsbarkeit ist ein Produkt der Staatsrechtswissenschaft. Maßgeblich hat sie der Weimarer Staatsrechtler Hans Kelsen entwickelt (Kelsen 1994 (Erstausg.1934), Kelsen 1929). Er hinterließ seine Handschrift in der noch heute in weiten Teilen geltenden Verfassung der Republik Österreich. Kelsen konzipiert das Verfassungsgericht als negativen Gesetzgeber. Der positive Gesetzgeber ist das Parlament als Vertretung des Volkes. Die Verfassung ist die Ursprungsnorm der Rechtsordnung. Aufgabe des Verfassungsgerichts ist es einzuschreiten, wenn die Volksvertretung Gesetze beschließt, die durch die Verfassung nicht mehr gedeckt sind. Dieses Gericht hat ein Monopol auf die Verfassungsauslegung. Kelsens Konzeption der Verfassungsgerichtsbarkeit sollte Schule machen, zunächst in seiner österreichischen Heimat, dann aber auch in Deutschland (Stone Sweet 2002).

Werden in der Bundesrepublik noch vor der ersten Anwendung eines Gesetzes Zweifel an der Verfassungsmäßigkeit laut, anders gesagt: wird ein potenzieller Schaden für die Rechtsordnung behauptet, darf das Verfassungsgericht angerufen werden. Dieser erste Weg zum Gericht ist die *abstrakte Normenkon-*

trolle. Als Kläger treten ausschließlich die an der Bundesgesetzgebung beteiligten Verfassungsorgane auf: die parlamentarische Opposition, der Bundesrat oder eine Landesregierung. Wenn das Verfassungsgericht auf Nichtigkeit erkennt, darf das beanstandete Gesetz gar nicht erst praktiziert werden. Beim Kreis dieser Klageberechtigten handelt es sich um politische Spieler. Für sie lohnt es sich, das politische Spiel nach einer parlamentarischen Niederlage auf der Verfassungsbühne weiterzubetreiben, sofern nur die realistische Chance existiert, den Mehrheitswillen per Gerichtsbeschluss zu kassieren. Dem Verfassungsgericht mag es nicht behagen, auf diese Weise in politisches Kalkül hineingezogen zu werden. Aber es hat keine Alternative: Vom Grundgesetz wird es zur Entscheidung gezwungen!

Der zweite Weg zum Verfassungsgericht ist die *konkrete Normenkontrolle*. Sie existiert in zwei Spielarten. In der ersten Variante geht sie vom Bürger aus, der behauptet, dass seine Rechte verletzt worden sind, weil ihm der Staat ein verfassungswidriges Handeln oder Unterlassen abverlangt. Hier handelt es sich um die Verfassungsbeschwerde (Art. 93 Abs. 4a GG). Die zweite Variante der konkreten Normenkontrolle kann allein von einem Gericht veranlasst werden, wenn es sich in einem laufenden Prozess der Verfassungsmäßigkeit eines anzuwendenden Gesetzes vergewissern will (Art. 100 GG).

Die abstrakte Normenkontrolle fußt auf der Idee einer widerspruchsfreien Rechtsordnung. Der Vorrang der Verfassung vor dem einfachen Gesetz gilt bereits dann als beschädigt, wenn ein Gesetz beschlossen wird, dessen Verfassungsmäßigkeit in Zweifel steht. Ein womöglich verfassungswidriges Gesetz soll gar nicht erst in die Rechtsordnung hineingelangen. Weil bis dahin lediglich die Verfassungsorgane mit diesem Gesetz befasst waren, kommen nur sie als Störungsmelder infrage.

Grundgesetz (Auszug):
„Artikel 93 (1) Das Bundesverfassungsgericht entscheidet:
1. über die Auslegung dieses Grundgesetzes aus Anlaß von Streitigkeiten über den Umfang der Rechte und Pflichten eines obersten Bundesorgans oder anderer Beteiligter, die durch dieses Grundgesetz oder in der Geschäftsordnung eines obersten Bundesorgans mit eigenen Rechten ausgestattet sind;
2. bei Meinungsverschiedenheiten oder Zweifeln über die förmliche und sachliche Vereinbarkeit von Bundesrecht oder Landesrecht mit diesem Grundgesetze oder die Vereinbarkeit von Landesrecht mit sonstigem Bundesrechte auf Antrag der Bundesregierung, einer Landesregierung oder eines Drittels der Mitglieder des Bundestages; (...)
3. bei Meinungsverschiedenheiten über Rechte und Pflichten des Bundes und der Länder, insbesondere bei der Ausführung von Bundesrecht durch die Länder und bei der Ausübung der Bundesaufsicht. (...)

9 Die Grenzen der Mehrheitsentscheidung

über Verfassungsbeschwerden, die von jedermann mit der Behauptung erhoben werden können, durch die öffentliche Gewalt in einem seiner Grundrechte oder in einem seiner in Art. 20 Abs. 4, 33, 38, 101, 103 und 104 enthaltenen Rechte verletzt zu sein;
(4b) über Verfassungsbeschwerden von Gemeinden und Gemeindeverbänden wegen Verletzung des Rechts auf Selbstverwaltung nach Artikel 28 (...).
Art. 100 [Verfassungswidrigkeit von Gesetzen]. (1) Hält ein Gericht ein Gesetz, auf dessen Gültigkeit es bei der Entscheidung ankommt, für verfassungswidrig, so ist das Verfahren auszusetzen und, wenn es sich um die Verletzung der Verfassung eines Landes handelt, die Entscheidung des für Verfassungsstreitigkeiten zuständigen Gerichtes des Landes, wenn es sich um die Verletzung dieses Grundgesetzes handelt, die Entscheidung des Bundesverfassungsgerichtes einzuholen. Dies gilt auch, wenn es sich um die Verletzung dieses Grundgesetzes durch Landesrecht oder um die Unvereinbarkeit eines Landesgesetzes mit den Bundesgesetzen handelt. (...)."

Bundesverfassungsgerichtsgesetz (Auszug):
„*§ 2* (1) Das Bundesverfassungsgericht besteht aus zwei Senaten.
(2) in jeden Senat werden acht Richter gewählt.
(3) Drei Richter jedes Senats werden aus der Zahl der Richter an den obersten Gerichtshöfen des Bundes gewählt. (...)
§ 13 Das Bundesverfassungsgericht entscheidet in den vom Grundgesetz bestimmten Fällen, und zwar
1. über die Verwirkung von Grundrechten (Artikel 18 des Grundgesetzes),
2. über die Verfassungswidrigkeit von Parteien (Artikel 21 des Grundgesetzes),
3. über Beschwerden gegen Entscheidungen des Bundestages, die die Gültigkeit einer Wahl oder den Erwerb und Verlust der Mitgliedschaft eines Abgeordneten beim Bundestag betreffen (Artikel 41 Abs. 4 des Grundgesetzes), (...)
5. über die Auslegung des Grundgesetzes aus Anlaß von Streitigkeiten über den Umfang der Rechte und Pflichten eines obersten Bundesorgans oder anderer Beteiligter, die durch das Grundgesetz oder in der Geschäftsordnung eines obersten Bundesorgans mit eigenen Rechten ausgestattet sind (Artikel 92 Abs. 1 Nr. 1 des Grundgesetzes),
6. bei Meinungsverschiedenheiten oder Zweifel über die förmliche oder sachliche Vereinbarkeit von Bundesrecht oder Landesrecht mit sonstigem Bundesrecht auf Antrag der Bundesregierung, einer Landesregierung oder eines Drittels der Mitglieder der Bundesregierung (Artikel 93 Abs. 1 Nr. des Grundgesetzes),
7. bei Meinungsverschiedenheiten über Rechte und Pflichten des Bundes und der Länder, insbesondere bei der Ausführung von Bundesrecht durch die Länder und bei der Ausübung der Bundesaufsicht (Artikel 93 Abs. Nr. 3 und Artikel 84 Abs. 4 Satz 2 des Grundgesetzes), (...)
8.über Verfassungsbeschwerden (Artikel 93 Abs. 1 Nr. 4a und 4b des Grundgesetzes), (...)
11. über die Vereinbarkeit eines Bundesgesetzes oder eines Landesgesetzes mit dem Grundgesetz oder die Vereinbarkeit eines Landesgesetzes oder sonstigen Landesrechts mit einem Bundesgesetz (Artikel 100 Abs. 1 des Grundgesetzes), (...)

§ 14 (1) Der Erste Senat des Bundesverfassungsgerichts ist zuständig für Normenkontrollverfahren (§13 Nr. 6 und Nr. 11), in denen überwiegend die Unvereinbarkeit einer Vorschrift mit Grundrechten und Rechten aus den Artikeln 33, 101, 103 und 104 des Grundgesetzes geltend gemacht werden, sowie für Verfassungsbeschwerden mit Ausnahme der Verfassungsbeschwerden nach § 91 und der Verfassungsbeschwerden aus dem Bereich des Wahlrechts.
(2) Der Zweite Senat des Bundesverfassungsgerichts ist zuständig in den Fällen des § 13 Nr. 1 bis 5, 7 bis 9, 12 und 14, ferner für Normenkontrollverfahren und Verfassungsbeschwerden, die nicht dem Ersten Senat zugewiesen sind."

Schließlich hat das Gericht im Rahmen einer *Organklage* zu entscheiden (Art. 93 Abs. 1 GG). Hier tritt es als Garant der Verfassungsorgane auf, des Bundestages, der Opposition, der Regierung und des Bundesrates. Es wird hier als Gewaltenteilungsgericht aktiv. Darüber hinaus ist das Verfassungsgericht ein *Bundesstaatsgericht*. Es kann von den Bundesorganen und den Landesregierungen angerufen werden, um den vom Grundgesetz gewollten Grenzverlauf zwischen Bund und Ländern festzustellen (Art. 93 Abs. 1, Nr. 2-4 GG). Das Verfassungsgericht hat bei diesen beiden zuletzt genannten Klagearten die klassische Aufgabe eines Staatsgerichts.

Das Bundesverfassungsgericht ist nicht das einzige deutsche Verfassungsgericht. Sämtliche Landesverfassungen sehen ein Verfassungsgericht vor (teilweise mit dem Namen eines Staatsgerichtshofes). Diese Gerichte sind keine kontinuierlich arbeitenden Institutionen. Sie treten lediglich bei Bedarf zusammen, ihre Mitglieder werden vom Landtag gewählt. In der Öffentlichkeit werden sie meist dann wahrgenommen, wenn sie Wahlprüfungsfragen entscheiden und über die Rechte der Landesregierung und des Landtages befinden, über die Rechte der Gemeinden und über Fragen im Zusammenhang mit der Volksgesetzgebung (Volksbegehren, Volksentscheid).

9.2 Das Verfassungsgericht im Dilemma zwischen Verfassung und politischer Opportunität

Die Verfassungsrichter werden nach fachlicher Kompetenz und politischer Lagerbindung ausgewählt. Die Wahl fällt auf auf Richter, denen die Affinität zu einer der großen im Bundestag vertretenen Parteien nachgesagt wird. Das Auszählen des Richterkollegiums nach ihrer vermuteten Parteinähe ist Brauch, wenn über die Entscheidung des Gerichts in einer großen Sache spekuliert wird. Letztlich endet alle Spekulation mit der Feststellung, dass die Richter doch wirklich unabhängig entscheiden.

9 Die Grenzen der Mehrheitsentscheidung

Im abstrakten Normenkontrollverfahren übernimmt das Gericht nicht einfach die Rechtsauffassung der Kläger und annulliert den Mehrheitswillen. Stattdessen zeigt es gern mit großer Liebe zum Detail die Ober- und Untergrenzen für eine notwendige gesetzliche Neuregelung auf (Landfried 1990: 88). Bei Entscheidungen über die Wahlkampffinanzierung hat das Gericht schon Zehntelprozente als Willen der Verfassung festgestellt.

„Das Verfassungsgericht ist kein Friedhof der kassierten Gesetze. (...) Die Ermahnung zur verfassungskonformen Interpretation war prima vista die Intervention des Gerichts, die den Spielraum des Gesetzgebers am wenigsten einschränkt. Vor allem in der Außenpolitik (...) drückte sich in dieser Interventionsform die richterliche Zurückhaltung aus. Das Urteil hat den Tenor: ‚Bis hierher und nicht weiter.' Der Gesetzgeber erhält eine genaue Anweisung, welche Auslegung des Gesetzes die allein gültige ist. Selbst bei der klassischen Nichtigkeitserklärung hat der Gesetzgeber bei der Neufassung des Gesetzes einen größeren Spielraum. (...) Die eigentliche Wirkung des Urteils liegt jedoch in den Gerichten, die sich fortan an den ‚Willen des Verfassungsgerichts' halten und den ‚Willen des Gesetzgebers' sogar in sein Gegenteil verkehren können. (...) Bei außenpolitischen Entscheidungen sind die Folgen gering. (...) Aber bei sozialpolitischen und regulativen Maßnahmen kann eine solche vom Verfassungsgericht gezogene Grenze rasch überschritten und von den Gerichten beanstandet werden. (...)
Die Vorstellung älterer Gewaltenteilungsdoktrinen, daß das Parlament allein bindende Entscheidungen für das politische System produziere, ist überholungsbedürftig. Auch das Bundesverfassungsgericht hat teil an den bindenden Entscheidungen. Im Unterschied zum Gesetzgeber kann es jedoch nicht nach selbstgesetzten Regeln in den politischen Prozeß eingreifen, sondern muß warten, bis es von antragsberechtigten Institutionen oder Personen angerufen wird (Klaus von Beyme: Der Gesetzgeber. Der Bundestag als Entscheidungszentrum, Opladen und Wiesbaden 1997, S. 301f., 310)."

Das Grundgesetz enthält Gewährleistungen wie die Sozialstaatsklausel, den Schutz der Familie und die Garantie des Religionsunterrichts, neuerdings auch den Umwelt- und den Tierschutz. Alle diese Garantien stehen im Grundrechtekapitel des Grundgesetzes (Art. 1 und 20 GG). Sie unterliegen damit der Verfassungsbeschwerde des einzelnen Bürgers. Sie genießen darüber hinaus die Dauergarantie des Schutzes der Verfassung, die – einzigartig in Verfassungsstaaten – den Rahmen künftiger Verfassungsänderungen einschränkt.

Grundgesetz (Auszüge):.
„*Artikel 20* (1) Die Bundesrepublik Deutschland ist ein demokratischer und sozialer Bundesstaat.

"(2) Alle Staatsgewalt geht vom Volke aus. Sie wird vom Volke in Wahlen und Abstimmungen und durch besondere Organe der Gesetzgebung, der vollziehenden Gewalt und der Rechtsprechung ausgeübt.
(3) Die Gesetzgebung ist an die verfassungsmäßige Ordnung, die vollziehende Gewalt und die Rechtsprechung sind an Gesetz und Recht gebunden. (...)
Artikel 79 (...) (3) Eine Änderung dieses Grundgesetzes, durch welche die Gliederung des Bundes in Länder, die grundsätzliche Mitwirkung der Länder bei der Gesetzgebung oder die in den Artikeln 1 und 20 berührten Grundsätze berührt werden, ist unzulässig."

Die Grundrechte sind der Ausgangspunkt für das Verfassungsprüfungsbegehren der Gerichte. Hat ein Gericht Zweifel, ob das Gesetz, nach dem es entscheiden muss, mit dem Grundgesetz übereinstimmt, muss es nach Art. 100 GG den Prozess solange aussetzen, bis das Verfassungsgericht über die Verfassungskonformität des angezweifelten Gesetzes entschieden hat. Bedenkt man nun, dass Familie und Sozialstaat nahezu die gesamten Bereiche der Steuergesetzgebung, der sozialen Sicherung und der Erziehung und Ausbildung berühren, bedenkt man ferner, dass die Anschauungen von sozialer Gerechtigkeit und die Familienstrukturen dem sozialen Wandel unterworfen sind, dann beantwortet sich die Frage ganz von selbst, warum die deutsche Verfassungsgerichtsbarkeit ständig gefordert ist.

Die engmaschigen Verfassungsgarantien nicht nur für die Persönlichkeitsrechte, sondern auch für die sozialpolitischen Gewährleistungen bringen das Verfassungsgericht schon im Wege der konkreten Normenkontrolle, die von Hunderten deutscher Gerichte initiiert werden kann, so häufig ins Spiel, dass das Karlsruher Verfassungsgericht nur noch auswählen muss, in welchem Punkt es die Politik korrigieren möchte.

Das Gericht darf Verfassungsbeschwerden individueller Kläger abweisen. Ein sogenannter Dreierausschuss des Verfassungsgerichts sortiert im Vorwege jene Beschwerden aus, die begründet erscheinen und über deren Behandlung das Vollgericht entscheiden soll. Bei den Prüfanfragen der Gerichte und bei den Klagen der Verfassungsorgane *muss* das Gericht entscheiden. Über das Gericht ergießt sich eine Flut von Anfragen der Familien-, Sozial-, Finanz- und Arbeitsgerichte, bei denen die ordentliche Rechtsprechung ruht, bis das Verfassungsgericht seine Entscheidung trifft. Verfassungsbeschwerden und richterliche Kontrollanträge beanspruchen die Arbeit des Gerichts am stärksten (Reutter 2001). Normenkontrollklagen gegen Gesetzesbeschlüsse werden zumeist von der Bundestagsopposition und von Ländern erhoben, die im Lager der Bundestagsopposition stehen. Ihr Erfolg ist geringer, als das Image des Gerichts suggeriert (Stüwe 2006, 1997).

9 Die Grenzen der Mehrheitsentscheidung

Erkennt das Verfassungsgericht bei Gerichtsvorlagen und Verfassungsbeschwerden auf die Verfassungswidrigkeit, bleibt ihm oft nichts anderes übrig, als in seiner Entscheidung Brückenregelungen zu treffen, bis sich der Gesetzgeber selbst korrigiert. Diese Ersatzgesetzgeberrolle ist durch die weite Fassung der Grundrechte vorprogrammiert. Kein anderes Verfassungsgericht muss sich mit solchen Fragen befassen. Die Verfassungen anderer Demokratien beschränken sich auf die klassischen Grundrechtsgarantien (dazu und zum Folgenden: van Ooyen/Möllers 2006).

Eine neue Qualitätsstufe erreichte die Verfassungsrechtsprechung Ende 2001. Das Verfassungsgericht schlug der Regierung des Landes Brandenburg und den christlichen Amtskirchen vor, sich zu vergleichen. Es ging um den strittigen Ersatz des obligatorischen Religionsunterrichts durch ein Fach Lebenskunde-Ethik-Religion (LER). Das Fach sollte Fragen von Ethik und Religion im Unterricht unabhängig von den kirchlichen Organisationen vermitteln (Lhotta 2002). Im Behelf des in anderen Bereichen der Rechtsprechung üblichen Vergleichs suchte das Verfassungsgericht einen Ausweg aus dem Dilemma, im notorisch heiklen und kontroversenträchtigen Grenzbereich der christlichen Kirchen und des säkularen Staates Position beziehen zu müssen.

Vereinbarung zur Beilegung der Verfahren vor dem Bundesverfassungsgericht über die Verfassungsmäßigkeit von § 9 Abs.2 und 3, § 11 Abs. 2 bis 4 und § 141 des Brandenburgischen Schulgesetzes vom 11.12.2001 (Auszug):
„Präambel: Antragsteller und Landesregierung greifen den Vorschlag des Bundesverfassungsgerichts auf, über den Gegenstand der vorgenannten Verfassungsstreitverfahren eine einvernehmliche Verständigung herbeizuführen und damit die Voraussetzungen dafür zu schaffen, dass die Beteiligten verfahrensbeendende Erklärungen abgeben. Sie schließen deshalb die folgende Vereinbarung:
§ 1 Die Regelungen über das Fach Lebensgestaltung-Ethik-Religionskunde in § 11 Abs. 2 bis 4 des Brandenburgischen Schulgesetzes bleiben unberührt. Außer dem Unterricht in diesem Fach kann Religionsunterricht gemäß § 9 Abs. 2 dieses Gesetzes in allen Schulformen und Schulstufen erteilt werden. Ergänzend werden für die beiden Unterrichtsfächer Regelungen entsprechend § 2 dieser Vereinbarungen getroffen.
§ 2 (1) Die Landesregierung wird in den Landtag Brandenburg den Entwurf eines Gesetzes zur Änderung des Brandenburgischen Schulgesetzes einbringen, der folgenden Inhalt haben wird:
1. Der Religionsunterricht wird in der Regel in Lerngruppen mit einer Teilnehmerzahl von mindestens 12 Schülerinnen und Schülern durchgeführt.
2. Der Religionsunterricht soll in die regelmäßige Unterrichtszeit integriert werden. Durch die zeitliche Gestaltung soll nicht ausgeschlossen werden, dass Schülerinnen und Schüler, die den Unterricht in dem Fach Lebensgestaltung-Ethik-Religionskunde besuchen, zusätzlich am Religionsunterricht teilnehmen können.

3. Lehrkräften des Landes Brandenburg, die neben dem staatlichen Unterricht im Auftrag von Kirchen oder Religionsgemeinschaften Religionsunterricht erteilen, wird die Erteilung dieses Unterrichts mit bis zu acht Unterrichtsstunden je Woche auf die Pflichtstundenzahl angerechnet, sofern die Mindestgruppengröße von 12 Schülerinnen und Schülern erreicht wird. (....)
6. Den Kirchen und Religionsgemeinschaften, deren Beauftragte Religionsunterricht erteilen, werden zu den dadurch entstehenden Kosten nach Maßgabe des Haushalts staatliche Zuschüsse gewährt.
7. Schülerinnen und Schüler, deren Eltern gegenüber der Schule erklären, dass ihr Kind wertorientierten Unterricht zu den Gegenstandsbereichen des Faches Lebensgestaltung-Ethik-Religionskunde allein in Form des Religionsunterrichts erhalten soll, und den Besuch eines solchen Unterrichts nachweisen, sind von der Verpflichtung zur Teilnahme am Unterricht in dem Fach Lebensgestaltung-Ethik-Religionskunde befreit."

Im September 2003 entschied das Gericht, es verstoße gegen die Grundrechte einer muslimischen Lehrerin im Dienste des Landes Baden-Württemberg, wenn ihr das Tragen des Kopftuchs im Unterricht – als Zeichen ihres Glaubens – verboten werde. Als Begründung führte es aber nicht das Prinzip der Religionsfreiheit oder die religiöse Neutralität der staatlichen Schulen an, sondern allein das Fehlen einer gesetzlichen Grundlage für das Verbot. Es liege beim zuständigen Gesetzgeber, also beim betreffenden Landtag, ob er das Tragen des Kopftuchs beim Lehrpersonal dulden wolle. Das Gericht fand so einen Ausweg aus der drohenden Situation, der Politik eine unbequeme Entscheidung abnehmen zu müssen.

Entscheidung des Bundesverfassungsgerichts vom 24. September 2003 (Auszug):
„Das unvermeidliche Spannungsverhältnis zwischen positiver Glaubensfreiheit des Lehrers einerseits sowie der negativen Glaubensfreiheit der Schüler andererseits unter Berücksichtigung des Toleranzgebots zu lösen, obliegt dem demokratischen Landesgesetzgeber, der im öffentlichen Willensbildungsprozess einen für alle zumutbaren Kompromiss zu suchen hat. Dies schließt ein, dass die einzelnen Länder zu verschiedenen Regelungen kommen können. (...) Nach der Verfassung sind die Einschränkungen und grundrechtlichen Freiheiten und der Ausgleich von kollidierenden Grundrechten aber dem Parlament vorbehalten, um sicherzustellen, dass Entscheidungen von solcher Tragweite aus einem Verfahren hervorgehen, das der Öffentlichkeit Gelegenheit bietet, ihre Auffassungen auszubilden und zu vertreten, und die Volksvertretung dazu anhält, Notwendigkeit und Ausmaß von Grundrechtseingriffen in öffentlicher Debatte zu klären."

Die Generalklauseln in den Verfassungsbestimmungen über Bund und Länder lassen dem Bundesgesetzgeber Spielraum bei der Wahrnehmung eines Verfassungsauftrags. Bayern, Baden-Württemberg und Hessen, die klassischen Nettozahler im horizontalen Finanzausgleich, sind gern mit Klagen zur Hand, um sich von ihren Zahlungspflichten zu entlasten (siehe oben Kapitel 3, 3.2.1). Die Länder gliedern sich in eine erste Liga im Süden der Republik, in der recht hohe Steuereinnahmen verbucht werden, in eine zweite Liga im Norden der alten Bundesrepublik, deren Leistungsfähigkeit deutlich geringer ist, und seit 1990 in eine weit abgeschlagene Liga der neuen, östlichen Länder, die ohne große Transferzahlungen überhaupt nicht handlungsfähig wären. Der Streit wird hauptsächlich zwischen den älteren Nord- und Südländern ausgetragen. Baden-Württemberg, Bayern und Hessen klagten 1998 beim Verfassungsgericht, um die Reduzierung ihres Finanzausgleichsbeitrags an die Empfängerländer zu erzwingen. Das Gericht gab ihnen ein Jahr später teilweise recht und trug dem Bund und den Ländern auf, innerhalb einer Frist eine neue Finanzausgleichsregelung zu beschließen. Seit 2005 gilt eine neue Regelung, gegen welche dieselben Länder eine neue Klage planen. Das Gericht kann bei solchen Entscheidungen gar nicht anders, als sich intensiv auf politische Überlegungen einzulassen: In welchem Umfang zielt das Grundgesetz darauf ab, ungleiche Lebensverhältnisse zu nivellieren? Ist die Lage der notorischen Empfängerländer durch eine unsolide Haushaltspolitik selbst verschuldet, geht sie auf objektive Standortnachteile zurück, sind diese Länder Opfer des wirtschaftlichen Wandels?

9.3 Das Verfassungsgericht als Ersatzgesetzgeber

Auch wenn das Gericht nicht aus eigener Initiative tätig werden darf, ist es doch hochaktiv. Es ist mit einem Berg von Klagen konfrontiert. Bei Gründung des Bundesverfassungsgerichts waren von vornherein zwei Senate vorgesehen, einer für den Grundrechtekomplex, ein anderer für den Komplex der Staatsorganisation (§ 14 Bundesverfassungsgerichtsgesetz). Dass der Erste Senat einmal mit Vorlagen der Arbeits-, Sozial- und Finanzgerichte eingedeckt und der Zweite Senat zum Ort des Nachkartens der unterlegenen Seite in der politischen Auseinandersetzung würde, ließ sich nicht absehen. Vor diesem Hintergrund erwies sich die Existenz zweier Senate nachträglich als großer Vorteil: Kein anderes Verfassungsgericht hat mit sechzehn Richtern so viele wie das Bundesverfassungsgericht, keines muss aber auch eine solche Arbeitslast bewältigen. Zum Vergleich: Der US-amerikanische Supreme Court kommt seit über 130 Jahren mit neun Richtern und einem überschaubaren Mitarbeiterapparat aus.

Seit 1966 praktiziert das Bundesverfassungsgericht nach dem Vorbild des US-amerikanischen Supreme Court die Veröffentlichung seiner Entscheidungsgründe. Die Richtermehrheit legt ihre Gründe dar. Andere Richter legen ihre Minderheitsvoten schriftlich nieder. Das Verfassungsgericht ist insoweit eine transparente Institution.

220   9 Die Grenzen der Mehrheitsentscheidung

Die Verfassungsrichter haben wenig Scheu, über einem Gesetz den Daumen zu senken. Sie bestimmen häufig noch die Parameter des prospektiven Nachfolgegesetzes, indem sie teilweise fein detaillierte Vorgaben für den Gesetzgeber in die Welt setzen. Vielfach bleibt ihnen gar nichts anderes übrig, um ein rechtliches Vakuum zu vermeiden. Aber die Gewohnheit, derlei zu tun, setzt sich bisweilen auch dann durch, wenn größere Zurückhaltung angeraten wäre. Ein stets mit Hochdruck arbeitendes Gericht bildet seine eigene Entscheidungskultur aus. Es handelt sich hier um einen Prozess der Institutionenbildung. Das Gericht lernt aus Situationen, die sich häufig wiederholen. In der Öffentlichkeit genießt es hohes Ansehen. Ob es will oder nicht: der Wahrnehmung, als Gegenspieler der Politik aufzutreten, kann es sich nicht entziehen. Einige Richter finden nichts dabei, diesem Eindruck noch Vorschub zu leisten, indem sie in Interviews und Vorträgen zu Fragen der aktuellen Politik Stellung nehmen. Bei Politikern schwingt beim Blick auf das Verfassungsgericht oft eine vorwurfsvolle Kommentierung in Richtung Ersatzgesetzgeber mit – unabhängig davon, dass es dieselben Politiker sind, die das Gericht in diese Rolle lavieren.

9.4 Die Rekrutierung der Verfassungsrichter: Politikum und rechtswissenschaftliches Adelsprädikat

Die Rolle des Verfassungsgerichts wird nicht zuletzt von der Prägung des Richterpersonals vor seiner Berufung an das Gericht beeinflusst. Der Bundestag wählt sein Kontingent am Richterkollegium indirekt. Dem mit zwölf Abgeordneten besetzten Wahlausschuss gehört die erste Garnitur der Fraktionen an, darunter die Fraktionsvorsitzenden. Der Einfluss der Parteien ist also gesichert, genauso im Bundesrat, der als Ganzes die Richter wählt. Für die Wahl ist in beiden Institutionen eine qualifizierte Mehrheit – Zweidrittelmehrheit – erforderlich. Die beiden Senate lassen denn auch klar einen Parteienproporz erkennen (Landfried 2006). Seit vielen Jahren wird die mangelnde Transparenz des Auswahlverfahrens bemängelt.

„Die materielle Entscheidung über die Wahl der Bundesverfassungsrichter fällt allerdings nicht in den rechtlich dafür vorgesehenen Wahlgremien, sondern seit den Verfassungsrichterwahlen von 1971 in den sog. Findungskommissionen der CDU/ CSU und der SPD unter jeweiliger Hinzuziehung des Koalitionspartners. Den Findungskommissionen obliegt (...) zugleich die Verhandlungsführung mit der jeweils anderen Seite. Dieser recht kleine Personenkreis entscheidet im Wesentlichen über die jeweilige Neubesetzung des BverfG. Das qualifizierte Mehrheitserfordernis hat bisher stets eine einseitige Richterwahl verhindert. Andererseits bedingte es – als Folge des Zwangs der Parteien zur Verständigung – ein Proporzsystem. Der An-

9 Die Grenzen der Mehrheitsentscheidung

spruch der CDU/CSU und der SPD auf eine gleiche Beteiligung an der Besetzung des Gerichts führte zu einer nahezu paritätischen Aufschlüsselung der Richterstellen nach Art eines festen Planstellensystems auf der Grundlage der diesen Parteien bei der Erstbesetzung zugefallenen Richterquote, wobei die FDP zeitweise völlig übergangen wurde. (...) Vorschlagsrecht einer Partei heißt auch nicht, dass sie nur eigene Parteimitglieder präsentiert. So sind einer zwischenparteilichen Vereinbarung gemäß seit 1975 zwei Richter je Senat, d.h. 25% der Mitglieder des Gerichts, parteiungebunden (Werner Billing: Bundesverfassungsgericht, in: Uwe Andersen und Wichard Woyke (Hrsg.), Handwörterbuch des politischen Systems der Bundesrepublik Deutschland, 5. Aufl., Opladen 2003, S. 107f.)."

Die indirekte Wahl der Verfassungsrichter durch den Bundestag fand immer wieder Kritik. Doch das Gericht selbst entschied im Juni 2012 über eine entsprechende Klage, sozusagen in eigener Sache, Dieser Wahlmodus verstoße nicht gegen die Verfassung, weil es sich hier um eine legitime Entscheidung des Bundestages handle, der sich nun einmal auf dieses Verfahren festgelegt habe, um seinem Verfassungsauftrag zur Wahl seines Kontingents der Verfassungsrichter festgelegt habe.

Entscheidung des Bundesverfassungsgerichts vom 19. Juni 2012 (Auszug):
„(...) 2. Es ist verfassungsrechtlich nicht zu beanstanden, dass der Deutsche Bundestag die von ihm zu berufenden Richter des Bundesverfassungsgerichts in indirekter Wahl durch einen aus zwölf Abgeordneten bestehenden Wahlausschuss (§ 8 BVerfGG) wählt. Nach Art. 94 Abs. 1 Satz 2 GG werden die Mitglieder des Bundesverfassungsgerichts je zur Hälfte vom Bundestag und vom Bundesrat gewählt. Die Vorschrift gibt den Wahlmodus nicht vor, sondern ist (...) auf Ausgestaltung durch den Gesetzgeber hin ausgelegt."

Die deutschen Verfassungsrichter rekrutieren sich aus dem Kreise prominenter Rechts- und Innenpolitiker, aus Rechtsprofessoren und aus der Richterschaft. Deutsche Richter sind in der Regel Fachleute für ein bestimmtes Rechtsgebiet: Verwaltungsrechtler, Familienrechtler, Arbeitsrechtler u.ä.m. Sie gelangen mit der Übertragung des Richteramtes in eine Spezialgerichtsbarkeit und verbleiben dort. Auch die Rechtsprofessoren sind in aller Regel auf ein Rechtsgebiet spezialisiert. Nach Herkommen und Ausbildung repräsentiert das Gericht deshalb die volle Bandbreite juristischer Kompetenz. Ein Verfassungsrichter steigt in den Olymp der Richter- und Rechtsgelehrtenzunft auf. Den Eindruck, dass sie die Rolle des politischen Spielstandsansagers nicht genießen, verbreiten die Richter allerdings zunehmend weniger (Wahl 2001).

9.5 Vergleich: Außerhalb Deutschlands und der USA haben Verfassungsgerichte eine geringere Bedeutung

9.5.1 USA

Das deutsche Verfassungsgericht wird gern mit dem US-amerikanischen Supreme Court verglichen. Nur dieses Oberste Gericht, das auch als Verfassungsgericht funktioniert, hat eine gleichwertige politische Bedeutung. Die Verfassungsgeschichte der USA wurde in wesentlichen Teilen vom Supreme Court geschrieben. Gehen wir kurz auf die Gründe ein. Sie verdeutlichen gut die Rolle des Verfassungsgerichts auch in der deutschen Politik. Die USA mit der ältesten bis heute geltenden Verfassung der Welt haben diese Verfassung bereits zwei Jahre nach ihrem Inkrafttreten (1791) mit zehn Artikeln um die Persönlichkeitsrechte ergänzt. In den 221 Jahren danach hat es lediglich 17 weitere Verfassungsänderungen gegeben. Neun davon wurden nach 1867, nach der verfassungsmäßigen Gleichstellung der Amerikaner aller Rassen, verabschiedet, fünf nach 1948. Das Verfassungsdokument umfasst wenige Druckseiten.

Dagegen handelt es sich beim Grundgesetz um ein sehr viel detaillierteres und umfangreicheres Dokument. Von 1949 bis 2010 waren 54 Verfassungsänderungen zu verzeichnen, davon mit Ausnahme der vereinigungsbedingten Änderungen so gut wie keine, die sich auf die Verfassungsorgane beziehen, und sehr wenige, mit denen die Grundrechte neugefasst wurden. Die meisten Grundgesetzänderungen betrafen die Kompetenzen von Bund und Ländern im Gesetzgebungs- und Verwaltungsbereich, die Finanzverfassung und die Erweiterung der Staatsziele (Umwelt, Tierschutz).

Das Grundgesetz gibt dem Erwartungsdruck auf Neuregelungen eher nach als die amerikanische Verfassung. Die äußerst knapp gehaltene US-Verfassung hat den Wandel der Zeiten nur deshalb überstehen können, weil sie von der Verfassungsinterpretation des Supreme Court immer wieder an veränderte Verhältnisse angepasst wurde. Diese Anpassungen waren häufig schmerzhaft, und sie waren zumeist von bitteren politischen Kontroversen begleitet.

Die amerikanische Verfassung ist mehr als ein bloßes Rechtsdokument. Es handelt sich um eine Ikone des amerikanischen Selbstverständnisses – wie das Sternenbanner und das Kapitol. Auch das Grundgesetz hat Identität stiftende Wirkung. Doch wenn vom Grundgesetz die Rede ist, hat man den Komplex der Grundrechte und der Verfassungsorgane vor Augen, nicht die Sozialstaatsklausel und nicht den komplizierten Teil der bundesstaatlichen Kompetenzordnung. Dieser letztere Teil hat in der politischen Praxis eigentlich gar nicht die Wertigkeit eines hehren Verfassungsdokuments. Es handelt sich eher um technische Bestimmungen. Darin definieren Bund und Länder ihre Beziehungen. Diese

9 Die Grenzen der Mehrheitsentscheidung

Beziehungen sind notorisch gespannt. Weil sie aber durchaus änderbar sind, liegt darin eine nicht versiegende Quelle der Rechtsprechung des Verfassungsgerichts. Das Gericht wird hier zumeist mit dem Kalkül bemüht, auf dem Klagewege etwas zu erreichen, das im Gesetzgebungsprozess gescheitert ist.

Die amerikanische Verfassungsrechtsprechung dient demgegenüber dem Zweck, die Lücken zu füllen, die eine sehr alte und allgemein gehaltene Verfassung hinterlässt. Der Anstoß zur Verfassungsrechtsprechung resultiert in Deutschland hauptsächlich aus der feinmaschigen Regulierung der alltäglichen Politik durch das Grundgesetz.

Den Supreme Court in die Rolle des unfreiwilligen Assistenten der Politik zu drängen ist so gut wie unmöglich. Dafür gibt es einen simplen Grund: die Unterschiede im deutschen und im angelsächsischen Rechtsdenken. Eine Verfassungsstreitigkeit nimmt vor amerikanischen Gerichten den gleichen Weg wie jeder andere Rechtsstreit. Für die Entscheidung einer Verfassungsfrage genügt lediglich ein Kläger, der behauptet, die Anwendung eines Gesetzes verstoße gegen seine verfassungsmäßigen Rechte (konkrete Normenkontrolle). Jedes der 94 Bezirksgerichte des Bundes wird in erster Instanz als Verfassungsgericht tätig. Wenn es ein Gesetz außer Kraft setzt, kann die unterlegene Partei eine Prüfung des Urteils durch den Supreme Court verlangen. Diesem steht es dann frei, den Fall zur endgültigen Entscheidung an sich ziehen. Erkennt auch der Supreme Court auf die Verfassungswidrigkeit des betreffenden Gesetzes, darf es nicht mehr angewandt werden. Der Supreme Court kann sich auch mit der Begründung, es handele sich um eine politische Frage, weigern, den Fall überhaupt zur Entscheidung anzunehmen. Auf diese Weise entzieht er sich dem Vorwurf, in einem politischen Streit Partei zu ergreifen (zu Einzelheiten: Hartmann 2011: 131ff., Shell 2008b, Shell 2007, Oldopp 2005: 95ff.). Das deutsche Verfassungsgericht aber *muss* – abgesehen von der Fallgruppe der Verfassungsbeschwerden – entscheiden!

Wenn der Supreme Court einen Fall als Rechtsstreit annimmt, stellt er neue Grundsätze auf oder er benennt einige Kriterien, nach denen er geprüft hat – Letzteres vor allem deshalb, um den nachgeordneten Gerichten Fingerzeige für ähnliche Fälle zu geben. Er belässt es in der Regel dabei. Als recht ungewöhnlich wurde es empfunden, als der Supreme Court 1973 bei der Entscheidung über das Verbot des Schwangerschaftsabbruchs in Texas eine Fristenregelung für verbindlich erklärte, die mit einem Schlag die uneinheitliche Staatengesetzgebung zum Schwangerschaftsabbruch beiseite schob. Es handelte sich um das politisch umstrittenste Urteil, seitdem der Supreme Court 1954 die Gleichstellung von schwarzen und weißen US-Bürgern erzwungen hatte. Das Fristenregelungsurteil wurde 1992 in einem anderen Fall bestätigt.

„(...) das höchste Gericht der USA, die dritte Säule des Regierungssystems, wirbelt Politik, Staat und Gesellschaft oft mehr durcheinander als Maßnahmen der Regierung oder Gesetzesvorhaben im Kongress. Ob Abtreibung, Todesstrafe oder rassische Gleichberechtigung – es sind meist die wirklich aufwühlenden Themen, zu denen sich der Gerichtshof äußert, – wenn er nicht gerade, wie im Jahr 2000, eine offene Präsidentschaftswahl entscheiden muss. (...) In diesem Jahr hat sich das Gericht (..) in die Sommerpause verabschiedet, ohne einen Sprengkörper ganz besonderer Art gezündet zu haben. Lange war gerätselt worden, ob William Rehnquist, 78 Jahre alt und seit 1972 im Amt, den Vorsitz niederlegen und sich in den Ruhestand verabschieden würde. (...) Wäre Rehnquist ausgeschieden, so hätte dies Präsident George W. Bush die Möglichkeit gegeben, einen eigenen Kandidaten als Nachfolger zu benennen und auf diese Weise dafür zu sorgen, dass die konservative Mehrheit des Gremiums auf Jahre hinaus gefestigt wird. (...) Amerikas Präsidenten haben stets eifersüchtig darauf geachtet, diese Gelegenheiten zu nutzen, um Kandidaten eigener ideologischer Couleur in diese wichtigen Ämter zu bugsieren. (...) Sieben der neun Richter wurden von republikanischen Präsidenten berufen, nur zwei vom Demokraten Bill Clinton. Tatsächlich ist der Oberste Gerichtshof in seinen Urteilen sehr viel konservativer als frühere Gerichte. Aber auch er ist immer wieder für Überraschungen gut, wie seine beiden letzten Entscheidungen vor der Sommerpause zeigten: Mit teilweise deutlichen Mehrheiten bekräftigten die Richter das Recht von Universitäten und anderen Einrichtungen, Rassenzugehörigkeit auch weiterhin als Auswahlkriterien beizubehalten. Damit wurde sichergestellt, dass vor allem Schwarze nicht diskriminiert werden. In einem zweiten Spruch erklärte das Gericht ein texanisches Gesetz für verfassungswidrig, dass jede Art von homosexuellem Sex strafrechtlich verfolgte. Konservative wie Liberale in den USA waren gleichermaßen verblüfft. Doch auch die Richter selbst werden nicht immer den Erwartungen ihrer ursprünglichen Förderer gerecht. (...) Der demokratische Senator Charles Sumner aus New York beschwor die Regierung ‚jemanden zu finden, den alle 100 (Senatoren) unterstützen könnten' und nicht nur die 51 Republikaner. Doch genau darin läge das Dilemma Bushs, falls er in die Verlegenheit geraten sollte, einen Mann oder eine Frau für das Gericht bestimmen zu müssen. Denn wenn er eine gemäßigte Figur auswählte, die auch das Gefallen der Demokraten fände, würde seine eigene konservative Basis den Aufstand gegen ihn anzetteln. Sie erwartet von Bush, dass er ihr langfristiges Projekt mitträgt, das darin besteht, die – wie die Konservativen es sehen – liberalen Irrungen und Wirrungen der sechziger und siebziger Jahre zu korrigieren und zurückzurollen. Doch falls sich Bush für einen Vertreter der Rechten als künftigen Richter entscheiden sollte, drohte ihm ein brutaler Machtkampf um die Bestätigung seines Kandidaten durch das Parlament – und das in einem Wahljahr. Die Schlachtfelder dieses Krieges würden nicht nur im Justizausschuss und im Plenum des Senats liegen. Die Demokraten würden den Kampf vielmehr auch in die Öffentlichkeit tragen (Wolfgang Kodyl: Warten auf die rechte Zeit, in: Süddeutsche Zeitung vom 10. 7. 2003, S. 9)."

Die Ausbildung von Anwälten ist in den USA die Aufgabe der Law Schools. Diese Ausbildung ist gleichzeitig die Grundlage für eine richterliche Tätigkeit. Die Richter am Supreme Court werden in der Regel aus der Richterschaft berufen, es kommen gelegentlich auch frühere Politiker mit einer soliden Rechtsausbildung zum Zuge. Im Unterschied zur deutschen Praxis ist die Nominierung eines Richterkandidaten für den Supreme Court ein Politikum ersten Ranges. Sie vollzieht sich im Rampenlicht der Öffentlichkeit. Die Anhörung des Richterkandidaten im Senat, der den Richtervorschlag des Präsidenten mit Mehrheit bestätigen muss, wird im Fernsehen übertragen.

9.5.2 Europäische Beispiele

Länder wie Großbritannien, Dänemark, Schweden oder die Niederlande kommen bis heute ohne Verfassungsgericht aus. Weil es einen stabilen Konsens über die Grenzen des Erlaubten und Schicklichen gibt, wird es für überflüssig gehalten. Die Niederlande und die skandinavischen Länder haben noch bei ihren jüngeren Verfassungsrevisionen darauf verzichtet, ein Verfassungsgericht einzuführen. Hier stand der Gedanke Pate, dass das Bemühen um Kompromiss und Konsens geschwächt werden könnte, wenn ein Gericht in der politischen Auseinandersetzung das letzte Wort hätte.

Das schweizerische Bundesgericht entscheidet als politiknahe Materien allein Kompetenzstreitigkeiten zwischen dem Bund und den Kantonen, und es überprüft die Vereinbarkeit der kantonalen und gemeindlichen Gesetze mit der Bundesverfassung. Die Bundesgesetze an der Verfassung zu prüfen ist ihm versagt. Mit der direkten Demokratie, einem tragenden Element der Schweizer Verfassung, ließe es sich nicht vereinbaren, wenn das Gericht ein Gesetz kassierte, das noch zum Gegenstand eines Referendums werden könnte, oder wenn es gar ein Gesetz für ungültig erklärte, das vom Volk selbst beschlossen wurde.

Österreich hat demgegenüber ein klassisches Verfassungsgericht – es hat dem deutschen Verfassungsgericht damit sogar Modell gestanden. Verfassungspolitisch ist dieses Gericht erst in den letzten beiden Jahrzehnten stärker hervorgetreten. Die Parteien haben es als Instrument zum rechtlichen Nachkarten in der politischen Auseinandersetzung entdeckt; es tritt auch stärker als früher als Prüfgericht hervor, das der Politik mit dem Hinweis auf die Grundrechte in den Arm fällt. Die Entwicklung geht also bescheiden in eine ähnliche Richtung wie in Deutschland (Schaden 2006: 224ff.).

In Frankreich ist der Verfassungsrat durch eigenes Zutun in die Rolle eines Verfassungsgerichts hineingewachsen. Im Jahr 1971 war er erstmals mit der Frage konfrontiert, ob er einen Gesetzesbeschluss an den Grundrechten prüfen dürfe. Der Verfassungsrat bejahte und erklärte den Beschluss für ungültig. Weitere Entscheidungen bekräftigten den Anspruch, als Verfassungsgericht aufzutreten. Die Politik fand sich damit ab. Durch die nachträgliche Zuerkennung eines Klagerechts für die parlamentarische Minderheit ist die abstrakte Normenkontrolle zum wirksamen Einspruchsmittel gegen Mehrheitsbeschlüsse geworden. Seither hat auch in Frankreich eine Juridifizierung der Politik stattgefunden (Ehrmann 1981, Stone 1987). Inzwischen ist dem französischen Bürger das Recht eingeräumt worden, seine in der Verfassung garantierten Rechte beim Verfassungsrat einzuklagen.

9.6 Fazit

Verfassungsgerichte sind kein Standardartikel westlicher Demokratien. In den USA hat sich die Verfassungsgerichtsbarkeit gleichsam organisch im Kontext einer Verfassungslage entwickelt, die der stetigen, pragmatischen und akzeptablen Fortschreibung eines alten und knapp gefassten Verfassungsdokuments bedurfte. Der Anstoß für die deutsche Verfassungsgerichtsbarkeit lag in den Erfahrungen der ersten deutschen Demokratie und ihres folgenreichen Scheiterns. Die parlamentarische Demokratie Großbritanniens ruht auf dem Fundament eines Konsenses in Verfahrensfragen. Darauf hat sich eine Mehrheitsdemokratie entwickelt, die auch über harte politische Kontroversen hinweg trägt. Die Niederlande, Dänemark und Schweden stehen demgegenüber für parlamentarische Demokratien, in denen der Konsens weit über Verfahrensregeln hinausgreift und die Einigkeit über politische Inhalte einschließt. Österreich ist eine Konsensdemokratie mit Verfassungsgericht. Die Konsenspraktiken sind der Grund, warum das Gericht dort nicht in dem Ausmaß bemüht wird, wie es in Deutschland üblich ist. Nach mancher kritischen Stimme ist das deutsche Verfassungsgericht sogar zu einer Institution mutiert, in der hochqualifizierte Richter ihre ins Politische gehenden Ambitionen ausleben. Solche Stimmen zeigen aber nur, dass die deutsche Demokratie um einiges von einer ausgeprägten Konsensdemokratie entfernt ist. Ein politisches System, das die Verfassungsrichter häufig als Schiedsinstanz bemüht, kann schwerlich so konsensdurchtränkt sein wie andere Systeme, die sich bewusst gegen die Schaffung eines Verfassungsgerichts entschieden haben.

10 Die Vermachtung von Politikbereichen in Deutschland: Der Arbeitsmarkt und die Gesundheitspolitik

10.1 Eckpunkte der Policy-Analyse

Der politische Betrieb ist hochgradig mobil. Personen steigen auf, Karrieren gehen blitzartig zu Ende. Positionspapiere und Gesetzentwürfe werden produziert, morgen verändert, übermorgen wieder zurückgezogen. Wahlen werden verloren, neue Regierungen gebildet. Zwischen den Partnern eines Regierungsbündnisses wallen Konflikte auf. Bald signalisieren die Verbündeten wieder eitel Sonnenschein. Viel Betriebsamkeit also, aber was ist mit den Problemen, deren Bewältigung von der Politik erwartet wird? Hier gibt es häufig nur geringe Veränderungen, wenn überhaupt. Ein spezieller Zweig der Politikwissenschaft, die Policy-Analyse, befasst sich mit den inhaltlichen Herausforderungen der Politik: mit der Art und Weise, wie aus der Wahrnehmung von Problemen eine neue Politik entsteht, wer die Inhalte dieser Politik mitbestimmt und ob diese Politik die erwünschten Veränderungen bewirkt (zur Policy-Analyse: Blum/Schubert 2011, zur Vertiefung: Schubert/Bandelow 2009).

Die Policy-Analyse analysiert typische Politikarenen wie die regulierende, die verteilende und die umverteilende Politik. Die regulierende Politik arbeitet mit der Ressource des Rechts, mit der sie gewollte Entwicklungen ermöglicht, hemmt oder verbietet. Verteilende Politik ist Subventionspolitik, z.B. staatliche Beihilfen und Besteuerungsverzicht. Die umverteilende Politik ordnet die Kosten- und Nutzenverteilung zwischen den gesellschaftlichen Gruppen mit Steuern, Transferzahlungen und Leistungskürzungen neu. Scharfe Trennungen zwischen den Politikarenen fallen schwer. So manche regulative Politik, man denke an Abgasnormen für Autos oder an Verpackungsverordnungen, verursacht Verbrauchern und Produzenten erhebliche Kosten. Die Umverteilungspolitik mit ihren typischen Mitteln der Steuern und Abgaben trifft in der Regel recht merklich viele Gruppen, die in mächtigen Verbänden organisiert sind (dazu Lowi 1972). Deshalb ist sie im Regelfall von lauten Kontroversen und starken Widerständen charakterisiert.

Die Untersuchung des Politikzyklus ist ein weiteres Merkmal der Policy-Analyse. Hier wird danach gefragt, welche Probleme politischen Lösungsbedarf verursachen. Ferner werden politische Akteure identifiziert, zum Beispiel Ministerien, Verbände, Parteien und wissenschaftliche Ratgeber. Des Weiteren wird danach gefragt, welche Lösungsvorschläge für ein Problem kursieren und warum sich einer davon im Verlauf des Entscheidungsprozesses durchsetzt. Schließlich werden die erwarteten Effekte einer Politik mit ihren tatsächlichen Auswirkungen abgeglichen (dazu Kingdon 2011, Prittwitz 1994).

Die Policy-Analyse hat auch eine historische Dimension. Gehen Politiker daran, eine nach ihrer Überzeugung reformbedürftige Politik zu überarbeiten, bleibt ihnen nichts anderes übrig, als von dem auszugehen, was sie vorfinden. Jede Fachpolitik hat ihre Geschichte. Historische Weichenstellungen setzen ein bestimmtes Denken über Probleme und ihre Lösungen in die Welt, nicht zuletzt lassen sie Institutionen entstehen, die von einer späteren Politikergeneration nicht mit leichter Hand beseitigt werden könnten. Die Policy-Forschung spricht in diesem Zusammenhang von einer Pfadanalyse (dazu Steinmo/Thelen/ Longstreth 1992).

Die Ausführungen dieses Kapitels begnügen sich damit, an einigen Beispielen darzustellen, welche Probleme auf politisches Handeln drängen und welche Kräfte sich gegen Veränderungen sträuben. In der politischen Auseinandersetzung geht es häufig weniger darum, eine Entscheidung herbeizuführen als darum, eine Entscheidung zu verhindern (dazu höchst informativ über die Herausforderungen und Eigenarten des Regierens in Deutschland: Schmidt 2007).

In zwei kleinen Fallstudien sollen im Folgenden die Tarifpolitik und die Gesundheitspolitik näher betrachtet werden. Beide Politikbereiche kreisen um den Wirtschaftsfaktor Arbeit. Die Lohnnebenkosten für die Gesetzliche Krankenversicherung bestimmen Beschäftigung und Wettbewerbsfähigkeit mit. Die Tarif- und die Arbeitsmarktpolitik gehört zur Art der regulierenden Politik, die Gesundheitspolitik spielt sich in der Arena der umverteilenden Politik ab.

10.2 Flächentarifvertrag und Arbeitsmarkt

Auf die Gestaltung der Löhne und Gehälter hat die Politik keinen direkten Einfluss. Die Arbeitseinkommen werden im Rahmen der Tariffreiheit von Arbeitgebern und Gewerkschaften bestimmt. Das Verhandlungsgeschehen zwischen den Tarifpartnern wird aber von ökonomischen Fakten beeinflusst, die auch von der Politik geschaffen sind. Die Finanzierungsformel für die sozialen Sicherungssysteme zieht in Deutschland neben den Arbeitgebern ausschließlich die Bezieher unterer und mittlerer Einkommen heran. Die Sozialabgaben konsumieren einen erheblichen Teil der Bruttoeinkünfte. Da von den Pflichtversicherungen nicht erfasst, bleiben Besserverdiener von diesen Abgaben verschont. Die Tarifvereinbarungen setzen Rahmendaten indirekt auch für die Politik. Entscheiden sich

10 Die Vermachtung von Politikbereichen in Deutschland 229

Arbeitgeber, die Produktion aufzugeben oder sie ins Ausland zu verlagern, um das Arbeitskostengefälle zum benachbarten Ausland auszunutzen, entfallen Arbeitsplätze und Steuereinnahmen. Arbeitslosigkeit ist ein Zentralproblem der Politik. Zwar sind die sozialen Sicherungssysteme in Deutschland nach dem Versicherungsprinzip organisiert; die Zahler finanzieren die Systeme. Doch kommt es in schlechten Zeiten, bedingt durch steigende Arbeitslosigkeit und damit weniger Beitragszahler, und unabhängig davon auch durch eine höhere Lebenserwartung, durch steigenden Pflegebedarf und durch den Kostendruck der Hochleistungsmedizin zu Defiziten, stehen die öffentlichen Haushalte in der Pflicht, einzuspringen.

Die Arbeitsbeziehungen weisen in den Industriegesellschaften zweierlei Grundmuster auf. Den einen Typus verkörpern die auf das Unternehmen konzentrierten Beziehungen zwischen Arbeitgebern und Beschäftigten. Löhne, Gehälter und Arbeitsbeziehungen werden zwischen dem Arbeitgeber und der Gewerkschaft ausschließlich mit Geltung für das betreffende Unternehmen ausgehandelt. Für das gewerkschaftliche Zentralgeschehen, die Tarifvereinbarung, sind dort die betrieblichen Gewerkschaften die wichtigsten Akteure. In Großbritannien, den USA und Japan werden außerhalb des öffentlichen Sektors Löhne, Gehälter und Arbeitsbedingungen vor allem von solchen Betriebsgewerkschaften ausgehandelt. Den Gegentypus, wie er in Deutschland vorherrscht, bilden Arbeitsbeziehungen, die überbetrieblich strukturiert sind und entweder für alle Betriebe einer Branche oder für alle Betriebe einer Branche in einem Tarifgebiet gelten. Für große Unternehmen werden in Deutschland Haustarife ausgehandelt, die dann für alle Standorte des Unternehmens Gültigkeit besitzen. Haustarife haben ihren guten Sinn, wenn die dort erzielbaren Abschlüsse von kleiner dimensionierten Unternehmen derselben Branche nicht geleistet werden könnten.

10.2.1 Das Problem des Flächentarifs im Zeichen internationalen Arbeitskostendrucks

Die deutsche Gewerkschaftsbewegung war nach 1949 überaus erfolgreich. Als Einheitsgewerkschaft genießen die Organisationen im Deutschen Gewerkschaftsbund die politische Unterstützung des christlichen Arbeitnehmerflügels der CDU und die der SPD. In der Weimarer Republik gab es noch eine starke Zersplitterung der organisierten Arbeitnehmerschaft in christliche, liberale, sozialdemokratische und kommunistische Organisationen. Die letzte Arbeitnehmergroßorganisation neben dem DGB, die Deutsche Angestelltengewerkschaft, ist 2001 in der Vereinten Dienstleistungsgewerkschaft (ver.di), der größten Einzelgewerkschaft des DGB, aufgegangen. Die Verhandlungspartner der Gewerkschaften sind teils einzelne Unternehmen, teils aber, und mit der größten wirtschaftlichen Bedeutung, die Arbeitgeberverbände, die unter dem Dach der Bundesvereinigung Deutscher Arbeitgeberverbände (BDA) operieren. Tarifverhandlungen werden ausschließlich von den Einzelgewerkschaften und den Fachverbänden der Arbeitgeber geführt.

Eckpfeiler der Tarifautonomie ist das Verhandlungsmonopol repräsentativer Gewerkschaften. Als Verhandlungsebene für Gewerkschaften und Arbeitgebern setzte sich die Fläche durch, und zwar in Tarifbezirken, die in der Regel ein Bundesland oder mehrere Bundesländer umfassen. Von den 6.000 bis 7.000 Tarifverträgen, die jährlich abgeschlossen werden, gelten 15 Prozent bundesweit und 15 Prozent über ein Land hinaus. 70 Prozent gelten maximal für ein Land, davon sind wiederum die Hälfte Firmentarifverträge (Himmelmann 2009: 691). Letztere betreffen auch Unternehmen, die keinem Arbeitgeberverband angehören. Für etwa 23 von insgesamt ungefähr 38 Millionen Beschäftigten gelten Tarifverträge, für die Hälfte davon Flächentarifverträge, für ein Zehntel Haustarifverträge, für den Rest Tarifverträge anderer Art (Stuttgarter Zeitung vom 20.6.2010). Das für den Arbeitsmarkt zuständige Bundesministerium oder ein Landesministerium dürfen auf Antrag der Tarifparteien einen Vertrag für allgemeinverbindlich erklären.

Deutschland verzeichnete bis in das erste Jahrzehnt des 21. Jahrhunderts – zeitweise fünf Millionen Erwerbslose – eine hohe Arbeitslosigkeit. Das Problem mangelnder Beschäftigung gab es auch in den Nachbarländern. Während dort aber die Beschäftigungslosigkeit zurückging, tat sich in Deutschland bis gegen Ende des Jahrzehnts wenig. Wirtschaftswissenschaftler im In- und Ausland machten unter anderem die Starrheit des deutschen Arbeitsmarktes dafür verantwortlich (dazu Streeck 1999: 21ff.). Ihr Befund: Die Arbeitskosten mit ihren Bestandteilen Lohn/Gehalt und Lohnnebenkosten – Sozialbeiträge für Alters-, Arbeitslosen- und Krankenversicherung – überforderten etliche Betriebe.

Solange es genügend freie Stellen gab, war es kein Problem, wenn ein Betrieb seine Pforten schließen musste. Weiterbeschäftigung zum gewohnten Einkommensniveau verlangte lediglich Mobilität. Im Laufe der Zeit setzte billige und gleichwohl qualifizierte Arbeit im Ausland, vor allem in Südeuropa, Asien, später auch in Osteuropa den deutschen Arbeitsmarkt unter Druck. Investoren verlagerten Teile ihrer Produktion ins Ausland. Vor diesem Hintergrund wurde die Frage nach der Sinnhaftigkeit des Flächentarifvertrages gestellt.

10.2.2 Die tarifpolitischen Akteure

Für die Gewerkschaften war und ist der Abschied vom Flächentarif inakzeptabel. Ihre Mitglieder halten zur Stange, wenn am Ende der Tarifrunde ein merklicher Zuwachs herausschaut, von dem Beschäftigte in allen vergleichbaren Betrieben

10 Die Vermachtung von Politikbereichen in Deutschland 231

profitieren. Von daher liegt es im Interesse der Gewerkschaften, am gewohnten Flächentarifvertrag festzuhalten.

„Manche Wörter sind erst in aller Munde, wenn das, wofür sie stehen, fast schon außer Mode ist. So könnte es auch dem schönen deutschen Begriff des Flächentarifvertrages ergehen. Selten haben so viele Leute über ihn geredet, die meisten jedoch mit dem Ziel, nicht mehr über ihn reden zu müssen. Dem Land Berlin könnte dies gelungen sein, da es aus dem Flächentarifvertrag des öffentlichen Dienstes ausgestiegen ist. Traditionell werden diese Verträge zwischen Gewerkschaft und Arbeitnehmerverband ausgehandelt und vereinheitlichen Löhne und Arbeitsbedingungen in einer Region. In Zeiten wirtschaftlicher Blüte galt dieses Modell als mustergültig, um Ungerechtigkeiten vorzubeugen und alle Arbeitnehmer gleichermaßen an den Früchten des Aufschwungs teilhaben zu lassen. Seit es diese nicht mehr gibt, schwinden auch die brancheneinheitlichen Flächentarifverträge dahin. Das ist allerdings auch eine Folge des Wandels in der Arbeitswelt. In den alten Bundesländern galten sie im Jahr 2000 nur noch für 63 Prozent der Arbeitnehmer (1995: 72 Prozent), in Ostdeutschland waren es sogar nur noch 45 Prozent. Der Trend geht hin zu Firmentarifverträgen. Andererseits dürfte der Widerstand der Gewerkschaften zäh sein (Flächentarifvertrag, in: Süddeutsche Zeitung vom 10. 1.2003, S. 2)."

Heute wird jede Regierung an ihrer Fähigkeit gemessen, mit den ihr möglichen Mitteln für mehr Beschäftigung zu sorgen. In Zeiten hoher Arbeitslosigkeit wird sie für mäßige Flächentarifabschlüsse plädieren. Mehr als Appelle und Kommentare kann sie zum Tarifgeschehen aber nicht beisteuern.

Eine Lockerung oder Aufweichung des Flächentarifs würde bedeuten, dass die Regelungslücken, die der Flächentarif dann aufwiese, mit maßgeschneiderten betrieblichen Vereinbarungen geschlossen werden müssten. Gewerkschaften und Arbeitgeber müssten viel Zeit aufwenden und überhaupt mehr Aufwand treiben, wenn sie sich stärker um einzelne Betriebe kümmerten.

Den Gewerkschaften ging es durchweg schon einmal besser. Die dramatischen Veränderungen in der Arbeitswelt haben viele Berufe und Industrien praktisch verschwinden lassen. Dem mussten die Gewerkschaften Rechnung tragen. Gab es 1978 noch 17 und 1989 noch 16 Einzelgewerkschaften im DGB, schrumpfte diese Zahl bis 2001 auf acht Mitgliedsorganisationen. Von den knapp zwölf Millionen Gewerkschaftsmitgliedern im Jahr 1990 sind immerhin sechs Millionen übrig geblieben. Der gewerkschaftliche Organisationsgrad sank von noch 40 Prozent am Anfang der 1990er Jahre auf etwa 20 Prozent im Jahr 2010. Damit sank Deutschland, was die Organisiertheit der Arbeitnehmer betrifft, von einem der mittleren Plätze in Europa deutlich ins untere Mittelfeld. Industrielle Arbeitsplätze sind massiv geschrumpft. Früher einmal arbeitsintensive Industrien im Metallbereich führen heute eine kümmerliche Existenz. Automaten haben Arbeiter verdrängt. Sie sparen Arbeitskosten. Hochgradig organisiert ist nur noch der öffentliche Dienst. Er produziert Infrastruktur und Transferleistungen – beides nicht unwichtig für den Industriestandort, aber bloß eine Voraussetzung für die Produktion von Waren und Leistungen.

Auch die Arbeitgeberverbände ließen Federn. Immer mehr Firmen kehrten ihnen den Rücken (Schroeder/Weinert 1999). Der Grund liegt in der vereinheitlichenden Wirkung des Flächentarifs.

Der in Deutschland übliche Flächentarifvertrag legt für alle in den Arbeitgeberverbänden organisierten Firmen, ob groß, ob klein, ob profitabel oder am Rande des Verlusts, die gleichen Rahmenbedingungen und Löhne fest (zu den Arbeitgeberverbänden Schroeder 2010: 31ff.). Die Zielmarke wird von den zahlungskräftigeren größeren Arbeitgebern bestimmt. Die Abschlüsse im Metalltarifbezirk Baden-Württemberg gelten als Pilotabschlüsse. Dort siedeln mit Daimler und bekannten Autozulieferern, ferner mit zahlreichen Maschinenbauunternehmen die profitabelsten Firmen der deutschen Metallbranche. Für gesunde, florierende Unternehmen hat der Flächentarif seine Vorteile. Er verhindert eine allzu große Lohnspreizung in der Branche und verschafft langfristige Planungssicherheit durch den Arbeitsfrieden .

„Die tatsächlichen Entscheidungen werden (...) nicht von den gewählten Gremien getroffen – die eigentliche Entscheidungskompetenz liegt bei den hauptamtlichen Geschäftsführern und Verbandsangestellten. Die Dominanz der Verbandsbürokratie ergibt sich nicht zuletzt daraus, daß ‚kleinere' Unternehmen über wenig Zeit und Neigung verfügen, an der demokratischen Willensbildung, die formal gegeben ist, teilzunehmen. Große und größere Kapitalgesellschaften delegieren für die Verbandsarbeit eigens dafür freigestellte Mitarbeiter. Aus diesem Grunde entwickelt sich im BDI (Bundesverband der Deutschen Industrie (J.H.)) eine stete Spannung: Vor allem von Seiten kleiner und mittlerer Unternehmen wird Unmut darüber geäußert, daß die Verbandsarbeit von den Managern und Vertretern großer Gesellschaften dominiert sei. Letztlich steigt jedoch durch die eher passive Mitgliedschaft die Stellung der innerverbandlichen Bürokratie. Die hauptamtlichen Mitarbeiter bereiten die Anträge und Beschlußvorlagen weitgehend vor, die dann den gewählten Gremien vorgelegt und meistens auch angenommen werden. (...) Die BDA weist einen ähnlichen Organisationsaufbau wie der BDI auf. (...) Den Ausschüssen der BDA kommt ein besonderes Gewicht zu – insbesondere den lohnpolitischen Ausschüssen, in denen Unternehmervertreter, Verbandsangestellte und Hauptgeschäftsführer vertreten sind. Die lohnpolitischen Ausschüsse beraten über die Strategie und Verhandlungspositionen bei Tarifverhandlungen. Die Ausschüsse sprechen Empfehlungen aus, an die die Verbandsgremien formal nicht gebunden sind, die jedoch in der Regel Grundlage für alle Entscheidungen sind" (Ulrich von Alemann: Organisierte Interessen in der Bundesrepublik, Opladen 1987, S. 77, 80).

10 Die Vermachtung von Politikbereichen in Deutschland

Vor einigen Jahren gab es eine Diskussion um die Sinnhaftigkeit des Flächentarifs. Inzwischen ist sie wieder eingeschlafen. Betrachten wir sie trotzdem etwas näher. Sie gibt Aufschluss über Machtlagen und Interessen in der Tarifpolitik. Unternehmensbezogene Abschlüsse reagieren flexibler als Flächentarife auf die Ertragslage von Firmen in einer schwierigen Wettbewerbssituation. Solche Abschlüsse sind zwar auch im Rahmen der Flächentarifverträge möglich. Betriebliche Öffnungsklauseln lassen seit 1995 Raum für die Unterschreitung der für die Fläche vereinbarten Zielmarken. Die Gewerkschaftsvorstände behalten dabei das letzte Wort. Die Klauseln bedürfen im Einzelfall der Genehmigung der Vorstände. Die Öffnungsklauseln werden recht häufig in Anspruch genommen. Die Gewerkschaftsvorstände stimmen dem Begehren in der Regel zu. Beobachter, auch aus dem Arbeitgeberlager, schreiben dieser Praxis bereits ein gutes Stück der angestrebten Flexibilisierung der Tariflandschaft zu (Der Spiegel vom 15.9.2003: 74ff.). Dennoch entwickelte sich 2004 eine politische Diskussion um die Forderung der Unionsparteien und der Liberalen, für jeden Tarifvertrag die Öffnung, also die Ausnahme vorzuschreiben. Worum es ihnen ging, lag offen zutage: die allgemeine Option zur Unterschreitung des Vereinbarten, damit auch ein Stück Entmachtung der Gewerkschaftsvorstände. Betrachten wir nun einige Branchen, um das Interesse der Arbeitgeber und Gewerkschaften an flexiblen Abschlüssen zu illustrieren.

Die Fusionsvorgänge in den DGB-Gewerkschaften haben der zu ver.di erweiterten früheren Gewerkschaft Öffentlicher Dienst, Transport und Verkehr (ÖTV) neue Organisationsbereiche hinzugefügt. Die dort Organisierten erwarten, dass die neue, noch größere Organisation so liefert wie ihre Vorgängergewerkschaften in der Vergangenheit. Deshalb ist die Arbeitskampfbereitschaft recht groß. Selbst Arbeitgeber im öffentlichen Dienst koppeln sich von bundeseinheitlichen Abschlüssen ab. Das Land Berlin verabschiedete sich 2003 aus der Tarifgemeinschaft der Länder. Die Chemie ist gewerkschaftlich gut organisiert, aber sie kultiviert das Image der sozialpartnerschaftlichen Organisation, die mit den Vertretern des Managements ausgezeichnet auskommt. Unter dem Dach der konfliktfreudigeren Metallgewerkschaft – IG Metall – finden sich heute die überwiegend profitable Automobilbranche, die durchwachsene Haushalts- und Unterhaltungsgerätebranche, der Anlagenbau und die recht ausgezehrte Stahlbranche. Das von der IG Metall kultivierte Image ist kämpferisch. Die allgemein nachlassende Organisationsbereitschaft unter Jüngeren setzte die Gewerkschaften unter Druck, den erreichten Status quo an Leistungen um so hartnäckiger zu verteidigen. Der Mitgliederstamm erwartet mindestens die Fortschreibung des Erreichten. Diese Fortschreibung mag aber Unternehmen, die gerade noch rentabel arbeiten, dazu veranlassen, aus dem Flächentarif auszusteigen. Die Gewerkschaft kann versuchen, mit dem Unternehmen einen Firmentarif auszuhandeln.

„Schon am ersten Tag hat der Arbeitskampf in der ostdeutschen Metallindustrie etwas bewirkt: Das Dresdner Werk von *Federal Mogul* ist aus dem Flächentarifvertrag ausgetreten. Ein simpler Aushang am Schwarzen Brett des Autoteile-Herstellers verkündete den 320 Beschäftigten am Montag die Neuigkeit: der Betriebsratsvorsitzende erfuhr bei einer Gremiensitzung des Konzerns am Gardasee davon. ‚Wir mussten austreten', sagte der Geschäftsführer der Holding, Martiny, fast bedauernd. Die Firma will sich damit dem Arbeitskampf zwischen Arbeitgeberverband und Gewerkschaft entziehen, sagt Martiny: ‚Wenn gestreikt wird, wird verlagert'. (...) Mit der Flucht aus dem Flächentarif, den die Verbände selbst beschließen, kann *Federal Mogul* selbst über die Arbeitskosten, die Arbeitszeit entscheiden. ‚Natürlich kann die IG Metall bei uns den Häuserkampf versuchen zu starten und den Firmentarif zu erzwingen versuchen', sagt Martiny. Er glaubt aber nicht, dass seine Beschäftigten streiken werden. ‚Die wissen, dass wir höhere Kosten nicht verkraften,' sagt Martiny. (...) So ungewiss aber der Ausgang dieser Kraftprobe zwischen IG Metall und Arbeitgebern ist, so sicher gilt: Der Flächentarif bröckelt. Schon heute sind nur mehr 50 Prozent aller Beschäftigten, zehn Prozent aller Betriebe in Ostdeutschland noch im Flächentarif – und auch davon weichen viele in Arbeitszeit und Bezahlung wegen wirtschaftlicher Notlagen vom vereinbarten Standard ab. Zwar orientiert sich daneben mancher tariflose Betrieb beim Entgelt am Flächentarif. Dennoch: Der Arbeitskampf Ost ist nur mehr eine Angelegenheit von Minderheiten (Jonas Viering, Kampf der Minderheiten, in: Süddeutsche Zeitung vom 3.6.2003, S. 2)."

Doch was geschieht, wenn die Arbeitgeber aus ihren Verbänden aussteigen, wenn sie aus dem Verhandlungs- in den Angebotsmodus schalten? Sie müssen sich zwar immer noch mit den gewerkschaftsnahen Betriebsräten arrangieren. Aber den Betriebsräten ist es verwehrt, Tarifverhandlungen zu führen und sich an Arbeitskämpfen zu beteiligen. Verbandsfreie Arbeitgeber, die sich auf keinen Firmentarif einlassen, machen ihren Beschäftigten ein Angebot – und das ist alles! In den Verbänden ohne Tarifbindung (OT-Verbände) existieren Organisationen, die einer Firmenleitung dabei mit Rat und Tat zur Seite zu stehen. Formell sind diese OT-Verbände selbständig. In aller Regel sind sie parallel zu einem regulären Arbeitgeberverband organisiert, der ihnen das Know-how seiner Mitarbeiter anbietet (Haipeter 2010).

Die Gewerkschaften erbringen Leistungen, die auch das größte Engagement im Ehrenamt nicht kompensieren könnte. Es bedarf einiger Professionalität, um Bilanzen zu verstehen, gesetzliche Regularien zu beachten und Forderungen nicht zu überziehen. Dazu bedarf es allerdings eines politischen Umfeldes, das die gewerkschaftliche Arbeit für legitim und nützlich hält. Die Gewerkschaften könnten ihre Bedeutung kaum wahren, wenn die Befürworter einer schrankenlosen Flexibilisierung der Arbeitsverhältnisse in den Parteien die Oberhand hätten.

Gesetzliche Maßnahmen, die den Flächentarif untergraben könnten, sind schwer vorstellbar. Dabei bedürfte es nur weniger Formulierungen im Tarifgesetz, um das exklusive Recht der Gewerkschaften auf Tarifverhandlungen außer Kraft zu setzen und auch die betriebliche Arbeitnehmervertretung zu Verhandlungen zu berechtigen. Das Postulat der Koalitionsfreiheit im Grundgesetz wäre dann immer noch gewahrt. Doch dagegen steht die innere Balance der großen Parteien. Die SPD hat traditionell eine starke Affinität zu den Gewerkschaften. Auch die Unionsparteien sind nicht auf Grundsatz- und Großkonflikte mit dem DGB disponiert. In beiden Parteien haben die Gewerkschaften eine Stimme, in der sozialdemokratischen Arbeitsgemeinschaft für Arbeitnehmerfragen (AfA) und in der Christlich-Demokratischen Arbeitnehmerschaft (CDA). Diese Konstellation konnte gleichwohl nicht verhindern, dass im Verlaufe des Jahres 2003 sowohl sozialdemokratische Regierungsmitglieder als auch die Repräsentanten der oppositionellen Union öffentlich über eine gesetzliche Öffnung der Tarifverträge sprachen. Beide ernteten heftigen Widerspruch aus den eigenen Reihen.

10.2.3 Die Gewerkschaftsstruktur

Soweit die Tarifpolitik in großflächigen Tarifbezirken stattfindet, ist sie das Geschäft der Funktionäre. Doch nicht nur die haupt- und ehrenamtlichen Funktionäre, auch die Betriebsräte tragen die Gewerkschaftsarbeit (Wassermann 2003: 410ff.). Die Betriebsräte bekleiden zwar gesetzliche Ämter, die sie zum Arbeitsfrieden verpflichten. Aber für gewöhnlich gehören die meisten einer DGB-Gewerkschaft an. Besonders stimmgewaltig sind die Betriebsräte in den Betrieben der produzierenden Wirtschaft mit großen Belegschaften.

„Bei den *Gewerkschaften* (können) Mitgliederversammlungen naturgemäß nur dezentral stattfinden und beschränken sich im wesentlichen auf Wahlen. Die örtlichen Vorstände (‚Ortsverwaltungen') haben nur geringe Kompetenzen. (...) Der Ort, wo normalerweise die Entscheidungen fallen, ist daher der Hauptvorstand einer Gewerkschaft. Satzungsgemäß verfügt er über weitreichende Weisungsrechte gegenüber den unteren Organisationsgliederungen. Er bestätigt die Einstellung aller hauptamtlichen Funktionäre, ‚entscheidet nach Prüfung über Tarifkündigungen, Urabstimmungen und Arbeitskämpfe (Satzung der IG Metall)' und gibt die als ‚Sprachrohr des Vorstandes' geltenden Gewerkschaftspublikationen heraus. *Die eigentliche Führungsgruppe aber bilden diejenigen Vorstandsmitglieder, die ihre Funktionen hauptberuflich als ‚geschäftsführender Vorstand' ausüben* und in täglichem Kontakt untereinander und mit dem ausführenden Apparat stehen. Im ganzen setzt sich *die gewerkschaftliche Führungsschicht aus hauptamtlichen Gewerkschaftsfunktionären und – im Falle größerer Betriebe – ebenfalls hauptberuflichen – Betriebsräten zusammen* (Wolfgang Rudzio: Das politische System der Bundesrepublik Deutschland, 8. Aufl., Opladen 2011, S. 79f.)."

Die Tarifkommissionen für die Verhandlungsbezirke und für Betriebe, die einen Firmentarif haben, handeln lediglich Vorlagen aus. Das letzte Wort haben stets die Gewerkschaftsvorstände. De facto segnen sie jedoch die Empfehlungen der Tarifkommissionen ab. Andernfalls würden sie die örtlichen Verhandlungsführer brüskieren. Diese kommen aus den Reihen der basisnäheren Funktionäre. Diese und engagierte Mitglieder leisten die Kärrnerarbeit im Innenleben der Organisation, ihnen müssen sich die Vorständler regelmäßig zur Wahl stellen.

„Als rechtlich abgesicherte Institution sind Betriebsräte von den Gewerkschaften formell unabhängig und verfügen über eine eigene Wählerbasis, gleichwohl sind die meisten loyale Gewerkschaftsmitglieder (...) und pflegen eine gute Zusammenarbeit mit den Gewerkschaften. Beide sind wechselseitig aufeinander angewiesen. Auf der einen Seite vermitteln die Gewerkschaften den Betriebsräten das Sachwissen, das sie für ihre Tätigkeit benötigen, sei es durch gewerkschaftliche Schulungskurse, sei es durch Expertenwissen der hauptamtlichen Funktionäre; auf der anderen Seite tragen die Betriebsräte zur Organisationssicherung bei, da in den Betrieben die Gewerkschaftsmitglieder geworben werden und an die Organisation gebunden werden. Diese Funktion macht Betriebsräte für die Gewerkschaften unentbehrlich und verschafft ihnen eine relativ eigenständige Machtposition gegenüber dem hauptamtlichen Apparat, die indessen dadurch wieder relativiert wird, daß ihre Wiederwahl über Gewerkschaftslisten erfolgt. Auch die gewerkschaftliche Präsenz in den Betrieben hängt entscheidend von den Betriebsräten ab. (...) (Walther Müller-Jentsch: Soziologie der industriellen Beziehungen. Eine Einführung, Frankfurt/M. und New York 1986, S. 228)."

Die Interessen der Gewerkschaftsmitglieder in den großen und in den kleinen, schwächeren Unternehmen lassen sich nicht leicht auf einen Nenner bringen. Was große Unternehmen locker verkraften, mag Arbeitgeber in schwächeren Unternehmen veranlassen, Betriebe zu schließen und jenseits der Grenzen an einen Niedriglohnstandort zu verlagern. Es ist schwierig, die Beschäftigten beiderlei Unternehmenstypen in den zentralisierten Strukturen zu repräsentieren. Dieser Interessenkonflikt zeigte sich im Sommer 2003 in spektakulären Streitigkeiten in der Führung der IG Metall. Der Konflikt drehte sich um das Scheitern einer kämpferischen, an Maximalzielen orientierten Streikaktion in Ostdeutschland.

„'Der aktuelle Konflikt hat sich über Jahre hinweg abgezeichnet', sagt ein früher hochrangiger Gewerkschafter. Die Führungskrise mache deutlich, wie sehr die IG Metall ihre eigentliche organisatorische und inhaltliche Reform verschleppt habe. Die Schuld daran geben viele Peters, der als Zwickels Vize sowohl für den internen Umbau als auch für den Kurs in der Tarifpolitik zuständig war. Statt sich für kleine und mittelgroße Unternehmen zu öffnen und für die neuen Branchen der Hochtechnologie attraktiv zu machen, dominieren in der Gewerkschaft immer noch die Funktionäre der großen Automobil- und Elektrokonzerne. An flexiblen Lösungen in Tarifverträgen sind sie nicht interessiert, weil sie Unruhe in den Belegschaften fürchten. Peters aber konnte oft nicht anders: Im Vorstand stützten ihn genau jene Funktionäre, die in den alten Strukturen denken (Robert Jacobi: Öffentlicher Nicht-Auftritt, in: Süddeutsche Zeitung vom 19./20.7.2003, S. 2)."

Während sich die Gewerkschaften mit flexiblen und differenzierten Abschlüssen auf die Veränderungen des Arbeitsmarktes einstellten und auch schon einmal Abweichungen vom Tarifwerk zustimmten, um ein Unternehmen zu retten, reagierten einzelne Arbeitgeber auf andere Weise. Durch die Beschäftigung von Leiharbeitern kam es zu ungleicher Bezahlung für dieselbe Tätigkeit. So finden sich heute in etlichen großen Unternehmen eine Stammbelegschaft, die nach dem geltenden Flächen- oder Haustarif bezahlt wird, aber auch Leiharbeiter, die deutlich schlechter bezahlt werden. Letztere können von heute auf morgen abgezogen werden, wenn sich die Auftragslage des Unternehmens verschlechtert; die verbleibenden Aufträge werden mit den Stammbeschäftigten abgearbeitet. Für die Gewerkschaft, die einen Tarifvertrag mit dem Unternehmen hat, sind die Leiharbeiter nicht erreichbar. Hier liegt die zurzeit größte Aufgabe der Gewerkschaften: diese Ausweichmöglichkeit durch das Einwirken auf den Gesetzgeber zu blockieren.

10.2.4 Die sozialpolitische Flanke des Flächentarifs

Der überkommene Sozialstaat der Bundesrepublik trägt die Handschrift der CDU. Er wurde von Regierungen anderer Couleur fortgeschrieben (Schmidt/Ostheim 2007: 153ff.). Mit großzügigen Zumutbarkeitsregeln bei der Stellenvermittlung, mit einem nach dem letzten Nettolohn gestaffelten Arbeitslosengeld, mit dem Bemühen um die Vermittlung gleichwertiger Jobs und mit Vorruhestandsregelungen für ältere Beschäftigte wurde im Laufe der Jahre ein dichtes soziales Netz gespannt. Die Kosten der geltenden Lohnersatzleistungen wurden auf die Arbeitseinkommen (Beiträge zur Arbeitslosen- und Rentenversicherung) und die Steuerzahler (Zuschüsse an die Bundesanstalt für Arbeit und die Rentenkasse) umgelegt. Die riesenhafte Arbeitsbehörde, die Bundesanstalt für Arbeit, heute die Agentur für Arbeit, schied nach Lage der Dinge als politisches Gestaltungsinstrument aus. Sie war ein Bestandteil des Problems.

Die Bundesanstalt mutete, wie Anfang des Jahres 2002 bekannt wurde, zeitweise wie eine Selbstbeschäftigungsagentur an. Angestellte wussten zu berichten, dass ihre eigentlich zentrale Aufgabe, die Arbeitsvermittlung, kaum noch stattfinde. Dabei geißelte die Behörde das Treiben privater Arbeitsvermittler seit Jahren als sittenwidrige Ausbeutung individueller Notlagen. Als die Fehlleistungen in der Arbeitsvermittlung nicht länger unter der Decke gehalten werden konnten, gab es eine große Debatte. Reumütig räumten Arbeitsbehörde und

Arbeitsminister ein, dass sich private Arbeitsvermittler unter bestimmten Voraussetzungen im Revier der Arbeitsbehörden betätigen durften. Gegen Vorwürfe verteidigte sich die Arbeitsverwaltung, sie habe ja nicht nur die Aufgabe, Arbeitslose zu vermitteln, sondern die Arbeitslosen auch noch zu verwalten, unter anderem Arbeitslosenhilfe und Arbeitslosengeld auszuzahlen, Umschulungsprogramme zu betreiben und schwer Vermittelbare weiterzubilden.

Behörden zeichnen sich dadurch aus, dass sie ihren Personalbestand pflegen. Mit Tausenden Arbeitsämtern war die Bundesanstalt einer der größten Arbeitgeber der Republik. Eine Behörde, die freiwillig Aufgaben abstieße, wäre ein Unikum. Behörden zu entrümpeln, sie abzuschaffen und ihnen neue Aufgaben zuzuweisen – dies alles ist die Aufgabe der Politik! Der Bundesanstalt für Arbeit mangelte es nicht an Verbündeten. So nährten sich von Weiterbildung und Umschulung zahlreiche, den Arbeitgebern wie den Gewerkschaften nahestehende Vereine.

Die Politik konnte hier nichts anderes tun, als die Rahmenbedingungen für neue Jobs herzustellen. Hier aber befand sich die rot-grüne Koalition, welche 1998 die Arbeitslosigkeit als eines ihrer größten Probleme vorfand, in einem Dilemma. War sie willens, einem bereits existierenden zweiten Arbeitsmarkt Vorschub zu leisten, der von Teilzeitjobs, Mehrfachjobs und scheinselbständigen Jobs, kurz: von unstetigen und niedrigen Einkommen geprägt war, d.h. von einem irregulären Arbeitsmarkt, der aber immerhin Beschäftigung generierte, handelte sie sich unvermeidlich den Widerstand der Gewerkschaften ein. Um einer gewerkschaftlichen Erwartung gerecht zu werden, schrieben die Koalitionsparteien gleich nach dem Wahlsieg 1998 für die nicht sozialversicherungspflichtigen geringfügigen Beschäftigungsverhältnisse (630-DM-Jobs) und die so genannten Scheinselbständigen die Versicherungspflicht vor. Diese Arten der Beschäftigung, die in einigen Branchen die regulären Beschäftigten zu verdrängen begannen, sollten damit unattraktiv werden.

Mit einer Kehrtwende entschloss sich Kanzler Gerhard Schröder einige Jahre später für einen neuen Kurs in der Arbeitsmarktpolitik. Das später als Agenda 2010 bekannt gewordene Reformprogramm fußte auf den Vorschlägen der Hartz-Kommission, benannt nach dem Vorsitzenden Peter Hartz, einem VW-Manager. Die Kommission unterbreitete ihre Vorschläge im August 2002 der Öffentlichkeit.

Auf Besitzstände nahm die Agenda wenig Rücksicht. Sie hatte das System der Lohnersatzleistungen und Existenzsicherung im Visier, auf das Erwerbslose Anspruch hatten. Die Grundidee der Agenda ging dahin, dieses System zu überarbeiten und Anreize zur Wiederaufnahme einer Beschäftigung darin einzubauen (zum Folgenden ausführlich: Boeckh/Huster/Benz 2011: 275ff.). Die Bundesanstalt für Arbeit wurde als Agentur für Arbeit reorganisiert, um ihre Leistung bei der Arbeitsvermittlung zu steigern. Die Zumutbarkeitskriterien für Jobangebote wurden abgesenkt, praktisch jede Arbeit gilt als zumutbar. Die Bezugsdauer des auf das letzte Einkommen bezogenen Arbeitslosengeldes (künftig Arbeitslosengeld 1) wurde ohne Rücksicht auf vorausgehende Beschäftigungsjahre auf ein Jahr reduziert. Die Arbeitslosen- und Sozialhilfe (künftig Arbeitslosengeld 2) wurde mit der früheren Sozialhilfe zusammengelegt; sie orientiert sich an der Grundsicherung der alltäglichen Bedürfnisse. Durch neue Berechnungsformeln wurde der Vorruhestand für Ältere unattraktiver gemacht. Geringfügige Beschäftigung bei einem Entgelt von über 400 Euro sollte steuer- und abgabenpflichtig sein. Arbeitslose konnten eine Beschäftigung im öffentlichem Interesse übernehmen, für die mindestens ein Euro auf das Arbeitslosengeld gezahlt wurde; ein Teil der Entlohnung wurde dann von der Arbeitsagentur übernommen. Zur Stabilisierung des Krankenkassenbeitrags wurde der Leistungskatalog der Gesetzlichen Krankenkasse reduziert.

Kanzler Schröder bewies einigen Mut, dieses Projekt voranzutreiben. Er legte sich mit der eigenen Partei und den Gewerkschaften an. Die mächtigsten DGB-Gewerkschaften, IG Metall und ver.di, mobilisierten ihre Verbündeten in der SPD-Bundestagsfraktion, letztlich aber vergebens, während die Union im Großen und Ganzen einverstanden war, aber genüsslich noch eigene und weitergehende Forderungen erhob (zur Agenda-Politik: Hegelich/Kollmann/Kuhlmann 2011).

Der Konflikt mit der SPD-Linken und den Gewerkschaften, den sich Schröder mit der Agendapolitik einhandelte, sollte seine weitere Kanzlerschaft überschatten. Linke Sozialdemokraten, darunter viele Gewerkschafter, wandten sich von der Partei ab. Sie gründeten 2004 die Wählerinitiative Soziale Gerechtigkeit (WASG), die dann drei Jahre später mit der PDS zur heutigen Partei Die Linke fusionieren sollte. Die Reformen haben bis heute Bestand. Zur Anwendung kamen sie erst in der Großen Koalition, die nach der Wahlniederlage der rot-grünen Koalition gebildet wurde. Ohne die Turbulenzen, welche die Agendapolitik in der eigenen Partei verursachte, hätte der Kanzler kaum die vorzeitige Neuwahl des Bundestages gesucht. Es ging ihm darum, gegen seine Kritiker vom Wähler Recht zu bekommen. Das Kalkül ging nicht auf. Der Kanzler verlor 2005 seine Mehrheit.

Zehn Jahre, nachdem die Hartz-Kommission ihre Vorschläge präsentiert hatte, stellten Arbeitsmarktexperten der Agendapolitik ein gutes Zeugnis aus. Es mag darüber debattiert werden, welchen Anteil die Reform, welchen Anteil die Weltkonjunktur und welchen Anteil die demografische Entwicklung – weniger Berufseinsteiger, Fachkräftemangel – an der positiven Entwicklung des Arbeitsmarktes hatte. Der politische Preis, den die SPD für die Agenda zahlte, war allemal schmerzlich. Diejenigen Wähler, die sich fortan an die Linke hielten, fehlten ihr künftig für eine neue rot-grüne Mehrheit. Auch die früher selbstverständliche Allianz mit dem DGB war dahin. Die Agenda war nichts weniger als ein Systemwechsel in der Arbeitsmarktpolitik, weg von der Verwaltungs- und Versorgungsdevise hin zur Mobilisierung der Betroffenen. Die in der Sozialdemokratie bis heute anhaltende Debatte über die Agendapolitik und der Aufstieg der Linken zeigen, dass eine innovative Politik, die um des Gelingen willens taktische Rücksichten über Bord wirft, auch das Parteiensystem verändern kann.

Eine weitere Folge der Agendapolitik: Die Zahl der befristeten Arbeitsverhältnisse steigt, jeder vierte Beschäftigung arbeitet im Niedriglohnsektor, teils mit Stundenlöhnen um die fünf Euro (Thomas Ochsner: Jeder Vierte Beschäftigte erhält nur Niedriglohn, in: Süddeutsche Zeitung vom 14.3.1012, S. 1). Es ist kein Zufall, dass gerade zu jener Zeit, da positive Bilanzen der Agendapolitik gezogen wurden, eine Diskussion um den staatlich garantierten Mindestlohn geführt wurde. Dessen Befürworter veranschlagen ihn um die neun Euro. Einige Landesregierungen haben bereits die Notbremse betätigt und für bestimmte Branchen gesetzlich einen Mindestlohn fixiert. Die Aktualität des Mindestlohns ergab sich aus den nicht bedachten und schwer absehbaren Folgen der Agendapolitik. Ein solches Ineinandergreifen von Policies, ein Nachsteuern, das sich aus einer früheren Politik ergibt, ist typisch für den Politikzyklus (siehe oben 10.1.1). Die Lösung eines Problems generiert ein neues Problem, das nach einer politischen Antwort verlangt.

10.2.5 Die Situation in anderen Industrieländern

Länder wie *Frankreich* und die *USA* eignen sich schlecht für Vergleichszwecke. Bei etwa zehn Prozent organisierten Beschäftigten ist kaum noch genügend Masse vorhanden, um von mächtigen Gewerkschaften zu sprechen. Der öffentliche Dienst ist dort das letzte noch vollständig intakte Refugium der Gewerkschaften. In Frankreich ist er immerhin gut organisiert und besitzt ein empfindliches Druckpotential (Bahn, Nahverkehr). Für die USA lassen sich kaum Aussagen treffen, weil die Arbeitsverhältnisse in den 50 Staaten und Hunderttausenden Gemeinden zu unterschiedlich sind. In *Großbritannien* (Plöhn 2001: 173 ff.) und *den USA* (Lösche 1998: 363ff.) bestimmt der Typus der Betriebs- oder Unternehmensgewerkschaft – abgesehen von wenigen Ausnahmen – das Bild. Das Management und die Vertreter der gewerkschaftlich organisierten Belegschaft verhandeln über Löhne, Arbeits- und Ruhezeiten sowie bezahlten Urlaub. Die betrieblichen Gewerkschaften sind Verhandlungsagent und betriebsratsähnliche Beschwerdestelle in einem. Arbeitsniederlegungen sind ein übliches Mittel, um den Forderungen Nachdruck zu verleihen.

10 Die Vermachtung von Politikbereichen in Deutschland 241

In den *USA* wird in regelmäßigen Betriebswahlen geprüft, ob die Belegschaft eines Unternehmens von einer Gewerkschaft vertreten sein will, und falls ja, von welcher. Gewerkschaftliche Vereinbarungen mit den Arbeitgebern gelten ausschließlich für Gewerkschaftsmitglieder – ein Anreiz, der Gewerkschaft beizutreten oder wenigstens einen Solidarbeitrag zu zahlen.

Beide Länder kennen ausgeprägte Niedriglohnsektoren. Die Arbeitslosenunterstützung ist in den USA von jeher gering. Durch rigorose Sozial- und Arbeitsmarktreformen wurden in Großbritannien vor bereits drei Jahrzehnten die staatlichen Leistungen an Arbeitslose drastisch gekürzt. Sie sind mit dem Namen der konservativen Premierministerin Margaret Thatcher verbunden, die als erste in Europa eine konsequent neoliberale Politik einläutete. Die Historie wird sie als eine Regierungschefin vermerken, die den Inselstaat vom Modell der europäischen Wohlfahrtsstaatlichkeit abgerückt und dem atlantischen Kapitalismus der USA die Bahn geebnet hat. Dass dies binnen weniger Jahren überhaupt möglich war, belegt nur die Wucht eines Politikwechsels in der Mehrheitsdemokratie. Kein Koalitionspartner, keine vetofähige Zweite Kammer stand ihr im Wege. Als Labour 1997 die Regierung zurückeroberte, war die politische Welt auf der Insel grundlegend verändert. Die Labour-Regierung beließ die Sozial- und Arbeitsmarktreformen der konservativen Vorgängerregierung im Wesentlichen intakt, allerdings nicht ohne – letztlich folgenlosen – Widerspruch von der Parteilinken.

Die *Schweiz* verzeichnet schwache Gewerkschaften. Lediglich etwa ein Fünftel der Arbeitnehmer sind organisiert, für die Einkommen der meisten Beschäftigten haben Tarifverträge keine Relevanz. Die Gewerkschaften selbst sind noch weltanschaulich strukturiert, mit einem sozialdemokratischen (Schweizer Gewerkschaftsbund) und einem weiteren Gewerkschaftsbund (Travail Suisse), der aus der christlichen Gewerkschaftsbewegung hervorgegangen ist. Tarifverträge können von der Regierung für verbindlich erklärt werden. Verhandelt wird überwiegend auf der Branchenebene. Arbeitskämpfe kommen selten vor. Obgleich volkswirtschaftlich nicht sonderlich stark, haben die Gewerkschaften auf der politischen Ebene doch Gewicht. Dies hat erstens den Grund, dass sie mit einer der Parteien in der supergroßen Dauerkoalition liiert sind, und zweitens, dass sie die Mobilisierung ihrer Mitglieder für Initiativen und Referenden in der Hinterhand haben, falls sie sich von der Politik nicht hinreichend ernst genommen sehen (Armingeon 2001: 416).

In *Österreich* treffen wir demgegenüber mitgliederstarke Gewerkschaften an, von denen allein der Österreichische Gewerkschaftsbund (ÖGB) immer noch etwa ein Drittel der Arbeitnehmer repräsentiert. Der ÖGB ist zentralistisch organisiert, die Tarifverhandlungen mit den Arbeitgebern allerdings werden für jeweils eine Branche geführt. Verhandlungspartner der Gewerkschaften sind die

Wirtschaftskammern, öffentlich-rechtliche Einrichtungen, in denen die Arbeitgeber Pflichtmitglieder sind. Die Spitzen des ÖGB und der Unternehmer bemühen sich, die Tarifverträge in einen Rahmen einzupassen, den sie gemeinsam für volkswirtschaftlich vertretbar befinden. Beider Motto ist ein sozialpartnerschaftliches Verhältnis. Es findet seinen charakteristischen Ausdruck in einer Paritätischen Kommission für Lohn- und Preisfragen. Sie spielt zwar als Preiskontrollinstanz heute keine Rolle mehr, wohl aber mit ihren Empfehlungen für die Abschlüsse der Tarifparteien. Die engen Verbindungen der Gewerkschaften zur sozialdemokratischen Partei und die der Unternehmer zur Volkspartei, von denen stets mindestens eine in der Regierungsverantwortung steht, flankieren diese Sozialpartnerschaft (Tálos 2006, Karlhofer 2006).

Die *Niederlande* kannten bis in die 1970er Jahre hinein lediglich eine eingeschränkte Tarifautonomie. Arbeitgeber und Gewerkschaften waren in das politische Gremium eines Wirtschafts- und Sozialrates eingebunden. Dieser schlug der Regierung ein Lohntarifgefüge vor, das dann per Gesetzesbeschluss Verbindlichkeit erlangte. Gute Verdienstmöglichkeiten führten in einigen Branchen dazu, dass die zentral geschnürten Tarifpakete obsolet wurden; die betreffenden Unternehmen zahlten deutlich besser. Später wurde die Lohnpolitik von den gesetzlichen Regulierungen befreit. Branchenabschlüsse, wie man sie aus Deutschland kennt, wurden zum Regelfall. Unabhängig davon laborierten die Niederländer in den 1990er Jahren an ähnlichen Problemen wie Deutschland: hohe Arbeitslosigkeit in Kombination mit enormen Belastungen durch Lohnnebenkosten.

In einem Kraftakt entschloss sich eine Große Koalition der Haager Parteien 1993 zu einer Korrektur. Die Stiftung für Arbeit, ein bis dahin paritätisches Arbeitgeber-Arbeitnehmer-Gremium, wurde neu belebt. Im Konsens mit den Vertretern der Tarifparteien schlug sie für jede Branche volkswirtschaftlich vertretbare Abschlüsse vor. Der Staat seinerseits modifizierte die Lohnersatzleistungen, so dass es attraktiver wurde, einen Niedriglohnjob anzunehmen, als zum Arbeitsamt zu gehen. Massiv wurde die Teilzeitarbeit gefördert, so dass beide Ehepartner besser zum Familieneinkommen beitragen konnten. Zwar gelang es auf diese Weise, die Arbeitslosigkeit zu senken. Aber viele Arbeitnehmer arbeiteten in Jobs, für die sie nach herkömmlichen Maßstäben überqualifiziert waren (Visser/Hemerijk 1998). Dies alles spielte sich ab, als in Deutschland von einer Agenda 2010 noch keine Rede war.

Schweden praktiziert wie Deutschland den branchenbezogenen Flächentarifvertrag. Von 1938 bis 1983 gab es sogar gesamtwirtschaftliche Vereinbarungen zwischen den Gewerkschaften und den Unternehmerverbänden, denen sich als dritter Partner noch die Regierung hinzugesellte. Letztere belohnte mancherlei gewerkschaftliche Zurückhaltung, indem sie der Gewerkschaftsseite mit sozial- und steuerpolitischen Maßnahmen entgegenkam. Über bald vierzig Jahre (bis

1976) waren die Sozialdemokraten die führende Regierungspartei. Weil diese Partei stark gewerkschaftlich geprägt war, saßen die Gewerkschaften damals sozusagen gleich zweimal am Verhandlungstisch. Die Gewerkschaften gehörten bis 1990 als Kollektivmitglieder der sozialdemokratischen Partei an. Der Gewerkschaftsbund LO regierte das Land faktisch mit und gewann dabei seine Einsichten und Erfahrungen im Umgang mit den harten binnen- und weltwirtschaftlichen Realitäten.

In den späten 1970er Jahre verlor die Sozialdemokratie ihr Dauerabonnement auf die Regierung Schwedens. Bürgerliche Parteienbündnisse, die den Gewerkschaften nicht verpflichtet waren, hinterließen ihre Handschrift in der Wirtschaftspolitik. Unabhängig davon waren gesamtschwedische Tarifverhandlungen auch nicht mehr zeitgemäß. Die Wirtschaftszweige entwickelten sich zu unterschiedlich. Wie auch immer: Ob früher zentrale Rahmenvereinbarungen oder heute Flächentarife – die Gewerkschaften nehmen in Kauf, dass Betriebe abrutschen, die den Tariflohn nicht verkraften. Und die Arbeitsvermittlungsbehörde verlangt den Arbeitslosen kompromisslose und schmerzhafte Mobilität ab (Schmid 2010: 377f.).

Auch in *Dänemark* bestimmen flächenbezogene Rahmenvereinbarungen das Bild. Diese werden allerdings von betrieblichen Vereinbarungen ergänzt. Bei der Gewerkschaftszentrale angestellte Funktionäre beraten ihre Kollegen in den Betrieben und schulen sie darin, den Arbeitgebern mit dem gebotenen Knowhow entgegenzutreten. Die Arbeitsvermittlung ist auf die rasche Wiedereingliederung in den Arbeitsprozess angelegt. Wer innerhalb einer Frist kein Stellenangebot annimmt, verliert den Anspruch auf Lohnersatzleistungen. Auch dabei ziehen die Gewerkschaften mit. Ihre Devise lautet auf den Erhalt hoher Einkommen im Einklang mit den Erfordernissen der internationalen Konkurrenzfähigkeit – wie in Schweden. In Dänemark verwalten die Gewerkschaften die Arbeitslosenversicherung mit, wie es bis Anfang der 1990er Jahre auch in Schweden noch der Fall war, bis eine bürgerliche Regierung diese Beteiligung beendete. Trotz allem gibt es keine allzu große Reibungen der sozialdemokratisch geprägten Gewerkschaftswelt mit den bürgerlichen Parteien beider Länder. Hier begegnen wir wieder dem konsensdemokratischen Muster. Es verbindet sich hier allerdings mit egalitären politischen Kulturen obgleich die sozialdemokratischen Parteien ihre einst starke, ja dominante Stellung längst verloren haben.

Die skandinavischen Beispiele und das der Niederlande zeigen, dass die Agendapolitik in Deutschland in eine Richtung ging, welche die Arbeitsmarktpolitik dort schon früher eingeschlagen hatte. Der große Unterschied freilich: Ein so starker Dissens der Regierung mit den Gewerkschaften wie in Deutschland zur Zeit der Agendapolitik trat dort nicht auf.

10.2.6 Fazit

Bei der Gestaltung der Tarifbeziehungen geht es um den Typus der regulativen Politik. Ein politischer Beschluss kostet hier materiell wenig – im Wesentlichen den Druckaufwand für die Regierungsvorlagen, die Beschlussvorlagen des Bundestages und die Neufassung des einschlägigen Gesetzes. Die Parteien haben gute Gründe, ihre Finger von der Tarifpolitik zu lassen. Sie schätzen den Beitrag der Gewerkschaften zum Arbeitsfrieden – warum sollte sich die Politik auf einen Konflikt mit den Gewerkschaften einlassen, wenn bereits tarifvertragliche Öffnungsklauseln und der Rekurs auf Haustarifverträge für Flexibilität bei den Abschlüssen sorgen? Dennoch kam vorübergehend eine Debatte um die Gesetzliche Öffnung der Tarifverträge in Gang. Im geschilderten Fall wollte die bürgerliche Opposition in der Öffentlichkeit und bei ihrer Klientel Punkte gewinnen. Gewerkschaften sind keine sonderlich populären Organisationen. Es handelte sich um symbolische Politik, die wie alle Politik dieser Art die Medien als Verstärker einkalkulierte.

Der sozialpolitische Umgang mit der Arbeitslosigkeit war eine andere Sache. Die Kosten der Arbeitslosigkeit belasten die öffentlichen Haushalte. Sie waren im Bundeshaushalt 2003 mit zwölf Milliarden Euro eingeplant, die bereits vor Beginn des letzten Quartals erschöpft waren. Ein „weiter so" drohte die Misere zu vergrößern. Eine spürbare Reform versprach das Problem zu lösen und den Arbeitsmarkt neu zu strukturieren. Nun war Zustimmung für diese Politik bei der engeren Klientel der SPD am wenigsten zu erwarten. Keine Regierung, auch keine sozialdemokratische, kann es sich freilich leisten, Arbeitgeber und Investoren zu verprellen. Die Bürger wiederum erwarten von der Politik, was sie eigentlich nicht leisten kann, wofür sie aber kontinuierlich verantwortlich gemacht wird: sicherer Arbeitsplatz und ausreichendes Familieneinkommen. Hier traf die Regierung Schröder ihre Entscheidung – ob in der vagen Hoffnung, die Früchte ihrer Politik würden sich vielleicht schon zur nächsten Wahl einstellen, sei dahingestellt.

Die Schmälerung der Lohnersatzleistungen sollte schlecht bezahlte Arbeit attraktiver machen. Wer eine Beschäftigung unter seiner Qualifikation annimmt, verursacht der Arbeitsbehörde und den Sozialämtern keine Kosten mehr, er zahlt Sozialbeiträge und wenn er den Niedriglohnsektor verlassen sollte, vielleicht sogar einmal Steuern. Die Hauptbetroffenen dieser Politik, also die Verlierer am Arbeitsmarkt, waren eine Klientel ohne Organisationsmacht. Die Regierung spekulierte auf ein Umverteilungsprojekt, das politisch nicht allzu viel kosten sollte. Pech nur, dass die sozialdemokratische Parteilinke ihrem Kanzler einen Strich durch die Rechnung machte. Ein Teil von ihr ging von der Fahne. Sonst aber: Nach einigen Jahren erhielt die Agenda 2010 gute Noten.

10 Die Vermachtung von Politikbereichen in Deutschland 245

Betrachten wir im nächsten Kapitel nun das Beispiel einer Umverteilungspolitik, die nicht, wie im betrachteten Fall, weniger als zehn, sondern satte 90 Prozent der Bevölkerung betrifft.

10.3 Die schwierige Reform der Krankenversicherung

Die politikwissenschaftliche Forschung über den Sozialstaat unterscheidet drei grundsätzlich verschiedene soziale Sicherungssysteme, den liberalen Wohlfahrtstaat, den korporativen Wohlfahrtstaat und den egalitären Wohlfahrtstaat (Esping-Andersen 1990). Der liberale Wohlfahrtsstaat sichert die Menschen lediglich gegen einige existentielle Grundbedürfnisse ab. Der korporative Wohlfahrtstaat ist darauf angelegt, Risiken wie Krankheit, Unfall, Arbeitslosigkeit und Einkommensverlust abzusichern. Er definiert zu diesem Zweck bestimmte Versichertengruppen, die Beiträge an öffentliche Versicherungen zahlen. Die Versicherten erhalten ihre Leistungen entsprechend dem Beschäftigungsstatus und der Beitragsdauer. Der egalitäre Wohlfahrtstaat definiert soziale Absicherungen als Bürgerrechte und finanziert sie aus den Staatseinnahmen. Seine Leistungen sind für alle gleich. Den liberalen Typus verkörpern die USA, die bis heute lediglich rudimentäre Sicherungssysteme kennen. Dort sind die Menschen zu kostspieligen privaten Versicherungen gezwungen, wenn sie Leistungen über das staatliche Minimum hinaus wollen. Der korporative Typus ist in Mitteleuropa beheimatet. In den skandinavischen Ländern hat sich der egalitäre Wohlfahrtstaat durchgesetzt. Deutschland steht für den Typus des korporativen Wohlfahrtstaates.

10.3.1 Der Weg zur Gesetzlichen Krankenversicherung

Die deutsche Krankenversicherung war in ihren Anfängen ganz auf die Arbeiterschaft zugeschnitten. In der Bismarckschen Epoche organisierte der Staat Versicherungen, um der Radikalisierung der arbeitenden Klassen die Spitze zu nehmen. Nach und nach wurden weitere Schichten in die Sicherungssysteme einbezogen. Seit 1913 unterliegen die Angestellten der Versicherungspflicht. In der Weimarer Zeit wurde den Selbständigen die freiwillige Beteiligung an der Sozialversicherung angeboten. Auf ebenfalls freiwilliger Basis wurden in der Bundesrepublik noch die Landwirte integriert. Jede neue Versichertengruppe rief neue Pflichtkassen und Gesetzliche Ersatzkrankenkassen auf den Plan. Nur die Ortskrankenkassen (AOK) waren für alle bestimmt. Als Restkassen versicherten sie viele Schlecht- und Durchschnittsverdiener, deshalb waren sie nicht sehr leistungsstark. Größere und gut verdienende Unternehmen führten Betriebskrankenkassen ein.

Das deutsche Krankenversicherungssystem ist ähnlich organisiert wie die Tarifbeziehungen. Hier die die AOK, die Ersatz- und Betriebskassen und die Arbeitgeber, dort die Ärzte. Die Krankenversicherung ist ein Denkmal für die berufsständische Selbstbedienung. Die Kassen finanzieren sich aus den Beiträgen der Versicherten und der Arbeitgeber. Steigende Beitragssätze treiben die Arbeitskosten höher. Die Reform des Gesundheitswesens ist deshalb ein politisches Dauerthema. Vor langer Zeit, in der unglücklichen ersten deutschen Republik, als es noch wirkliche Proletarier gab, lagen die Krankenkassen im Dauerkonflikt mit der Ärzteschaft. Die Kassen ließen ihre Versicherten von Ärzten behandeln, mit denen sie Exklusivverträge geschlossen hatten. Bereits im wilhelminischen Reich wollten alle Ärzte an das Geschäft mit den Kassenpatienten heran.

Die Ärzte versuchten zunächst, ihre Marktposition durch den Zusammenschluss zu einem Angebotskartell zu verbessern (zum Folgenden Rauskolb 1976: 106ff.). Sie gründeten die Kampfvereinigung des Hartmannbundes, der in den ärztlichen Verbänden auch noch heute als konservative Standesgruppierung agiert. Damit erreichten sie einiges. Doch weiterhin stand es den Kassen frei, neben den freiberuflichen Vertragsärzten auch angestellte Mediziner für die Versorgung ihrer Versicherten zu beschäftigen.

Solange der Weimarer Parlamentarismus einigermaßen funktionierte, scheiterten die organisierten Ärzte mit ihrem Plan, den Kassen die Eigenversorgung mit ärztlichen Leistungen zu verbieten. Zum Erfolg gelangten sie erst, als der Parlamentarismus am Ende war. Seit Anfang der 1930er Jahre war die Gesetzgebungsfunktion vom Reichstag, der sich bis zur Handlungsunfähigkeit zerstritten hatte, im Einklang mit der Weimarer Verfassung auf den Reichspräsidenten übergegangen. Fortan wurde das Reich per Notverordnung regiert. Diese Notverordnungen kamen in ihrer Rechtswirkung dem Gesetz gleich (siehe oben Kapitel 2, 2.1.2).

Noch in der gegenwärtigen Zeit der hochtechnologischen Praxenbetriebe lohnt sich der Blick auf das Zeitkolorit, in dem eine Gesundheitspolitik reifte, die jahrzehntelang die Leistungsfähigkeit der Krankenversicherung strapazieren sollte. Der Reichspräsident hieß damals Paul v. Hindenburg. Gelernt hatte er Exerzieren, Kommandieren und Gehorchen. Seine Lieblingslektüre war die Heilige Schrift, der Musikgeschmack ging in Richtung Märsche und Choräle. Auch als Reichspräsident liebte er den Auftritt in kaiserlicher Marschallsuniform. Sein Reden und Denken waren schlicht. Sozialdemokraten mochte er nicht. Meist tat er das, was ihm seine Reichskanzler sagten. Und von denen waren ihm die am liebsten, die als ehemalige Frontsoldaten ihren Frack mit gestanztem Blech verzieren durften. Ein unpolitischer und im Gestern lebender, hochbetagter Militär

10 Die Vermachtung von Politikbereichen in Deutschland 247

bot ideale Voraussetzungen, um als Erfüllungsgehilfe hochkonservativer Interessengruppen tätig zu werden. Dies galt auch für die Gesundheitspolitik. Im Jahr 1932 unterzeichnete Hindenburg eine Novellierung der Reichsversicherungsordnung (RVO). Sie entsprach in allen Punkten den Forderungen der Ärzteverbände. Die Kassen mussten fortan Verträge mit den Kassenärztlichen Vereinigungen schließen. Diese wiederum vertraten alle Ärzte, die Kassenpatienten behandeln wollten. Seither waren die Kassen den organisierten Ärzten vollständig ausgeliefert (Rauskolb 1976: 125ff.). Eine christlich-liberale Koalition bestätigte 1955 diese Regelung mit dem Geburtsmakel, dass sie nur deshalb hatte zustande kommen können, weil die Weimarer Republik bereits in ein autoritäres Regime abgedreht war. Der Bundesgesetzgeber beseitigte dann auch noch die letzten Reste von ambulanter Krankenhausversorgung (Naschold 1967). Es sollte bis 1977 dauern, bis die Politik die kostentreibenden Effekte des ärztlichen Verhandlungskartells erstmals zu thematisieren wagte. Die alte RVO wird seither schrittweise durch das neue Regelwerk des Sozialversicherungsbuchs abgelöst.

Die Ärzte waren im bürgerlichen Parteienspektrum so gut vernetzt, dass eine Grundsatzdiskussion über den Bestand der RVO gar nicht erst in Gang kam. Mit Argusaugen wachten die Vereinigungsfunktionäre darüber, dass bloß kein Krankenhaus in ambulanter Behandlung Leistungen verrichtete, die einem niedergelassenen Arzt vorbehalten waren.

10.3.2 Das Krankenversicherungsnetzwerk: Sozialpolitiker und organisierte Interessen

Vom freien Medizinalunternehmer ist der durchschnittliche Kassenarzt heute recht weit entfernt. Die Verschreibungen und Honorare sind gedeckelt. So mancher Arzt hat ein mörderisches Arbeitspensum und muss viel Zeit aufs spitze Rechnen verwenden. Er ist zudem von zahlreichen Vorschriften, Richtlinien und Kontrollinstanzen umstellt, die dem Bemühen entsprossen sind, die Kosten des Gesundheitssystems zu dämpfen. Förmlich ist der Praxisbetreiber noch selbständig. Faktisch arbeitet er unter Bedingungen, die ihn in mancher Hinsicht eher als Angestellten der Krankenkassen erscheinen lassen. Die Kassenärztlichen Vereinigungen (KV), ärztliche Selbstverwaltungen mit gesetzlichem Charakter, rechnen für alle Ärzte in ihrem Bezirk die Gesamthonorare mit den Krankenkassen ab. Diese werden anschließend an ihre Mitglieder verteilt. Individuelle Leistungs- und Missbrauchskontrollen sind den Kassen schwer möglich. Doch selbst die kühnsten Reformer haben die Reform dieses undurchschaubaren, mit großem Verwaltungs- und Finanzaufwand betriebenen Systems bis vor kurzem nicht einmal vorzuschlagen gewagt. Warum eigentlich nicht?

Die Politikwissenschaft hat die Antwort parat. Jede Regierung, die das kassenärztliche Monopol für die ambulante Behandlungen in Frage stellte, würde sich einen Großkonflikt mit den ärztlichen Standesorganisationen einhandeln. Seit einigen Jahren ist es aber doch und ohne großes Bohei aufgebrochen worden. Die klinischen Ambulatorien sind bei der Patientenversorgung mit im Spiel. Doch wie lange brauchte es dazu? Fast alle Beteiligten dokterten lieber an einem System herum, das sie mit allen seinen Fehlern kannten, als dass sie sich auf etwas Neues einließen, dem kein Beipackzettel für kalkulierbare Nebenwirkungen beilag.

Die Misere hatte viele Ursachen, so auch die Pharmakonzerne. In Deutschland ist ein Vielfaches der Medikamente zugelassen, die in den USA verschrieben werden. Die Wirkstoffpalette ist die gleiche. Die niedergelassenen Ärzte sind die besten Verkaufsagenten der Arzneimittelerzeuger. Die Packungen werden ungeachtet der üblichen, medizinisch erforderlichen Dosierungen großzügig bemessen. Die Arzneimittelausgaben haben den größten Anteil an den Ausgaben der GKV, knapp ein Drittel. Die Ärzte- und Zahnärztehonorare beanspruchen etwas über ein Fünftel, die klinische Behandlung ein weiteres Fünftel der Ausgaben. Die Pharma-Industrie läuft wie geschmiert. Die IG BCE ist der Musterfall einer Gewerkschaft, die beste Beziehungen zu den Chemiearbeitgebern unterhält. Leverkusen im Großraum Köln und Ludwigshafen im Rhein-Main-Raum, Chemiestandorte par excellence, sind immer noch sozialdemokratische Hochburgen. Die Hersteller von Diagnose- und Behandlungsgeräten betätigen sich als Mäzene der Medizinischen Hochschulen und Fakultäten.

Die Sozialpolitiker, eine fachpolitische Elitetruppe, gruppieren sich bis heute um die Achse einer gesundheitspolitischen großen Koalition von sozialdemokratischen und Unionspolitikern (siehe auch Nullmeier/Rüb 1993).

„Hinzu kommt, daß sich in der deutschen Sozialpolitik eine relativ klar abgegrenzte Akteursdomäne ausgebildet hat, deren Mitglieder eine gemeinsame Problemorientierung besitzen. In der ‚SoPo'-Gemeinde werden regelmäßig die parteipolitischen Konfliktlinien durch die programmatischen Gemeinsamkeiten zwischen christ- und sozialdemokratischen Arbeitnehmerfraktionen überdeckt. Die Wir-Identität der Akteure definiert sich eher *sozial-* und weniger *partei*politisch. Diese große Sozialpolitik-Koalition grenzt nur die Freidemokraten mit ihrem Vertrauen auf marktwirtschaftliche Prinzipien und die Grünen mit ihrer Konzeption vom Sozialleistungsbezug als Bürgerrecht deutlich aus (Marian Döhler und Philip Manow: Strukturbildung von Politikfeldern. Das Beispiel deutscher Gesundheitspolitik seit den fünfziger Jahren, Opladen 1997, S. 113)."

Der Personenkreis der Spezialisten im Gesundheitsministerium, die fachkundigen Abgeordneten aller Parteien im einschlägigen Bundestagsausschuss, ja eigentlich

10 Die Vermachtung von Politikbereichen in Deutschland

alle Beteiligten kannten lange nichts anderes, als am Status quo herumzuwerkeln. Ein breites Spektrum von Interessenten hatte sich im gesundheitspolitischen Status quo eingerichtet (Döhler/Manow 1997).

10.3.3 Struktur und Probleme der Gesetzlichen Krankenversicherung

Die Rentenversicherung und die Krankenversicherung, also die grundlegenden sozialen Sicherungssysteme im Rahmen der Sozialversicherung, werden überwiegend aus den Arbeitseinkommen finanziert. Nicht-selbständige Versicherte und Arbeitgeber zahlen die Versicherungsbeiträge je zur Hälfte. Selbständige, Hausfrauen, gut verdienende Angestellte (ab einem gewissen Einkommen) und Beamte zahlen keine obligatorischen Sozialversicherungsbeiträge. Sie haben aber die Option, sich freiwillig zum vollen Beitragssatz an der Pflichtkrankenversicherung zu beteiligen. Selbständige können ferner bis zum Höchstbetrag Rentenansprüche erwerben, Beamte erhalten ihre Altersbezüge aus Steuermitteln. Die Beamten, die Nicht-Selbständigen mit hohen Einkommen und die Selbständigen versichern sich in der Regel nicht in der Gesetzlichen Krankenversicherung (GKV), sondern privat, d.h. bei einer privaten Krankenversicherung (PKV). Es handelt sich um etwa zehn Prozent der Arbeitsbevölkerung. Die GKV ruht demgegenüber im Wesentlichen auf den Schultern der Angestellten und Arbeiter in der privaten Wirtschaft und im öffentlichen Dienst – etwa 90 Prozent aller Beschäftigten. Versicherungspflicht bestand bis vor wenigen Jahren lediglich bis zu einer gesetzlich definierten Einkommensgrenze (Murswieck 2003: 223).

Wie erläutert, haben die Bezieher höherer Einkommen die Option, den gesetzlichen Pflichtversicherungen fernzubleiben. Soweit sie davon Gebrauch machen, fallen sie als Beitragszahler aus. Mit Blick auf die ökonomisch aktive Gesamtbevölkerung ist die Finanzierung der Sozialversicherung also degressiv angelegt. Zwar sind die Beiträge für die Pflichtversicherten definitorisch und technisch keine Steuern. Für die Beitragszahler haben sie aber die gleiche Wirkung. Gleichbleibende Versicherungsleistungen führen bei steigender oder kontinuierlich hoher Arbeitslosigkeit zwangsläufig zu Engpässen bei der Finanzierung der Systeme. Seit den 1990er Jahren stiegen die Zahlungsverpflichtungen der Versicherungen beträchtlich an. Hauptgründe waren eine Frühverrentungswelle, die noch von der letzten schwarz-gelben Bundesregierung Kohl kräftig gefördert worden war, um die Erwerbslosenstatistik zu entlasten, sowie die Übernahme aller früheren DDR-Beschäftigten in die Sicherungssysteme der Bundesrepublik. Demgegenüber war die in Arbeit stehende Bevölkerung bereits rückläufig. Beide Entwicklungen trieben die Beiträge in die Höhe. Entsprechend stiegen die Arbeitskosten und wurden deutsche Produkte im europäischen und internationalen Wettbewerb teurer.

Eine ökonomische Remedur war allein von einem oder mehreren der folgenden Schritte zu erwarten: a) Einschränkung und Absenkung der Versicherungsleistungen, b) Minderung der Arbeitslosigkeit und c) Systemwechsel weg vom Versicherungsprinzip und hin zur Steuerfinanzierung sozialer Leistungen.

Mit der Krise der Arbeitsmärkte wurde die Finanzierung der sozialen Sicherungssysteme unausweichlich zum Problem. Nehmen wir die Gesetzliche Krankenversicherung. Die von Beiträgen finanzierte Krankenversicherung bietet den Versicherten eine Palette von Leistungen im Krankheitsfall. Erbracht werden diese Leistungen von Ärzten, Krankenhäusern, Apotheken und der Pharmaindustrie. Die Krankenversicherung ist eine gewaltige Einkommensbeschaffungsmaschine für mehr als vier Millionen Menschen. Während sich im produzierenden und Dienstleistungsgewerbe in der Regel der preisgünstigste Anbieter durchsetzt, schaltet der Gesundheitssektor den Wettbewerb aus. Die niedergelassenen Ärzte treten als Anbieterkartell auf, das den zahlreichen Kassen gegenübertritt. Was diagnostiziert und wie therapiert oder verschrieben wird, kontrolliert allein der Arzt. Die vorgebliche Kontrollinstanz der Kassenärztlichen Vereinigungen ist unwirksam. Es handelt sich um eine ständische Selbstverwaltung der Ärzte und Zahnärzte. Eine von Standesinteressen durchtränkte Gesetzgebung erlaubte bis vor kurzem lediglich den Besitz *einer* Apotheke. Und den Apothekern war und ist es Recht, wenn die Pharmaproduzenten teure Medikamente mit großen Mindestmengen und respektablen Gewinnspannen anbieten. Bezahlt wird dies alles von Arbeitgebern und Arbeitnehmern.

Die Einführung von Wettbewerbselementen in die ärztliche und Pharmamittelversorgung würde erhebliche Kosten sparen. Die Politik hätte die Möglichkeit dazu. Der gesamte Gesundheitssektor unterliegt einer sehr dichten gesetzlichen Regulierung. Die Gesundheitsproduzenten besitzen indes erhebliche Verweigerungsmacht. Die Ärzte und ihre Verbände wuchern mit dem Pfund des seriösen Mediziners, auf den Kranke ja nun einmal angewiesen sind. Die Apotheker gelten als feste Klientel vor allem der FDP. Das Personal der Krankenkassen und Krankenhäuser bewegt sich vorwiegend in den niedrigen Gehaltsgruppen – also im Klientelbereich der Gewerkschaften und der sozialdemokratischen Wählerschaft. Die Ärzteschaft selbst ist gespalten. Der hochkonservative Hartmannbund agiert als Speerspitze der niedergelassenen, d.h. freiberuflich-selbständigen Ärzte. Der Marburger Bund vertritt hauptsächlich die angestellten Klinikärzte (Rauskolb 1976: 140ff.).

Das deutsche Gesundheitssystem produziert die kuriosesten Meldungen, so über wirtschaftlich erzwungene Praxenschließungen und über gigantische Verwaltungsanteile an den Ausgaben der gesetzlichen Krankenkassen sowie über steigende Versicherungsbeiträge und schließlich über immer mehr Ausnahmen von der Versicherungsdeckung für ärztliche Leistungen. Die Krankenhauspläne der Gesundheitsministerien setzen auf Bettenabbau und Personalreduzierung. Der letzte Schrei war die Privatisierung von Kliniken, im Klartext: der Verkauf an Kapitalgesellschaften, die sich der klinischen Krankenversorgung verschrieben haben, darunter die Marktführer Asklepios, Fresenius und Helios.

Der Krankenversicherungsmarkt ist inzwischen liberalisiert. Jeder Pflichtversicherte darf sich seit 1996 seine Kasse aussuchen. Die Kassen werben um Mitglieder aus allen Bereichen. Wer gut verdient, kann aus dem gesetzlichen System aussteigen und darf sich privat versichern. Dies kostete ihn bis vor kurzem weniger, als wenn er freiwillig im öffentlichen Versicherungssystem geblieben wäre. Weil sich hauptsächlich hart umworbene junge Besserverdiener für die Privatkassen entschieden und weil sie gemeinhin die bessere Lebensqualität hatten – sie arbeiteten selbstbestimmt, hoben nicht schwer, atmeten keine giftigen Dämpfe ein und hatten wenig Stress durch kleine Wohnungen –, fielen bei den Privatversicherungen geringere Behandlungskosten an. Deshalb konnten die anfallenden Behandlungen üppig erstattet werden.

Die Kosten-Leistungsunterschiede zwischen den Pflichtkassen sind aus den noch zu schildernden Gründen heute weitgehend dahin. Zwischen den Ersatz- und den Privatkassen haben sie sich gehalten. Die Ersatzkassen unterliegen der Sozialgesetzgebung. Sie müssen bestimmte Leistungen versichern. Andere Leistungen, die sie darüber hinaus gewähren, spielen sie im Werben um die Versicherten aus. Selbst die nach Beschäftigungsarten entgrenzte Solidargemeinschaft hat Siebcharakter. Die AOKs sind Restkassen. Wer es sich leisten kann, sucht sich eine Alternative. Um die schwächeren Kassen existenziell abzusichern, verpflichtete ein Risikostrukturausgleichsgesetz ab 1994 sämtliche Gesetzlichen Kassen zur Einzahlung in einen Fonds, der auch den Kassen mit einer einkommensschwachen Klientel die Bezahlung der Standardleistungen ermöglicht.

Im Jahr 2009 löste der Gesundheitsfonds dieses System ab. Die Versicherten zahlen ihre Beiträge weiterhin an die Krankenkassen. Der Beitrag wird einheitlich für alle Kassen vom Gesetzgeber bestimmt. Er liegt derzeit bei 15,5 Prozent der Bruttolohnsumme. Die Kassen führen ihre Beiträge vollständig an den Gesundheitsfonds ab, der das Beitragsaufkommen dann umverteilt: Die Kassen mit geringerem Versorgungsbedarf, also mehr Jüngeren und Gesunden, erhalten weniger zurück als Kassen, die viele Ältere und häufige Arztbesucher zu ihren Mitgliedern zählen. Kommt eine Kasse mit den zugewiesenen Mitteln dennoch nicht aus, darf sie von den Mitgliedern einen Zusatzbeitrag erheben (zum Folgenden ausführlich Boeckh/Huster/Benz 2011: 313ff.). In Anbetracht des einheitlichen Beitragssatzes und des Katalogs der gesetzlichen Pflichtleistungen bleiben für den wirtschaftlichen Wettbewerb der Kassen erstens allein das Angebot an Zusatzleistungen, die der Versicherte bei dieser Kasse einkauft, und zweitens das Werbemoment des Verzichts auf Zusatzbeiträge, den sich allerdings nur Kassen mit einer günstigen Mitgliederstruktur leisten können. Der Gesetzgeber hat Anreize für Kasssenfusionen geschaffen. Gab es Anfang der 1990er Jahre noch über 1.200 Kassen, schrumpfte ihre Zahl bis 2006 auf etwa 250, Anfang 2011 ging sie noch auf weiter auf knapp 150 zurück. Die vielen Vorstände, Angestellten und das Geschäftsstellennetz der Kassen verschlingen Mittel, die besser für Behandlungskosten und Arzneimittel verwendet werden könnten.

Das Gesamt der ärztlichen Honorare wird von den Ärzteorganisationen mit dem Gesundheitsfonds ausgehandelt. Auf dieser Grundlagen kontingentieren die Ärztevertretungen wiederum das Maximum dessen, was ein Arzt in der vereinbarten Laufzeit für Leistungen und Medikamente verlangen darf. Was er darüber hinaus leistet und verschreibt, geht zu Lasten seines Praxisbudgets. Der Kassenarzt gerät damit in eine merkwürdige Zwitterposition zwischen freiem Medizinalunternehmer und Kassendienstleister, wobei er sich in letzterer Eigenschaft eher wie ein Angestellter ausnimmt. Wären die Ärzte direkt bei den Kassen oder beim Gesundheitsfonds angestellt, bräuchte es diese Verrenkungen nicht. Die Ärzte bekämen ein Gehalt, und damit Punkt. Dabei ließen sich dann auch noch die Aufwendungen für die Kassenärztlichen Vereinigungen sparen, welche die Verteilung der vereinbarten Honorarmasse verwalten. Die oben geschilderte historische Weichenstellung der RVO hat diese Lösung verbaut. Das Ergebnis ist kontinuierlicher Missmut auf allen Seiten – Ärzte, die sich gegängelt fühlen, und Kassen, die überhöhte Ärztehonorare beklagen. Allein bei der Abrechnung mit Versicherten der PKV wechselt der Arzt in die Rolle eines veritablen Selbständigen. Folglich sind Privatversicherte in jeder Praxis hochwillkommen. Die PKV wankt inzwischen als zweite Säule des Gesundheitssystems. Die rot-rüne Koalition versetzte ihr den ersten Stoß. War es bis dahin kein Problem, wenn PKV-Versicherte, die in jungen Jahren bei einem günstigen Tarif eingestiegen waren, zur GKV wechselten, wenn ihnen mit dem Älterwerden die Prämien zu teuer wurden, erschwerte der Gesetzgeber ab 2000 diese Abwanderung in die Solidargemeinschaft.

Mit der vorerst letzten Gesundheitsreform wurde 2009 für alle, die noch nicht krankenversichert waren, die Pflicht eingeführt, sich bei irgendeiner Krankenkasse, ob gesetzlich oder privat, zu versichern. Mit dieser Reform verlor die PKV weiter an Attraktivität. In der Großen Koalition mit der SPD, von der diese Reform auf den Weg gebracht wurde, legte die Union ihre jahrzehntelange Scheu ab, an den privilegierten Status der PKV zu rühren. Jede PKV muss seither einen Tarif anbieten, in den auch Normalverdiener einsteigen können. Einige Privatpatienten klopfen heute wieder bei den gesetzlichen Kassen an. Sie kommen in die Jahre. Der Lack platzt ab, nach Jahren guten Verdienens und trotz geringer kör-

10 Die Vermachtung von Politikbereichen in Deutschland

perlicher Belastung stellen sich Altersbeschwerden ein. Die Prämien steigen mit dem Eintritt in höhere Altersklassen und zehren die Alterseinkommen derer auf, die in jungen Jahren der vermeintlichen Attraktivität der PKV erlegen waren. Oder sie bleiben in der PKV, zwar mit einer günstigeren Prämie, dafür aber mit einer höheren Eigenbeteiligung an den Behandlungskosten. Beamte gibt es heute weniger denn je, damit schmilzt eine einst verlässliche Kundengruppe der PKV.

Aus der Sicht des Jahres 2012 hat sich im Gesundheitssystem viel getan. Alles in allem ist es egalitärer geworden, wenn man so will: ein Stück sozialdemokratischer. In der gesundheitspolitischen Diskussion wärmt die SPD immer mal wieder ihre Idee einer steuerfinanzierten umfassenden Bürgerversicherung auf. Doch dies wäre ein grundlegender Systemwechsel, der nur als jahrelager Kraftakt vorstellbar wäre, bei dem alle politischen Kräfte wirklich an einem Strang zögen.

Doch immerhin: Lange von den Unionsparteien abgelehnt, steht es für die Idee einer obligatorischen Krankenversicherung besser als je zuvor, seitdem auch dort Handlungsbedarf gesehen wird. Es zeichnet sich eine Art Volkskrankenversicherung ab, in der sich auch Selbständig und Beamte versichern müssen – ein Schritt, den, wie unten zu zeigen sein wird, viele Nachbarländer längst getan haben.

Wie konnte es nach jahrzehntelanger Misere doch zu diesem Erfolg kommen? Bei allem wirtschaftlichen und demografischen Druck, der dabei mitspielen mochte, hatten die parteipolitischen Konstellationen erheblichen Anteil daran. Von 1998 bis 2009 war die FDP an keiner Bundesregierung mehr beteiligt. Die CDU fand immer weniger dabei, mehr Gleichheit ins Gesundheitssystem zu bringen. Unionsnostalgiker beklagten dies als weiteren Schritt zur Sozialdemokratisierung der Union. Die zweite Große Koalition (2005-2009) war eine ideale Gelegenheit, Veränderungen auf den Weg zu bringen, die entweder mit der FDP nicht zu machen waren oder von einer sozialdemokratisch geführten Regierung schwer gegen den Widerstand der Union realisiert werden konnten. Der SPD, deren Wählerschaft inzwischen beträchtliche Schnittmengen mit der Unionswählerschaft aufweist (Arbeitnehmer, Rentner, Familien mit Kindern), war es nur recht, wenn ein vernünftiges Umverteilungssystem eingeführt und die PKV gedeckelt wurde.

Der entscheidende Punkt bei alledem war die Tatsache, dass die FDP diese Entscheidungen im Gesundheitssystem nur noch in der Oppositionsrolle kommentieren konnte – eine Partei, die in jeder Regierungskombination bereit war, sich für die private Versicherungswirtschaft in die Bresche zu werfen. Als sie 2009 wieder ins Regierungsgeschäft einstieg, waren die oben skizzierten Veränderungen bereits Verwaltungsalltag. In der neuen schwarz-gelben Koalition hatte die Partei zudem kaum noch Pressionspotenzial. Vor ganz langer Zeit einmal konnte sie sich leisten, eine allzu übermütige Union mit dem verstohlenen Zeigen auf die rote Karte ärgern. Heute ist es fraglich, ob die Liberalen überhaupt noch einmal in den Bundestag einziehen.

War der hier zuerst skizzierte Fall, die Agenda-Politik, ein Beispiel für die Auswirkungen einer politikinhaltlichen Zäsur auf das Parteiensystem (Zerreißprobe in der SPD, Wandel der Linken zur gesamtdeutschen Partei), so illustriert dieser Fall politikinhaltliche Veränderungen, die möglich werden, wenn eine Partei wie die FDP mit einer starken gesundheitspolitischen Klientel die Fähigkeit verliert, unerwünschte Entscheidungen zu verhindern. Die Gesundheitspolitik ist dermaßen komplex, dass eine Reform, die bereits ins Anwendungs- und Verwaltungsstadium gelangt ist, nicht mehr zurückgedreht werden kann.

10.3.4 Krankenversicherungssysteme im Ausland

Der Blick über die deutschen Grenzen klärt darüber auf, dass in der Gesundheitspolitik zumindest soviel verallgemeinerbar ist, dass Medizin eine teure Sache ist, in der ärztlichen Ausbildung, in der apparativen Ausstattung und beim nichtärztlichen Gesundheitspersonal. Deshalb treten Probleme in der öffentlichen Gesundheitsversorgung in allen Staaten mit einschlägigen Versorgungsprogrammen auf.

In Frankreich decken die öffentlichen Krankenversicherungen praktisch die gesamte Bevölkerung ab. Eine Versicherungskonkurrenz findet angesichts der geringen Anzahl privater Ersatzversicherungen kaum statt. Der Staat setzt die ärztlichen Honorare fest, die Versicherten haben die freie Arztwahl. Die Finanzierung erfolgt durch Beiträge. Deren Hauptlast tragen die Arbeitgeber. Die Eigenbeteiligung der Versicherten an den Arztkosten ist aber deutlich höher bemessen als in Deutschland. Sie liegt bei mindestens 30 Prozent je Arztbesuch und bei 20 Prozent der klinischen Behandlung. Die persönliche Kostenmerklichkeit des Gesundheitssystems ist damit viel stärker ausgeprägt als in Deutschland. Etliche Franzosen haben deshalb Zusatzversicherungen abgeschlossen. Dennoch zeichnet sich in Frankreich heute die gleiche Krise ab, die in Deutschland lange schwelte (Schmid 2010: 170f.). In der Gesundheitspolitik ist die Regierung aber auch viel handlungsfähiger als in Deutschland. Die Mehrheitsdemokratie ist eben entscheidungsfähiger als Systeme, in denen lange Vetostrecken ein langsames Tempo und inkrementelle Veränderungen erzwingen.

Die *Schweiz* modernisierte ein seit 1912 bestehendes Krankenversicherungsversicherung, das nach dem letzten Weltkrieg immer mehr Menschen in den Krankenversicherungsschutz einbezog. Seit 1996 besteht für jeden Schweizer Versicherungspflicht. Dieser Schritt war Bestandteil einer Runderneuerung der sozialen Sicherungssysteme; seit 2000 enthält die Verfassung ein Sozialstaatspostulat. Seine Krankenkasse darf der Bürger frei wählen, die Kasse wiederum ist verpflichtet, sämtliche in einem Grundsicherungskatalog aufgeführten ärztlichen Leistungen mit gewissen Ausnahmen für Zahnarzt- und Pflegeleistungen zu übernehmen. Die 94 Krankenkassen schließen mit den Ärzteverbänden Tarifverträge ab, vergütet werden die im gesetzlichen Katalog aufgeführten Einzelleistungen. Das System wird im Umlageverfahren durch Beiträge finanziert; die Beiträge wiederum sind nicht nach Einkommen, sondern nach Risikogruppen gestaffelt. Um Nachteile aus der Versicherung einkommensschwacher Personen zu verhindern, bezuschussen der Bund und die Kantone die Versichertenbeiträge im Verhältnis zwei zu eins. Unterschiede in der Kostenstruktur der Kantone werden in der Prämien- und Leistungsberechnung berücksichtigt. Eine Kopfpauschale je Arztbesuch soll das Kostenbewusstsein der Versicherten wach halten (Wicki 2003).

In den *Niederlanden* besteht seit 2006 allgemeine Krankenversicherungspflicht. Die Bürger dürfen ihren Krankenversicherer frei wählen. Jede Krankenversicherung muss eine Grundversorgung leisten, darüber hinaus darf sie ihr Leistungsangebot erweitern und damit um Versicherte werben. Das System wird zur Hälfte aus einer Kopfpauschale von 92 Euro finanziert, die jeder Versicherte zu entrichten hat. Die andere Hälfte wird von Beiträgen finanziert. Diesen Beitrag entrichten die Arbeitgeber für ihre Beschäftigten (Schmid 2010: 213f.).

In *Österreich* besteht Versicherungspflicht für alle. Versicherungsträger sind öffentliche Anstalten, die einen gesetzlichen Auftrag erfüllen. Arbeitnehmer und Arbeitgeber zahlen zu gleichen Teilen die Beiträge für Arbeitnehmer, Selbstständige zahlen den vollen Beitrag. Das Honorarsystem für Ärzte ist eine Kombination aus Pauschalbetrag und Einzelleistungserstattung, es wird zwischen der Sozialversicherung und der ärztlichen Standesvertretung ausgehandelt. Defizite bei der Finanzierung des Systems werden mit Steuermitteln ausgeglichen. Leistungen, die über den gesetzlichen Katalog hinausgehen, müssen privat versichert werden.

Förmlich praktiziert auch *Schweden* die Versorgung nach dem Versicherungsprinzip. Aber die öffentlichen Versicherungen decken sämtliche Beschäftigten sowie die Nicht-Beschäftigten lückenlos ab. Die ärztliche Versorgung ist eine öffentliche Aufgabe. Sie wird von Angestellten der Kommunen und Verwaltungsbezirke wahrgenommen. Der Staat gleicht eventuelle Defizite in der Krankenversicherung aus, und er tritt als Versicherer für Bürger ohne Erwerbseinkommen auf. Die Leistungen sind für alle Versicherten gleich. Es handelt es sich um eine Volksversicherung (Kaufmann 2003: 194ff.), aber durchaus um keine Vollversicherung. Viele ärztliche Leistungen sind von den öffentlichen Versicherungsleistungen ausgenommen. Sie müssen aus eigener Tasche oder durch den Abschluss einer privaten Zusatzversicherung bezahlt werden. Das

Gesundheitssystem wurde Anfang der 1990er Jahre mit harten Schnitten an die steigenden Kosten angepasst. Für ärztliche Behandlung und Arzneimittel wird seither eine Selbstbeteiligung verlangt (Schmid 2010: 231f.).

Dänemark hat ein sehr einfaches Gesundheitssystem. Jeder Däne hat Anspruch auf Behandlung. Die Kosten trägt der Steuerzahler, wenn die Versicherten einen zugewiesenen Arzt aufsuchen. Bei freier Arztwahl übernimmt der Gesundheitsdienst nur einen Teil der Kosten. Der Staat handelt mit den Ärzten Kosten-Leistungsvereinbarungen aus. Luxusleistungen sind aus dem Versicherungsprogramm ausgeschlossen (Schmid 2010: 154).

Die skandinavischen Systeme garantieren keine Versorgung de luxe. Das Engagement des Staates stabilisiert die Systeme jedoch, es sorgt auch für eine bessere Verteilungsgerechtigkeit.

In *Großbritannien* darf jeder die Leistungen des National Health Service in Anspruch nehmen – eine Volksversicherung. Die Finanzierung übernimmt die Regierung. Der nach dem letzten Weltkrieg eingeführte Gesundheitsdienst war eine große sozialpolitische Errungenschaft. Die neoliberal eingestellten konservativen Regierungen der 1980er und 1990er Jahre hielten den Gesundheitsdienst kurz, die Qualität der Leistungen ließ nach. Etliche Briten schlossen private Zusatzversicherungen ab. Die seit 1997 regierende Labour-Party korrigierte die Entwicklung wieder ein Stück zurück. Hier zeigte sich, dass staatliche Versicherungen so lange segensreich wirken, wie die Regierungen willens sind, sie mit den erforderlichen Mitteln auszustatten (Schmid 2010: 191ff.).

Seit mehr als 60 Jahren laborieren *in den USA* Präsidenten, Kongresspolitiker, Experten und Lobbyisten an der Einführung einer medizinischen Grundsicherung für die amerikanische Arbeitsbevölkerung. Sie waren zeitweise nahe daran, etwas zu erreichen. Trotzdem ging diesen Bemühungen immer wieder die Luft aus. Das Äußerste, was erreicht wurde, waren Zuschüsse für die Arztkosten von Rentnern (seit 1964/65). Alles andere regelte der Markt. Die Ärzte holen aus dem Markt heraus, was dieser hergibt. Immerhin konkurrieren sie mit den Ambulantorien der Krankenhäuser. Von den Arbeitgebern und betrieblichen Gewerkschaften betriebene Health Maintainance Organizations (HMOs) bieten Leistungen für einen exklusiven Versichertenkreis an (Kaufmann 2003: 109ff., Murswieck 1998: 690ff.).

Die Prämien für die private Krankenversicherung fallen stattlich aus. Bedenkt man, dass amerikanische Familien schon tief in die Tasche greifen und sich gar verschulden müssen, um den Kindern eine College-Ausbildung zu finanzieren, wird deutlich, dass die öffentliche Krankenversicherung für den Durchschnittsamerikaner eine attraktive Vorstellung sein dürfte.

Mit einem politischen Kraftakt gelang es Präsident Obama 2010, den Kongress für eine nationale Krankenversicherung zu gewinnen. Um die Hauptpunkte

10 Die Vermachtung von Politikbereichen in Deutschland

kurz aufzuzählen: Nach etlichen Verwässerungen am ursprünglichen Plan, dem üblichen Preis für die Mehrheit, haben sämtliche Amerikaner Anspruch auf eine Krankenversicherung. Jeder Amerikaner muss sich gegen Krankheit versichern. Die privaten Versicherer dürften keine Kunden mehr ablehnen, weil sie alt sind oder an Vorerkrankungen leiden. Bis ins frühe Erwachsenenalter sind Kinder bei den Eltern mitversichert.

Die politischen Debatten um diese Reform erinnerten an einen Glaubenskrieg. Der Standardvorwurf von republikanischer Seite: die Verstaatlichung des Medizinbetriebs. Die Ärzteverbände und Versicherungsgesellschaften schossen aus allen Rohren. Im Vorfeld der Präsidentenwahl von 2012 gelobten alle republikanischen Gegenkandidaten, die Reform im Falle ihrer Wahl zu kassieren. Wir können die Betrachtung an dieser Stelle abbrechen. Bereits diese wenigen Informationen deuten auf eine politische Kultur, die der Debatte um das Gesundheitssystem eine ganz andere Richtung gibt als in Europa. Was dort als Standard sozialer Mindestabsicherung selbstverständlich ist, befeuert in den USA weltanschauliche Kontroversen. Der Staat ist für viele Amerikaner ein Übel. Mehr Staat als um Mord, Totschlag und Diebstahl zu bekämpfen braucht es nicht. Amerikaner, die nicht auf der Sonnenseite der Gesellschaft leben, sehen die Dinge verständlicherweise anders. Dort wurde die Gesundheitsreform begrüßt. Doch die Medien, das große Geld und ein Teil der Kirchen standen nicht auf ihrer Seite. Im Frühjahr 2012 stand eine Entscheidung des Supreme Court in seiner Eigenschaft als Verfassungsgericht an, über die Verfassungsmäßig dieser Gesundheitsreform zu entscheiden. Letztlich bestätigte das Gericht, das in den Vorjahren wichtige Entscheidungen stets im Sinne der Konservativen gefällt hatte, diese Reform im Mai 2012 überraschend mit knapper Mehrheit als verfassungsmäßig.

10.3.5 Fazit

Bei der geschilderten Reform des deutschen Gesundheitssystems war Passivität für die politischen Akteure keine Option. Die Kosten des Systems wurden zur gesamtwirtschaftlichen Belastung. Die Gesetzliche Krankenversicherung gilt für immerhin 90 Prozent der Bevölkerung. Auf der Anbieterseite ging es um die Einkommen von Ärzten, Apothekern und Pharmaproduzenten: um eine Phalanx bestens organisierter Interessengruppen. Welcher Reformkurs auch eingeschlagen wurde, mit heftigen Widerständen und Protesten war zu rechnen. Die Gesundheitspolitik gehört zum Typus der Umverteilungspolitik. Die Krankenversicherung arbeitet zwar mit dem Geld der Versicherten, aber der Gesetzgeber entscheidet über Beiträge und Pflichtleistungen. Die Politik agierte um die scharfen Kanten eines offenen Konflikts mit der Mediziner- und Pharmalobby herum, um überhaupt Ergebnisse zu erzielen. Die Ergebnisse waren letztlich vorzeigbar.

Möglich wurden sie aber nicht zuletzt durch Veränderungen im Parteiensystem und neue Koalitionen, welche die FDP ins Aus stellten. Blicken wir auch hier noch einmal über die Grenzen. In den Grundlinien gehen die Reformen im deutschen Gesundheitssystem tendenziell in die gleiche egalitäre Grundrichtung wie in den meisten der hier betrachteten, untereinander sonst aber unterschiedlichen Ländern.

11 Verknüpfungen mit dem politischen System der Europäischen Union

11.1 Das europäische Regierungssystem

11.1.1 Die Struktur der Europäischen Union

Grundlage der Europäischen Union ist zurzeit der Vertrag von Lissabon. Er ist das vorerst letzte Stadium einer Fortentwicklung des Vertrags von Maastricht (in Kraft seit 1993), der die Grundstruktur der heutigen Europäischen Union vorgezeichnet hatte. Der Maastrichter Vertrag wurde dann durch die Verträge von Amsterdam (in Kraft seit 1999) und Nizza (in Kraft seit 2003) ausgebaut. Eigentlich hätte der Vertrag von Nizza durch eine Europäische Verfassung abgelöst werden sollen. Der Verfassungsentwurf scheiterte jedoch im Jahr 2005. In Frankreich und den Niederlanden sollte der Vertrag in einer Volksabstimmung ratifiziert werden. In beiden Fällen lehnte das Volk den Vertragsentwurf ab. Alle wesentlichen Neuerungen, die der Verfassungsvertrag enthielt, wurden in den seit 2009 geltenden Vertrag von Lissabon übernommen. Dabei wurden hauptsächlich Begriffe, die den Formulierungen einer Staatsverfassung entlehnt waren, in die Sprache völkerrechtlicher Verträge zurückkorrigiert.

Das Vertragswerk besteht aus zwei Teilen. Der Vertrag über die Europäische Union bestimmt Ziele, Politikbereiche und Organe der Union. Der Vertrag über die Arbeitsweise der Union ist eine Kombination von Organisationsgesetzen, Verfahrensordnungen und Zuständigkeitsbestimmungen.

Die Tätigkeitsfelder der Union sind der Binnenmarkt, der Raum der Freiheit, der Sicherheit und des Rechts (Innenpolitik) und die Gemeinsame Außen- und Verteidigungspolitik (GASP). Für die Normsetzung im Binnenmarkt und in der Innenpolitik ist ein förmliches Gesetzgebungsverfahren vorgeschrieben: Der Kommission steht das Entwurfs- oder Vorschlagsrecht zu; das Europäische Parlament und der Rat der Union beraten darüber und fassen mit der vertraglich festgelegten Mehrheit verbindliche Beschlüsse (dazu detailliert die Überblickswerke von Wessels 2008, Cini 2007).

Der Bereich der Gemeinsamen Außen- und Sicherheitspolitik der Union ist nicht staatsförmig organisiert. Hier liegt der Primat noch bei den Regierungen der Mitgliedstaaten. Entweder es wird einstimmig entschieden, dann ist es an den nationalen Verfassungsorganen, dies noch einmal verbindlich nach den Regeln der betreffenden Verfassung zu beschließen. Staaten, die nicht zustimmen, sind auch zu nichts verpflichtet.

Der Europäische Rat, d.h. die Staats- und Regierungschefs der Mitgliedstaaten, hat im Institutionengefüge bei formaler Betrachtung lediglich die Aufgaben, die in den Staaten einem Staatsoberhaupt zukommen. Er schlägt nach der Wahl des Europäischen Parlaments den Kommissionspräsidenten vor.

Die Verträge erlauben es einigen Staaten, ihre Politik enger zu verflechten, als es die Verträge verlangen (verstärkte Zusammenarbeit). Soweit davon Gebrauch gemacht wird, verläuft die europäische Kooperation zwischen den Staaten mit unterschiedlicher Intensität.

Der Euro-Währungsverbund ist ein besonderer Bereich. Er befindet sich zwar im Rahmen der Wirtschafts- und Währungsunion, beteiligt aber lediglich 17 Staaten. Werden hier Beschlüsse gefasst, gilt unter den Teilnehmerländern das Einstimmigkeitsprinzip. Jene Staaten, die sich daran beteiligen, berufen den Zentralbankpräsidenten und bestimmen den Außenwert des Euro. Die Überwachung der Vertragsbestimmungen zur Währungsunion ist der Europäischen Kommission anvertraut. Sie beanstandet Verstöße gegen die im Vertrag vereinbarte Haushaltsdisziplin und ahndet diese gegebenenfalls mit Bußgeldern.

Das Problem des Euro-Raumes ist die Trennung der Währungs- von der Haushaltspolitik. Im herkömmlichen Nationalstaat ist das Geltungsgebiet des Staatshaushalts mit dem der Währung identisch. Die Haushalte, der Kernbereich nationaler Politikgestaltung, wurden mit Einführung der Gemeinschaftswährung den nationalen Parlamenten belassen. Zwangsmaßnahmen für haushaltspolitische Verstöße gegen die in der Euro-Zone vereinbarten Richtwerte für die Staatsverschuldung waren nicht vorgesehen.

Dieses Versäumnis sollte der Europäischen Union das größte Problem ihrer Geschichte bescheren. Viele Länder betrieben eine Haushaltspolitik, als hätte ihr Ausgabengebaren mit der Stabilität der gemeinsamen Währung nichts zu tun. Seit 2011 kamen hektische Bemühungen in Gang, durch Sonder- und Zusatzverträge einen Mechanismus einzurichten, der die Euro-Länder in eine Haushaltsdisziplin zwingt. Dies ist der Zweck des Fiskalpakts. Im Februar 2012 kamen 25 Mitgliedstaaten, darunter acht, die ihre nationale Währung beibehalten, überein, die Lehre aus der aktuellen Krise der Gemeinschaftswährung zu ziehen. Sie verpflichteten sich, ihre Haushalte künftig ohne oder mit nur geringfügigen Krediten zu finanzieren und die aufgelaufenen Schulden abzubauen– analog der Schuldenbremse im deutschen Grundgesetz. Lediglich Großbritannien und Tschechien traten dieser Vereinbarung nicht bei. Schon vier Monate später, im Juni 2012, später vereinbarten die Regierungen verbindlich eine Fiskalunion, die klare Grenzen für Haushaltsdefizite zieht und die Europäische Kommission als Aufsichtsbehörde einsetzt. Die Kommission darf nicht vertragsgemäßen Haus-

11 Verknüpfungen mit dem politischen System der Europäischen Union

haltsentwürfen ihre Zustimmung versagen, was dem Auftrag an die betreffenden Regierungen gleichkommt, Einsparungen vorzunehmen und ausgabenreduzierende Reformen ihrer Verwaltungen und Sozialsysteme in Angriff zu nehmen. Diese Fiskalunion harrt noch der vollständigen Ratifizierung.

Die Euro-Krise, die sich im Jahr 2011 zuspitzte, war nicht nur das Ergebnis einer massiven Staatsverschuldung einiger Mitgliedstaaten, vor allem im mediterranen Raum, sondern auch vom Kreditgebaren der Banken verursacht. Mit vielen Mühen und nach einer Reihe vorausgehender Notbehelfe wurde schließlich der Europäische Rettungsmechanismus (ESM) konstruiert, ein von den Mitgliedstaaten konstruierter Fonds, der den Defizitstaaten der Euro-Zone mit dem Ankauf von Staatsanleihen unter die Arme greifen soll, falls ihnen die Finanzierung über Staatsanleihen nur bei einer destruktiven Zinsbelastung möglich ist. Über die einschlägigen Finanzhilfen entscheiden die Finanzminister der Euro-Zone, über die Auszahlungs- und Verwendungsmodalitäten ein Verwalter des ESM.

Nicht genug mit alledem, schob sich auch die Europäische Zentralband (EZB) mit einer gestaltenden Rolle ins Bild. Ihr Präsident Mario Draghi kündigte im September 2012 an, Schuldenpapiere aufkaufen zu wollen, falls sich ein von der Zahlungsunfähigkeit bedrohter Staat als Gegenleistung den struktur- und haushaltspolitischen Konditionen der europäischen Notenbank unterwürfe. Draghi strapazierte hier den vertraglichen Rahmen dessen, was die EZB darf, fand aber Beifall im Kreis jener Länder, die am ehesten von dieser Hilfe profitieren würden.

Fiskalunion, ESM und EZB verschieben die Tektonik der bisherigen Europäischen Union. Diese neuen Institutionen und Instrumente des Währungskomplexes wurden wenig planvoll sowie unter dem Handlungsdruck einer bedrohlichen Dauerkrise und mit dem Blick auf die internationalen Geldmärkte aus der Taufe gehoben. Die regulären politischen Institutionen der EU, Parlament, Kommission sowie Rat, sind daran nicht beteiligt. Näher darauf einzugehen, verbietet sich an dieser Stelle. Dafür sind die Dinge noch zu sehr im Fluss. Eines ist jedoch gewiss: Dass hier Strukturen entstehen, welche die EU als Ganzes und vor allem das Verhältnis zwischen der Union und den Staaten verändern werden.

Die europäischen Verträge unterscheiden zwischen der ausschließlichen und der geteilten Gesetzgebung der Union. Bei Letzterer steckt die Union einen Rahmen ab, der von der nationalen Gesetzgebung ergänzt werden muss. Diese Zuständigkeit erinnert an die inzwischen aus dem Grundgesetz gestrichene Rahmengesetzgebungskompetenz des Bundes in Deutschland.

Vertrag von Lissabon: Vertrag über die Arbeitsweise der Europäischen Union (Auszug):
„*Artikel 3* (1) Die Union hat ausschließliche Zuständigkeit in folgenden Bereichen:
a) Zollunion,
b) Festlegung der für das Funktionieren des Binnenmarkts erforderlichen Wettbewerbsregeln,
c) Währungspolitik für die Mitgliedstaaten, deren Währung der Euro ist,
d) Erhaltung der biologischen Meeresschätze im Rahmen der gemeinsamen Fischereipolitik,
e) gemeinsame Handelspolitik.
(2) Die Union hat ferner die ausschließliche Zuständigkeit für den Abschluss internationaler Übereinkünfte, wenn der Abschluss einer solchen Übereinkunft in einem Gesetzgebungsakt der Union vorgesehen ist, wenn er notwendig ist, damit sie ihre interne Zuständigkeit ausüben kann, oder soweit er gemeinsame Regeln beeinträchtigen oder deren Tragweite verändern könnte.
Artikel 4 (1) Die Union teilt ihre Zuständigkeit mit den Mitgliedstaaten, wenn ihr die Verträge außerhalb der in den Artikeln 3 und 6 genannten Bereiche eine Zuständigkeit übertragen.
(2) Die von der Union mit den Mitgliedstaaten geteilte Zuständigkeit erstreckt sich auf die folgenden Hauptbereiche:
a) Binnenmarkt,
b) Sozialpolitik hinsichtlich der in diesem Vertrag genannten Aspekte,
c) wirtschaftlicher, sozialer und territorialer Zusammenhalt,
d) Landwirtschaft und Fischerei, ausgenommen die Erhaltung der biologischen Meeresschätze,
e) Umwelt,
f) Verbraucherschutz,
g) Verkehr,
h) transeuropäische Netze,
i) Energie,
j) Raum der Freiheit, der Sicherheit und des Rechts,
k) gemeinsame Sicherheitsanliegen im Bereich der öffentlichen Gesundheit hinsichtlich der in diesem Vertrag genannten Aspekte.
(3) In den Bereichen Forschung, technologische Entwicklung und Raumfahrt erstreckt sich die Zuständigkeit der Union darauf, Maßnahmen zu treffen, insbesondere Programme zu erstellen und durchzuführen, ohne dass die Ausübung dieser Zuständigkeit die Mitgliedstaaten hindert, ihre Zuständigkeit auszuüben."

In dem Maße, wie die Union in das Format eines europäischen Bundesstaates hineinwuchs, entspann sich eine Debatte um die angemessenen Grenzen des europäischen Regelungsanspruchs. Nach dem Subsidiaritätsprinzip gilt der Grundsatz, dass die höhere, hier also die Unionsebene, nur jene Dinge regelt, die sinnvollerweise einheitlich geregelt werden müssen. Sonst gilt der Vorrang der nationalen Gesetzgebung.

Die gemeinsamen Institutionen der Union sind das Europäische Parlament, der Europäische Rat, der Rat der Union, die Europäische Kommission und der Gerichtshof. Es handelt sich um das Arrangement eines europäischen Regierungssystems (Hix 2011).

Die *Europäische Kommission* ist die Hüterin der Verträge: Allein sie darf europäische Rechtsnormen und Verwaltungsbestimmungen initiieren. An ihrer Bestellung wirken im Rahmen des Europäischen Rates die Regierungs- und Staatschefs der Mitgliedstaaten sowie das Europäische Parlament mit.

Der *Rat der EU* – früher *Ministerrat* – ist das föderale Organ der Union. Hier sind die Regierungen der Mitgliedsländer vertreten. Als Gesetzgebungsorgan ist der Rat an allen europäischen Rechtsetzungsakten beteiligt; er muss auch den Verwaltungsbestimmungen zustimmen, die von der Kommission ausgearbeitet werden.

Der *Europäische Rat* ist das Organ der europäischen Staats- und Regierungschefs. Er spricht dem Rat als Schlussfolgerungen bezeichnete Empfehlungen aus. Diese Empfehlungen haben die Wirkung politischer Richtlinien. Im Rahmen des Europäischen Rates wird ferner die Gemeinsame Außen- und Sicherheitspolitik der Union beschlossen.

Das *Europäische Parlament* stellt gemeinsam mit dem Rat den europäischen Gesetzgeber dar. Im Zusammenwirken mit dem Europäischen Rat wählt es die Kommission.

Der Gerichtshof (häufig noch als Europäischer Gerichtshof (EuGH) bezeichnet), das Gericht und die Fachgerichte bilden die Judikative der Union. Die Gerichte entscheiden in Fällen konkurrierender Geltungsansprüche des europäischen und des nationalen Rechts. Als Vertragsgericht der Union befindet der Gerichtshof verbindlich über die Lesart der Verträge.

Die Union unterscheidet sich vom herkömmlichen Nationalstaat darin, dass a) ihre Zuständigkeiten auf den Gemeinsamen Binnenmarkt konzentriert sind, dass b) weite Bereiche der Innenpolitik immer noch in der einzelstaatlichen Souveränität geführt werden und dass c) die Außenpolitik im Wesentlichen bei den Staaten verblieben ist.

Im wirtschaftlichen Bereich, um es präziser auszudrücken, im Bereich des Binnenmarktes, hat die Union bereits das Format eines Bundesstaates. Im Bereich der Währungspolitik und der öffentlichen Haushalte befindet sie sich zurzeit, wie oben skizziert, in einer schwer definierbaren Phase, die darauf hinzudeuten scheint, dass zumindest die Euro-Zone mit bundesstaatlichen Strukturen an Transparenz und politischer Zurechenbarkeit gewinnen würde, was aber gleich die Frage aufwirft, wo dann die Mitgliedstaaten außerhalb der Euro-Zone verbleiben sollten. In den Bereichen der Innen- und Außenpolitik gleicht die Union nach wie vor eher noch einer Staatenkonföderation als einem Bundesstaat.

11.1.2 Der Rat der Union und der Europäische Rat

Jedes politische System besitzt eine charakteristische Institution. In den meisten Demokratien handelt es sich um das Parlament. Fasst man etwa das britische Unterhaus ins Auge, so wird dem verständigen Laien rasch deutlich, dass es weiterer Erkundungen in Richtung Kabinett und Bürokratie bedarf, um den Regierungsprozess zu verstehen. Kennt der Betrachter den US-Kongress, so weiß er bereits viel über das amerikanische Regierungssystem. Der Kongress ist nun einmal der Mittelpunkt der amerikanischen Politik. In Deutschland ist der Bundesrat ein guter Einstiegspunkt, um die Besonderheiten der deutschen Politik zu verstehen.

Für das Verständnis der Europäischen Union sind die entsprechenden Schlüsselinstitutionen der Rat der Europäischen Union und der Europäische Rat (dazu vertiefend, auch mit Literaturhinweisen: Hix 2011: 27ff., Hayes-Renshaw 2006a, Hayes-Renshaw 2006b, Hartmann 2009: 98ff., Wessels 2008: 155ff., 199ff., de Schoutheete 2006, Lewis 2007).

Vertrag von Lissabon: Vertrag über die Europäische Union (Auszug):
„Artikel 16 (1) Der Rat wird gemeinsam mit dem Europäischen Parlament als Gesetzgeber tätig und übt gemeinsam mit ihm die Haushaltsbefugnisse aus. Zu seinen Aufgaben gehören die Festlegung der Politik und die Koordinierung nach Maßgabe der Verträge.
(2) Der Rat besteht aus je einem Vertreter jedes Mitgliedstaats auf Ministerebene, der befugt ist, für die Regierung des von ihm vertretenen Mitgliedstaats verbindlich zu handeln und das Stimmrecht auszuüben.
(5) Die Übergangsbestimmungen für die Definition der qualifizierten Mehrheit, die bis zum 31. Oktober 2014 gelten, sowie die Übergangsbestimmungen, die zwischen dem 1. November 2014 und dem 31. März 2017 gelten, sind im Protokoll über die Übergangsbestimmungen festgelegt."

In seiner Eigenschaft als Regierungskammer gleicht der *Rat der Europäischen Union* dem Deutschen Bundesrat. Die Entscheidungsmodalitäten im Rat und im Europäischen Rat sind stark vom Habitus internationaler Konferenzen geprägt. Dies zeigt sich schon in der Semantik: Der Rat „beschließt" im europäischen Gesetzgebungsverfahren nicht, wie man es von den Gesetzgebungsorganen der Staaten kennt. Er bekundet den „Standpunkt" seiner Regierungen.

Vertrag von Lissabon: Vertrag über die Europäische Union (Auszug):
„Artikel 30 (1) Der Rat erlässt Beschlüsse, in denen der Standpunkt der Union zu einer bestimmten Frage geografischer oder thematischer Art bestimmt wird. Die Mitgliedstaaten tragen dafür Sorge, dass ihre einzelstaatliche Politik mit den Standpunkten der Union in Einklang steht."

11 Verknüpfungen mit dem politischen System der Europäischen Union

Von internationalen Konferenzen unterscheidet sich das Ratsgeschehen als beispiellose Dauerkonferenz. Es geht in der EU um das Regieren eines großen Wirtschaftsraumes, und diese Aufgabe erzwingt ähnlich dichte Beratungsintervalle wie das Regieren in den Mitgliedstaaten.

Der Rat entscheidet mit qualifizierter Mehrheit. Diese setzt sich nach dem in diesem einzigen Punkt noch bis 2014 geltenden Vertrags von Nizza aus drei Teilmehrheiten zusammen. Die *erste Mehrheit* ist die Mehrheit der Regierungen, wobei jede Regierung lediglich eine Stimme besitzt. Die *zweite Mehrheit* gewichtet die Stimmen der Regierungen entsprechend dem Bevölkerungsgewicht ihrer Staaten. Diese Mehrheit gilt als erreicht, wenn einer Beschlussvorlage mit 255 der insgesamt 345 gewogenen Stimmen – entsprechend 73 Prozent – zugestimmt wird. Die *dritte Mehrheit* kommt ins Spiel, wenn eine Regierung die Feststellung verlangt, dass in diesen beiden Mehrheiten – Regierungen plus Bevölkerung – noch einmal 62 Prozent der Unionsbevölkerung repräsentiert sind.

Der Vertrag von Lissabon sieht ab 2014 eine neue qualifizierte Mehrheit vor. Diese setzt sich nur noch aus zwei Teilmehrheiten zusammen: Die *erste Mehrheit* verlangt die Zustimmung von 55 Prozent der Regierungen, bei derzeit 27 Mitgliedstaaten mindestens 15 Stimmen. Die *zweite Mehrheit* verlangt, dass in diesen 55 Prozent der Regierungsstimmen mindestens 65 Prozent der Unionsbevölkerung repräsentiert sind.

Tabelle 12: Gewogene Ratsstimmen nach dem Nizzaer Vertrag (gültig bis 2014)

Deutschland	29	Österreich	10
Frankreich	29	Schweden	10
Großbritannien	29	Dänemark	7
Italien	29	Finnland	7
Polen	27	Irland	7
Spanien	27	Litauen	7
Rumänien	14	Slowakei	7
Niederlande	13	Estland	4
Belgien	12	Lettland	4
Griechenland	12	Slowenien	4
Portugal	12	Luxemburg	4
Tschechien	12	Zypern	4
Ungarn	12	Malta	3
Bulgarien	10	Insgesamt	345

Für die zweite Mehrheit genügen *weniger als 65 Prozent* der repräsentierten Unionsbevölkerung, wenn *weniger als vier* Regierungen gegen den Beschluss votieren. Stimmen aber *mindestens vier* Regierungen, die zusammen *mehr als 35 Pro-*

zent der Unionsbevölkerung repräsentieren, gegen den Beschluss, gilt die qualifizierte Mehrheit als verfehlt.

Tabelle 13: Bevölkerungsverteilung zwischen den Staaten der Union, Stand 1.1.2010

	Bevölkerung (in Millionen)	Anteil (Prozent)
Deutschland	81,8	16,3
Frankreich	64,7	12,9
Großbritannien	62,0	12,3
Italien	60,3	12,0
Spanien	46,0	9,1
Polen	38,2	7,6
Rumänien	21,5	4,2
Niederlande	16,6	3,3
Griechenland	11,3	2,2
Belgien	10,8	2,1
Portugal	10,6	2,1
Tschechien	10,5	2,1
Ungarn	10,0	1,9
Schweden	9,3	1,8
Österreich	8,4	1,6
Bulgarien	7,6	1,5
Dänemark	5,5	1,0
Slowakei	5,4	1,0
Finnland	5,4	1,0
Slowakei	5,4	1,0
Irland	4,5	0,8
Litauen	3,3	0,6
Lettland	2,2	0,4
Slowenien	2,0	0,3
Estland	1,3	0,2
Zypern	0,8	0,1
Luxemburg	0,5	0,1
Malta	0,4	0,1
Union	501,1	

Für diese Vorbehalte gibt es folgenden Grund: Votieren drei der vier bevölkerungsreichsten Staaten der Union ohne Deutschland gemeinsam, repräsentieren sie bereits 36 Prozent der Unionsbevölkerung. Votieren drei dieser Staaten gemeinsam und befindet sich Deutschland darunter, so repräsentieren sie bereits über 40 Prozent der Unionsbevölkerung. Um das Vetopotenzial des Faktors Bevölkerungsgröße zu relativieren, muss zusätzlich mindestens die Regierung eines weiteren Staates, ob groß, mittelgroß oder klein, ihre Ablehnung dokumentieren. Eines wird in diesen komplizierten Regularien deutlich: Die großen Staaten dürfen die kleineren Staaten nicht dominieren.

Die Europäischen Verträge sind auf Grenzsituationen ausgelegt. Hypothetische Konstellationen wie die Gesamtheit der großen gegen die Gesamtheit der kleineren Staaten werden konstruiert, um auch in einer höchst unwahrscheinlichen Situation eine Regel bereit zu haben. In der Realität kommen solche Situationen aber so gut wie nie vor. Ob die dreifache Mehrheit nach dem Vertrag von Nizza, ob bald die doppelte Mehrheit entsprechend dem Vertrag von Lissabon – der Effekt beider Regularien ist gleich: Ohne breitesten Konsens bewegt sich nichts. Schon dies zeigt, dass das politische System der EU als eine Konsensdemokratie gewollt ist.

Der Rat entscheidet in 80 bis 85 Prozent der Fälle einstimmig. Allein den Stellungnahmen der Regierungsvertreter im Vorfeld der Abstimmungen lässt sich entnehmen, welche Positionen im gemeinsamen Standpunkt der Regierungen zusammengeführt werden.

Wo der Rat als Plattform für die Gemeinsame Außen- und Sicherheitspolitik dient, spielen Voten keine Rolle. Hier gilt das Prinzip der Konsensentscheidung: Alle Regierungen, die sich beteiligen, müssen zustimmen. Lediglich in Verfahrensfragen wird mit Mehrheit entschieden.

Schaubild 19: Die Fachräte des Rates

| Allgemeine Angelegenheiten und Auswärtige Angelegenheiten |
| Beschäftigung, Sozialpolitik, Gesundheit und Verbraucherschutz |
| Bildung, Jugend und Kultur |
| Justiz und Inneres |
| Landwirtschaft und Fischerei |
| Umwelt |
| Verkehr, Telekommunikation und Energie |
| Wettbewerbsfähigkeit (Binnenmarkt, Industrie, Forschung, Tourismus) |
| Wirtschaft und Finanzen einschließlich Haushalt (ECOFIN) |

Der Rat arbeitet und beschließt in Gestalt spezieller Fachministerräte. Der Allgemeine Rat ist eine Domäne der Außenminister. Der Vorsitzende dieser Ratsformation ist stets ein Außenminister. Seit 2003 tagt dieser Fachrat entweder in der Funktion des Rates für Allgemeine Angelegenheiten oder in der des Rates für Auswärtige Angelegenheiten. In letzterer Eigenschaft steht er im Schatten des

Europäischen Rates. Die gemeinsame Außenpolitik der Union wird von den Regierungschefs im Rahmen des Europäischen Rates abgestimmt.

Vertrag von Lissabon: Vertrag über die Europäische Union (Auszug):
„*Artikel 16* (6) Der Rat tagt in verschiedenen Zusammensetzungen; die Liste dieser Zusammensetzungen wird nach Artikel 236 des Vertrags über die Arbeitsweise der Europäischen Union angenommen.
Als Rat ‚Allgemeine Angelegenheiten' sorgt er für die Kohärenz der Arbeiten des Rates in seinen verschiedenen Zusammensetzungen. In Verbindung mit dem Präsidenten des Europäischen Rates und mit der Kommission bereitet er die Tagungen des Europäischen Rates vor und sorgt für das weitere Vorgehen."

Beim Rat der Wirtschafts- und Finanzminister (ECOFIN) handelt es sich um den wichtigsten Fachministerrat. Er führt die Finanzminister der Mitgliedstaaten zusammen. Die Finanzressorts sind die Schaltstellen der ausgabenwirksamen Staatstätigkeit. Diese herausragende Stellung des ECOFIN nähert die Ratsstruktur der Ressorthierarchie in den nationalen Kabinetten an. Die politische Schlagzahl wird dort neben den Regierungschefs von den Finanzministern bestimmt. Jene zurzeit 17 Staaten, die den Euro als Gemeinschaftswährung eingeführt haben, bilden die Euro-Gruppe im ECOFIN. Regierungen, deren Länder der Euro-Zone nicht angehören, haben bei Entscheidungen, welche die gemeinsame Währung betreffen, kein Stimmrecht (Korkman 2004).

Die Bedeutung der Euro-Gruppe, deren Tätigkeit von einem Ständigen Vorsitzenden aus dem Kreise der Finanzminister der Euro-Staaten moderiert wird, ist im Zuge der Euro-Krise und des Krisenbewältigungsmechanismus des ESM immens gestiegen.

Der Rat tagt in wechselnder Zusammensetzung an die hundertmal im Jahr. Wie lässt sich dies alles von Regierungsmitgliedern leisten, die neben ihren Brüsseler Verpflichtungen noch je einen der 27 europäischen Staaten regieren? Die in Europa übliche parlamentarische Regierungsweise fordert die Regierungen innenpolitisch ganz besonders: Parlamentswahlen sind Regierungswahlen, und die Regierungen managen in jedem Land de facto die Vorarbeit für die Gesetzgebungstätigkeit ihrer Parlamente. Die Regierungen der Mitgliedstaaten haben für ihre Doppelrolle als Teilhaber an der europäischen Regierungsfunktion die Lösung gefunden, dass sie die Vorarbeit für Beschlüsse des Rates der Union qualifizierten Beamten ihrer Ständigen Vertretungen in Brüssel übertragen haben.

Dem Rat geht ein Ausschuss Ständiger Vertreter (AstV) zur Hand – im Französischen: Comité des représentants permanents (COREPER). Es handelt sich um die Botschafter der Mitgliedstaaten am Sitz der Brüsseler Unionsorgane. Als COREPER II tagen die Leiter der Ständigen Vertretungen. Hier geht es um die Vorbereitung der Ratsverhandlungen im Bereich der Außen- und Sicherheitspolitik, der Handelspolitik, der Entwicklungspolitik und der innenpolitischen Zusammenarbeit. An den Beratungen nimmt ein Beauftragter der Kommission teil.

Vertrag von Lissabon: Vertrag über die Arbeitsweise der Europäischen Union (Auszug):
„*Artikel 240* (1) Ein Ausschuss, der sich aus den Ständigen Vertretern der Regierungen der Mitgliedstaaten zusammensetzt, trägt die Verantwortung, die Arbeiten des Rates vorzubereiten und die ihm vom Rat übertragenen Aufträge auszuführen. Der Ausschuss kann in Fällen, die in der Geschäftsordnung des Rates vorgesehen sind, Verfahrensbeschlüsse fassen."

Im COREPER I bereiten die Stellvertretenden Leiter der Vertretungen die Regierungsbeschlüsse auf den Themenfeldern Binnenmarkt, Verkehr, Gesundheit, Verbraucherschutz, Bildung, Lebensmittel und Telekommunikation vor.

Die Regierungsvertreter im COREPER stehen im ständigen Kontakt mit den Fachministerien ihrer Hauptstädte. Falls sie Konsens erzielen, schlagen sie dem betreffenden Fachminister vor, dieser Einigung im Ratsplenum ohne weitere Diskussion zuzustimmen. Wenn im COREPER aber keine Einigung erzielt werden kann, entwickeln die Vertreter Szenarien und Optionen, wie sich die Minister verhalten sollten.

Die Ständigen Vertreter sind keine bloßen Sprachrohre ihrer Regierungen. In aller Regel haben sie flexible Instruktionen. Oft weichen sie von ihren Anweisungen ab und geben ihre vorläufige Zustimmung, um erst anschließend das Plazet des Ministers einzuholen. Für gewöhnlich schätzen sie treffsicher den Standpunkt der eigenen Regierung ein. Die Beamten in den Ständigen Vertretungen blicken auf große Erfahrung in der Ratsarbeit zurück. Der regelmäßige Umgang mit Kollegen, die für andere Regierungen arbeiten, produziert Vertrauen. Deshalb waltet im COREPER ein Korpsgeist, der die Bereitschaft zur Kompromissbildung unterstützt.

Sind sich die Regierungsvertreter in einer Sache einig, kommt diese auf die Liste der sogenannten A-Punkte. Gibt es aber Schwierigkeiten, sich in einer Frage zu einigen, wird die Angelegenheit unter die B-Punkte aufgenommen. Bei diesen B-Punkten kommt im Fachrat Arbeit auf die Minister zu: Konferieren, Reden und Erklären. Bei den A-Punkten ist die Sache denkbar einfach: Das Abzeichnen von Schriftstücken und Handheben nach den diskreten Hinweisen der Ständigen Vertreter. Den Ministern steht es frei, sich um eine A-Empfehlung nicht zu kümmern und einen geplanten A-Punkt kontrovers im B-Teil der Sitzung zu debattieren. Genauso kommen falsche B-Punkte vor: Im Grunde sind sich alle einig, aber ein Minister in der Runde sieht sich unter Druck, fürs heimische Publikum ein deftiges Statement abzugeben

Eine Reihe von Ratausschüssen nehmen in bestimmten Politikbereichen die gleichen Aufgaben wahr wie sonst das COREPER. Der Sonderausschuss Landwirtschaft (SAL) bereitet die Verhandlungen im Fachrat der Agrarminister vor. Der sog. Art. 133-Ausschuss koordiniert die Auffassungen der Regierungen in der Außenhandelspolitik. Der Art. 36-Ausschuss arbeitet dem Rat im Aufgabenbereich des Raumes der Sicherheit, der Freiheit und des Rechts (Innenpolitik) zu. Die Gemeinsame Außen- und Sicherheitspolitik wird von einem Politischen und Sicherheitskomitee (PSK) vorbereitet.

Spezielle Arbeitsgruppen, viele davon informellen Charakters und ad hoc ins Leben gerufen, befassen sich mit Fachfragen, die geklärt sein müssen, bevor die Ständigen Vertreter in die Beratung eintreten. Im Jahr 2007 wurden 165 Gruppen dieser Art gezählt, die noch einmal über 100 Untergruppen gebildet hatten.

Dem *Europäischen Rat* gehören die 27 Regierungschefs der Mitgliedstaaten und der französische Staatspräsident an. Auch der Präsident der Europäischen Kommission ist Mitglied. Er hat aber kein Stimmrecht. Die Zusammensetzung als Kollektiv der Regierungschefs deutet auf die Funktion des Europäischen Rates: In ähnlicher Weise, wie die Regierungschefs in den Staaten der Union ihren Ministern die politische Richtung weisen, befasst sich der Europäische Rat mit Grundsatzfragen.

Bis auf Frankreich praktizieren alle Mitgliedstaaten der Union ein parlamentarisches Regierungssystem. Allein im französischen Regierungssystem übt auch der Präsident Regierungsmacht aus (siehe oben Kapitel 2, 2.4.4). Am Europäischen Rat nimmt Frankreich deshalb mit Präsident und Regierungschef teil. Für das Stimmgewicht Frankreichs ist diese Tatsache ohne Belang. Fasst der Europäische Rat Beschlüsse, für die kein einstimmiges Votum vorgeschrieben ist, entscheidet er mit qualifizierter Mehrheit. Und dies bedeutet, dass die Stimme jedes Regierungschefs genauso gewogen wird wie die Regierungsstimmen im Rat der Union.

Vertrag von Lissabon: Vertrag über die Europäische Union (Auszug):
„Artikel 15 (1) Der Europäische Rat gibt der Union die für ihre Entwicklung erforderlichen Impulse und legt die allgemeinen politischen Zielvorstellungen und Prioritäten hierfür fest. Er wird nicht gesetzgeberisch tätig.
(2) Der Europäische Rat setzt sich zusammen aus den Staats- und Regierungschefs der Mitgliedstaaten sowie dem Präsidenten des Europäischen Rates und dem Präsidenten der Kommission. Der Hohe Vertreter der Union für Außen- und Sicherheitspolitik nimmt an seinen Arbeiten teil.
(3) Der Europäische Rat tritt zweimal pro Halbjahr zusammen; er wird von seinem Präsidenten einberufen. Wenn es die Tagesordnung erfordert, können die Mitglieder des Europäischen Rates beschließen, sich jeweils von einem Minister oder – im Fall

des Präsidenten der Kommission – von einem Mitglied der Kommission unterstützen zu lassen. Wenn es die Lage erfordert, beruft der Präsident eine außerordentliche Tagung des Europäischen Rates ein.
(4) Soweit in den Verträgen nichts anderes festgelegt ist, entscheidet der Europäische Rat im Konsens."

Eine Tagung des Europäischen Rates beansprucht üblicherweise zwei Tage. Doch hinter dieser Kurzzusammenkunft steht ein dauerhafter Vorbereitungsbetrieb, der in der Regie des COREPER vonstattengeht.

Den Vorsitz im Europäischen Rat führt seit Inkrafttreten des Vertrags von Lissabon ein europäischer Präsident. Er ist selbst kein Regierungschef, wird von den Regierungen mit qualifizierter Mehrheit gewählt und übt sein Amt für zweieinhalb Jahre aus. Im Kreise der Staats- und Regierungschefs, die jeder für sich einen Staat repräsentieren, hat dieser Präsident eher das Format eines Geschäftsführers. Dieser europäische Präsident ist nicht mit dem Präsidenten des Rates der Union zu verwechseln. Dort ist es bei der alten Regel geblieben, dass die Präsidentschaft im Halbjahresrhythmus wechselt.

Vertrag von Lissabon: Vertrag über die Europäische Union (Auszug):
„*Artikel 15* (5) Der Europäische Rat wählt seinen Präsidenten mit qualifizierter Mehrheit für eine Amtszeit von zweieinhalb Jahren; der Präsident kann einmal wiedergewählt werden. Im Falle einer Verhinderung oder einer schweren Verfehlung kann der Europäische Rat ihn im Wege des gleichen Verfahrens von seinem Amt entbinden.
(6) Der Präsident des Europäischen Rates
a) führt den Vorsitz bei den Arbeiten des Europäischen Rates und gibt ihnen Impulse,
b) sorgt in Zusammenarbeit mit dem Präsidenten der Kommission auf der Grundlage der Arbeiten des Rates ‚Allgemeine Angelegenheiten' für die Vorbereitung und Kontinuität der Arbeiten des Europäischen Rates,
c) wirkt darauf hin, dass Zusammenhalt und Konsens im Europäischen Rat gefördert werden,
d) legt dem Europäischen Parlament im Anschluss an jede Tagung des Europäischen Rates einen Bericht vor.
Der Präsident des Europäischen Rates nimmt auf seiner Ebene und in seiner Eigenschaft, unbeschadet der Befugnisse des Hohen Vertreters der Union für Außen- und Sicherheitspolitik, die Außenvertretung der Union in Angelegenheiten der Gemeinsamen Außen- und Sicherheitspolitik wahr.
Der Präsident des Europäischen Rates darf kein einzelstaatliches Amt ausüben."

Der vom Europäischen Rat bestellte Hohe Beauftragte für Außen- und Sicherheitspolitik hat in diesem Politikbereich ebenfalls eher die Aufgaben eines Geschäftsführers, der im Auftrag der Regierungschefs unterwegs ist. Dem Hohen

Beauftragten soll einmal ein Europäischer Auswärtiger Dienst im geplanten Umfang von 5.000 Mitarbeitern zur Hand gehen. Dieser befindet sich noch im Aufbau.

11.1.3 Die Europäische Kommission

Nach den Europäischen Verträgen hat die Kommission das alleinige Recht, die Initiative für europäische Rechtsakte zu ergreifen, die anschließend vom Parlament und vom Rat der Union zu beraten sind. In gleicher Weise macht die Kommission Vorschläge, wie ein Ratsbeschluss zu administrieren ist. Hinter diesen Kommissionsinitiativen verbergen sich aufwändige Sondierungsprozesse mit dem Zweck, Punkte auszulassen oder zu modifizieren, die beim Parlament und den Regierungen auf unüberwindbare Widerstände treffen könnten (zum Folgenden, auch mit weiterführender Literatur: Hix 2011: 34ff., Hartmann 2009: 55ff., Wessels 2008: 225ff,. Egeberg 2007, Peterson 2006, Peterson/Shackleton 2006: 81ff., Spence 2006).

Vertrag von Lissabon: Vertrag über die Europäische Union (Auszug):
„*Artikel 17* (1) Die Kommission fördert die allgemeinen Interessen der Union und ergreift geeignete Initiativen zu diesem Zweck. Sie sorgt für die Anwendung der Verträge sowie der von den Organen kraft der Verträge erlassenen Maßnahmen. Sie überwacht die Anwendung des Unionsrechts unter der Kontrolle des Gerichtshofs der Europäischen Union. Sie führt den Haushaltsplan aus und verwaltet die Programme. Sie übt nach Maßgabe der Verträge Koordinierungs-, Exekutiv- und Verwaltungsfunktionen aus. Außer in der Gemeinsamen Außen- und Sicherheitspolitik und den übrigen in den Verträgen vorgesehenen Fällen nimmt sie die Vertretung der Union nach außen wahr. Sie leitet die jährliche und die mehrjährige Programmplanung der Union mit dem Ziel ein, interinstitutionelle Vereinbarungen zu erreichen.
(2) Soweit in den Verträgen nichts anderes festgelegt ist, darf ein Gesetzgebungsakt der Union nur auf Vorschlag der Kommission erlassen werden. Andere Rechtsakte werden auf der Grundlage eines Kommissionsvorschlags erlassen, wenn dies in den Verträgen vorgesehen ist."*

Die Kommission kann eine Initiative, während Rat und Parlament bereits darüber verhandeln, jederzeit ändern oder zurückziehen. Der Rat und auch das Parlament wiederum dürfen die Kommission auffordern, eine Initiative zu ergreifen. Beide machen munter davon Gebrauch.

Ein Großteil der Kommissionsinitiativen geht auf internationale Verpflichtungen und auf die Fortschreibungszwänge des geltenden europäischen Rechts zurück. Lediglich 20 Prozent der Initiativen werden originär in der Kommission erarbeitet. Der Rest hat seine Ursprünge in den Initiativaufforderungen des Parlaments, des Rates und einzelner Regierungen, und davon wiederum dürfte ein

nicht unerheblicher Teil auf das Drängen nationaler und europäischer Verbände oder Firmengruppen zustande kommen.
Die Kommission trifft ihre Entscheidungen als Kollegium, bei Abstimmungen entscheidet die Mehrheit. In den Bereichen, wo die Union lediglich den Rahmen für die Zusammenarbeit der Regierungen anbietet, also hauptsächlich in den Bereichen der Währung und der Außen- und Sicherheitspolitik, mit dem Inkrafttreten der Fiskalunion etwa bei der Überwachung der Staatenhaushalte, wird sie lediglich unterstützend tätig.
Die Kommission regiert die Union in bedeutender Funktion mit. Dem Vergleich mit einer nationalen Regierung hält sie aber nicht stand. *Die Unionsregierung* als ein singuläres politisches Organ gibt es nicht. Sinnvoller ist es, von einer europäischen Regierungsfunktion zu sprechen, und diese Funktion verteilt sich über die Kommission, den Rat der Union und den Europäischen Rat.
Der Kommissionspräsident wird vom Europäischen Rat vorgeschlagen und bedarf der förmlichen Bestätigung durch eine Mehrheit des Europäischen Parlaments.

Vertrag von Lissabon: Vertrag über die Europäische Union (Auszug):
„Artikel 17 (3) Die Amtszeit der Kommission beträgt fünf Jahre.
Die Mitglieder der Kommission werden aufgrund ihrer allgemeinen Befähigung und ihres Einsatzes für Europa unter Persönlichkeiten ausgewählt, die volle Gewähr für ihre Unabhängigkeit bieten.
(6) Der Präsident der Kommission
a) legt die Leitlinien fest, nach denen die Kommission ihre Aufgaben ausübt,
b) beschließt über die interne Organisation der Kommission, um die Kohärenz, die Effizienz und das Kollegialitätsprinzip im Rahmen ihrer Tätigkeit sicherzustellen,
c) ernennt, mit Ausnahme des Hohen Vertreters der Union für Außen- und Sicherheitspolitik, die Vizepräsidenten aus dem Kreis der Mitglieder der Kommission. (...)
(7) Der Europäische Rat schlägt dem Europäischen Parlament nach entsprechenden Konsultationen mit qualifizierter Mehrheit einen Kandidaten für das Amt des Präsidenten der Kommission vor; dabei berücksichtigt er das Ergebnis der Wahlen zum Europäischen Parlament. Das Europäische Parlament wählt diesen Kandidaten mit der Mehrheit seiner Mitglieder. Erhält dieser Kandidat nicht die Mehrheit, so schlägt der Europäische Rat dem Europäischen Parlament innerhalb eines Monats mit qualifizierter Mehrheit einen neuen Kandidaten vor, für dessen Wahl das Europäische Parlament dasselbe Verfahren anwendet.
Der Rat nimmt, im Einvernehmen mit dem gewählten Präsidenten, die Liste der anderen Persönlichkeiten an, die er als Mitglieder der Kommission vorschlägt. Diese werden auf der Grundlage der Vorschläge der Mitgliedstaaten entsprechend den Kriterien nach Absatz 3 Unterabsatz 2 und Absatz 5 Unterabsatz 2 ausgewählt.
Der Präsident, der Hohe Vertreter der Union für Außen- und Sicherheitspolitik und die übrigen Mitglieder der Kommission stellen sich als Kollegium einem Zustim-

mungsvotum des Europäischen Parlaments. Auf der Grundlage dieser Zustimmung wird die Kommission vom Europäischen Rat mit qualifizierter Mehrheit ernannt. (8) Die Kommission ist als Kollegium dem Europäischen Parlament verantwortlich. Das Europäische Parlament kann nach Artikel 234 des Vertrags über die Arbeitsweise der Europäischen Union einen Misstrauensantrag gegen die Kommission annehmen. Wird ein solcher Antrag angenommen, so müssen die Mitglieder der Kommission geschlossen ihr Amt niederlegen, und der Hohe Vertreter der Union für Außen- und Sicherheitspolitik muss sein im Rahmen der Kommission ausgeübtes Amt niederlegen."

Mit der Nominierung eines Kommissionspräsidenten entscheiden sich die Regierungschefs für einen künftigen Partner. Für gewöhnlich ziehen sie Kandidaten vor, die ihre Kreise nicht stören werden. Das hindert sie bei späterer Gelegenheit freilich nicht daran, das Erscheinungsbild und die Qualität der Kommissionsarbeit zu beklagen.

Heute ist nicht mehr jeder Mitgliedstaat mit einem eigenen Kommissar im Kollegium vertreten. Die Verträge sehen eine Rotation vor, bei der in festen Intervallen jeder Staat zum Zuge kommt.

Vertrag von Lissabon: Vertrag über die Arbeitsweise der Europäischen Union (Auszug):
„*Artikel 244* Gemäß Artikel 17 Absatz 5 des Vertrags über die Europäische Union werden die Kommissionsmitglieder in einem vom Europäischen Rat einstimmig festgelegten System der Rotation ausgewählt, das auf folgenden Grundsätzen beruht:
a) Die Mitgliedstaaten werden bei der Festlegung der Reihenfolge und der Dauer der Amtszeiten ihrer Staatsangehörigen in der Kommission vollkommen gleich behandelt; demzufolge kann die Gesamtzahl der Mandate, welche Staatsangehörige zweier beliebiger Mitgliedstaaten innehaben, niemals um mehr als eines voneinander abweichen.
b) Vorbehaltlich des Buchstabens a ist jede der aufeinander folgenden Kommissionen so zusammengesetzt, dass das demografische und geografische Spektrum der Gesamtheit der Mitgliedstaaten auf zufrieden stellende Weise zum Ausdruck kommt."

Die Kommission ist ähnlich aufgebaut wie eine Regierung. Jeder Fachkommissar leitet eine Generaldirektion. Er leitet sein Ressort selbständig, förmliche Entscheidungen trifft die Kommission als Kollegium.

Schaubild 20: Die Generaldirektionen der Europäischen Kommission

Politikfelder
Beschäftigung, Soziales, Chancengleichheit
Bildung und Kultur
Binnenmarkt und Dienstleistungen
Energie und Verkehr
Maritime Angelegenheiten und Fischerei
Forschung
Gemeinsame Forschungsstelle
Gesundheit und Verbraucher
Informationsgesellschaft und Medien
Justiz, Freiheit und Sicherheit
Landwirtschaft und ländliche Entwicklung
Regionalpolitik
Steuern und Zollunion
Umwelt
Unternehmen und Industrie
Wettbewerb
Wirtschaft und Finanzen
Außenbeziehungen
Humanitäre Hilfe
Außenbeziehungen
Entwicklung
Amt für Zusammenarbeit
Handel

Zurzeit gibt es 22 Generaldirektionen. Im Kommissionsapparat arbeiteten 2008 insgesamt etwa 26.000 Bedienstete, davon die meisten in technischer Funktion und im Übersetzungsdienst. Ungefähr 7.400 Beamte darunter nehmen die Kernaufgaben einer politischen Bürokratie wahr. Unter diesen Beamten befinden sich auch zahlreiche Beamte der nationalen Regierungen, die vorübergehend in den Dienst der Kommission abgeordnet werden.

Die wichtigsten Generaldirektionen bearbeiten die Bereiche Außenbeziehungen, Handel, Wirtschaft und Finanzen, Industrie und Unternehmen, Wettbewerb, Binnenmarkt und Landwirtschaft. Auf sie konzentriert sich die Aktivität europäischer Interessengruppen und zahlreicher Lobbyisten (zum europäischen Interessenbetrieb: Coen/Richardson 2009, Greenwood 2011).

Die Verträge sprechen dem Kommissionspräsidenten zwar eine Richtlinienkompetenz und die Organisationsgewalt zu, d.h. das Recht zur Bestimmung der Ressortzuständigkeiten seiner Mitkommissare. Praktische Bedeutung hat diese aber nicht.

Jeder Kommissar bildet sein persönliches Kabinett. Es handelt sich um einen handverlesenen Stab. Sein Aufgabenspektrum ist dem der französischen Ministerkabinette vergleichbar (siehe oben Kapitel 7, 7.6.4). Die Tätigkeit der Kabinettsmitglieder endet mit der ihres Kommissars. Die Kabinettschefs kommen regelmäßig zusammen, um die Tagungen des Kommissarskollegiums vorzubereiten. Dabei sortieren sie die Tagesordnung in die A-Punkte und die B-Punkte. Hier geschieht nichts anderes als etwa in der Berliner Staatssekretärsrunde, die Kabinettssitzungen vorbereitet. Der Generaldirektor, der Verwaltungsleiter einer Generaldirektion, sitzt einigermaßen fest im Sattel. Die Figur des politischen Beamten kennt die Kommission nicht.

Die Kommissionshierarchie ist weich. Der Präsident ist kein europäischer Kanzler und dem Kommissionssekretariat fehlen alle Voraussetzungen für eine europäische Regierungszentrale. Konsens und Arrangement kennzeichnen den Beratungs- und Entscheidungsmodus. Die Kommission stellt ein kleines Universum dar, das ganz nach seinen eigenen Regeln funktioniert. Ein untrügliches Indiz dafür ist der Typus des Brüsseler Lobbyisten, der bei der Kommission anklopft. Er benötigt ein Wissen über Personen und Abläufe, das nur unter dieser Adresse, aber nirgendwo sonst einen Ertrag verspricht.

Die Kommission ist eine lupenreine politische Verwaltung ohne den Unterbau ausführender Verwaltungsbehörden. Ohne die Verwaltungsleistung der Mitgliedstaaten wäre die Union nicht handlungsfähig. Zwar hat die Kommission das Recht, die Verwaltungsform zu bestimmen, in der europäisches Recht anzuwenden ist. Das europäische Recht soll in allen Mitgliedstaaten die gleiche Wirkung entfalten. Die Staatsverwaltungen weisen jedoch sehr große Unterschiede auf. Um trotz dieser Unterschiede gleichwertige Verwaltungsergebnisse zu erzielen, ist es zwingend, die Tätigkeit der nationalen Verwaltungen auf gleichwertige europäische Ergebnisse hin zu synchronisieren. Schon deshalb ist für die Arbeitsfähigkeit der Union die Zusammenarbeit mit den Verwaltungsexperten der Staaten unverzichtbar. Ansprechpartner der Kommission ist hier der Rat. Nun haben die Fachminister weder die Zeit noch die erforderliche Expertise, um über komplizierte Verwaltungsfragen zu beraten. Der Rat hat sein Zustimmungsrecht deshalb an Beamte delegiert.

Für die Beratung einer Verwaltungsrichtlinie bildet die Kommission jeweils einen Ausschuss, in den jeder Mitgliedstaat, der sich beteiligen will, einen fachlich kompetenten Beamten entsendet. Dieser Beamte übt für seine Regierung auch das Stimmrecht aus. Der Vorsitzende, stets ein Kommissionsbeamter, hat selbst kein Stimmrecht. Die von der Kommission vorgelegten Verwaltungsentwürfe erlangen Verbindlichkeit, wenn die Regierungsvertreter im Ausschuss zustimmen. Für die Zustimmung ist die qualifizierte Mehrheit vorgeschrieben (siehe oben, dieses Kapitel, 11.1.2).

Vertrag von Lissabon: Vertrag über die Arbeitsweise der Europäischen Union (Auszug):
„*Artikel 291* (1) Die Mitgliedstaaten ergreifen alle zur Durchführung der verbindlichen Rechtsakte der Union erforderlichen Maßnahmen nach innerstaatlichem Recht.
(2) Bedarf es einheitlicher Bedingungen für die Durchführung der verbindlichen Rechtsakte der Union, so werden mit diesen Rechtsakten der Kommission oder, in entsprechend begründeten Sonderfällen und in den Artikeln 24 und 26 des Vertrags über die Europäische Union vorgesehenen Fällen, dem Rat Durchführungsbefugnisse übertragen.
(3) Für die Zwecke des Absatzes 2 legen das Europäische Parlament und der Rat gemäß dem ordentlichen Gesetzgebungsverfahren durch Verordnungen im Voraus allgemeine Regeln und Grundsätze fest, nach denen die Mitgliedstaaten die Wahrnehmung der Durchführungsbefugnisse kontrollieren."

Die Kommission bestimmt entsprechend der Rechtsnorm, die es zu administrieren gilt, einen von drei Ausschusstypen, den Beratenden Ausschusses, den Verwaltungsausschuss oder den Regelungsausschuss. Dieser Ausschussbetrieb trägt den Namen Komitologie. Im Jahr 2004 existierten insgesamt 248 Komitologie-Ausschüsse. Der Regelungsausschuss ist die bei weitem häufigste und wichtigste Form der Komitologie; die Zustimmung der Regierungsvertreter zum Kommissionsvorschlag ist dort obligatorisch. Es gibt keine Kommissionstätigkeit, die geräuschärmer abliefe als die Komitologie: Experten beraten unter sich. Alle Beteiligten suchen nach sachgerechten Lösungen. Es wird beraten, bis Übereinstimmung erreicht ist. Zu förmlichen Abstimmungen kommt es selten. Noch seltener scheitert ein Kommissionsvorschlag. Dies geschah 2005 in neun Fällen bei insgesamt über 2.600 Entwürfen, die in den einschlägigen Ausschüssen beraten wurden.

11.1.4 Das Europäische Parlament

Das Parlament ist nach bescheidenen Anfängen zu einem gewichtigen Faktor im Brüsseler Politikbetrieb aufgestiegen (dazu im Folgenden, auch mit weiterführender Literatur: Hix 2011: 49ff., Hartmann 2009: 136ff., Judge/Earnshaw 2008, Wessels 2008: 119ff., Scully 2007, Peterson/Shackleton 2006: 104ff.). Seit dem Vertrag von Lissabon ist es ein vollständig gleichberechtigter Partner des Rates in der europäischen Gesetzgebung.

Vertrag von Lissabon: Vertrag über die Europäische Union (Auszug):
„*Artikel 14* (2) Das Europäische Parlament setzt sich aus Vertretern der Unionsbürgerinnen und Unionsbürger zusammen. Ihre Anzahl darf 750 nicht überschreiten,

zuzüglich des Präsidenten. Die Bürgerinnen und Bürger sind im Europäischen Parlament degressiv proportional, mindestens jedoch mit sechs Mitgliedern je Mitgliedstaat vertreten. Kein Mitgliedstaat erhält mehr als 96 Sitze."

Das Parlament beschließt sämtliche europäischen Rechtsakte mit der Mehrheit seiner Mitglieder. In dieser Mehrheit muss mindestens die Hälfte der Gesamtzahl der Parlamentsmitglieder zustimmen. Dies läuft darauf hinaus, dass mindestens 65 Prozent aller europäischen Volksvertreter Präsenz zeigen und zustimmen müssen. Auch hier treffen wir wieder ein Quorum an, das weit über dem liegt, was in den nationalen Parlamenten üblich ist. Wie in den meisten nationalen Parlamenten ist das Plenum des Europäischen Parlaments im Regelfall schwach besetzt. Ausschusssitzungen und Parteiverpflichtungen verlangen ihren Tribut. Das hohe Quorum für rechtswirksame Beschlüsse wirkt deshalb als Anreiz für die Verständigung der größten Parlamentsfraktionen, der Europäischen Volkspartei-Europäische Demokraten (EVP-ED) und der Allianz der Sozialisten und Demokraten (S&D), Letztere ist die Nachfolgefraktion der früheren Sozialdemokratischen Partei Europas (SPE). Sind sich diese Fraktionen einig, ist die Beschlussfähigkeit des Parlaments hergestellt, ohne dass die Abgeordneten deshalb von anderen wichtigen Verpflichtungen abgezogen werden müssen (vgl. Hix/Lord 1997). Wechselnde Abstimmungskoalitionen sind an der Tagesordnung.

Das Europäische Parlament hat kein förmliches Recht, eine Initiative für europäische Rechtsakte zu ergreifen. Diese Tatsache zieht von der Bedeutung des Parlaments nichts ab. Um den kosmetischen Makel des fehlenden Initiativrechts zu überdecken, hat sich die Kommission verpflichtet, Parlamentsbeschlüsse, mit denen sie zum Tätigwerden aufgefordert wird, als eigene Initiative zu übernehmen.

Vertrag von Lisssabon: Vertrag über die Arbeitsweise der Europäischen Union (Auszug):
„*Artikel 225* Das Europäische Parlament kann mit der Mehrheit seiner Mitglieder die Kommission auffordern, geeignete Vorschläge zu Fragen zu unterbreiten, die nach seiner Auffassung die Ausarbeitung eines Unionsakts zur Durchführung der Verträge erfordern. Legt die Kommission keinen Vorschlag vor, so teilt sie dem Europäischen Parlament die Gründe dafür mit."

Das Parlament kann eine amtierende Kommission abberufen, indem es ihr mit einer Mehrheit von zwei Dritteln der abstimmenden Abgeordneten, darunter mindestens die Mehrheit aller Parlamentsmitglieder, das Vertrauen entzieht. Dieses Quorum schützt die Kommission so stark vor ihrer Ablösung, dass sie verfassungstechnisch so gut wie unangreifbar ist. Deshalb mutet das Misstrauensvotum eher wie eine fehletikettierte Variante der Staatsanklage an, wie man sie in Gestalt des Impeachment in den USA kennt. Dies ist aber lediglich die formale Seite des Vertrauensentzugs. Die politische Seite zeigt ein anderes Bild. Bekundet eine Mehrheit der Europaparlamentarier, dass die Kommission ihr Vertrauen verloren hat, dürfte sich die Kommission kaum noch im Amt halten. Die Kommissionstätigkeit würde von dieser offenkundigen Zerrüttung der Basis für die weitere Zusammenarbeit überschattet. Als 1999 eine Mehrheit des Europäischen Parlaments der Kommission erstmals – und bisher einmalig – das Vertrauen aufkündigte, war der prompte Rücktritt der Kommission nur konsequent. Insofern haben sich die Beziehungen zwischen Parlament und Kommission ein Stückweit denjenigen in den parlamentarisch regierten Staaten der Union angenähert.

Vertrag von Lissabon: Vertrag über die Arbeitsweise der Europäischen Union (Auszug):
„*Artikel 234* Wird wegen der Tätigkeit der Kommission ein Misstrauensantrag eingebracht, so darf das Europäische Parlament nicht vor Ablauf von drei Tagen nach seiner Einbringung und nur in offener Abstimmung darüber entscheiden.
Wird der Misstrauensantrag mit der Mehrheit von zwei Dritteln der abgegebenen Stimmen und mit der Mehrheit der Mitglieder des Europäischen Parlaments angenommen, so legen die Mitglieder der Kommission geschlossen ihr Amt nieder, und der Hohe Vertreter der Union für Außen- und Sicherheitspolitik legt sein im Rahmen der Kommission ausgeübtes Mandat nieder."

Der Vertrag von Lissabon sieht vor, dass die Zusammensetzung der Kommission die Ergebnisse der letzten Wahl zum Europäischen Parlament berücksichtigen muss. Hier erhält die europäische Allparteienregierung – europäische Konsensdemokratie – Verfassungsrang! Der Vertrag von Lissabon formalisiert damit eine seit langem geübte Praxis. Keine der beiden großen Fraktionen des Europäischen Parlaments erreicht für sich allein eine Mehrheit. Wie in den meisten Staaten der Union ist der europäische Parlamentarismus ein Koalitionsbetrieb. Auch das Geschehen im Rat ist eine Abfolge der verschiedensten Koalitionsbilder – nur dass dort keine Abgeordneten bei der Verabschiedung europäischer Gesetze koalieren, sondern vielmehr Regierungen.

Die Zusammenarbeit der großen Fraktionen
„Weil es im Europäischen Parlament an der schlichten Spaltung in Regierungsmehrheit und Opposition fehlt, haben sich variable Gesetzgebungskoalitionen um spezifische Sachfragen gebildet. Dies bedeutet jedoch keineswegs, dass das Abstimmungsverhalten nicht vorhersagbar wäre. Das Gegenteil ist der Fall. Die Abstimmungen im Europäischen Parlament sind traditionell konsistent und vorhersagbar. Um den Einfluss des Parlaments geltend zu machen und dafür die politischen und verfahrenstechnischen Hürden zu nehmen, hat sich ein System des ‚Fraktionsoligopols'

eingespielt, in dem sich die sozialdemokratische Fraktion und die christlichen Demokraten zu einer Gewinnerkoalition zusammenschließen. (...)
Die Fraktionen arbeiten in einem institutionellen Kontext, der sich mit den sukzessiven Vertragsreformen und der immer bedeutsamer werdenden Rolle des Europäischen Parlaments dramatisch verändert hat. Zu einem Teil hat dieser Zugewinn an förmlicher gesetzgeberischer Kompetenz die informelle Verpflichtung der Fraktionen auf einen Kurs untermauert, den Konsens anzustreben, um den politischen Einfluss des Europäischen Parlaments zu maximieren. Zu einem anderen Teil hat die Ausweitung der förmlichen Kompetenzen den Stellenwert der institutionellen Steuerung des Parlaments auf Kosten der Fraktionsaktivitäten gesteigert (David Judge und David Earnshaw, The European Parliament, Houndmills und New York 2003, S.151, 155f.)."

Bei der Wahl des Europäischen Parlaments geht es nicht um Regierungsmacht. Deshalb geben die europäischen Parteien ein anderes Bild ab, als man es aus den Staaten der Union kennt. Streng genommen kann von Parteien, wie sie dort geläufig sind, keine Rede sein. Die im Europaparlament vertretenen Parteien sind lockere Zusammenschlüsse weltanschaulich verwandter nationaler Parteien, eher Parteifamilien als Parteien.

Tabelle 14: Sitzverteilung im Europäischen Parlament 1999-2009

	1999	2004	2009*
Europäische Volkspartei-Europäische Demokraten (EVP-ED)	233	288	264
Progressive Allianz der Sozialisten und Demokraten (S&D), vormals SPE	180	217	185
Allianz der Liberalen und Demokraten für Europa (ALDE)	50	100	85
Grüne-Freie Europäische Allianz (Grüne/FEA)	48	43	56
Konföderale Fraktion der Vereinigte Linken/Nordische Grüne Linke	50	41	34
Sonstige und Fraktionslose	163	96	112
Gesamtzahl der Mandate	724	785	736

* Die Parteien haben ihre Namen mehrfach gewechselt. Hier wird nur der Stand des Jahres 2012 referiert.

Die Kandidaten für das Europäische Parlament werden von den nationalen Parteien aufgestellt. Doch für die Substanz der europäischen Politik zählt jede nationale

Parlamentswahl stärker als die Wahl eines neuen Europaparlaments. Dort wird entschieden, wer sein Land im Rat der Union und im Europäischen Rat repräsentiert.

Das kuriose Wahlsystem für das Europäische Parlament bietet keinerlei Anreize für die Bildung effektiver europäischer Parteienstrukturen. Jedes Mitgliedsland der Union praktiziert für die Wahl seiner Europaparlamentarier ein anderes Wahlrecht. Es muss sich lediglich an das Grundmodell der Verhältniswahl halten.

Die Verhältniswahl folgt der Idee, bei der Zuteilung der Parlamentsmandate die Verteilung der Wählerstimmen abzubilden. Sperrklauseln schließen Kleinstparteien von der Vertretung im Parlament aus. Die meisten Staaten der Union haben für die Wahl ihrer Vertreter im Europäischen Parlament die gleichen Regeln bestimmt, die für die Wahl ihrer nationalen Parlamente gelten. Lediglich Frankreich und Großbritannien wählen ihre nationalen Parlamente nach den Grundsätzen der relativen bzw. der absoluten Mehrheitswahl (siehe oben Kapitel 4, 4.3).

In Deutschland gelten folglich von der Landtagswahl über die Bundestagswahl bis hin zur Europawahl – bei geringen Unterschieden – grundsätzlich die Maßgaben der Listenwahl. Die Wahlkampfleiter, die ehrenamtlichen Helfer, die Werbestrategen und die Kandidaten müssen nicht groß umlernen, wenn sie vom Management der nationalen Wahlkampagnen auf den Europawahlkampf umschalten. Europäische Parlamentarier derselben Parteifamilie erwerben also, bevor sie ins Europäische Parlament einziehen, keinerlei vergleichbare Erfahrungen als Kandidaten und Wahlkämpfer. Erst in der Parlamentstätigkeit selbst reift eine gemeinsame politische Identität.

Den ersten Schritt im Gesetzgebungsprozess unternimmt stets die Europäische Kommission. Ihr Entwurf wird zunächst dem Parlament zugeleitet. Nach einer *ersten Lesung* im Parlament wird dieser Entwurf – zusammen mit etwaigen Änderungsbegehren – dem Rat zugeleitet. Diese Änderungsbeschlüsse werden als Stellungnahme des Parlaments bezeichnet. Bei der Übersendung beider Beschlüsse, Initiative und Stellungnahme, teilt die Kommission dem Rat mit, ob sie sich der Stellungnahme des Parlaments anschließt. Akzeptiert der Rat in der *ersten Lesung* die Kommissionsvorlage und die Änderungsvorschläge des Parlaments, erlangt die Vorlage Rechtskraft.

Folgt der Rat dem Kommissionsentwurf und den Änderungswünschen des Parlaments aber nicht, dann beschließt er dies als Standpunkt. Für diesen Ratsbeschluss ist die die *qualifizierte Mehrheit* erforderlich, wenn sich die Kommission der Stellungnahme des Parlaments angeschlossen hat. Schließt sich die Kommission der Stellungnahme des Parlaments aber nicht an, muss der abweichende Standpunkt vom Rat *einstimmig* beschlossen werden.

Stimmt der Rat der Kommissionsinitiative, aber nicht der Stellungnahme des Parlaments zu, nimmt die Kommission in einem nächsten Schritt Stellung zu den im Standpunkt dargelegten Einwendungen und fordert das Parlament zu einem Beschluss auf. Lehnt es das Parlament ab, auf das im Standpunkt aufgeführte Änderungsbegehren einzugehen, ist die Vorlage gescheitert. Falls das Parlament aber in einer *zweiten Lesung* vom Rat ein Überdenken seines Standpunktes verlangt, kommt es auch im Rat zu einer *zweiten Lesung*. Gibt der Rat seinen ablehnenden Standpunkt auf, kann die Vorlage in Kraft treten.

Beharrt der Rat aber immer noch auf seinem Standpunkt, tritt ein Vermittlungsausschuss zusammen. Ihm gehören in gleicher Anzahl Vertreter der Regierungen und des Parlaments an. Die Mitglieder der Ratsbank des Ausschusses beschließen mit der qualifizierten Mehrheit, die Mitglieder der Parlamentsbank mit der absoluten Mehrheit. Erzielen beide Seiten eine Einigung, muss diese jeweils vom Parlament und vom Rat in *dritter Lesung* bestätigt werden. Kommt im Vermittlungsausschuss keine Einigung zustande, ist die Vorlage endgültig gescheitert.

Soweit die formalen Prozeduren. An Komplexität stellen sie alles in den Schatten, was man von nationalen Gesetzgebungsprozessen kennt. Hinter diesen förmlichen Schritten verbirgt sich in der Praxis stets die absichernde Vorverständigung der Beteiligten, das Ausloten der Kompromissfähigkeit und auch das Augenzwinkern, wenn die Regierungen im Rat der Union lautstark für das heimische Publikum poltern und die Parlamentarier mit großer Geste den Respekt vor dem Willen des europäischen Volkes einfordern.

Die Vorgänge hinter den Kulissen des förmlichen Gesetzgebungsverfahrens werden als Trilog bezeichnet: Die Kommission ist gut beraten, sich erst einmal umzuhorchen, welche Risiken sich für ein Gelingen des Vorhabens abzeichnen, bevor sie eine Initiative auf den Weg bringt. Das Parlament wiederum tut gut daran, die Stimmung im Rat zu sondieren, bevor es dessen Standpunkt zurückweist. Der Rat verweigert sich ungern dem Parlament. Hat er einen Standpunkt beschlossen und gibt sich das Parlament damit nicht zufrieden, müssen die Regierungen das Kompromisspaket wieder aufschnüren, auf das sie sich bereits geeinigt hatten. Sie werden dies nicht leichthin tun, wenn es sich um eine für sie wichtige Sache handelt.

Die Regierungen lassen es nicht leichtfertig so weit kommen, dass erst der Vermittlungsausschuss eingeschaltet wird. Für diese Verfahrensstufe müssen die 27 Regierungen viel Zeit investieren, um eine gemeinsame Position zu finden. Das Parlament mit seinen vier für Entscheidungen überhaupt relevanten Fraktionen verbraucht weniger Zeit und Energie, um zu einem Beschluss zu kommen. Die asymmetrischen Entscheidungskosten schaffen weitere Anreize für die informelle Vorverständigung zwischen Kommission, Parlament und Rat. Die

11 Verknüpfungen mit dem politischen System der Europäischen Union

Usance des so genannten Trilogs läuft darauf hinaus, dass im förmlichen Verfahren oft nur noch ein auf stillen Wegen festgezurrter Kompromisses bestätigt wird.
 Nichts an alledem ist exotisch oder beklagenswert. Ganz ähnlich funktioniert der Gesetzgebungsprozess in den Staaten der Union oder, um ein vertrautes Umfeld als Beispiel zu nehmen, die Verständigung zwischen Regierung und Bundesratsmehrheit in Deutschland. Abermals bestätigt sich für das europäische politische System der Eindruck einer Konsensdemokratie. Dabei ist allerdings zu vermerken, dass bürokratische Vorgänge und Abstimmungen, d.h. Prozesse, die hauptsächlich die politischen Verwaltungen einschalten, in Brüssel sehr viel stärker das Bild bestimmen.

Vertrag von Lissabon: Vertrag über die Europäische Union (Auszug):
„Artikel 14, Abs. 1 Das Europäische Parlament wird gemeinsam mit dem Rat als Gesetzgeber tätig und übt gemeinsam mit ihm die Haushaltsbefugnisse aus. Es erfüllt Aufgaben der politischen Kontrolle und Beratungsfunktionen nach Maßgabe der Verträge. Es wählt den Präsidenten der Kommission."

Der Wahlkampf für das Europäische Parlament wird von den nationalen Parteien ohne großes Engagement geführt. Doch die Parlamentarier, die sich unter den Etiketten gesamteuropäischer Parteien in Fraktionen zusammentun, wachsen in der parlamentarischen Arbeit in eine Identität als Mitglieder der Europäischen Volkspartei, der Sozialisten und Demokraten, der Grünen und der Liberalen hinein.
 Die europäischen Parlamentarier können es sich nicht leisten, den Draht zu den nationalen Parteien zu vernachlässigen. Ihre politische Existenz entscheidet sich dort, und zwar in doppelter Hinsicht: Erstens entscheiden die Entsenderparteien über die Kandidaten für das Europäische Parlament. Zweitens werden die Europaparlamentarier in Fragen, die den nationalen Parteien auf den Nägeln brennen, ihre Parteifreunde kaum im Stich lassen. Die Inhalte der Brüsseler Politik allerdings kommen den Themen, welche die nationale Innenpolitik bewegen, höchst selten in die Quere. Die nationalen Parteien interessieren sich schlicht und einfach nicht für das, was ihre Abgeordnetenkollegen im Europäischen Parlament bewegt.
 Die wenigsten Europaparlamentarier sehen Brüssel und Straßburg als Endstation ihrer Karriere. Das Europäische Parlament belohnt Fleiß und Engagement bestenfalls mit der Wahl in einen wichtigen Fachausschuss, in die Fraktionsführung oder ins Parlamentspräsidium. Kommissare wurden bisher stets aus den Reihen nationaler Politiker, nicht aus dem Europäischen Parlament ausgewählt. Die nationale Politik bietet Ambitionierten ungleich vielfältigere und attraktivere Karrieremöglichkeiten als das Europäische Parlament. Dieser Anreiz dürfte seine

Wirkung lediglich bei Parlamentariern verfehlen, die tatsächlich Gefallen an ihrem europäischen Mandat finden – oder die keinerlei Gründe haben, daran zu zweifeln, dass ihre Laufbahn als Berufspolitiker an dieser Stelle endet.

Unter den Europaparlamentariern hat sich ein Kern von Abgeordneten herausgebildet, die ihr Mandat bereits zehn Jahre und länger wahrnehmen. Sie haben das Europäische Parlament zum Karriereplatz erkoren. Diese Abgeordneten sind operatives Rückgrat und institutionelles Gedächtnis des Parlaments in einem. In dieser Gruppe ragen Briten und Deutsche heraus. Beide Länder schließen das doppelte Mandat im europäischen und im heimischen Parlament aus. Ambitionierte Abgeordnete müssen sich irgendwann entscheiden, ob sie sich auf eine berufliche Zukunft in Brüssel einrichten oder doch lieber in die nationale Politik zurückkehren wollen.

Wie der Bundestag ist das Europaparlament ein Arbeitsparlament. Es muss sich für die Bearbeitung komplizierter Regelwerke fit halten. Dazu müssen Ausschusszuständigkeiten bestimmt, Geschäftsordnungen angepasst, Ausschussvorsitzende gewählt und sachkundige parlamentarische Berichterstatter gefunden werden. Letzteren kommt in der parlamentarischen Arbeit besondere Bedeutung zu. Sie kultivieren die Rolle des Verfahrensmanagers und Fachkundigen und spielen die Fraktionszugehörigkeit herunter. Dieser Gestus unterstreicht die relativ geringe Bedeutung der Fraktionsdisziplin.

Klassische Aufgaben der Parlamentsfraktionen sind die Planung der parlamentarischen Agenda und die Auswahl parlamentarischer Funktionsträger. Die nationalen Entsenderparteien interessiert es nicht, wie die Fraktionen des Europaparlaments dabei vorgehen. Auch Inhaltliches kümmert sie wenig. Das Europäische Parlament und die europäischen Parteien entfalten sich letztlich im Schatten der nationalen Politik. Und diese lässt den europäischen Parlamentariern viel Luft zum Atmen.

Der Grund für das Desinteresse der nationalen Parteien an der europäischen Politik liegt im Fehlen einer gesamteuropäischen Öffentlichkeit. Würden die nationalen Parteien europäische Fragen stärker und regelmäßiger in die Öffentlichkeit tragen, würde auch der Gewohnheitswähler und mäßig interessierte Bürger vertrauter mit dem, was in Brüssel geschieht. Das Europäische Parlament und die darin vertretenen Parteien würden besser wahrgenommen.

Vom Machterhalt der in den Staaten regierenden Parteien ist die europäische Politik – seltene Ausnahmen, zum Beispiel die Euro-Krise, bestätigen die Regel – abgekoppelt. Wer in den Staaten regiert und opponiert, entscheidet sich nicht in Brüssel, sondern in der innenpolitischen Auseinandersetzung. Für die nationalen Parteien rangiert die Union in ähnlichen Sphären wie Fragen der Außenpolitik, und in der Außenpolitik entscheiden sich üblicherweise keine Wahlen, zumal die Außenpolitik meist im Konsens der großen Parteien betrieben wird.

11 Verknüpfungen mit dem politischen System der Europäischen Union

Parlamente gewinnen ihre Struktur aus der Art des Regierungssystems, in das sie eingebettet sind. Hat man es mit dem parlamentarischen Regierungssystem zu tun, liegt die Primäraufgabe des Parlaments in der Regierungswahl, die der Regierungsmehrheit in der disziplinierten Unterstützung der Regierungspolitik und die der Opposition in der Kritik derselben. Bei der Rollenbestimmung des Europäischen Parlaments greifen diese Merkmale nicht. Dies einfach deshalb, weil der Rat als Teilhaber an der europäischen Regierungsfunktion für das Parlament nicht erreichbar ist. Das europäische Regierungssystem hat ein Parlament, aber es ist nicht parlamentarisch konstruiert.

Die vielen Premiers und der französische Präsident im Europäischen Rat – sie alle gehören einer Partei an. Genauso sitzen in Gestalt der Regierungsvertreter am Brüsseler Ratstisch Minister, die einer nationalen Partei angehören. Auch die Kommissionsmitglieder haben bis auf wenige Ausnahmen eine Vergangenheit als mehr oder minder prominente Mitglieder nationaler Parteien. Im Europäischen Parlament ragen die Fraktionen der Christlichen Volkspartei, der Sozialdemokraten, der Liberalen und der Grünen heraus. Eine gewisse Rolle spielen noch die regionalen Parteien, vornehmlich aus Spanien, Italien und Großbritannien, sowie die rechtspopulistischen Parteien (Neofaschisten, Front National u.ä.m.). Alle diese Parteienbünde konkretisieren sich in den Fraktionen des Europäischen Parlaments. Organisatorisch stehen sie auf den Schultern der nationalen Parteien, die beschlossen haben, sich zu europäischen Parteien zusammenzuschließen, zu Parteienkonföderationen, hinter denen sich bei näherem Hinsehen und Fühlen Organisationsgebirge aus Pappmaché verbergen.

In der EVP-ED sammeln sich die kleinen und großen Verwandten der konservativen und die christlich-demokratische europäischen Parteienfamilie. Sie ist ein heterogenes Gebilde. Kulturpolitisch Konservative wie die spanische Volkspartei, sozialpolitisch aufgeschlossene christliche Parteien wie in den Benelux-Ländern, skandinavische Konservative mit wirtschaftsliberalem Drall – eine bunte Mischung. Aber auch die Sozialdemokraten lassen es nicht an Vielfalt missen. Die Vorstellungen deutscher Sozialdemokraten, französischer Sozialisten und der polnischen Linkspartei sind keineswegs deckungsgleich. Dessen ungeachtet votieren die Abgeordneten der EVD-ED und die der Sozialdemokraten und Demokraten in vielen Fragen gemeinsam, mögen beide Fraktionen auch zunehmend häufiger unterschiedlich abstimmen und sich ad hoc um Verbündete aus den kleineren Fraktionen, vorzugsweise um Liberale und Grüne, bemühen (zu den europäischen Parteien: Mittag/Steuwer 2010).

Die Zeit der großen Innovationen wie etwa die Flut der europäischen Gesetzgebung zum Binnenmarkt ist vorbei. Heute wird die parlamentarische Agenda viel stärker von der Ausfüllung der durch den Binnenmarkt geschaffenen Gestaltungsräume bestimmt, nichts für große Gefühle, eher kleinteilige Politik mit gleichwohl unter Umständen großer Wirkung im Alltag der Europäer. Interessen und Werte kommen ins Spiel, in denen es nicht um die Frage nach „mehr oder weniger" Europa, sondern um das „wie" dieses Europas geht.

Eine politische Öffentlichkeit, in der effektivere europäische Parteien gedeihen könnten, lässt sich ohne Themen wie Innere Sicherheit, Steuerbelastung, Sozialpolitik und Bildung schwer vorstellen. Diese Politikbereiche befinden sich noch – mit Ausnahmen für Teilaspekte – in der Regie der nationalen Politik. Damit fehlt es der Union am Betriebsstoff, den die europäischen Parteien bräuchten, um Wähler zu mobilisieren und Fachkompetenz zu demonstrieren, politische Alternativen aufzubauen und Stimmungen zu testen. Die Art von Politik, die in Brüssel entschieden wird, eignet sich schlecht für die Herausbildung veritabler Parteien. Wir stoßen hier abermals auf die Tatsache, dass es keine gesamteuropäische Öffentlichkeit und keine über die Staaten hinausreichende europäische Gesellschaft mit gemeinsamen Politikerwartungen und Problemempfindungen gibt. Der Zustand der Europaparteien zeigt dies zuverlässig an.

In einer Hinsicht scheint das Europäische Parlament ein ähnliches Schicksal zu erleiden, wie es die Länder im deutschen Bundesstaat und den Deutschen Bundestag als Volksvertretung eines Mitgliedstaates der Europäischen Union getroffen hat. Die jüngsten Entwicklungen im Kontext der Euro-Krise, die Entstehung einer währungs- und haushaltspolitischen Superstruktur, in der die Finanzminister in der Euro-Gruppe und die Europäische Zentralbank gravierende Entscheidungen für ganz Europa treffen und die Kommission den Institutionen der Fiskalunion zur Hand geht, sehen keine Kontroll- und Mitgestaltungsrechte des Europäischen Parlaments vor. Noch stärker als zuvor scheint die Union zu einer Veranstaltung der Exekutiven zu werden.

11.1.5 Die europäische Justiz

Der Gerichtshof der Europäischen Gemeinschaft – bis 2004 Europäischer Gerichtshof – steht in der Rolle der höchsten rechtsprechenden Instanz in der Union. Er teilt sich diese Aufgabe mit einem Gericht und weiteren Fachgerichten.

Vertrag von Lissabon: Vertrag über die Europäische Union (Auszug):
„Artikel 19 (1) Der Gerichtshof der Europäischen Union umfasst den Gerichtshof, das Gericht und Fachgerichte. Er sichert die Wahrung des Rechts bei der Auslegung und Anwendung der Verträge.
Die Mitgliedstaaten schaffen die erforderlichen Rechtsbehelfe, damit ein wirksamer Rechtsschutz in den vom Unionsrecht erfassten Bereichen gewährleistet ist.
(2) Der Gerichtshof besteht aus einem Richter je Mitgliedstaat. Er wird von Generalanwälten unterstützt.
Das Gericht besteht aus mindestens einem Richter je Mitgliedstaat.

Als Richter und Generalanwälte des Gerichtshofs und als Richter des Gerichts sind Persönlichkeiten auszuwählen, die jede Gewähr für Unabhängigkeit bieten und die Voraussetzungen der Artikel 253 und 254 des Vertrags über die Arbeitsweise der Europäischen Union erfüllen. Sie werden von den Regierungen der Mitgliedstaaten im gegenseitigen Einvernehmen für eine Amtszeit von sechs Jahren ernannt. Die Wiederernennung ausscheidender Richter und Generalanwälte ist zulässig."

Der Gerichtshof ist als Universalgericht ausgestaltet, d.h. er entscheidet in allen Angelegenheiten, die unter europäischem Recht anfallen, handele es sich nun um Wirtschafts-, Umwelt- oder Vertragsrecht. Entscheidungen trifft das Richterkollegium entweder als Ganzes oder in Kammern, die ein bestimmtes Rechtsgebiet betreuen. Acht Generalanwälte unterstützen die Arbeit des Gerichtshofes. Hier handelt es sich um hochqualifizierte Gerichtsbeamte, die den Richtern bei ihren Kernaufgaben assistieren.

Dem vorrangigen Wirkungskreis der Union entsprechend befasst sich der Gerichtshof hauptsächlich mit den konkurrierenden Regelungsansprüchen der Union und der nationalen Gesetzgeber. Die Kompetenz-Kompetenz, das Recht zur europäischen Verfassungsgebung, liegt bei den Völkern bzw. den Parlamenten der Mitgliedstaaten.

Der Gerichtshof ist das europäische Bundesstaatsgericht. In dieser Eigenschaft befindet er in letzter Instanz über die Lesart der in den Verträgen aufgeführten Unionszuständigkeiten. Wenn er in dieser Funktion tätig wird, muss er nicht fürchten, von einer klarstellenden Vertragsänderung korrigiert zu werden. Die Hürden einer Vertragsrevision liegen mit einer Zweidrittelmehrheit des Europäischen Parlaments, dem einstimmigen Votum des Rates der Union und 27 nationalen Parlamentsbeschlüssen oder Referenden zu hoch.

Die Union fußt inzwischen an vielen Eckpunkten auf richterlichem Recht. Vergleichbar mit der Rolle des Supreme Court in den USA, hat das Europagericht seinen Status unter den europäischen Institutionen weitgehend durch Selbstinterpretation erreicht (dazu im Folgenden: Hix 2011: 75ff., Hartmann 2009: 163ff., Wessels 2008: 257ff., Kennedy 2006, Kapsis 2007, Shackleton/Peterson 2006: 125-143, Stone Sweet 2004).

Dem Gerichtshof wurde 1989 zur Entlastung ein Gericht der ersten Instanz zugeschaltet. Im Vertrag von Lissabon erhielt es die Bezeichnung Gericht. Die weiterhin steigende Arbeitslast des Gerichtshofes führte nach einigen Jahren dazu, dass diesem zweiten Gericht Aufgaben im ursprünglichen Zuständigkeitsbereich des Gerichtshofes zugewiesen wurden. Hier entscheidet es in der Sache bereits endgültig. Die Europäischen Verträge räumen zusätzlich die Möglichkeit ein, Fachgerichte einzuführen. Das Prinzip der Universalzuständigkeit, das beim Gerichtshof und beim Gericht der ersten Instanz Pate gestanden hat, wird hier durchbrochen. Als Berufungsinstanz für die Fachgerichte ist das Gericht vorgesehen. Das erste Fachgericht nahm Ende 2004 seine Arbeit auf. Es arbeitet als Gericht für den europäischen öffentlichen Dienst.

In der Pluralisierung der rechtsprechenden Institutionen zeichnet sich eine mehrgliedrige Gerichtsbarkeit auf europäischer Ebene ab. Sonst aber urteilen die ordentlichen Gerichte der Mitgliedstaaten in erster Instanz über europäisches Recht – ganz so, wie in Deutschland die Gerichte der Länder in den ersten beiden Instanzen über Bundesrecht befinden.

Die nationalen Gerichte haben das Recht, eine Vorabentscheidung beim Gerichtshof der Union zu beantragen. Hat ein Prozessgericht Zweifel, ob es bei der Anwendung europäischer Rechtsnormen den Willen des europäischen Gesetzgebers trifft, verschafft es sich mit diesem Antrag Klarheit.

Vertrag von Lissabon: Vertrag über die Arbeitsweise der Europäischen Union (Auszug):
„*Artikel 267* Der Gerichtshof der Europäischen Union entscheidet im Wege der Vorabentscheidung
a) über die Auslegung der Verträge,
b) über die Gültigkeit und die Auslegung der Handlungen der Organe, Einrichtungen oder sonstigen Stellen der Union.
Wird eine derartige Frage einem Gericht eines Mitgliedstaats gestellt und hält dieses Gericht eine Entscheidung darüber zum Erlass seines Urteils für erforderlich, so kann es diese Frage dem Gerichtshof zur Entscheidung vorlegen.
Wird eine derartige Frage in einem schwebenden Verfahren bei einem einzelstaatlichen Gericht gestellt, dessen Entscheidungen selbst nicht mehr mit Rechtsmitteln des innerstaatlichen Rechts angefochten werden können, so ist dieses Gericht zur Anrufung des Gerichtshofs verpflichtet."

Der Gerichtshof nutzt das Instrument der Vorabentscheidung, um bereits in der nationalen Rechtsprechung eine integrationsfreundliche Auslegung des europäischen Rechts zu verankern. Für das anfragende Gericht ist die Entscheidung des Gerichtshofes verbindlich.

Die Anzahl der einschlägigen Anfragen ist im Laufe der Zeit erheblich gestiegen. Der Reformvertrag von Lissabon ermächtigt auch das Gericht (vormals Gericht der ersten Instanz), Vorabentscheidungen zu treffen. Was immer Gerichtshof und Gericht entscheiden, gilt zwar nur für den betreffenden Fall. Die nationalen Gerichte wenden die Vorabentscheidung in anderen Prozessen jedoch als Präzedenzentscheidung an.

Die europäischen Verträge kennen im Unterschied zu bundesstaatlichen Verfassungen keine Generalklauseln, mit deren Auslegung die Unionszuständigkeiten auf Kosten der Staaten ausgedehnt werden könnten. Statt dessen behilft sich der Gerichtshof mit einer unionsfreundlichen Lesart der wirtschaftlichen Freiheiten, die in den Vertragstexten postuliert sind: Wettbewerb, Freizügigkeit,

11 Verknüpfungen mit dem politischen System der Europäischen Union 289

freier Waren- und Leistungsverkehr. Eine weitere Technik unionsfreundlicher Rechtsprechung kommt in der Übung zum Ausdruck, Unionsrecht, das offenbar auf wirtschaftliche Sachverhalte ausgelegt ist, so zu interpretieren, dass es das Verfassungsrecht der Staaten ausmanövriert. Über die ökonomischen Nebenwirkungen einer einzelstaatlichen Verfassung wird eine Unionszuständigkeit konstruiert.

Im Januar 2000 erzwang der Gerichtshof die Öffnung sämtlicher Verwendungen in der Bundeswehr für Frauen. Die meisten Laufbahnen waren bis dahin Männern vorbehalten.

Entscheidung des EuGH vom 11. Januar 2000 in der Sache Tanja Kreil v. Bundesrepublik Deutschland (Auszüge)
„Bei der Festlegung der Reichweite der Ausnahmen von einem Grundrecht, wie dem der Gleichbehandlung, ist der Grundsatz der Verhältnismäßigkeit zu beachten und zu prüfen, ob unter den Umständen des konkreten Falles die Maßnahmen, die die nationalen Stellen in Ausübung des ihnen zuerkannten Ermessens getroffen haben, tatsächlich das Ziel verfolgen, die öffentliche Sicherheit zu gewährleisten, und ob sie angemessen und erforderlich sind, um dieses Ziel zu erreichen. Da Frauen vollständig vom Dienst mit der Waffe ausgeschlossen sind und ihnen nur der Zugang zum Sanitäts- und Militärmusikdienst erlaubt ist, kann ein Ausschluss, der nahezu für alle militärischen Verwendungen in der Bundeswehr gilt, in Anbetracht seiner Reichweite nicht als Ausnahmemaßnahme angesehen werden, da die Ausnahmen in Art. 2 (2) RL (Richtlinie, J.H.) nur spezifische Tätigkeiten betreffen können. (...) Die Bestimmung des Art. 2 (3) der RL soll zum einen die körperliche Verfassung der Frau und zum anderen die besondere Beziehung zwischen Mutter und Kind schützen. Demnach können Frauen nicht mit der Begründung, sie müssten im Verhältnis zu Männern stärker gegen Gefahren geschützt werden, die sich von den besonderen, in der RL ausdrücklich erwähnten Schutzbedürfnissen der Frauen unterscheiden, von einer Beschäftigung ausgeschlossen werden. Daher gehört der vollständige Ausschluss von Frauen vom Dienst mit der Waffe nicht zu den Ungleichbehandlungen, die nach Art. 2 (3) der RL zum Schutz der Frau zulässig sind."

Die Europarichter argumentierten mit dem Gleichstellungspostulat der Union und verwarfen die vom Grundgesetz verlangte Ungleichbehandlung als geschlechtsbezogene Diskriminierung. Bundestag und Bundesrat lamentierten gegen dieses Urteil jedoch nicht an, sondern änderten kurzerhand das Grundgesetz, um es der Entscheidung des Gerichtshofs anzupassen.

11.2 Schnittstellen der europäischen und der deutschen Politik

Das deutsche Regierungssystem ist in vieler Hinsicht von der Europäischen Union betroffen. Die Politik muss auf den verschiedensten Ebenen vom Bund über die Länder bis hinunter zu den Gemeinden eine linke und eine rechte Grenze beachten, die ihr von der Europäischen Union gezogen wird. Blicken wir jetzt auf die Strukturen, in denen das deutsche politische System mit dem europäischen verzahnt ist. An diesen Schnittstellen steuert die deutsche Politik gemeinsam mit weiteren 26 Regierungen die europäische Politik mit. Den politischen Akteuren sind diese Schnittstellen geläufig, in der Öffentlichkeit sind sie gut wie nicht bekannt. Es handelt sich überwiegend um kleinteilige Institutionen, um Verwaltungsstellen, Verbindungsbüros der Verbände, Abteilungen in den Ministerien, um die Verwaltungsausschüsse der Europäischen Kommission (Komitologie) und um die entscheidungsvorbereitenden Gremien im Vorfeld des Rates der EU. Ihre Bedeutung ist immens.

11.2.1 Die Bundesregierung

Eine gebündelte Zuständigkeit für europäische Fragen, etwa in der Art eines Europaministeriums, gibt es im Bereich der Bundesregierung nicht. Jedes Ressort ist auf der Ebene des Rates der Union in die europäische Politik eingebunden und unterhält zu diesem Zweck eine europapolitische Dienststelle, die in aller Regel als Abteilung geführt wird (zum Folgenden sehr detailliert: Beichelt 2009: 207ff.).

Die Federführung bei der Koordinierung der Europapolitik hat eine bewegte Geschichte. Bis in die 1990er Jahre lag sie bei der Abteilung E des Wirtschaftsministeriums. Sie befand sich damit in der Zuständigkeit eines Ressorts, das von 1969 bis 1998 von einem FDP-Minister geführt wurde. Mit Bildung der rot-grünen Regierung im Jahr 1998 wurde dieses Ministerium im doppelten Sinne heimatlos. Es gab keinen liberalen Wirtschaftsminister mehr, und der von Kanzler Schröder berufene Ressortchef Werner Müller war parteilos. In dieser Situation reklamierte der für das Finanzministerium in Aussicht genommene SPD-Parteivorsitzende Oskar Lafontaine die Abteilung E für sein Ressort. Dort blieb sie auch, nachdem Lafontaine im Zorn sein Amt quittiert hatte. Mit Bildung der Großen Koalition (2005) kehrte die Federführung für europäische Angelegenheiten in das Wirtschaftsministerium zurück. In der schwarz-gelben Koalition (2009) teilten sich das Auswärtige Amt und das Wirtschaftsministerium in die Koordinierung der Europapolitik. Für die wirtschaftliche Seite der europäischen Politik, darunter Binnenmarkt, Währung und Infrastruktur, moderiert das Wirtschaftsressort die Tätigkeit der einschlägigen Ministerien, für die Beziehungen zu den Institutionen der Europäischen Union (Parlament, Rat, Kommission) und für die Gemeinsame Außen- und Sicherheitspolitik das Auswärtige Amt. Letzteres ist auch für die Unterrichtung des Europagremien von Bundestag und Bundesrat zuständig. Das Außenressort betreut schließlich auch noch den Aufgabenbereich des Allgemeinen Rates im Rat der Union – Erweiterung und Vertiefung der Union, Vertragsänderungen. Auch die Vorbereitung der Tagungen des Allgemeinen Rates und des Europäischen Rates fällt in seine Zuständigkeit. Als dritter, besonders schwergewichtiger Akteur ist schließlich noch das Finanzministerium aufzuführen, das Deutschland im ECOFIN-Rat und in der Euro-Gruppe der Finanzminister vertritt.

Die Bedeutung dieser Ressorts lässt sich schon daran ablesen, dass ihre Europaabteilungen eine zweistellige Zahl von Referaten aufführen (Auswärtiges Amt 17, Wirtschaftsministerium 21 und Finanzministerium 28), während alle übrigen mit Ausnahme des Landwirtschafts- und Verbraucherschutzministeriums (neun) lediglich zwischen zwei und sechs Referate zählen (Sturm/Pehle 2005, S. 48, Tabelle 2).

Eine Europaabteilung existiert auch im Bundeskanzleramt. Sie verblasst neben den einschlägigen Dienststellen der Ministerien. Mehr als eine beobachtende Funktion bleibt der Europa-Dienststelle im Kanzleramt nicht (Sturm 2010: 189).

Eine gut gebündelte Repräsentation der Fachressorts gehört nicht zu den Stärken der Ständigen Vertretung Deutschlands in Brüssel. Fragen von ressortüberschreitender Reichweite bedürfen stets der Klärung und Rückversicherung in Berlin. Die deutschen Vertreter gehören bei der Entscheidungsvorbereitung im COREPER zu den Regierungsdelegationen, die länger brauchen als andere (Maurer/Wessels 2000: 123).

Die Koordinierung der europäischen Politik wurde gelegentlich zum Thema. Im Vorfeld der Bundestagswahl von 2002 brachte der sozialdemokratische Kanzler Gerhard Schröder die Idee ins Spiel, entweder ein Europaministerium zu bilden oder aber die Europapolitik im Kanzleramt zu bündeln. Die Idee provozierte heftigen Widerspruch beim grünen Koalitionspartner (siehe oben Kapitel 7, 7.1). Diese Idee ist später nicht mehr groß thematisiert worden.

11.2.2 Die Koordinierung der europäischen Politik und die Ständige Vertretung in Brüssel

Die Ständige Vertretung der Bundesrepublik in Brüssel hat die Aufgabe, die deutsche Position im COREPER und in den übrigen entscheidungsvorbereitenden Ausschüssen (SAL, Art. 133; Art. 36, PSK) zu vertreten. Die meisten Mitarbeiter der Ständigen Vertretung sind Experten für Binnenmarkt, Finanzen und Landwirtschaft.

Im Vorfeld der Sitzungen des COREPER und der äquivalenten Ausschüsse für Landwirtschaft und Handelspolitik kommen in Berlin die Referenten bzw. die Staatssekretäre der betreffenden Ressorts zusammen, um ihre Positionen abzustimmen. Der Leiter der Vertretung ist ein Diplomat. Der Stellvertretende Leiter der Vertretung wird vom Wirtschaftsministerium geführt (siehe oben dieses Kapitel, 11.1.2).

„Die Europabeauftragten der einzelnen Ministerien bilden gemeinsam ein Gremium, das auf Einladung der Abteilungsleitung Europa des Finanzministeriums in unregelmäßigen Abständen zusammentritt. Diese Zusammenkünfte dienen der Unterstützung des ‚Dienstagskomitees' durch gegenseitigen Informationsaustausch. (...) Die Klärung der interministeriellen Konflikte, die von der im ‚Dienstagskomitee' versammelten Arbeitsebene nicht gelöst werden können, ist Aufgabe des Komitees der Staatssekretäre, das auch als Staatssekretärsausschuss bezeichnet wird. (...) Den Ausschussvorsitz führt der für Europapolitik zuständige Staatssekretär im Auswärtigen Amt; der stellvertretende Vorsitz und das Ausschusssekretariat lagen früher beim Wirtschaftsministerium und sind heute dem Finanzministerium zugeordnet. Das Komitee entscheidet einstimmig, seine Beschlüsse sind für die beteiligten Ministerien bindend. (...) Nur Entscheidungen von übergeordneter Bedeutung werden dem Kabinett anschließend zur Kenntnis gebracht. Das macht deutlich, dass die Funktion des Staatssekretärsausschusses am besten mit dem einer zentralen ‚Clearing-Stelle' beschrieben werden kann, die dazu dient, das Kabinett nicht mit fachspezifischen, interministeriellen Konflikten zu belasten, sondern es frei zu halten für die Erörterung von zentralen Fragen mit politischer Reichweite. (...) (Roland Sturm und Heinrich Pehle: Das neue deutsche Regierungssystem, Opladen 2001, S. 51)."

In den Ausschüssen des Rates geht es darum, konsensorientiert zu verhandeln und im richtigen Zeitpunkt nachzugeben, damit eine mehrheitsfähige Sprachregelung zustande kommt. Hier sind Fähigkeiten gefragt, die vor allem den Berufsdiplomaten charakterisieren. Durch die befristete Abordnung von Ressortbeamten in die Ständige Vertretung fließt regelmäßig europäisches Know-how in die Bundesministerien zurück. Die Ständige Vertretung hält den Kontakt zu den deutschen höheren Beamten im Kommissionsapparat.

„Nach einer (..) groben Schätzung ist in der Mitte der neunziger Jahre mindestens ein *Viertel* aller Bonner Ministerialbeamten im höheren Dienst als Teil der täglichen Dienstgeschäfte immer wieder persönlich in verschiedenen Phasen des Brüsseler Politikzyklus (Sachverständigen- bzw. Expertengruppen bei der Kommission, Arbeitsgruppen des Rats, Ratssitzungen, Komitologie-Ausschüsse) beteiligt. (...) Die über die Jahrzehnte hin zunehmende Ausdehnung der in der EU behandelten Politikfelder (...) involviert eine zunehmende Anzahl von Ministerien und Verwaltungseinheiten: Angesichts des wachsenden Aufgabenkatalogs, der sich in den Ergänzungen des EG- und EU-Vertrags dokumentiert (...), nimmt die Zahl der (Fach)Räte und der entsprechenden Beamtengremien zu. Bis auf das Verteidigungsministerium hat jedes wichtige Ressort ‚seinen' Fachrat und hochrangige Beamtenausschüsse bzw. Arbeitsgruppen auf der europäischen Ebene, die häufig in Konkurrenz um Aufmerksamkeit der politischen Entscheidungsträger beim Einsatz budgetär-legislativer Steuerungsmittel stehen (Wolfgang Wessels: Strukturen und Verfahren Bonner EU-Politik – eine administrativ-politische Mehrebenenfusion, in: Hans-Ulrich Derlien und Axel Murswieck (Hrsg.), Der Politikzyklus zwischen Bonn und Brüssel, Opladen 1999, S. 23f.)."

Im Rat der Union votieren für Deutschland – von wenigen Ausnahmefällen abgesehen – allein die Vertreter der Bundesregierung. Die Landesregierungen gehen leer aus. Zwar sind sie mit von der Partie, wenn es im Bundesrat darum geht, Richtlinien der Union durch deutsche Gesetze auszufüllen oder die Verwaltungsmaßgaben für europäische Verordnungen zu beschließen. Die europäische Norm, um die es jeweils geht, kommt aber ohne die Mitwirkung der Länder zustande. Zwar räumt die Bundesdelegation den Landesministern sinngemäß widerwillig ihren Platz, wenn es in Brüssel um die letzten genuinen Landesbelange geht, etwa um Schule, Hochschule und Bildung. Aber das Kopfschütteln, die unbeweglichen Mienen oder die Heiterkeit der übrigen Delegationen zeigen zuverlässig an, was man dort von derlei plural-deutschen Eigenheiten hält: wenig! Die Ständige Vertretung ist ein Instrument der Bundesregierung.

11.2.3 Der Bundestag

Der Bundestag ist nach Art. 45 GG verpflichtet, einen Ausschuss für Angelegenheiten der Europäischen Union zu bilden. Dieses Gremium hat – ähnlich wie der Verteidigungsausschuss – weitgefasste Rechte. Es kann stellvertretend für den Bundestag als Ganzes handeln, wenn dieser selbst nicht tagt. Kraft Amtes gehören diesem Ausschuss auch die deutschen Abgeordneten des Europäischen Parlaments an. Bevor die Minister zu einem Fachministerrat in Brüssel aufbrechen, muss der Europaausschuss unterrichtet werden. Das Gleiche gilt für die dort gefassten Beschlüsse.

Die dahinter stehende Idee ist indes blauäugig. Warum sollte die Parlamentsmehrheit ausgerechnet in europäischen Angelegenheiten die eigene Regierung zum Einlenken, Innehalten oder zum Handlungsverzicht bewegen? In der Regel segnet die Bundestagsmehrheit in allen Fragen, nicht nur Europa betreffend, die zuvor in den Regierungsfraktionen erörterten Projekte ab. Das Votum über eine Vorlage der Europäischen Kommission im Rat der EU ist eine gouvernementale Angelegenheit, keine solche der Gesetzgebung. Deshalb muss die Regierung bloß konsultieren. Bei der Terminierung dieser Konsultation ist die Regierung in den Sitzungskalender des Rates der Union eingebunden.

Die Bundesregierung ist verpflichtet, den Bundestag vor den Tagungen des Rates der Union in angemessener Frist zu informieren (zum Folgenden Sturm/ Pehle 2005: 63ff.). Das heißt in der Praxis nicht weniger, aber auch nicht mehr, als dass den Ausschüssen des Bundestages Gelegenheit zur Stellungnahme gegeben werden muss.

Grundgesetz (Auszüge):
„Artikel 23 (...) (2) In Angelegenheiten der Europäischen Union wirken der Bundestag und durch den Bundesrat die Länder mit. Die Bundesregierung hat den Bundestag und den Bundesrat umfassend und zum frühestmöglichen Zeitpunkt zu unterrichten.
(3) Die Bundesregierung gibt dem Bundestag Gelegenheit zur Stellungnahme vor ihrer Mitwirkung an den Rechtsetzungsakten der Europäischen Union. Die Bundesregierung berücksichtigt die Stellungnahmen des Bundestages bei den Verhandlungen. Das Nähere regelt ein Gesetz. (...)
Artikel 45 Der Bundestag bestellt einen Ausschuss für die Angelegenheiten der Europäischen Union. Er kann ihn ermächtigen, die Rechte des Bundestages gemäß Artikel 23 gegenüber der Bundesregierung wahrzunehmen."

Weil die Wünsche und Stellungnahmen des Europa-Ausschusses der Verbindlichkeit entbehren, hat die Bundesregierung freie Hand. Wenig erstaunlich, ist dieser Ausschuss beim deutschen Auftreten in den Brüsseler Gremien eine zu vernachlässigende Größe. Die deutschen Europaabgeordneten nehmen an den Sitzungen dieses Ausschusses selten teil, die Fachausschüsse überweisen nur spärlich Vorlagen.

Die Zustimmung der nationalen Parlamente wird allein bei Vertragsänderungen und bei der Aufnahme neuer Mitgliedstaaten aktuell. Die Ratifizierung der Vertragsänderungen lässt sich nur dort nicht sicher kalkulieren, wo zu diesem Zweck das Volk selbst befragt wird.

Die meisten europäischen Beschlüsse, insbesondere die Richtlinien, verlangen eine nationale Anschlussgesetzgebung. Erst in diesem Stadium kommt die Zustimmung des Bundestages ins Spiel. Dann freilich haben beide, Regierung wie Bundestag, nur noch begrenzten Spielraum. Die grundlegende Entscheidung ist bereits in Brüssel gefallen und die ergänzende deutsche Gesetzgebung – Sekundärgesetzgebung – füllt lediglich die Hohlräume der europäischen Rechtsnorm aus. In diesem Sachverhalt wurzelt die häufig beklagte Austrocknung der Gesetzgeberrolle des Bundestages und der übrigen nationalen Parlamente (Raunio/Hix 2000: 163f.).

Das Grundgesetz verpflichtet die Bundesregierung, die Auffassung des Parlaments angemessen zu berücksichtigen. Doch was Auffassung des Parlaments ist, wird im parlamentarischen System von der Regierungsmehrheit entschieden.

Es ist das tägliche Brot der Regierung und ihrer Fraktionsführer, sich des Rückhalts dieser Mehrheit zu vergewissern. Kurz: Auch hier greift die Logik des parlamentarischen Regierungssystems. Das Postulat zur Beteiligung des Bundestages schließt bindende Voten zwar nicht aus, mit denen die Bundesregierung auf ein bestimmtes Abstimmungsverhalten im Rat verpflichtet würde. Doch die Regierungsmehrheit wird der eigenen Regierung kaum die Hände binden und ihr den Verhandlungsspielraum in Brüssel nehmen.

Die Grundgesetzvorgaben zur Beteiligung des Parlaments wirken ebenso trivial wie ratlos. Was einst den Landesparlamenten widerfuhr, als der Bund die konkurrierende Gesetzgebungskompetenz abräumte – wie man rückblickend weiß, ein empfindlicher gesetzgeberischer Gestaltungsverlust! –, das geschieht heute – wenn auch weniger drastisch – dem Bundestag mit Blick auf die Europäische Union. Wie einst die Landesregierungen immerhin noch im Bundesrat an wichtiger Stelle weiterhin über die Unitarisierung des deutschen Bundesstaates mitentscheiden konnten, so entscheidet im Rat der Union immerhin noch die Bundesregierung mit. Das Parlament reist auf der Verliererstraße. Hier wäre es am Europäischen Parlament, den Bürgern deutlicher zu machen, dass sie als europäische Bürger weiterhin wirksam von einer parlamentarischen Körperschaft vertreten werden. Die Schwierigkeiten, die dem entgegenstehen, vor allem das Problem einer europäischen Öffentlichkeit, sind allerdings beträchtlich (siehe oben, dieses Kapitel, 11.1.4).

Hinter vielem, was der deutsche Gesetzgeber beschließt, erst recht hinter dem, was deutsche Verwaltungsbehörden tun, stehen europäische Politik und europäisches Recht. Wer kann schon wissen, wieviel von dem Politikmischmasch, den die Staatsverwaltungen administrieren, auf das Konto von Berlin oder Brüssel geht? Proteste, die eigentlich an Brüssel adressiert sein müssten, werden deshalb bei der eigenen Regierung abgeladen (Imig 2002).

11.2.4 Der Bundesrat und die Landesregierungen

Von der Europäisierung der deutschen Politik wurden die Länder am härtesten betroffen. Am Brüsseler Ratstisch sind sie nicht dabei. Die Länder wollen aber mitreden, wenn die Bundesregierung in Brüssel die deutschen Ratsstimmen in die Wagschale wirft. Mit diesem Wunsch hatten sie sogar bescheidenen Erfolg.

Ihr größter Erfolg war die Schaffung eines Europäischen Ausschusses der Regionen. Dort sind die nächstgrößeren politisch-administrativen Einheiten unterhalb des Gesamtstaates vertreten, in Deutschland die Länder, in Frankreich die Regionen, in den zentralistischen Niederlanden die Provinzen. Diese Kammer muss von der Europäischen Kommission über alle Vorschläge informiert werden, die sie dem Rat und dem Parlament unterbreitet. Der Ausschuss der Regionen nimmt dann Stellung und das war's! Es handelt sich um kein Entscheidungsorgan, sondern um ein Placebo: Die britischen, französischen, spanischen und italienischen Regionen sowie die österreichischen Länder solidarisierten sich keineswegs mit der Sorge deutscher Landespolitiker, auf deren Drängen dieser Ausschuss überhaupt eingerichtet wurde.

In realistischer Einschätzung der Lage besannen sich später auch deutschen Länder darauf, eher die Wege eines privaten Verbandes oder eines europäischen Konzerns einzuschlagen, um ihre Interessen in Brüssel zu vertreten. Sie eröffneten dort Vertretungen bzw. Verbindungsbüros, die den Kontakt zur Kommission und zum Parlament pflegen.

Was die innere Ordnung der Mitgliedstaaten betrifft, sind die europäischen Institutionen bundesstaatsblind. In gewisser Weise muss dies sogar sein, weil die Union selbst bundesstaatlich angelegt ist. Wie in jedem Bundesstaat, gibt es bloß zwei Ebenen, die Union und die Mitgliedstaaten.

Die Teilhabe der Länder an der deutschen Staatlichkeit steht außer Frage, sie ist ein Eckpfeiler des Grundgesetzes. Für Brüssel haben die Länder jedoch die gleiche Wertigkeit wie in Deutschland die Gemeinden für den Bund. Die Gemeinden werden gebraucht, vor allem als Verwaltungsträger. Aber sie sind keine politischen Subjekte, bloß ein administratives Werkzeug. Genauso stehen die deutschen Länder in Brüssel da. Haben die Länder Probleme mit Brüssel, soll sich die Bundesregierung darum kümmern.

Den Ländern bleibt gar nichts anderes übrig, als sich in Brüssel wie Lobbyisten und Interessengruppen einzubringen. Die Brüsseler Agrarpolitik betrifft Länder mit stark ländlich geprägten Strukturen und mit zahlreichen landwirtschaftlichen Betrieben in besonderer Weise. Die Regionalförderungsprogramme der Union unterstützen strukturschwache Gebiete und Regionen mit bedeutungslos gewordenen Industrien mit Fördermitteln. Hier geht es nach dem Grundsatz, dass Fördermittel nur auf der Verwaltungsebene unter den zentralstaatlichen Behörden beantragt werden dürfen. Das europäische Recht nimmt die Länder hier zur Kenntnis, aber nicht als Teilhaber an der gesamtstaatlichen Souveränität, sondern schlicht und einfach als Verwaltungsträger – also genauso wie dänische Amtsverwaltungen, polnische Wojewodschaften oder spanische Regionen.

Anders steht es mit der Mitwirkung der Länder in den Politikbereichen, die der Gestaltung des Bundes entzogen sind. Die Kompetenz für Schule, Hochschule und Innere Sicherheit befindet sich unzweifelhaft in der Zuständigkeit der Länder. Die Bundesregierung ist hier vom Grundgesetz aufgefordert, die Länder an den Beschlüssen des Rates der EU zu beteiligen und ihnen sinngemäß die Stimmführung zu übertragen. Deshalb müssen sich die Länder zu diesem Zweck koordinieren. Dies fällt ihnen aber nicht schwer. Der Komplex der Dritten Ebene mit seinen Fachministerkonferenzen und allem, was an vorbereitenden Beamtengremien dazu gehört, ist nichts anderes als eine Dauerübung in abgestimmter Politik.

Die Zuständigkeit für europäische Angelegenheiten ist in den Ländern bei den Senats- und Staatskanzleien angesiedelt, wo sich auch ein Minister oder Staatssekretär, häufig dieselbe Person, um Angelegenheiten des Bundesrates kümmert (Zumschlinge 1999, Buchheim 2002). Europa ist Chefsache. Die für Europaangelegenheiten zuständigen Minister und Staatssekretäre kommen regelmäßig im Rahmen einer Europaministerkonferenz der Länder zusammen.

Eigens um zu verhindern, dass die Länder aus der deutschen Europapolitik verdrängt werden, wurde der Art. 23 GG verändert. In Analogie zum Bundestag muss den Ländern die Gelegenheit gegeben werden, vor den Sitzungen des Rates der EU rechtzeitig ihre Stimme einzubringen. Mehr als das Recht auf Gehör steckt darin aber nicht (Sturm/Pehle 2005: 85ff., 96ff.). Der Bundesrat steht hier auf der gleichen Stufe wie der Bundestag.

Nicht in den großen Dingen, die in Europa entschieden werden, wohl aber im Klein-klein des Verwaltungsstaates sind die Länder stets mit von der Partie, wenn der deutsche Gesetzgeber Folgegesetze zur europäischen Gesetzgebung beschließt. Hier ist der Bundesrat nicht hintergehbar.

Ein Europa-Ausschuss des Bundesrates hat die Aufgabe, die Auffassungen der Landesregierungen zu harmonisieren. Ihm gehören die Europaminister und -staatssekretäre der Länder an. In europäischen Angelegenheiten, die in die Belange der Länder eingreifen, haben die Länder sogar das Recht, Vertreter für den deutschen Sitz im Rat der EU zu benennen. Der Europaausschuss des Bundesrates mutet vitaler an als jener des Bundestages. Ein relevanter europapolitischer Akteur ist aber auch er nicht.

Grundgesetz (Auszug):.
„Artikel 52 (...) (3a) Für Angelegenheiten der Europäischen Union kann der Bundesrat eine Europakammer bilden, deren Beschlüsse als Beschlüsse des Bundesrates gelten: (...)."

Das Grundgesetz räumt dem Bundesrat ferner die Konstituierung einer Europakammer ein. Hier handelt es sich um ein Gremium, das auf Verlangen des Bundesratspräsidenten zusammentritt und sogar Beschlüsse fassen darf. Ihm gehört je ein Mitglied jeder Landesregierung an. Die Europakammer darf für den Bundesrat insgesamt handeln, wenn dieser selbst nicht tagt. Mit dieser Europakammer verhält es sich nicht anders als mit dem Europa-Ausschuss des Bundestages. Sie führt ein Mauerblümchendasein.

11.2.5 Die Rechtsprechung

Die europäische Justiz ist, wie oben geschildert, dank ihrer Unabhängigkeit zum mächtigen Integrationsmotor geworden. Die Grundfreiheiten der Europäischen Union sind durch soziale und wirtschaftliche Rechte definiert, so durch die Niederlassungsfreiheit, die Berufsfreiheit, die Wettbewerbsfreiheit und die Investitionsfreiheit.

Das Grundgesetz postuliert den Sozialstaat, die Schutzwürdigkeit der Familie und die Sozialpflichtigkeit des Eigentums. Auf diese Weise gerät das breite Spektrum der Wirtschafts- und Sozialpolitik in den Entscheidungsbereich des Bundesverfassungsgerichts. Weil gerade in diesen Bereichen auch europäische Rechtsnormen gelten, d.h. europäisches in nationales Recht zu transformieren ist, lassen sich Konflikte zwischen beiden Rechtsräumen nicht vermeiden. Um Probleme bereits im Vorwege auszuräumen, sehen die europäischen Verträge die Vorabentscheidung des Gerichtshofes der Union vor (siehe oben dieses Kapitel, 11.1.5). Diese Möglichkeit erinnert an Art. 100 GG, wonach jedes deutsche Gericht ein Verfahren aussetzen muss, um Zweifel an der Verfassungsmäßigkeit des Gesetzes aus der Welt zu schaffen, nach dem dann geurteilt werden muss.

Deutsche Richter sind von der eigenen Rechtsordnung her mit dem Instrument des Vorlagebeschlusses vertraut. Während in Großbritannien ausschließlich das höchste Gericht beim Luxemburger Gerichtshof anfragen darf, steht es in Deutschland jedem Gericht frei, dies zu tun. Richter in der deutschen Provinz betreiben also, wenn sie den Gerichtshof bemühen, die Europäisierung der deutschen Rechtsprechung.

Das Bundesverfassungsgericht zierte sich lange, die Rechtsprechung des Gerichtshofes zu akzeptieren, solange das Brüsseler System keinen mit dem deutschen vergleichbaren Grundrechteschutz bot. Es rang sich immerhin zu einem partnerschaftlichen Nebeneinander durch. Die fortlaufende Veränderung bzw. Vertiefung des europäischen Integrationsprozesses trägt immer wieder Spannungen in das Verhältnis zwischen dem Bundesverfassungsgericht und dem Gerichtshof der Union. Stets werden neue Fronten eröffnet, an denen das Verfassungsgericht gefordert ist, rote Linien zu ziehen, um den Kernbereich der deutschen Staatlichkeit zu schützen (Lhotta/Ketelhut 2006). In seinem Maastricht-Urteil von 1993 umschrieb das Verfassungsgericht den Kernbereich des deutschen Gesetzgebers.

Entscheidung des Bundesverfassungsgerichts vom 12. Oktober 1993 (Leitsätze):
„1. Im Anwendungsbereich des Art. 23 GG schließt Art. 38 GG aus, die durch die Wahl bewirkte Legitimation und Einflussnahme auf die Ausübung von Staatsgewalt durch die Verlagerung von Aufgaben und Befugnissen des Bundestages so zu ent-

leeren, daß das demokratische Prinzip, soweit es Art. 79 Abs. 3 in Verbindung mit Art. 20 Abs.1 und 2 GG für unantastbar erklärt, verletzt wird.
2. Das Demokratieprinzip hindert die Bundesrepublik Deutschland nicht an einer Mitgliedschaft in einer – supranational organisierten – zwischenstaatlichen Gemeinschaft. Voraussetzung der Mitgliedschaft ist aber, daß eine vom Volk ausgehende Legitimation und Einflußnahme auch innerhalb des Staatenbundes gesichert ist.
3.a) Nimmt ein Verbund demokratischer Staaten hoheitliche Aufgaben wahr und übt dazu hoheitliche Befugnisse aus, sind es zuvörderst die Staatsvölker der Mitgliedstaaten, die dies über die nationalen Parlamente demokratisch zu legitimieren haben. Mithin erfolgt demokratische Legitimation durch die Rückkoppelung des Handelns europäischer Organe an die Parlamente der Mitgliedstaaten; hinzu tritt – im Maße des Zusammenwachsens der europäischen Nationen zunehmend – innerhalb des institutionellen Gefüges der Europäischen Union die Vermittlung demokratischer Legitimation durch das von den Bürgern der Mitgliedstaaten gewählte Europäische Parlament.
b) Entscheidend ist, daß die demokratischen Grundlagen der Union schritthaltend mit der Integration ausgebaut werden und auch im Fortgang der Integration in den Mitgliedstaaten eine lebendige Demokratie erhalten bleibt.
4. Vermitteln – wie gegenwärtig – die Staatsvölker über die nationalen Parlamente demokratische Legitimation, sind der Ausdehnung der Aufgaben und Befugnisse der Europäischen Gemeinschaften vom demokratischen Prinzip Grenzen gesetzt. Dem Deutschen Bundestag müssen Aufgaben und Befugnisse von substantiellem Gewicht verbleiben."

Das vorerst letzte Urteil über die Grenzen europäischer Gestaltungsfreiheit bezog sich auf eine Klage gegen den Vertrag von Lissabon. Die Kläger stellten die Zulässigkeit des Verzicht auf ein weiteres Stück deutsche Souveränität infrage. Die Entscheidung des Gerichts knüpfte an frühere Entscheidungen über die Vereinbarkeit des Maastrichter Vertrages von 1992 mit dem Grundgesetz an.

Urteil des Bundesverfassungsgerichts vom 30.6.2009 (Leitsätze):
„1. Das Grundgesetz ermächtigt mit Art. 23 GG zur Beteiligung und Entwicklung einer als Staatenverbund konzipierten Europäischen Union. Der Begriff des Verbundes erfasst eine enge, auf Dauer angelegte Verbindung souverän bleibender Staaten, die auf vertraglicher Grundlage öffentliche Gewalt ausübt, deren Grundordnung jedoch allein der Verfügung der Mitgliedstaaten unterliegt und in der die Völker – das heißt die staatsangehörigen Bürger – der Mitgliedstaaten die Subjekte demokratischer Legitimation bleiben.
2. a) Sofern die Mitgliedstaaten das Vertragsrecht so ausgestalten, dass unter grundsätzlicher Fortgeltung des Prinzips der begrenzten Einzelermächtigung eine Veränderung des Vertragsrechts ohne Ratifikationsverfahren herbeigeführt werden kann, obliegt neben der Bundesregierung den gesetzgebenden Körperschaften eine besondere Verantwortung im Rahmen der Mitwirkung, die in Deutschland innerstaatlich den Anforderungen des Art. 23 Abs. 1 GG genügen muss (Integrationsverantwor-

tung) und gegebenenfalls in einem verfassungsgerichtlichen Verfahren eingefordert werden kann.
b) Ein Gesetz im Sinne des Art. 23 Abs. 1 Satz 2 GG ist nicht erforderlich, soweit spezielle Brückenklauseln sich auf Sachbereiche beschränken, die durch den Vertrag von Lissabon bereits hinreichend bestimmt sind. Auch in diesen Fällen obliegt es allerdings dem Bundestag und – soweit die Gesetzgebungsbefugnisse der Länder betroffen sind, dem Bundesrat – seine Integrationsverantwortung in anderer geeigneter Weise wahrzunehmen.
3. Die europäische Vereinigung auf der Grundlage einer Vertragsunion souveräner Staaten darf nicht so verwirklicht werden, dass in den Mitgliedstaaten kein ausreichender Raum zur politischen Gestaltung der wirtschaftlichen, kulturellen und sozialen Lebensverhältnisse mehr bleibt. Dies gilt insbesondere für Sachbereiche, die die Lebensumstände der Bürger, vor allem ihren von den Grundrechten geschützten privaten Raum der Eigenverantwortung und der persönlichen und sozialen Sicherheit prägen, sowie für solche politischen Entscheidungen, die in besonderer Weise auf kulturelle, historische und sprachliche Vorverständnisse angewiesen sind, und die sich im parteipolitisch und parlamentarisch organisierten Raum einer politischen Öffentlichkeit diskursiv entfalten.
4. Das Bundesverfassungsgericht prüft, ob Rechtsakte der europäischen Organe und Einrichtungen sich unter Wahrung des gemeinschafts- und unionsrechtlichen Subsidiaritätsprinzips (Art. 5 Abs. 2 EGV; Art. 5 Abs. 1 Satz 2 und Abs. 3 des Vertrags über die Europäische Union in der Fassung des Vertrags von Lissabon ‚EUV-Lissabon') in den Grenzen der ihnen im Wege der begrenzten Einzelermächtigung eingeräumten Hoheitsrechte halten. (...) Darüber hinaus prüft das Bundesverfassungsgericht, ob der unantastbare Kerngehalt der Verfassungsidentität des Grundgesetzes nach Art. 23 Abs. 1 Satz 3 in Verbindung mit Art. 79 Abs. 3 GG gewahrt ist. (...) Die Ausübung dieser verfassungsrechtlich radizierten Prüfungskompetenz folgt dem Grundsatz der Europarechtsfreundlichkeit des Grundgesetzes, und sie widerspricht deshalb auch nicht dem Grundsatz der loyalen Zusammenarbeit (Art. 4 Abs. 3 EUV-Lissabon); anders können die von Art. 4 Abs. 2 Satz 1 EUV-Lissabon anerkannten grundlegenden politischen und verfassungsmäßigen Strukturen souveräner Mitgliedstaaten bei fortschreitender Integration nicht gewahrt werden. Insoweit gehen die verfassungs- und die unionsrechtliche Gewährleistung der nationalen Verfassungsidentität im europäischen Rechtsraum Hand in Hand."

Demzufolge darf sich die Bundesrepublik Deutschland nicht so weit auf einen weiteren Souveränitätsverzicht einlassen, dass sie die Fähigkeit aufgibt, die Lebensverhältnisse ihrer Bürger zu gestalten. Dieses Urteil zeichnete die nächste Runden in der vertrags- und verfassungsrechtlichen Auseinandersetzung mit dem Gerichtshof der Union vor (Deyvre 2011).

In jüngster Zeit hatte sich das Verfassungsgericht mit dem Euro-Raum zu befassen. Fragen im Zusammenhang mit der Gemeinschaftswährung unterliegen nicht dem Entscheidungssystem der europäischen Institutionen. Im Zuge der hektischen Bemühungen, in der ersten Hälfte des Jahres 2012 die durch hohe

11 Verknüpfungen mit dem politischen System der Europäischen Union 301

Staatsverschuldung und drohende Bankenzusammenbrüche in Griechenland, Italien und Spanien gefährdete Gemeinschaftswährung zu stabilisieren, wurde ein mit Hunderten von Milliarden ausgestatteter Rettungsfonds, ein Vorläufer des Europäischen Stabilitätsmechanismus (ESM) erschlossen, um den Euro gegebenenfalls durch den Kauf von Staatsanleihen der gefährdeten Staaten zu stützen. Die ökonomisch gesünderen Staaten, darunter die Bundesrepublik, fanden sich bereit, diesen Fonds mit erheblichen Summen zu garantieren. Mit dem Argument, die Zustimmung des Bundestages zur Freigabe entsprechender Mittel bedürfe der Vertraulichkeit, um den Finanzmärkten keine unerwünschten vorzeitigen Signale zu geben, beschloss die Bundestagsmehrheit, das Zustimmungsrecht des Parlaments an ein Gremium des Haushaltsausschusses zu delegieren. Das Gericht erklärte diesen Beschluss im Februar 2012 für unzulässig: das Parlament als Ganzes müsse Entscheidungen von solcher Reichweite treffen.

Eine der heikelsten Entscheidungen, die das Verfassungsgericht zu treffen hat, bahnte sich im Juni desselben Jahres an. Um zu verhindern, dass die Finanzhilfen in den Krisenländern den Druck auf die notwendigen Reformen zur Sanierung der Staatshaushalte verringern könnten, wurde parallel eine Fiskalunion der Staaten in der Euro-Zone beschlossen. Er verpflichtet alle Euro-Staaten zur Beachtung einer maximalen Verschuldungsgrenze. Dieser Fiskalpakt ermächtigt die Europäische Kommission, die Haushalte zu beobachten, Verstöße festzustellen und sie gegebenenfalls für vertragswidrig zu erklären. Die Fiskalunion zielt auf eine Schuldenbremse, wie sie seit einigen Jahren im deutschen Grundgesetz enthalten ist.

Noch heikler war der Europäische Stabilitätsmechanismus (ESM), der als Krisenbewältigungsinstrument installiert wurde, um die Kreditbeschaffung überschuldeter Euro-Staaten zu erleichtern. Deutschland ist an der Garantieleistung des ESM mit 27 Prozent, entsprechend 190 Milliarden Euro beteiligt. Mit Blick auf den Zusammenhalt der Euro-Zone stimmten im Juni 2012 sämtliche Bundestagsfraktionen bis auf die Linke mit verfassungsänderndem Quorum dem Vertrag über eine Fiskalunion zu. Die Fraktion der Linken und eine Reihe von Bürgern reichten Klagen bzw. Verfassungsbeschwerden beim Bundesverfassungsgericht ein. Ihr Argument: Die Bundesrepublik gebe die Haushaltshoheit des Bundestages am Brüssel ab und damit ein wesentliches Merkmal der deutschen Staatlichkeit preis.

Unter größtem Erwartungsdruck entschied das Gericht im September 2012, der Bundestag dürfe den ESM-Vertrag ratifizieren, über alle Schritte des künftige ESM müsse aber der Bundestag unterrichtet werden. Die vertraglich vereinbarte Garantiesumme, für die Deutschland bürge, dürfe ohne die Zustimmung des deutschen Finanzministers nicht überschritten werden. Ein völkerrechtlicher Vorbehalt zum Ratifizierungsgesetz müsse dies sicherstellen.

Mit dieser Entscheidung in der Ja, aber-Tradition seiner bisherigen Rechtsprechung betreffend Europa zog das Gericht hier Grenzen, ohne in der Sache die Bundesregierung zu desavouieren und mit einer Ablehnung eventuell den Bestand des Euro-Raumes zu gefährden.

Entscheidung des Bundesverfassungsgerichts vom 12. September 2012 (Auszug):
„Die Anträge auf den Erlass einer einstweiligen Anordnung werden mit der Maßgabe abgelehnt, dass die Ratifkation des Vertrages zur Einrichtung des Europäischen Stabilitätsmechanismus (...) nur erfolgen kann, wenn zugleich völkerrechtlich sichergestellt wird, dass
1. die Regelung des Artikel 8 Absatz 5 Satz 1 des Vertrages zur Errichtung des Europäischen Stabilitätsmechanismus sämtliche Zahlungsverpflichtungen der Bundesrepublik Deutschland aus diesem Vertrag der Höhe nach auf die in Anhang II des Vertrages genannte Summe in dem Sinne begrenzt, dass keine Vorschrift dieses Vertrages so ausgelegt werden kann, dass für die Bundesrepublik Deutschland ohne Zustimmung des deutschen Vertreters höhere Zahlungsverpflichtungen begründet werden.
2. die Regelungen der Artikel 32 Absatz 5, Artikel 34 und Artikel 35 Absatz 1 des Vertrages zur Errichtung des Europäischen Stabilitätsmechanismus nicht der umfassenden Unterrichtung des Bundestages und des Bundesrates entgegenstehen."

11.2.6 Die politischen Systeme der Bundesrepublik und der Europäischen Union: Fremde Welten

Resümieren wir: Der Parlamentsbetrieb, das Parteiensystem, die Interessengruppen und die politische Öffentlichkeit der Bundesrepublik führen wie von jeher ihr Eigenleben. Das europäische politische System hinterlässt dort keine Spuren. Deutschland und die Union sind institutionell so gut wie ausschließlich auf der Ebene der Exekutiven miteinander verzahnt, in Gestalt der Regierungschefs, der Fachminister, der Brüsseler Vertretung und der Fachbeamten.

Der europäische Parlamentsbetrieb weist so gut wie keine Schnittmengen mit der nationalen Politik auf. Die Parlamente der Mitgliedstaaten haben keine substanzielle Rolle im europäischen Regierungsprozess. Die Union hat zwar ihr Parlament, sie besitzt aber kein parlamentarisches Regierungssystem. Hinzu kommt, dass es keine europäische Öffentlichkeit, auch keine Parteien gibt, die außer in der Terminologie irgendwelche Ähnlichkeiten mit der Struktur und den Regierungs- und Oppositionsrollen der nationalen Parteien hätten.

In den Strukturen des politischen Systems der Bundesrepublik Deutschland macht sich der Kontext der Europäischen Union alles in allem recht schwach, hauptsächlich auf der Regierungsebene bemerkbar – ganz im Gegensatz zu den im europäischen Recht verpackten politischen Inhalten, die der deutschen Politik eine linke und rechte Grenze vorgeben. Mag die Bundesregierung auch die wichtigste institutionelle Verbindung zur Union herstellen, repräsentiert sie doch mehr als nur die Fachpolitik der Bundesministerien. In ihrem Handeln spiegeln sich bevorstehende Wahlkämpfe, Streitigkeiten der Koalitionspartner, Bremsversuche des Bundesrates und innerparteiliche Auseinandersetzungen wider. Die deutsche Position, das Ergebnis eines komplexen Vorgangs, wird dann in Brüssel freilich in einen Konsensbetrieb eingespeist: in eine Art europäische Konkordanzdemokratie (Pelinka 2010).

11.3 Vergleich: Schnittstellen der EU mit anderen Ländern

11.3.1 Großbritannien

Die britische Politik in Brüssel wird im Zusammenspiel dreier Institutionen vorbereitet. Im Cabinet Office, der Regierungszentrale des Premierministers, ist ein Europasekretariat eingerichtet. Es beobachtet und bündelt die europäischen Aspekte der Regierungstätigkeit in den Ressorts. Es beteiligt regelmäßig auch die Regionalregierungen von Schottland und Wales. Selbst wird es erst dann initiativ, wenn es die Stellungnahmen der Ministerien kennt. Das Außenministerium ist die zweite wichtige Stütze der britischen Europapolitik. Eine dort installierte Abteilung für bilaterale europäische Beziehungen betreut die britischen Kontakte zu den übrigen Mitgliedstaaten. Geleitet wird sie von einem Juniorminister für europäische Beziehungen. Die dritte wichtige Institution der britischen Europapolitik ist die Ständige Vertretung in Brüssel – bekannt unter dem Kürzel UKREP. An ihrer Spitze steht ein Diplomat, der Stellvertreter kommt aus dem Handelsministerium.

Die UKREP repräsentiert sämtliche Ressorts. Ihr Charakteristikum ist die Verbindung mit dem Europasekretariat im Cabinet Office. Sie arbeitet dem Cabinet Office mit Einschätzungen zur Haltung der übrigen europäischen Regierungen zu. Im Londoner Regierungsbetrieb ist sie ein Akteur von Gewicht. In London und in Brüssel genießt sie einen ausgezeichneten Ruf. Nur die Besten aus der Beamtenelite werden dort aufgenommen. Dem Leiter der UKREP wird eine Mitsprache in Europaangelegenheiten zugestanden. Die penible Vorbereitung der britischen Europaposition hat einen Vorzug: Der Kommission dürfte es kaum gelingen, einen Keil zwischen die Auffassungen der britischen Ressorts zu treiben.

Die Vorbereitung und Vertretung der britischen Position in Brüssel ist defensiv angelegt. Mit dieser Generalorientierung ist die UKREP ein sehr starker Akteur in Brüssel (Kassim 2000: 34ff., Wallace 1996: 64ff.). Es geht der britischen Politik nicht darum, neue Gestaltungsräume für die Union zu erschließen, sondern eher darum, dies zu verhindern. London sieht die Union als Wirtschaftsraum, nicht als politisches Projekt.

Das Unterhaus besitzt einen speziellen Europaausschuss, der vor den Ratsvoten zu informieren ist. Dieser darf Minister befragen und Erklärungen verlangen. Auf die britische Politik in Brüssel hat er keinen nennenswerten Einfluss (Details bei Saalfeld 2008: 193f.).

11.3.2 Frankreich

Ein im Amt des Premierministers eingerichteter Interministerieller Ausschuss – SGCI (Service de Coordination Interministériel) – koordiniert die europäischen Aspekte der französischen Politik. Das Außenministerium besorgt die Außenvertretung der Pariser Politik im Rat der Union. Ein Staatsminister für Europa leitet eine entsprechende Organisationseinheit im Außenministerium.

Die Ständige Vertretung in Brüssel ist eine Diplomatendomäne. Zwar zählt sie Experten aus allen Ressorts der Pariser Regierung. Aber sowohl der Leiter der Vertretung als auch sein Stellvertreter sind Diplomaten. Sogar in ganz diplomatiefernen Wirtschaftsfragen sprechen für Frankreich Diplomaten. Eine der Stärken der Vertretung ist der gute Kontakt zur Europäischen Kommission bis hin zu den Kabinetten einzelner Kommissare. Die Vertretung gilt in den Entscheidungsprozessen der Pariser Regierung als ein Akteur von Gewicht. Ihr Status passt zur grundsätzlich integrationsfreundlichen französischen Politik, die allerdings darauf bedacht ist, den Kurs der weiteren Integration maßgeblich mitzusteuern.

Die Verhandlungserfolge der französischen Vertretung gelten in der europäischen Hauptstadt als vorbildlich (Lequesne 1996, Menon 2000). Die parlamentarische Komponente der französischen Europapolitik zählt hingegen nicht viel. Der Europaausschuss der Nationalversammlung wird vorab über Beschlussentwürfe informiert, die französisches Recht betreffen. Er kann Erklärungen verlangen und Stellungnahmen abgeben. Weder dieses Gremium noch die Nationalversammlung als Ganze sind bedeutende Akteure auf diesem Politikfeld (Kimmel 2008: 263f.).

11.3.3 Österreich und Niederlande

In der österreichischen Vertretung in Brüssel sind in Überzahl Experten der wirtschaftlich relevanten Ressorts vertreten. Der Leiter der Vertretung ist – wie sein Stellvertreter – ein Diplomat. Er ist Vorgesetzter aller Mitarbeiter. Bedeutung hat dieser Status nicht. Die Vertretung spiegelt die Parzellierung der Wiener Ministerien wider. Die von dort nach Brüssel abgeordneten Beamten arbeiten nach den Vorstellungen ihrer Stammressorts. Die europapolitische Koordinierung wird von Wien aus besorgt. Dies alles trägt dazu bei, dass Österreich im Ratsbetrieb als ein langsamer Akteur wahrgenommen wird (Müller 2000). Der Nationalrat, der Bundesrat und die Länder müssen rechtzeitig über ein von der Regierung beabsichtigtes Votum im Rat der EU informiert werden. Fasst das Parlament einen Beschluss, wie die Regierung abzustimmen hat, ist die Regierung daran gebunden. Wenn sie dennoch davon abweicht, muss sie dies begründen. Das Gleiche gilt für europäische Beschlüsse, die in die Belange der Länder eingreifen (Pelinka 2008: 456f.).

Der Leiter der niederländischen Vertretung und sein Stellvertreter, beide Diplomaten, haben kein Weisungsrecht gegenüber den Beamten anderer Fachressorts. Die Koordinierung ihrer Positionen geschieht auf informelle Weise. Dabei gilt die Maxime, dass die Ressorts ihre Standpunkte gegenseitig respektieren. Dessen ungeachtet haben sowohl die europapolitische Aktivität der Haager Ministerien als auch die Arbeit der Vertretung einen guten Ruf (Soetendorp/ Andeweg 2000, Hayes-Renshaw 1997: 233). Die beiden Parlamentskammern lassen die Minister in europäischen Angelegenheiten gewähren (Timmermans/ Scholten/Oostlande 2008: 298). Allein für den Bereich der europäischen Innenpolitik – Raum der Sicherheit, der Freiheit und des Rechts – hat sich das Parlament ein Zustimmungsrecht ausbedungen.

11.3.4 Dänemark und Schweden

Eine Abteilung im schwedischen Außenministerium kümmert sich ausschließlich um die Belange der europäischen Politik. Die Beamten der Ständigen Vertretung verstehen sich als ausführende Organe der Stockholmer Ressorts. Diese Ressorts sind es von der Innenpolitik her gewohnt, erst dann Beschlüsse zu fassen, wenn langwierige, konsensorientierte Beratungsprozesse unter Beteiligung des Reichstages und der Parteien abgeschlossen sind. Dies sind nicht die besten Voraussetzungen für das Mithalten in dem von der Europäischen Kommission bestimmten Tempo der europäischen Politik (Mazey 2000).

Ähnlich liegen die Dinge in Dänemark: Das Ingangbringen von Prozessen, in denen sich das politisch Machbare abzeichnet, das Reagieren der Vertretung erst nach Klärung des Kurses in Kopenhagen, und die Verzögerungseffekte einer konsensuellen Regierungspraxis, die alle wichtigen Parteien ins Boot holt, konsumieren viel Zeit (Middlemas 1995: 312f.).

Das dänische Folketing setzte mit dem Beitritt des Landes zur Union einen Europaausschuss ein. Ihm gehören die im Parlament vertretenen Parteien an. Dieser Ausschuss erwartet genaue Auskunft, wie die Regierung in Brüssel abzustimmen gedenkt und mit welchen Folgen sie rechnet. Der Ausschuss kann beschließen, dass die Regierung im Rat ein bestimmtes Votum abgibt. Dieser Beschluss ist rechtlich zwar nicht verbindlich. Politisch könnte sich das Kabinett über die Auffassung des Europaausschusses aber nicht hinwegsetzen (Nannestad

2008: 154f.). Viele dänische Parteien stehen der EU skeptisch gegenüber. Weil jede größere Partei über kurz oder lang als Regierungspartner oder als Mehrheitsbeschaffer – für Minderheitsregierungen – gebraucht wird, muss sich das Kabinett im Ausschuss um breite Zustimmung bemühen. Dies ist kluge Innenpolitik. Auf dem Dauerverhandlungsplatz der Brüsseler Politik hat es jedoch die Konsequenz, dass die dänische Position länger in der Klärungsphase verharrt, während sich andere Regierungen annähern und Kompromisse anbahnen (Hayes-Renshaw/Wallace 2006a: 68ff.).

Der Europaausschuss des schwedischen Reichstages folgt dem Beispiel des Folketingausschusses; seine förmlichen Rechte sind aber deutlich geringer (Jann/Tiessen 2008: 127f.). Die Rücksichtnahme der schwedischen Regierung auf die Ausschussempfehlungen ist vergleichbar.

11.4 Fazit

Die für die Mitwirkung an der europäischen Politik bestimmten Strukturen des politischen Systems spiegeln in Deutschland die starke Stellung der Ressorts und den Regierungsmodus der Koalitionsregierung wider. Der kleine wie der größere Regierungspartner wollen ein Stück Zuständigkeit und Mitwirkung in Angelegenheiten der Union. Die britischen und französischen Regierungen können die europapolitischen Belange beim Regierungschef konzentrieren. Sie kennen keine Kompromisszwänge zwischen verschiedenen Regierungspartnern; es handelt sich eben um Mehrheitsdemokratien.

Die wichtigsten Schnittstellen zwischen der europäischen und der nationalen Politik sind die Regierungen. Wie in einer Fahrzeugkolonne bestimmen die Langsamsten das Tempo. Die Regierungen mit den flexibleren Akteuren in der Brüsseler Ratspolitik haben den Vorteil, dass sie schneller als andere Pflöcke einschlagen und besser Themen und Lösungswege bestimmen können.

Die dänischen und die schwedischen Parlamente gleichen in einem Resonanzboden für das innenpolitisch Verträgliche. In den mehrheitsdemokratisch disponierten politischen Systemen Frankreichs und Großbritanniens ist die Beteiligung der Parlamente eine symbolische, inhaltlich zu vernachlässigende Größe.

Das Gleiche gilt auch für den Deutschen Bundestag. Wie weit die Bundesregierung in Sachen in der europäischen Politik gehen darf, entscheidet sich nicht im Europaausschuss des Bundestages, auch nicht im Bundestagsplenum, sondern im Vorbereitungsprozess der Kabinettssitzungen, in der Abrede der Koalitionspartner und in besonders konsensbedürftigen Fällen auch in der Verständigung mit der parlamentarischen Opposition.

12 Deutschland: Ein schwieriges politisches System?

Betrachtet man Deutschland unter typologischem Aspekt, blickt man insbesondere auf das Regierungssystem, so gehört es zweifellos zu den parlamentarischen Regierungssystemen. Daraus folgen Eigenschaften wie der Vorrang der Regierung im Gesetzgebungsprozess und die Schlüsselstellung der Parteien bei der Wahl des Parlaments und bei der Regierungswahl. Dies alles hat die Bundesrepublik mit den demokratischen Staaten im Norden, im Westen, im Süden und im Osten Europas gemeinsam. Wie die meisten kontinentaleuropäischen Demokratien wird Deutschland von Koalitionen regiert.

Als Besonderheit kommt allerdings hinzu, dass Deutschland einen parlamentarischen Bundesstaat verkörpert. Im Bund und in den Ländern treffen wir mit wenigen Ausnahmen Regierungskoalitionen an. Diese zahlreichen Regierungsbündnisse regieren im Bundesrat faktisch mit – gelegentlich so wirksam, dass sie Entscheidungen im Bund verhindern oder für ihre Zustimmung einen Preis verlangen können.

Die Bundesrepublik verkörpert einen parlamentarischen Bundesstaat komplizierter Art. Sie hat auch die Eigenschaften eines ausgeprägten Parteienstaates. Der höchste Preis im politischen Wettbewerb ist die Bundesregierung. Die Bundeslastigkeit der föderativen Kompetenzordnung bietet der Regierungsmehrheit im Bundestag ein breites Gestaltungsfeld. Freilich können die Vorhaben einer im Bund regierenden Koalition erfolgreich torpediert, verwässert oder konstruktiv verändert werden, wenn sich im Bundesrat eine oppositionelle Mehrheit mit Verzögerung, mit der Forderung nach Abstrichen oder mit spektakulärer Ablehnung ins Bild schiebt. Keine noch so erfolgreiche Landespolitik verschafft den Parteien der parlamentarischen Opposition so viel Sichtbarkeit wie das Vorführen der Bundesregierung im Bundesrat. Viele Landtagswahlkämpfe nehmen sich vor diesem Hintergrund wie Wahlkämpfe um die Mehrheit im Bundesrat aus.

Die deutsche Tradition, Schlüsselpositionen in der politischen Verwaltung mit Parteigängern zu besetzen, und das Einschleusen von Parteifreundinnen und -freunden in den öffentlichen Dienst trägt einiges dazu bei, den politischen Nachwuchs zu motivieren und den Mitgliederstamm bei der Stange zu halten. Für die Parteien schwanken die Länder zwischen der Rolle des Rückzugsgebiets in schlechten Zeiten und der Rolle staatstragender Kooperation in besseren Zeiten. Dieses Rollenspiel ist ein fester Bestandteil des politischen Repertoires. Im internationalen Vergleich ist diese Verklammerung von Parteienstaat und Bundesstaat das herausragende Merkmal des politischen Systems der Bundesrepublik. Die Wortbildung des „Parteienbundesstaates" (Decker 2010) trifft die Sache auf den Punkt. Eine nicht sonderlich wahrscheinliche Verfassungsreform, die den Bundesrat in seiner bisherigen Gestalt veränderte, wäre die Geburtsstunde einer anderen Republik.

Im Kreise der demokratischen Gesellschaften zählt die Bundesrepublik nicht zu den von Lijphart (1984) charakterisierten Mehrheitsdemokratien. Ebenso wenig fällt sie aber in die Kategorie der Konsensdemokratien. Im Regierungsgeschäft ist der politikinhaltliche Konsens mit der Opposition größer, als die Koalitionspräferenzen und die Wahlkampfaufstellung der Parteien erkennen lassen. Nur deshalb funktionieren die Großen Koalitionen in Bund und Ländern. Die Öffentlichkeit dürfte sich am Bild der Mehrheitsdemokratie orientieren, gibt in Umfragen aber auch leichtläufigen Großkoalitionen gute Noten. Das politische System befindet sich in einem Mischzustand von Mehrheits- und Konsensdemokratie. Je nach den Mehrheitskonstellationen steht einmal das Ausspielen der Mehrheit, ein anderes Mal die Konsenssuche im Vordergrund.

Das Hineinwachsen des Bundesrates in die Rolle eines Vetospielers, der den Konsens mit der parlamentarischen Regierungsmehrheit erzwingen kann, hat seinen Ursprung in der Konkurrenz von Regierung und Opposition. Die vom Bundesrat erzwungenen Konsenslösungen gäbe es nicht, wenn die Länderkammer lediglich ein überwindbares Einspruchsrecht gegen die Bundesgesetze hätte. Diese Situation ähnelt derjenigen im politischen System der USA. Die zahlreichen Vetospieler im Beziehungsgeflecht zwischen Präsident und Kongress und im Kongress selbst zwingen zu einer Kette von Kompromissen und führen meist zu Second best-Lösungen, deren Alternative der Stillstand wäre. Um in den Ländern Mehrheitsverhältnisse zu bekommen, die den Bundesrat als Störfaktor der Regierungspolitik neutralisieren, wird die Intensität des politischen Wettbewerbs in Deutschland nicht etwa geringer, sondern eher noch angeheizt.

Soweit das politische System ein Stück Konsensdemokratie verkörpert, geschieht dies *contre cœur*. Der verwaschene Bundesstaat und – als dessen Folge – der verwaschene Parlamentarismus kommen dabei zusammen. Die Bundesratsmehrheit hätte gern die Regierungsmehrheit im Bund, die im Bund regierende Koalition empfindet das Angewiesensein auf den Bundesrat als Verwässerung ihres Regierungsauftrags. Besser wird die Sache auch dadurch nicht, dass zu Beginn einer Regierungsperiode schwer kalkuliert werden kann, ob mit einem verbündeten oder mit einem oppositionellen Bundesrat zu rechnen ist. Dieses Dilemma nährt eine Dauerkritik, die bereits zur allgemeinen Befindlichkeit des politischen Systems gehört.

Auch die Debatte um den Bundesstaat ist ein Dauerthema. Die Kritik am Bundesstaat teilt sich in zwei Lager. Für das eine haben die Länder immer noch zuviel Mitsprache in der Bundespolitik, es hätte die Republik gern zentralisti-

12 Deutschland: Ein schwieriges politisches System? 309

scher. Für das andere Lager ist die Republik bereits viel zu zentralistisch geworden. Es möchte gern Kompetenzen in die Länder zurückholen, die im Laufe der Jahrzehnte an den Bund verloren wurden. Der historische Sündenfall des unechten Föderalismus, der auf die Erfinder der Weimarer Republik zurückgeht, ist ein Traditionsgut. Seine grundlegende Reform ist schwer vorstellbar. Das politische System hat gelernt, mit ihm zurechtzukommen, häufig allerdings mit mürrischer Attitüde und nicht selten mit lauten Buhrufen aus der Öffentlichkeit.

Der Vereinigungsprozess hat den Gesamtzuschnitt des politischen Systems nicht verändert. Die Institutionen haben die Vereinigung gut verkraftet. Nicht einmal die Parteien haben ihren Wiedererkennungswert eingebüßt. In der Grundstruktur wurden die politischen Anbieter der Bundesrepublik von der Gesellschaft der neuen Länder übernommen – einfach, weil sie da waren!

Die europäische Integration hat die Institutionen des politischen Systems jedoch nachhaltig verändert, wobei hinzuzufügen ist, dass dies in der Öffentlichkeit kaum registriert wird: Europa steckt einfach in vielem, was als deutsche Politik und Verwaltung daherkommt. Die nationale Gesetzgebung im Bund und in den Ländern findet immer stärker als nachgeschaltete europäische Ko-Gesetzgebung statt. Was speziell die Länder betrifft, beschleunigt und vertieft die Europäische Union lediglich eine Entwicklung, die bereits mit der beschleunigten Unitarisierung des deutschen Bundesstaates begonnen hat. Den Ländern ist die gesetzgeberische Gestaltungsmasse bis auf einen wenig erbaulichen Rest abhanden gekommen.

Allein die Verzahnung der Landesregierungen mit dem Bundesrat konserviert die Bedeutung der Länder in der Politik des Gesamtstaates. Im Bundesrat arbeiten die Länder bundespolitisch bestimmte Themen ab. Eine vergleichbare Entwicklung bahnt sich im Verhältnis der Bundespolitik zur Politik der Europäischen Union an. Zwar wird es wohl nie so weit kommen, dass europäische Rechtsnormen die Gesetzgebungsfunktion des Bundestages so stark aushöhlen, wie es im Bund-Länder-Verhältnis geschehen ist. Dafür dürfte Europa einfach zu groß und zu vielfältig sein. Stets wird es einen großen nationalen Gesetzgebungsbedarf geben, um allgemein gefasste europäische Gesetze mit Blick auf die nationale Rechts- und Verwaltungstradition zu präzisieren und zu ergänzen. Die politischen Gestaltungsräume im Grundsätzlichen dürften sich aber, wie schon in den vergangenen Jahren, weiter zu Gunsten von Brüssel verschieben.

Die Bundesregierung kann den nationalen Gestaltungsverlust nur dadurch kompensieren, dass sie im Rat der Europäischen Union an den europäischen Beschlüssen mitwirkt. Die Mitwirkungschancen stehen nicht einmal schlecht. Dafür bürgt die kuriose qualifizierte Mehrheit im Rat der Union. Mit der Entwertung des Rates im Brüsseler Institutionengefüge ginge diese wichtige Mitregierungsfunktion verloren. Der Brüsseler Betrieb ist für die Bürger der Mitgliedstaaten am besten in Gestalt der nationalen Regierungen erreichbar. Für die Regierungen als Scharnier zur europäischen Politik wird es absehbar keinen europäischen Ersatz geben.

Literatur

Abromeit, Heidrun 1992: Der verkappte Einheitsstaat, Opladen.
Abromeit, Heidrun, und Michael Stoiber 2006: Demokratien im Vergleich. Einführung in die vergleichende Analyse politischer Systeme, Wiesbaden.
Alemann, Ulrich von 1987: Organisierte Interessen in der Bundesrepublik, Opladen.
Alemann, Ulrich von, und Stefan Marschall (Hrsg.) 2002: Parteien in der Mediendemokratie, Opladen.
Alemann, Ulrich von, Philipp Erbentraut und Jens Walther 2010: Das Parteiensystem der Bundesrepublik Deutschland, 4. Aufl., Wiesbaden.
Andersen, Uwe, und Wichard Woyke (Hrsg.) 2009: Handwörterbuch des politischen Systems der Bundesrepublik Deutschland, 6. Aufl., Opladen.
Andeweg, Rudy B. 2000: Fractiocracy? Limits to the Ascendency of the Parliamentary Party Groups in Austria, in: Knut Heidar und Ruud Koole (Hrsg.) 2000, Parliamentary Party Groups in European Democracies: Political Parties Behind Closed Doors, New York, S. 89-105.
Andeweg, Rudy B. 1998: The Netherlands, in: Jean Blondel und Ferdinand Müller-Rommel (Hrsg.), Cabinets in Western Europe, 2. Aufl., New York, S. 52-74.
Andweg, Rudy, und Galen A. Irwin 2009: Governance and Politics in the Netherlands, 3. Aufl., New York.
Armingeon, Klaus 2002: Die Vier-Parteien-Koalition in der Schweiz, in: Sabine Kropp, Suzanne S. Schüttemeyer und Roland Sturm (Hrsg.), Koalitionen in West- und Osteuropa, Opladen, S. 89-107.
Armingeon, Klaus 2001: Schweiz, in: Werner Reutter und Peter Rütters (Hrsg.), Verbände und Verbandssystem in der Schweiz, Opladen, S. 405-426.
Arter, David 2006: Democracy in Scandinavia: Consensual, Majoritarian or Mixed?, Oxford und New York.
Bagehot, Walter 1971 (Erstausg. 1867): Die englische Verfassung (Originaltitel: The English Constitution), hrsg. von Klaus Streifthau, Neuwied und Berlin.
Bahro, Horst, und Ernst Veser 1995: Das semipräsidentielle System – „Bastard" oder Regierungsform sui generis?, in: Zeitschrift für Parlamentsfragen, 26. Jg., S. 471-485.
Baring, Arnulf 1982: Machtwechsel. Die Ära Brandt-Scheel, Stuttgart.
Baring, Arnulf 1969: Adenauers Kanzlerdemokratie. Westdeutsche Innenpolitik im Zeichen der Europäischen Verteidigungsgemeinschaft, München.
Becker, Bernd 2002: Politik in Großbritannien, Paderborn.
Becker, Josef, Theo Stammen und Peter Waldmann (Hrsg.) 1979: Vorgeschichte der Bundesrepublik Deutschland, München.
Behnke, Joachim 2003: Überhangmandate: Ein (behebbarer) Makel im institutionellen Design des Wahlsystems, in: Zeitschrift für Politikwissenschaft, 13. Jg., S. 1235-1270.

Beichelt, Tim 2009: Deutschland und Europa. Die Europäisierung des politischen Systems, Wiesbaden.
Benz, Arthur, und Gerhard Lehmbruch (Hrsg.) 2001: Föderalismus. Analysen in entwicklungsgeschichtlicher Perspektive, Politische Vierteljahresschrift, Sonderheft 32, Opladen.
Beyme, Klaus von 2000: Parteien im Wandel. Von den Volksparteien zu den professionalisierten Wählerparteien, Wiesbaden.
Beyme, Klaus von 1999a: Das politische System der Bundesrepublik Deutschland, 9. Aufl., Opladen/Wiesbaden.
Beyme, Klaus von 1999b: Die parlamentarische Demokratie. Entstehung und Funktionsweise 1789-1999, 3. Aufl., Opladen und Wiesbaden.
Beyme, Klaus von 1997: Der Gesetzgeber. Der Bundestag als Entscheidungszentrum, Opladen.
Beyme, Klaus von 1996: The New Concept of Political Class, in: West European Politics, 19. Jg., S. 68-87.
Beyme, Klaus von 1993: Die politische Klasse im Parteienstaat, Frankfurt/M.
Bille, Lars 2000: A Power Centre in Danish Politics, in: Knut Heidar und Ruud Koole (Hrsg.), Parliamentary Party Groups in European Democracies: Political Parties Behind Closed Doors, New York, S. 130-144.
Billing, Werner 2003: Bundesverfassungsgericht, in: Uwe Andersen und Wichard Woyke (Hrsg.), Handwörterbuch des politischen Systems der Bundesrepublik Deutschland, 5. Aufl., Opladen, S. 104-109.
Blum, Sonja, und Klaus Schubert 2011: Politikfeldanalyse, 2. Aufl., Wiesbaden.
Blondel, Jean, und Ferdinand Müller-Rommel (Hrsg.) 1998: Cabinets in Western Europe, 2. Aufl., New York.
Blumenthal, Julia von 2003: Auswanderung aus den Verfassungsinstitutionen. Kommissionen und Konsensrunden, in: Aus Politik und Zeitgeschichte, B 43/2003, S. 9-15.
Blumenthal, Julia von, und Stephan Bröchler (Hrsg.) 2010: Föderalismusreform in Deutschland. Bilanzen und Perspektiven im internationalen Vergleich,, Wiesbaden
Bode, Ingo 1997: Französische Verhältnisse. Interessenvermittlungsprozesse in Frankreich – Signale für Deutschland, in: Zeitschrift für Politikwissenschaft, 7. Jg., S. 3-20.
Boeckh, Andreas, Ernst-Ulrich Huster und Benjamin Benz 2011: Sozialpolitik in Deutschland. Eine systematische Einführung, 3. Aufl., Wiesbaden.
Boldt, Hans 1990: Deutsche Verfassungsgeschichte, Bd. 2. Von 1806 bis zur Gegenwart, München.
Borchert, Jens, und Lutz Golsch 1999: Deutschland: Von der „Honoratiorenzunft" zur politischen Klasse, in: Jens Borchert (Hrsg.), Politik als Beruf. Die politische Klasse in westlichen Demokratien, Opladen, S. 114-140.
Bracher, Karl-Dietrich 1978 (Erstausg. 1955): Die Auflösung der Weimarer Republik. Eine Studie zum Problem des Machtverfalls in der Demokratie, Düsseldorf.
Bröchler, Stephan, und Julia von Blumenthal (Hrsg.) 2011: Regierungskanzleien im politischen Prozess, Wiesbaden.
Buchheim, Ute 2002: Regionale Interessenvertretung in Europa. Nordrhein-Westfalen und Thüringen im Strukturvergleich, Opladen.

Burch, Martin 1998: The United Kingdom, in: Jean Blondel und Ferdinand Müller-Rommel (Hrsg.), Cabinets in Western Europe, 2. Aufl., New York, S. 18-35.

Busse, Volker 2001: Bundeskanzleramt und Bundesregierung. Aufgaben, Organisation und Bundesregierung, 3. Aufl., Heidelberg.

Bußjäger, Peter 2003: Föderalismus durch Macht im Schatten? – Österreich und die Landeshauptmännerkonferenz, in: Europäisches Zentrum für Föderalismusforschung Tübingen (Hrsg.), Jahrbuch des Föderalismus 2003. Föderalismus, Subsidiarität und Regionen in Europa, Baden-Baden, S. 79-99.

Christadler, Marieluise, und Henrik Uterwedde (Hrsg.) 1999: Länderbericht Frankreich. Geschichte – Politik – Wirtschaft – Gesellschaft, Bonn.

Cini, Michelle (Hrsg.) 2007: European Union Politics, 2. Aufl., Oxford und New York.

Coen, David, und Jeremy J. Richardson (Hrsg.) 2009: Lobbying the European Union. Institutions, Actors and Issues, Oxford: Oxford Univ. Press.

Decker, Frank 2010: Regieren im „Parteienbundesstaat": Zur Architektur der deutschen Politik, Wiesbaden.

Decker, Frank 2003: Der neue Rechtspopulismus, 2. Aufl., Opladen.

Decker, Frank, und Julia von Blumenthal 2002: Die bundespolitische Durchdringung der Landtagswahlen. Eine empirische Analyse, in: Zeitschrift für Parlamentsfragen, 33. Jg., S. 144-164.

Decker, Frank und Viola Neu (Hrsg.) 2007: Handbuch der deutschen Parteien, Wiesbaden.

Derlien, Hans-Ulrich, und Axel Murswieck (Hrsg.) 1999: Der Politikzyklus zwischen Bonn und Brüssel, Opladen.

Detterbeck, Klaus 2011: Parteien und Parteiensystem, Konstanz und München.

Deyvre, Arthur 2011: The German Constitutional Court and European Judicial Politics, in: West European Politics, 34. Jg., S. 346-361.

Dittberner, Jürgen 2010: Die FDP. Geschichte, Personen, Organisation, Perspektiven. Eine Einführung, 2. Aufl., Opladen.

Döhler, Marion, und Philip Manow 1997: Strukturbildung von Politikfeldern. Das Beispiel bundesdeutscher Gesundheitspolitik seit den fünfziger Jahren, Opladen.

Döring, Herbert 1993: Großbritannien. Regierung, Gesellschaft und politische Kultur, Opladen.

Dörner, Andreas 2001: Politainment. Politik in der medialen Erlebnisgesellschaft, Frankfurt/M.

Duverger, Maurice (Hrsg.) 1986: Les régimes semi-présidentiels, Paris.

Duverger, Maurice 1959: Die politischen Parteien, Tübingen.

Egeberg, Morten 2007: The European Commission, in: Michelle Cini (Hrsg.). European Union Politics, 2. Aufl., Oxford und New York, S. 139-153.

Ehrmann, Henry 1981: Die Entwicklung der Verfassungsgerichtsbarkeit im Frankreich der V. Republik, in: Der Staat, 20. Jg., S. 380ff.

Eilfort, Michael 1997: Der „Monarch" ist tot, der „Adel" erschüttert. Parlamentarismus im Frankreich des „Bürgerpräsidenten" Jacques Chirac, in: Zeitschrift für Parlamentsfragen, 28. Jg., S. 60-84.

Esping-Andersen, Gösta 1990: The Three Worlds of Welfare Capitalism, Princeton.

Eysell, Maria 1997: Parteipolitik im Schatten des Minderheitsparlamentarismus: Parteien und Fraktionen in Dänemark, in: Ludger Helms (Hrsg.), Parteien und Fraktionen. Ein internationaler Vergleich, Opladen, S. 171-196.
Fallend, Franz 2006: Bund-Länder-Beziehungen, in: Herbert Dachs, Peter Gerlich, Herbert Gottweis, Helmut Kramer, Volkmar Lauber, Wolfgang C. Müller und Emmerich Tálos (Hrsg.), Politik in Österreich. Das Handbuch, Wien, S.1024-1040.
Fenner, Christian 1992: Politische Kultur, in: Manfred G. Schmidt (Hrsg.), Lexikon der Politik, hrsg. von Dieter Nohlen, Bd. 3. Die westlichen Länder, München, S. 359-366.
Florack, Martin, und Timo Grunden (Hrsg.) 2011: Regierungszentralen. Organisation, Steuerung und Politikformulierung zwischen Formalität und Informalität, Wiesbaden.
Florack, Martin, Timo Grunden und Karl-Rudolf Korte 2011: Kein Governance ohne Government. Politikmanagement auf Landesebene, in: Stephan Bröchler und Julia von Blumenthal (Hrsg.), Regierungskanzleien im politischen Prozess, Wiesbaden, S. 181-201.
Foley, Michael 1993: The Rise of the British Presidency, Manchester und New York.
Fraenkel, Ernst 1974 (Erstausg. 1940): Der Doppelstaat (Erstaufl. The Dual State), Frankfurt/M.
Fraatz, Arnold 2002: Hugo Preuß (1860-1925), in: Michael Fröhlich (Hrsg.), Die Weimarer Republik. Portrait einer Epoche in Biographien, Darmstadt, S. 15-26.
Freitag, Markus, und Adrian Vatter 2008: Die Demokratien der deutschen Bundesländer, Opladen & Farmington Hills.
Friedrich, Manfred 1975: Landesparlamente in der Bundesrepublik, Opladen.
Gabriel, Oscar W, und Everhard Holtmann (Hrsg.) 1997: Handbuch politisches System der Bundesrepublik Deutschland, München.
Gerlich, Peter, und Wolfgang C. Müller 1998: Austria, in: Jean Blondel und Ferdinand Müller-Rommel (Hrsg.), Cabinets in Western Europe, 2. Aufl., New York, S. 157-170.
Greenwood, Justin 2011: Interest Representation in the European Union, 3. Aufl., Houndsmills und London.
Grupp, Peter 2002: Matthias Erzberger (1875-1921), in: Michael Fröhlich (Hrsg.), Die Weimarer Republik. Portrait einer Epoche in Biographien, Darmstadt, S. 164-174.
Haas, Christoph M. 2007: Budget und Haushaltsverfahren, in: Wolfgang Jäger, Christoph M. Haas und Wolfgang Welz (Hrsg.), Regierungssystem der USA. Lehr- und Handbuch, München, S. 205-228.
Hagevi, Magnus 2000: Parliamentary Party Groups in the Swedish Riksdag, in: Knut Heidar und Ruud Koole (Hrsg.) 2000: Parliamentary Party Groups in European Democracies: Political Parties Behind Closed Doors, New York, S. 145-160.
Hagevi, Magnus, und Detlef Jahn 1997: Parteien und Fraktionen in Schweden: Entwicklungen zur Kartellpartei, in: Ludger Helms (Hrsg.), Parteien und Fraktionen. Ein internationaler Vergleich, Opladen, S. 145-170.
Haipeter, Thomas 2010: OT-Mitgliedschaften und OT-Verbände, in: Wolfgang Schroeder und Bernhard Weßels (Hrsg..), Handbuch Arbeitgeber- und Wirtschaftsverbände Deutschland, Wiesbaden, S. 209-218.
Hartmann, Jürgen 2011: Westliche Regierungssysteme. Parlamentarismus, semi-präsidentielles und präsidentielles Regierungssystem, 3. Aufl., Opladen.

Literatur 315

Hartmann, Jürgen 2009: Das politische System der Europäischen Union, 2. Aufl., Frankfurt/M. und New York.
Hartmann, Jürgen, und Udo Kempf 2011: Staatsoberhäupter in der Demokratie, Wiesbaden.
Hayes-Renshaw, Fiona, und Helen Wallace 2006a: The Council of Ministers, 2. Aufl., Houndmills und London.
Hayes-Renshaw, Fiona, und Helen Wallace 2006b: The Council of Ministers, in: John Peterson und Michael Shackleton (Hrsg.), The Institutions of the European Union, 2. Aufl., Oxford und New York, S. 60-80.
Hegelich, Simon, David Kollmann und Johanna Kuhlmann 2011: Agenda 2010. Strategien – Entscheidungen – Konsequenzen, Wiesbaden.
Heidar, Knut, und Ruud Koole (Hrsg.) 2000: Parliamentary Party Groups in European Democracies: Political Parties Behind Closed Doors, New York.
Helms, Ludger 2006: Das Parteiensystem Großbritanniens, in: Oskar Niedermayer, Richard Stöss und Melanie Haas (Hrsg.), Die Parteiensysteme Westeuropas, Wiesbaden, S. 231-233.
Helms, Ludger 2005: Regierungsorganisation und politische Führung in Deutschland, Wiesbaden.
Helms, Ludger 2002: Politische Opposition, Opladen.
Helms; Ludger 2001: Gerhard Schröder und die Entwicklung der deutschen Kanzlerschaft, in: Zeitschrift für Politikwissenschaft, 11. Jg., S. 1497-1517.
Helms, Ludger (Hrsg.) 1997a: Parteien und Fraktionen. Ein internationaler Vergleich, Opladen.
Helms, Ludger 1997b: Wettbewerb und Kooperation. Zum Verhältnis von Regierungsmehrheit und Opposition im parlamentarischen Gesetzgebungsverfahren in der Bundesrepublik Deutschland, Großbritannien und Österreich, Opladen und Wiesbaden.
Helms, Ludger 1997c: Das Parteiensystem Großbritanniens nach dem Ende der konservativen Hegemonie, in: Zeitschrift für Politikwissenschaft, 7. Jg., S. 1337-1360.
Helms, Ludger 1996: Das Amt des deutschen Bundeskanzlers in historisch und international vergleichender Perspektive, in: Zeitschrift für Parlamentsfragen, 27. Jg., S. 697-711.
Hesse, Jens Joachim, und Thomas Ellwein 2004: Das Regierungssystem der Bundesrepublik Deutschland, 2 Bde., 9. Aufl., Opladen.
Hesse, Konrad 1962: Der unitarische Bundesstaat, Tübingen.
Himmelmann, Gerhard 2009: Tarifautonomie, in: Uwe Andersen und Wichard Woyke (Hrsg.), Handwörterbuch des politischen Systems der Bundesrepublik Deutschland, 6. Aufl., Opladen, S. 690-692.
Hirter, Hans 1997: Parteien und Parlamentsfraktionen in der Schweiz, in: Ludger Helms (Hrsg.), Parteien und Fraktionen. Ein internationaler Vergleich, Opladen, S. 241-264.
Hix, Simon 2011: The Political System of the European Union, 3. Aufl., New York.
Hix, Simon, und Lord, Christopher 1997: Political Parties in the European Union, Houndsmill und London.
Holtmann, Everhart, und Helmut Voelzkow (Hrsg.) 2000: Zwischen Wettbewerbs- und Verhandlungsdemokratie. Analysen zum Regierungssystem der Bundesrepublik Deutschland, Wiesbaden
Höhne, Richard 2006: Das Parteiensystem Frankreichs, in: Oskar Niedermayer, Richard Stöss und Melanie Haas (Hrsg.), Die Parteiensysteme Westeuropas, Wiesbaden

Höreth, Marcus 2010: Die Föderalismusreform in der Bewährungsprobe unter Schwarz-Gelb: Warum der Blick zurück die Prognose des Scheiterns erlaubt, in: Julia von Blumenthal und Stephan Bröchler (Hrsg.), Föderalismusreform in Deutschland. Bilanzen und Perspektiven im internationalen Vergleich,, Wiesbaden, S. 117-138.

Holz-Bacha, Christina 2000: Entertainisierung der Politik, in: Zeitschrift für Parlamentsfragen, 31. Jg., S. 156-166.

Imig, Doug 2002: Contestation in the Streets: European Protest and the Emerging Euro-Polity, in: Comparative Political Studies, 35. Jg., S. 914-933.

Ismayr, Wolfgang (Hrsg.) 2009: Die politischen Systeme Westeuropas, 4. Aufl., Opladen.

Ismayr, Wolfgang (Hrsg.) 2008: Gesetzgebung in Westeuropa. EU-Staaten und Europäische Union, Wiesbaden.

Ismayr, Wolfgang 2006: Der Deutsche Bundestag, 2. Aufl., Opladen.

Jäger, Wolfgang 2001: Helmut Kohl, in: Udo Kempf und Hans-Georg Merz (Hrsg.), Kanzler und Minister 1949-1998, Wiesbaden, S. 367-380.

Jahn, Detlef 2009: Das politische System Schwedens, in: Wolfgang Ismayr (Hrsg.), Die politischen Systeme Westeuropas, 4. Aufl., Opladen, S. 107-149.

Jahn, Detlef 2002: Koalitionen in Dänemark und Norwegen: Minderheitsregierung als Normalfall, in: Sabine Kropp, Suzanne S. Schüttemeyer und Roland Sturm (Hrsg.), Koalitionen in West- und Osteuropa, Opladen, S. 219-248.

Jann, Werner, und Jan Tiessen 2008: Gesetzgebung im politischen System Schwedens, in: Wolfgang Ismayr (Hrsg.), Gesetzgebung in Westeuropa. EU-Staaten und Europäische Union, Wiesbaden, S. 99-131.

Jäger, Wolfgang 2001: Helmut Kohl, in: Udo Kempf und Hans-Georg Merz (Hrsg.), Kanzler und Minister 1949-1998, Wiesbaden, S. 367-380.

Jäger, Wolfgang, Christoph M. Haas und Wolfgang Welz (Hrsg.) 2007: Regierungssystem der USA. Lehr- und Handbuch, München.

Jäger, Wolfgang, Winfried Steffani und Wolfgang Welz 2007: Der Kongress, in: in: Wolfgang Jäger, Christoph M. Haas und Wolfgang Welz (Hrsg.), Regierungssystem der USA. Lehr- und Handbuch, München, S. 99-128.

Jenkins, Kate 2004: Parliament, Government and the Civil Service, in: Parliamentary Affairs, 57. Jg., S. 800-813.

Judge, David, und David Earnshaw 2008: The European Parliament, 2. Aufl., Houndmills und New York.

Jun, Uwe 2010: Der Bundesrat im föderativen System Deutschlands. Vor und nach der Reform 2006, in: Klement H. Schrenk und Markus Soldner (Hrsg.), Analyse demokratischer Regierungssysteme, Wiesbaden, 359-374.

Jun, Uwe 2002a: Professionalisiert, mediatisiert und etatisiert. Zur Lage der deutschen Großparteien am Beginn des 21. Jahrhunderts, in: Zeitschrift für Parlamentsfragen, 33. Jg., S. 770-789.

Jun, Uwe 2002b: Koalitionen in der V. Republik Frankreichs. Stabile Mehrheiten unter Exekutivdominanz, in: Sabine Kropp, Suzanne S. Schüttemeyer und Roland Sturm (Hrsg.), Koalitionen in West- und Osteuropa, Opladen, S. 137-166.

Jun, Uwe 2000: Parteien im Parlament. Die institutionell schwache Stellung der Fraktionen, in: Sabine Ruß, Joachim Schild, Jochen Schmidt und Ina Stephan (Hrsg.), Parteien in Frankreich. Kontinuität und Wandel in der V. Republik, Opladen, S. 123-143.

Literatur 317

Jun, Uwe 1999: Großbritannien. Der unaufhaltsame Aufstieg des Karrierepolitikers, in: Jens Borchert (Hrsg.), Politik als Beruf. Die politische Klasse in westlichen Demokratien, Opladen, S. 186-212.
Jun, Uwe 1994: Koalitionsbildungen in den deutschen Bundesländern. Theoretische Betrachtungen, Dokumentation und Analyse der Koalitionsbildungen auf Länderebene seit 1949, Opladen.
Kapsis, Ilias 2007: The Courts of the European Union, in: Michelle Cini (Hrsg.), European Union Politics, 2. Aufl., Oxford und New York, S. S. 188-201.
Karlhofer, Ferdinand 2006: Arbeitnehmerorganisationen, in: Herbert Dachs, Peter Gerlich, Herbert Gottweis, Helmut Kramer, Volkmar Lauber, Wolfgang C. Müller und Emmerich Tálos (Hrsg.), Politik in Österreich. Das Handbuch, Wien, S. 462-479.
Kassim, Hussein 2000: The United Kingdom, in: Hussein Kassim, B. Guy Peters und Vincent Wright (Hrsg.), The National Co-Ordination of EU Policy, Oxford, S. 22-53.
Katz, Richard S. , und Peter Mair (Hrsg.) 1994: How Parties Organize: Change and Adaptation in Parties in Western Democracies, London.
Kaufmann, Franz-Xaver 2003: Varianten des Wohlfahrtstaats. Der deutsche Sozialstaat im internationalen Vergleich, Frankfurt/M.
Kelsen, Hans 1994 (Erstausg. 1934): Reine Rechtslehre. Einleitung in die rechtswissenschaftliche Problematik, Aalen.
Kelsen, Hans 1929: Wesen und Entwicklung der Staatsgerichtsbarkeit, in: Veröffentlichungen der Vereinigung Deutscher Staatsrechtslehrer, S. 78ff .
Keman, Hans 2002: Koalitionen in Belgien und in den Niederlanden, in: Sabine Kropp, Suzanne S. Schüttemeyer und Roland Sturm (Hrsg.), Koalitionen in West- und Osteuropa, Opladen, S. 107-136.
Kennedy, Tom 2006: The European Court of Justice, in: John Peterson und Michael Shackleton (Hrsg.), The Institutions of the European Union, Oxford und New York, S. 125-146.
Kempf, Udo 2007: Das politische System Frankreichs, 4. Aufl., Wiesbaden.
Kempf, Udo, und Hans-Georg Merz (Hrsg.) 2001: Kanzler und Minister 1949-1998. Biografisches Lexikon der deutschen Bundesregierungen, Wiesbaden.
Kimmel, Adolf 2008: Gesetzgebung im politischen System Frankreichs, in: Wolfgang Ismayr (Hrsg.), Gesetzgebung in Westeuropa. EU-Staaten und Europäische Union, Wiesbaden, S. 229-270.
Kimmel, Adolf 1999: Der Verfassungstext und die lebenden Verfassungen, in: Marie Luise Christadler und Henrik Uterwedde (Hrsg.), Länderbericht Frankreich, Bonn, S. 306-325.
Kincaid, John 2001: Federalism in the United States of America: A Continual Tension Between Persons and Places, in: Arthur Benz und Gerhard Lehmbruch (Hrsg.), Föderalismus. Analysen in entwicklungsgeschichtlicher und vergleichender Perspektive, Politische Vierteljahresschrift, Sonderheft 32, S. 134-156.
Kingdon, John W. 2011 (Erstausg. 1984): Agendas, Alternatives, and Public Policies, Boston und Toronto.
Kirchheimer, Otto 1965: Der Wandel des westeuropäischen Parteiensystems, in: Politische Vierteljahresschrift, 6. Jg., S. 20-41.

Klages, Wolfgang 1997: Staat auf Sparkurs. Die erfolgreiche Sanierung des US-Haushalts, Frankfurt/M. und New York.
Klecha, Stephan 2011: Komplexe Koalitionen: Welchen Nutzen bringen sie den Parteien?, in: Zeitschrift für Parlamentsfragen, 42. Jg., S. 334-346.
Kleinfeld, Ralf 1996: Kommunalpolitik. Eine problemorientierte Einführung, Opladen.
Kleinmann, Hans-Otto 1993: Geschichte der CDU, Stuttgart.
Klöti, Ulrich 2001: Consensual Government in a Heterogenous Polity, in: West European Politics, 24. Jg., S. 19-34.
Knoll, Thomas 2010: Das Bundeskanzleramt – Funktionen und Organisation, in: Klemens H. Schrenk und Markus Soldner (Hrsg.), Analyse demokratischer Regierungssysteme, Wiesbaden, S. 201-220.
König, Thomas 1999: Regieren im deutschen Föderalismus, in: Aus Politik und Zeitgeschichte, B 13/99, S. 24-36.
Koole, Ruud A. 1994: The Vulnerability of the Modern Cadre Party in the Netherlands, in: Richard S. Katz und Peter Mair (Hrsg.), How Parties Organize: Change and Adaptation in Political Parties in Western Democracies, London, S. 273-303.
Korte, Karl-Rudolf 1992: Deutschlandpolitik in Helmut Kohls Kanzlerschaft: Regierungsstil und Entscheidungen 1982-1989, Stuttgart.
Kost, Andreas, Werner Rellecke und Reinhold Weber (Hrsg.) 2010: Parteien in den deutschen Ländern. Geschichte und Gegenwart, München.
Kraus, Katrin, und Thomas Geisen (Hrsg.) 2003: Sozialstaat in Europa. Geschichte, Entwicklung, Perspektiven, Wiesbaden.
Kreuzer, Marcus 1999: Frankreich. Zwischen Wahlkreishonoratioren und nationalen Technokraten, in: Jens Borchert (Hrsg.), Politik als Beruf. Die politische Klasse in westlichen Demokratien, Opladen, S. 161-185.
Kropp, Sabine 2010: Kooperativer Föderalismus und Politikverflechtung, Wiesbaden.
Kropp, Sabine 2001: Regieren in Koalitionen. Handlungsmuster und Entscheidungsbildung in deutschen Länderregierungen, Wiesbaden.
Kropp, Sabine 1997: Die Länder in der bundesstaatlichen Ordnung, in: Oscar W. Gabriel und Everhard Holtmann (Hrsg.), Handbuch politisches System der Bundesrepublik Deutschland, 3. Aufl., München, S. 245-288.
Kropp, Sabine, Suzanne S. Schüttemeyer und Roland Sturm (Hrsg.) 2002: Koalitionen in West- und Osteuropa, Opladen.
Kropp, Sabine, und Roland Sturm 1999: Politische Willensbildung im Föderalismus, in: Aus Politik und Zeitgeschichte B 13/99, S. 37-46.
Ladner, Andreas 2006: Das Parteiensystem der Schweiz, in: Oskar Niedermayer, Richard Stöss und Melanie Haas (Hrsg.), Die Parteisysteme Westeuropas, Wiesbaden, S. 397-419.
Landfried, Christine 2006: Die Wahl der Bundesverfassungsrichter und ihre Folgen für die Legitimität der Verfassungsgerichtsbarkeit, in: Robert Chr. van Ooyen und Martin H. W. Möllers (Hrsg.), Das Bundesverfassungsgericht im politischen System, Wiesbaden, S. 229-241.
Landfried, Christine 1996: Bundesverfassungsgericht und Gesetzgeber. Wirkungen der Verfassungsrechtsprechung auf parlamentarische Willensbildung und soziale Realität, 2. Aufl., Baden-Baden.

Landfried, Christine 1994: Parteifinanzen und politische Macht. Eine vergleichende Studie zur Bundesrepublik Deutschland, zu Italien und den USA, Baden-Baden.
Landfried, Christine 1990: Rechtspolitik, in: Klaus von Beyme und Manfred G. Schmidt (Hrsg.), Politik in der Bundesrepublik Deutschland, Opladen, S. 76-98.
Lawson, Kay, und Peter H. Merkl (Hrsg.) 1988: When Parties Fail: Emerging Alternative Organizations, Princeton.
Lehmbruch, Gerhard 2000: Parteienwettbewerb im Bundesstaat. Regelsysteme und Spannungslagen im Institutionensystem der Bundesrepublik, 3. Aufl., Opladen.
Lehmbruch, Gerhard 2001: Der unitarische Bundesstaat in Deutschland, in: Arthur Benz und Gerhard Lehmbruch (Hrsg.), Föderalismus. Analysen in entwicklungsgeschichtlicher Perspektive, Politische Vierteljahresschrift, Sonderheft 32, Opladen, S. 53-110.
Lehmbruch, Gerhard 1998: „A-Länder" und „B-Länder": Eine Anmerkung zum Sprachgebrauch, in: Zeitschrift für Parlamentsfragen, 29. Jg., S. 48-52.
Leonardy, Uwe 2003: Parteien im Bundesstaat. Scharnier zwischen Staat und Politik, in: Zeitschrift für Parlamentsfragen, 34. Jg., S. 180-195.
Lepszy, Norbert, und Markus Wilp 2009: Das politische System der Niederlande, in: Wolfgang Ismayr (Hrsg.), Die politischen Systeme Westeuropas, 4. Aufl., Wiesbaden, S. 405-450.
Lequesne, Christian 1996: French Central Government and the European Political System: Change and Adaptation since the Single Act, in: Yves Mény, Pierre Muller und Jean-Louis Quermonne (Hrsg.), Adjusting to Europe. The Impact of the European Union on National Institutions and Policies, London und New York, S. 110-122.
Leunig, Sven 2007: Die Regierungssysteme der deutschen Länder im Vergleich, Opladen & Farmington Hills.
Lewis, Jeffrey 2007: The Council of the European Union, in: Michelle Cini (Hrsg..), European Union Politics, 2. Aufl., Oxford und New York, S. 154-173.
Lhotta, Roland 2003: Zwischen Kontrolle und Mitregierung: Der Bundesrat als Oppositionskammer?, in: Aus Politik und Zeitgeschichte, B 43/2003, S. 16-22.
Lhotta, Roland 2002: Bundesverfassungsgericht als judizieller Mediator und Agenda-Setter im LER-Verfahren, in: Zeitschrift für Politikwissenschaft, 12. Jg., S. 1073-1098.
Lhotta, Roland 2001: Konsens und Konkurrenz in der konstitutionellen Ökonomie bikameraler Verhandlungsdemokratie: Der Vermittlungsausschuss als effiziente Institution politischer Deliberation, in: Heinrich Oberreuther, Uwe Kranenpohl und Martin Sebaldt (Hrsg.), Der Deutsche Bundestag im Wandel. Ergebnisse neuerer Parlamentarismusforschung, Wiesbaden, S. 93-117.
Lhotta, Roland 1998: Verfassungsreform und Verfassungstheorie: Ein Diskurs unter Abwesenden?, in: Zeitschrift für Parlamentsfragen, 29. Jg., S. 159-1179.
Lhotta, Roland, und Jörn Ketelhut 2006: Bundesverfassungsgericht und Europäische Integration, in: Robert Chr. van Ooyen und Martin H. W. Möllers (Hrsg.), Das Bundesverfassungsgericht im politischen System, Wiesbaden, S. 465-476.
Lijphart, Arend 1999: Patterns of Democracy: Government Forms and Performance in Thirty-Six Countries, New Haven.
Lijphart, Arend 1984: Democracies: Patterns of Majoritarian and Consensus Government, Oxford.

Linder, Wolfgang 2009: Das politische System der Schweiz, in: Wolfgang Ismayr (Hrsg.), Die politischen Systeme Westeuropas, 4. Aufl., Opladen, S. 455-489.
Linder, Wolf 2005: Schweizerische Demokratie. Institutionen, Prozesse, Perspektiven, 2.Aufl., Bern.
Linder, Wolfgang, und Adrian Vatter 2001: Institutions and Outcomes of Swiss Federalism: The Role of the Cantons in Swiss Politics, in: West European Politics, 24. Jg., S. 95-125.
Lösche, Peter (Hrsg.) 2008: Länderbericht USA. Geschichte, Politik, Wirtschaft, Gesellschaft, Kultur, 5. Aufl., Bonn.
Lösche, Peter 2007: Die politischen Parteien, in: Wolfgang Jäger, Christoph M. Haas und Wolfgang Welz (Hrsg.), Regierungssystem der USA. Lehr- und Handbuch, München, S. 289-326.
Lösche, Peter 2000: Der Bundestag – kein „trauriges", kein „ohnmächtiges" Parlament, in: Zeitschrift für Parlamentsfragen, 31. Jg., S. 926-936.
Lösche, Peter 1998: Verbände, Gewerkschaften und das System der Arbeitsbeziehungen, in: Willi Paul Adams und Peter Lösche (Hrsg.), Länderbericht USA, 3. Aufl., Bonn, S. 340-362.
Lösche, Peter 1993: Kleine Geschichte der deutschen Parteien, Stuttgart.
Lösche, Peter 1992: Herrschaft des Kongresses oder Herrschaft des Präsidenten?, in: Jürgen Hartmann und Uwe Thaysen (Hrsg.), Pluralismus und Parlamentarismus in Theorie und Praxis, Opladen, S. 215-230.
Lösche, Peter 1989: Amerika in Perspektive, Darmstadt.
Lösche, Peter, und Franz Walter 1996: Die FDP. Richtungsstreit und Zukunftszweifel, Darmstadt.
Lösche, Peter, und Franz Walter 1992: Die SPD. Klassenpartei, Volkspartei, Quotenpartei, Darmstadt.
Lowi, Theodore J. 1972: Four Systems of Polity, Politics, and Choice, in: Public Administration Quarterly, 32. Jg., S. 298-310.
Lucardie, Paul 2006: Das Parteiensystem der Niederlande, in: Oskar Niedermayer, Richard Stöss und Melanie Haas (Hrsg.), Die Parteiensysteme Westeuropas, Wiesbaden, S. 331-350.
March, James, und Johan P. Olsen 1989: Rediscovering Institutions: The Organizational Basis of Politics, New York und London.
Marko, Joseph, und Klaus Poier 2006: Die Verfassungssysteme der Bundesländer, in: Herbert Dachs, Peter Gerlich, Herbert Gottweis, Helmut Kramer, Volkmar Lauber, Wolfgang C. Müller und Emmerich Tálos (Hrsg.), Politik in Österreich. Das Handbuch, Wien, S. 943-958.
Maurer, Andreas, und Wolfgang Wessels 2000: The German Case: A Key Moderator in a Competitive Multi-Level Environment, in: Yves Mény, Pierre Muller und Jean-Louis Quermonne (Hrsg.), Adjusting to Europe. The Impact of the European Union on National Institutions and Policies, London und New York, S. 101-128.
Mazey, Sonia 2000: The Swedish Permanent Representation to the European Union: Melding National and Collective Interests, in: Hussein Kassim, Anand Menon, B. Guy Peters und Vincent Wright (Hrsg.), The National Co-Ordination of EU Policy: The European Level, Oxford, S. 256-297.

McConnell, Stuart 2008: The Old Institutionalism and the New, in: Polity, 40. Jg., S. 326-331.
Menon, Armand 2000: France, in: Hussein Kassim, B. Guy Peters and Vincent Wright (Hrsg.), The National Co-Ordination of EU Policy: The European Level, Oxford, S. 79-98.
Meyer, Thomas 2001: Mediokratie. Die Kolonisierung der Politik durch die Medien, Frankfurt/M.
Middlemas, Keith 1995: Orchestrating Europe: The Informal Politics of the European Union, 1973-1995, London.
Mielke, Siegfried (Hrsg.) 1983: Internationales Gewerkschaftshandbuch, Opladen.
Mielke, Siegfried, und Werner Reutter (Hrsg.) 2004: Länderparlamentarismus. Geschichte, Struktur, Funktionen, Wiesbaden: VS.
Minkenberg, Michael 1998: Die neue radikale Rechte im Vergleich: USA, Frankreich, Deutschland, Opladen.
Mintzel, Alf 1984: Die Volkspartei. Typus und Wirklichkeit. Ein Lehrbuch, Opladen.
Mintzel, Alf 1977: Geschichte der CSU. Ein Überblick, Opladen.
Mittag, Jürgen, und Janosch Steuwer 2010: Politische Parteien in der EU, Wien.
Müller, Wolfgang C. 2006: Regierung und Kabinettsystem, in: Herbert Dachs, Peter Gerlich, Herbert Gottweis, Helmut Kramer, Volkmar Lauber, Wolfgang C. Müller und Emmerich Tálos (Hrsg.), Politik in Österreich. Das Handbuch, Wien, S.139-187.
Müller, Wolfgang C. 2000: Ministerial Government at the European Level: The Case of Austria, in: Hussein Kassim, Anand Menon, B. Guy Peters und Vincent Wright (Hrsg.), The National Co-Ordination of EU Policy: The European Level, Oxford, S. 229-255.
Müller, Wolfgang C. 1994: The Development of Austrian Party Organizations in the Post-War Period, in: Richard S. Katz und Peter Mair (Hrsg.), How Parties Organize: Change and Adaptation in Political Parties in Western Democracies, London, 51-79.
Müller, Wolfgang C. 1988: Österreichs Regierungssystem, in: Landeszentrale für politische Bildung Baden-Württemberg (Red. Hans-Georg Wehling): Österreich, Stuttgart, S. 76-94.
Müller, Wolfgang C., und Barbara Steininger 2000: Not Yet the Locus of Power, in: Knut Heidar und Ruud Koole (Hrsg.), Parliamentary Party Groups in European Democracies: Political Parties Behind Closed Doors, New York, S. 71-88.
Müller-Jentsch, Walther 1986: Soziologie der industriellen Beziehungen, Frankfurt/M. und New York.
Müller-Rommel, Ferdinand 1998: Federal Republic of Germany, in: Jean Blondel und Ferdinand Müller-Rommel (Hrsg.), Cabinets in Western Europe, 2. Aufl., New York, S. 171-191.
Murswieck, Axel 2003: Gesundheitspolitik, in: Uwe Andersen und Wichard Woyke (Hrsg.), Handwörterbuch des politischen Systems der Bundesrepublik Deutschland, 5. Aufl., Opladen, S. 223-227.
Murswieck, Axel 1998: Gesellschaft, in: Willi Paul Adams und Peter Lösche (Hrsg.), Länderbericht USA, 3. Aufl., Bonn, S. 621-718.
Nannestad, Peter 2009: Das politische System Dänemarks, in: Wolfgang Ismayr (Hrsg.), Die politischen Systeme Westeuropas, 4. Aufl., Opladen, S. 65-106.

Nannestadt, Peter 2008: Gesetzgebung im politischen System Dänemarks, in: Wolfgang Ismayr (Hrsg.), Gesetzgebung in Westeuropa. EU-Staaten und Europäische Union, Wiesbaden, S. 133-158.
Naschold, Frieder 1967: Kassenärzte- und Krankenversicherungsreform. Zu einer Theorie der Statuspolitik, Freiburg, Br.
Naßmacher, Karl-Heinz 2002: Parteienfinanzierung in Deutschland, in: Oskar W. Gabriel, Oskar Niedermayer und Richard Stöß (Hrgs.), Parteiendemokratie in Deutschland, 2. Aufl., S. 159-178.
Naßmacher, Hiltrud, und Karl-Heinz Naßmacher 1999: Kommunalpolitik in Deutschland, Opladen.
Neidhart, Leonhard 2001: Elementare Bedingungen der Entwicklung des schweizerischen Föderalismus, in: Arthur Benz und Gerhard Lehmbruch (Hrsg.), Föderalismus. Analysen in entwicklungsgeschichtlicher und vergleichender Perspektive, Politische Vierteljahresschrift, Sonderheft 32, Opladen, S. 111-133.
Neidhard, Leonhart 1988: Die Schweizer Konkordanzdemokratie, in: Landeszentrale für politische Bildung Baden-Württemberg (Red. Hans-Georg Wehling), Die Schweiz, Stuttgart, S. 128-155.
Neumann, Sigmund 1973 (Erstausg. 1932): Die Parteien der Weimarer Republik, 3. Aufl., Stuttgart.
Neumann, Sigmund (Hrsg.) 1956: Modern Political Parties, Chicago.
Neunreither, Karlheinz 1959: Der Bundesrat zwischen Politik und Verwaltung, Heidelberg.
Niclauß, Karlheinz 1998: Der Weg zum Grundgesetz. Demokratiegründung in Westdeutschland. Die Entstehung der Bundesrepublik von 1945-1947, Paderborn.
Niedermayer, Oskar 2007: Die Entwicklung des dbundesdeutschen Parteiensystems, in: Frank Decker und Viola Neu (Hrsg.), Handbuch der deutschen Parteien, Wiesbaden, S. 114-138.
Niedermayer, Oskar, Richard Stöss und Melanie Haas (Hrsg.) 2006: Die Parteiensysteme Westeuropas, Wiesbaden
Nohlen, Dieter 2007: Wahlrecht und Parteiensystem, Zur Theorie und Empirie der Wahlsysteme, 5. Aufl., Opladen.
Nohlen, Dieter 1992: Wahlsysteme, in: Dieter Nohlen (Hrsg.), Lexikon der Politik, Bd. 3: Die westlichen Länder, hrsg. von Manfred G. Schmidt, München, S. 518-526.
Nullmeier, Frank, und Friedbert Rüb 1993: Die Transformation der Sozialpolitik. Vom Sozialstaat zum Sicherungsstaat, Frankfurt/M. und New York.
Nullmeier, Frank, und Thomas Saretzki (Hrsg.) 2002: Jenseits des Regierungsalltags. Strategiefähigkeit politischer Parteien, Frankfurt/M. und New York.
Oberreuther. Heinrich, Uwe Kranenpohl und Martin Sebaldt (Hrsg.) 2001: Der Deutsche Bundestag im Wandel. Ergebnisse neuerer Parlamentarismusforschung, Wiesbaden.
Obinger, Herbert 2000: Der schweizerische Sozialstaat in den 90er Jahren, in: Zeitschrift für Politikwissenschaft, 10. Jg., S. 43-63.
Oldopp, Birgit 2005: Das politische System der USA. Eine Einführung, Wiesbaden.
Ooyen, Robert Chr. van, und Martin H. W. Möllers (Hrsg.) 2006:, Das Bundesverfassungsgericht im politischen System, Wiesbaden.
Panebianco, Angelo 1988: Political Parties: Organization and Power, Cambridge.

Pehle, Heinrich 2002: Koalitionen in Finnland und Schweden, in: Sabine Kropp, Suzanne S. Schüttemeyer und Roland Sturm (Hrsg.), Koalitionen in West- und Osteuropa, Opladen, S. 197-218.
Pelinka, Anton 2010: Die Europäische Union – eine Konsensdemokratie?, in: Klemens H. Schrenk und Markus Soldner (Hrsg.), Analyse demokratischer Regierungssysteme. Festschrift für Wolfgang Ismayr zum 65. Geburtstag, Wiesbaden, S. 81-92.
Pelinka, Anton 2009: Das politische System Österreichs, in: Wolfgang Ismayr (Hrsg.), Die politischen Systeme Westeuropas, 4. Aufl., Wiesbaden, S. 607-641.
Pelinka, Anton 2008: Gesetzgebung im politischen System Österreichs, in: Wolfgang Ismayr (Hrsg.), Gesetzgebung in Westeuropa. EU-Staaten und Europäische Union, Wiesbaden, S. 431-461.
Pelinka, Anton 2002: Koalitionen in Österreich: Keine westeuropäische Normalität, in: Sabine Kropp, Suzanne S. Schüttemeyer und Roland Sturm (Hrsg.), Koalitionen in West- und Osteuropa, Opladen, S. 69-88.
Pelinka, Anton 1997: Parteien und Fraktionen im parlamentarischen System Österreichs, in: Ludger Helms (Hrsg.), Parteien und Fraktionen. Ein internationaler Vergleich, Opladen, S. 219-239.
Pernthaler, Peter 1988: Österreichs Länder und Gemeinden, in: Landeszentrale für politische Bildung Baden-Württemberg (Red. Hans-Georg Wehling), Österreich, Stuttgart, S. 95-106.
Peterson, John 2006: The College of Commissioners, in: John Peterson und Michael Shackleton (Hrsg.), The Institutions of the European Union, 2. Aufl., Oxford und New York, S. 147-168.
Peterson, John und Michael Shackleton 2006 (Hrsg.): The Institutions of the European Union, 2. Aufl., Oxford und New York.
Pfetsch, Barbara 2001: „Amerikanisierung" der politischen Kommunikation? Politik und Medien in Deutschland und in den USA, in: Aus Politik und Zeitgeschichte, B 41-42/2001, S. 27-36.
Pfetsch, Frank R. 1990: Ursprünge der Zweiten Republik. Prozesse der Verfassungsgebung, Opladen.
Plasser, Fritz, und Peter A. Ulam 2006: Das Parteiensystem Österreichs, in: Oskar Niedermayer, Richard Stöss und Melanie Haas (Hrsg.), Die Parteiensysteme Westeuropas, Wiesbaden, S. 350-372.
Plöhn, Jürgen 2001: Großbritannien, in: Werner Reutter und Peter Rütters (Hrsg.), Verbände und Verbandssysteme in Westeuropa, Opladen, S. 169-196.
Plöhn, Jürgen 1991: Untersuchungsausschüsse der Landesparlamente als Instrumente der Politik, Opladen.
Poguntke, Thomas 2000: Parteiorganisation im Wandel. Gesellschaftliche Verankerung und organisatorische Anpassung im europäischen Vergleich, Wiesbaden.
Pollack, Mark A. 2003: Control Mechanism or Deliberative Democracy? Two Images of Comitology, in: Comparative Political Studies, 36. Jg., S. 125-155.
Prätorius, Rainer 1997: Die USA: Politischer Prozess und soziale Probleme, Opladen.
Prittwitz, Volker v. 1994: Politikfeldanalyse, Opladen.
Raschke, Joachim 2001: Die Zukunft der Grünen: „So kann man nicht regieren", Frankfurt/M. und New York.

Raunio, Tapio, und Simon Hix 2000: Backbenchers Learn to Fight Back, in: West European Politics, 25. Jg., S. 142-168.
Rauskolb, Christa 1976: Lobby in Weiß: Struktur und Politik der Ärzteverbände, Frankfurt/M.
Renzsch, Wolfgang 2000: Bundesstaat oder Parteienstaat: Überlegungen zu Entscheidungsprozessen im Spannungsfeld von föderaler Konsensbildung und parlamentarischem Wettbewerb in Deutschland, in: Everhart Holtmann und Helmut Voelzkow (Hrsg.), Zwischen Wettbewerbs- und Verhandlungsdemokratie. Analysen zum Regierungssystem der Bundesrepublik Deutschland, Wiesbaden, S. 53-78.
Renzsch, Wolfgang 1991: Finanzverfassung und Finanzausgleich, Bonn.
Reutter, Werner 2008: Föderalismus, Parlamentarismus und Demokratie: Landesparlamente im Bundesstaat, Opladen & Farmington Hills.
Reutter, Werner 2002: Kommunale Interessen im kooperativen Föderalismus, in: Zeitschrift für Politikwissenschaft, 12. Jg., S. 1573-1599.
Reutter, Werner 2001: Das Bundesverfassungsgericht als Teil des politischen Systems der Bundesrepublik Deutschland. Ein politikwissenschaftlicher Interpretationsversuch, in: Gert-Joachim Glaeßner, Werner Reutter und Charlie Jeffery (Hrsg.), Verfassungspolitik und Verfassungswandel. Deutschland und Großbritannien im Vergleich, Wiesbaden, S. 99-123.
Reutter, Werner, und Peter Rütters (Hrsg.) 2001: Verbände und Verbandssysteme in Westeuropa, Opladen.
Ripley, Randell B. 1988: Kongress und Einzelstaaten, in: Uwe Thaysen, Roger H. Davidson und Robert G. Livingston (Hrsg.), US-Kongress und Deutscher Bundestag, Opladen. S. 156-174.
Rose, Richard 2001: The Prime Minister in a Shrinking World, Cambridge.
Rosenberg, Artur 1973a (Erstausg. 1961): Die Entstehung der Weimarer Republik, 11. Aufl., Frankfurt/M.
Rosenberg, Artur 1973b (Erstausg. 1961): Geschichte der Weimarer Republik, 14. Aufl., Frankfurt/M.
Rudzio, Wolfgang 2011: Das politische System der Bundesrepublik Deutschland, 8. Aufl., Wiesbaden.
Rudzio, Wolfgang 2002: Koalitionen in Deutschland. Flexibilität informellen Regierens, in: Sabine Kropp, Suzanne S. Schüttemeyer und Roland Sturm (Hrsg.), Koalitionen in West- und Osteuropa, Opladen, S. 41-68.
Saalfeld, Thomas 2008: Gesetzgebung im politischen System Großbritanniens, in: Wolfgang Ismayr (Hrsg.), Gesetzgebung in Westeuropa. EU-Staaten und Europäische Union, Wiesbaden, S. 159-199.
Schaden, Michael 2006. Verfassungsgerichtbarkeit, in: Herbert Dachs, Peter Gerlich, Herbert Gottweis, Helmut Kramer, Volkmar Lauber, Wolfgang C. Müller und Emmerich Tálos (Hrsg.), Politik in Österreich. Das Handbuch, Wien, S.213-231.
Scharpf, Fritz W. 1994: Optionen des Föderalismus in Deutschland und Europa, Frankfurt/M. und New York.
Schlaich, Klaus, und Stefan Korioth 2001: Das Bundesverfassungsgericht. Stellung, Verfahren, Entscheidungen. Ein Studienbuch, 5. Aufl., München.

Schmid, Josef 2010: Wohlfahrtsstaaten im Vergleich. Soziale Sicherung in Europa. Organisation, Finanzierung, Leistungen und Probleme, 3. Aufl., Opladen.
Schmid, Josef 1990: Die CDU. Organisationsstrukturen, Politiken und Funktionsweisen einer Partei im Föderalismus, Opladen.
Schmidt, Manfred G. 2010: Wörterbuch zur Politik, 3. Aufl., Stuttgart.
Schmidt, Manfred G. 2007: Das politische System Deutschlands. Institutionen, Willensbildung und Politikfelder, München: Beck.
Schmidt, Manfred G., und Tobis Ostheim 2007: Sozialpolitik in Deutschland, in: Manfred G. Schmidt, Tobias Ostheim, Nico A. Siegel und Reimut Zohlnhöfer (Hrsg.), Der Wohlfahrtsstaat. Eine Einführung in den historischen und internationalen Vergleich, Wiesbaden, S. 121-220.
Schmitt-Beck, Rüdiger 1998: Mediennutzung und Wahlentscheidungen. Fünf westliche Demokratien im Vergleich, in: Zeitschrift für Parlamentsfragen, 29. Jg., S. 677-705.
Schneider, Herbert 2001: Ministerpräsidenten. Profil eines politischen Amtes im deutschen Föderalismus, Opladen.
Schneider, Herbert 1979: Länderparlamentarismus in der Bundesrepublik, Opladen.
Schröder, Wolfgang und Bernhard Wessels (Hrsg.) 2003: Die Gewerkschaften in Politik und Gesellschaft der Bundesrepublik Deutschland, Wiesbaden.
Schou, Tove Lise 1998: Denmark, in: Jean Blondel und Ferdinand Müller-Rommel (Hrsg.), Cabinets in Western Europe, 2. Aufl., New York, S. 192-209.
Schoutheete, Philippe de 2006: The European Council, in: John Peterson und Michael Shackleton (Hrsg.), The Institutions of the European Union, 2. Aufl., Oxford und New York, S. 35-59.
Schrenk, Klemens H., und Markus Soldner (Hrsg.), Analyse demokratischer Regierungssysteme. Festschrift für Wolfgang Ismayr zum 65. Geburtstag, Wiesbaden.
Schreyer, Sönke 1997: Neue Politiker und Parteiströmungen im US-Kongress, Frankfurt/M. und New York.
Schroeder, Wolfgang 2010: Geschichte und Funktion der deutschen Arbeitgeberverbände, in: Wolfgang Schroeder und Bernhard Weßels (Hrsg.), Handbuch Arbeitgeber- und Wirtschaftsverbände Deutschland, Wiesbaden, S. 26-42.
Schroeder, Wolfgang, und Bernhard Weßels (Hrsg.) 2010: Handbuch Arbeitgeber- und Wirtschaftsverbände Deutschland, Wiesbaden.
Schroeder, Wolfgang, und Bernhard Weßels (Hrsg.) 2003: Die Gewerkschaften in Politik und Gesellschaft der Bundesrepublik Deutschland. Ein Handbuch, Wiesbaden.
Schubert, Klaus, und Nils Bandelow (Hrsg.) 2009: Lehrbuch der Politikfeldanalyse 2.0, München.
Schüttemeyer, Suzanne S. 1998: Fraktionen im Deutschen Bundestag. Empirische Befunde und theoretische Folgerungen, Opladen und Wiesbaden.
Scully, Roger 2007: The European Parliament, in: Michelle Cini (Hrsg.), European Union Politics, 2. Aufl., Oxford und New York, 174-187.
Sebaldt, Martin 2001: Das Ringen um die thematische Lufthoheit: Zur Konkurrenz von Regierungsmehrheit und Opposition in der Gesetzgebungsarbeit des Deutschen Bundestages, in: Heinrich Oberreuther, Uwe Kranenpohl und Martin Sebaldt (Hrsg.), Der Deutsche Bundestag im Wandel. Ergebnisse neuerer Parlamentarismusforschung, Wiesbaden, S. 46-62.

Sebaldt, Martin, und Alexander Straßner 2004: Verbände in der Bundesrepublik Deutschland. Eine Einführung, Wiesbaden.
Sebaldt, Martin 1997: Organisierter Pluralismus. Kräftefeld, Pluralismus, Selbstverständnis und politische Arbeit deutscher Interessengruppen, Opladen.
Shackleton, Michael 2000: The Politics of Codecision, in: Journal of Common Market Studies, 38. Jg., S. 325-342.
Shell, Kurt L. 2008a: Kongreß und Präsident, in: Peter Lösche (Hrsg.), Länderbericht USA, 5. Aufl., Bonn, S. 94-141.
Shell, Kurt L. 2008b: Der Oberste Gerichtshof und das Rechtswesen, in: Peter Lösche (Hrsg.), Länderbericht USA, 5. Aufl., Bonn, S. 142-159.
Shell, Kurt L. 2007: Der Oberste Gerichtshof, in: in: Wolfgang Jäger, Christoph M. Haas und Wolfgang Welz (Hrsg.), Regierungssystem der USA. Lehr- und Handbuch, München, S. 171-184.
Shugart, Matthew Soberg, und John M. Carry (Hrsg.) 1992: Presidents and Assemblies: Constitutional Design and Electoral Dynamics, Cambridge.
Soell, Hartmut 1969: Fraktion und Parteiorganisation. Zur Willensbildung der SPD in den 60er Jahren, in:Politische Vierteljahresschrift, 10. Jg., S. 604-624.
Soetendorp, Ben, und Rudy B. Andeweg 2000: Dual Loyalties: The Dutch Permanent Representation to the European Union, in: Hussein Kassim, Anand Menon, B. Guy Peters und Vincent Wright (Hrsg.), The National Co-Ordination of EU Policy: The European Level, Oxford, S. 211-229.
Spence, David 2006 (Hrsg.): The European Commission, 3. Aufl., London.
Spier, Tim, Markus Klein, Ulrich von Alemann, Annika Laux, Alexandra Nonnenmacher und Katharina Rohrbach (Hrsg.) 2011: Parteimitglieder in Deutschland, Wiesbaden.
Stammen, Theo, und Gerold Maier 1979: Der Prozeß der Verfassungsgebung, in: Josef Becker, Theo Stammen und Peter Waldmann (Hrsg.), Vorgeschichte der Bundesrepublik Deutschland, München, S. 3981-420.
Steffani, Winfried 1997: Gewaltenteilung und Parteien im Wandel, Opladen.
Steffani, Winfried 1995: Semi-Präsidentialismus: ein eigener Systemtyp?, in: Zeitschrift für Parlamentsfragen, 26. Jg., S. 221-241.
Steffani, Winfried 1992: Parlamentarisches und präsidentielles Regierungssystem, in: Dieter Nohlen (Hrsg.), Lexikon der Politik, Bd. 3: Die westlichen Länder, hrsg. von Manfred G. Schmidt, München, S. 288-295.
Steffani, Winfried 1991: Regierungsmehrheit und Opposition, in: Winfried Steffani (Hrsg.), Regierungsmehrheit und Opposition in den Staaten der EG, Opladen, S. 11-36.
Steffani, Winfried 1979: Präsidentielle und parlamentarische Demokratie, Opladen.
Steinmo, Sven, Kathleen Thelen und Frank Longstreth (Hrsg.) 1992: Structuring Policies: Historical Institutionalism in Comparative Analysis, Cambridge.
Stone Sweet, Alec 2004: The Judicial Construction of Europe, Oxford.
Stone Sweet, Alec 2002: Constitutional Courts and Parliamentary Democracy, in: West European Politics, 25. Jg., S. 77-100.
Stone, Alec 1987: In the Shadow of the Constitutional Council: The „Juridicisation" of the Legislative Process in France, in: West European Politics, 12. Jg., S. 12-34.

Streeck, Wolfgang 1999: Korporatismus in Deutschland. Zwischen Nationalstaat und Europäischer Union, Frankfurt/M. und New York.
Sturm, Roland 2010: Das europäisierte deutsche Regierungssystem, in: Klemens H. Schrenk und Markus Soldner (Hrsg.), Analyse demokratischer Regierungssysteme. Festschrift für Wolfgang Ismayr zum 65. Geburtstag, Wiesbaden, S. 185-199.
Sturm, Roland 2009a: Politik in Großbritannien, Wiesbaden.
Sturm, Roland 2009b: Das politische System Großbritanniens, in: Wolfgang Ismayr (Hrsg.), Die politischen Systeme Westeuropas, 2. Aufl., Opladen, S. 217-255.
Sturm, Roland 1998: Staatsordnung und politisches System, in: Hans Kastendiek, Karl Rohe und Angelika Volle (Hrsg.), Länderbericht Großbritannien, Bonn, S. 194-224.
Sturm, Roland, und Petra Zimmermann-Steinhart 2010. Föderalismus. Eine Einführung, Baden-Baden.
Sturm, Roland, und Sabine Kropp (Hrsg.) 1999: Hinter den Kulissen der Regierungsbündnisse: Koalitionspolitik in Bund, Ländern und Gemeinden, Baden-Baden.
Sturm, Roland, und Heinrich Pehle 2005: Das neue deutsche Regierungssystem. Die Europäisierung von Institutionen, Entscheidungsprozessen und Politikfeldern in der Bundesrepublik Deutschland, 2. Aufl., Opladen.
Sturm, Roland, und Heinrich Pehle 2001: Das neue deutsche Regierungssystem. Die Europäisierung von Institutionen, Entscheidungsprozessen und Politikfeldern in der Bundesrepublik Deutschland, Opladen.
Stüwe, Klaus 2006: Bundesverfassungsgericht und Opposition, in: Robert Chr. van Ooyen und Martin H. W. Möllers (Hrsg.), Das Bundesverfassungsgericht im politischen System, Wiesbaden, S. 215-228.
Stüwe, Klaus 1997: Die Opposition im Bundestag und das Bundesverfassungsgericht, Baden-Baden.
Tálos, Emmerich 2006: Sozialpartnerschaft. Austrokorporatismus am Ende, in: Herbert Dachs, Peter Gerlich, Herbert Gottweis, Helmut Kramer, Volkmar Lauber, Wolfgang C. Müller und Emmerich Tálos (Hrsg.), Politik in Österreich. Das Handbuch, Wien, S.425-442.
Thaysen, Uwe 1975: Parlamentarisches Regierungssystem in der Bundesrepublik Deutschland, Opladen.
Thaysen, Uwe, Roger H. Davidson und Robert G. Livingston (Hrsg.) 1988: US-Kongress und Deutscher Bundestag: Bestandsaufnahmen im Vergleich, Opladen.
Thiébault, Jean Louis 1998: France, in Jean Blondel und Ferdinand Müller-Rommel (Hrsg.), Cabinets in Western Europe, 2. Aufl., New York, S. 98-155
Timmermans, Peter, Peter Scholtens und Steven Oostlander 2008: Gesetzgebung im politischen System der Niederlande, in: Wolfgang Ismayr (Hrsg.), Gesetzgebung in Westeuropa. EU-Staaten und Europäische Union, Wiesbaden, S. 431-461.
Tsebelis, George 2002: Veto Players: How Institutions Work, Princeton.
Visser, Jelle, und Anton Hemerijk 1998: Ein holländisches Wunder? Reform des Sozialstaates und Beschäftigungswachstum in den Niederlanden, Frankfurt/M. und New York.
Wagschal, Uwe 2001: Der Parteienstaat der Bundesrepublik Deutschland. Parteipolitische Zusammensetzung seiner Schlüsselinstitutionen, in: Zeitschrift für Parlamentsfragen, 32. Jg., S. 879-883.

Wahl, Rainer 2001: Das Bundesverfassungsgericht im europäischen und internationalen Umfeld, in: Aus Politik und Zeitgeschichte, B 37-38, S. 45-54.
Wallace, Helen 1996: Relations between the European Union and the British Administration, in: Yves Mény, Pierre Muller und Jean-Louis Quermonne (Hrsg.), Adjusting to Europe. The Impact of the European Union on National Institutions and Policies, London und New York, S. 61-72.
Walter, Franz 2009: Die SPD. Biographie einer Partei, Reinek bei Hamburg.
Walter, Franz 2004: Abschied von der Toskana. Die SPD nach Schröder, Wiesbaden.
Walter, Franz, Christian Werwath und Oliver D'Antonio 2011: Die CDU. Entstehung und Verfall christdemokratischer Geschlossenheit, Baden-Baden
Walter, Franz, und Kay Müller 2002: Die Chefs des Kanzleramts: Stille Elite in der Schaltstelle des parlamentarischen Systems, in: Zeitschrift für Parlamentsfragen, 33. Jg., S. 474-501.
Wasser, Hartmut 1998: Politische Parteien und Wahlen, in: Willi Paul Adams und Peter Lösche (Hrsg.), Länderbericht USA, 3. Aufl., Bonn, S. 305-339.
Wassermann, Wolfram 2003: Gewerkschaftliche Betriebspolitik, in: Wolfgang Schröder und Bernhard Wessels (Hrsg.), Die Gewerkschaften in Politik und Gesellschaft der Bundesrepublik Deutschland, Wiesbaden, S. 405-428.
Weber, Max 2002: Max Weber. Schriften 1894-1922, ausgewählt von Dirk Kaesler, Stuttgart.
Wehler, Ulrich 1975: Das deutsche Kaiserreich 1871-1918, 2. Aufl., Göttingen.
Welz, Wolfgang 2007: Die bundestaatliche Struktur, in: Wolfgang Jäger, Christoph M. Haas und Wolfgang Welz (Hrsg.), Regierungssystem der USA. Lehr- und Handbuch, München, S. 69-98.
Wengst, Udo 1988: Staatsaufbau und Verfassungsstruktur, in: Karl Dietrich Bracher, Manfred Funke und Hans-Adolf Jacobsen (Hrsg.), Die Weimarer Republik, 1918-1933, 2. Aufl., Düsseldorf, S. 63-78.
Wessels, Wolfgang 1999: Strukturen und Verfahren Bonner EU-Politik – eine administrativ-politische Mehrebenenfusion, in: Hans-Ulrich Derlien und Axel Murswieck (Hrsg.), Der Politikzyklus zwischen Bonn und Brüssel, Opladen, S. 21-38.
Wessels, Wolfgang 2008: Das politische System der Europäischen Union, Wiesbaden.
Wicki, Martin 2003: Soziale Sicherung in der Schweiz. Ein europäischer Sonderfall?, in: Katrin Kraus und Thomas Geisen (Hrsg.), Sozialstaat in Europa. Geschichte, Entwicklung, Perspektiven, Wiesbaden, S. 249-272.
Wiesendahl, Elmar 1998: Wie geht es weiter mit den Großparteien in Deutschland, in: Aus Politik und Zeitgeschichte, B 1-2/98, S. 13-28.
Wilson, Graham K., und Anthony Barker 1995: The End of the Whitehall Model?, in: West European Politics, 18. Jg., S. 30-149.
Zadra, Dirk 1997: Der Wandel des französischen Parteiensystems: Die „présidentiables" in der V. Republik, Opladen.
Zumschlinge, Konrad 1999: Die Europakompetenzen der Landesregierungen und die Rolle der Landesvertretungen in Brüssel, in: Hans-Ulrich Derlien und Axel Murswieck (Hrsg.), Der Politikzyklus zwischen Bonn und Brüssel, Opladen, S. 53-64.

Verzeichnis der Abkürzungen

AOK	Allgemeine Ortskrankenkasse
AstV	Ausschuss der Ständigen Vertreter, s. COREPER
BDA	Bundesvereinigung Deutscher Arbeitgeberverbände
BDI	Bundesverband der Deutschen Industrie
BHE	Bund der Heimatvertriebenen und Entrechteten
BP	Bayernpartei
BVerfGE	Entscheidungen des Bundesverfassungsgerichts
BW	Baden-Württemberg
BY	Bayern
CDU	Christlich-Demokratische Union
COREPER	Comité des Représentants Permanents, s. AStV
CSU	Christlich-Soziale Union
DDP	Deutsche Demokratische Partei
DGB	Deutscher Gewerkschaftsbund
DNVP	Deutschnationale Volkspartei
DVP	Deutsche Volkspartei
ECOFIN	Wirtschaft und Finanzen
EP	Europäisches Parlament
ESM	Europäischer Stabilitätsmechanismus
EU	Europäische Union
Gerichtshof	Europäischer Gerichtshof
EVP	Europäische Volkspartei
FDP	Freie Demokratische Partei
FPÖ	Freiheitliche Partei Österreichs
GASP	Gemeinsame Außen- und Sicherheitspolitik
GG	Grundgesetz
GKV	Gesetzliche Krankenversicherung
HB	Freie Hansestadt Bremen
Hess.	Hessen
HH	Freie und Hansestadt Hamburg
IG BCE	Industriegewerkschaft Bergbau, Chemie, Energie
IG Metall	Industriegewerkschaft Metall
KPD	Kommunistische Partei Deutschlands
NRW	Nordrhein-Westfalen
Ns.	Niedersachsen

NSDAP	Nationalsozialistische Partei Deutschlands
PDS	Partei des Demokratischen Sozialismus
PKV	Private Krankenversicherung
PRO	Partei Rechtstaatliche Offensive
RP	Rheinland-Pfalz
RVO	Reichsversicherungsordnung
Saarl.	Saarland
SAL	Sonderausschuss Landwirtschaft
SED	Sozialistische Einheitspartei Deutschlands
SH	Schleswig-Holstein
SPD	Sozialdemokratische Partei Deutschlands
SPE	Sozialdemokratische Partei Europas
UKREP	United Kingdom Permanent Representation
ver.di	Vereinte Dienstleistungsgewerkschaft
WASG	Wählerinitiative Soziale Gerechtigkeit
ZBIJ	Zusammenarbeit in den Bereichen Innere Sicherheit und Justiz

Verzeichnis der Schaubilder

Schaubild 1:	Kriterien der Mehrheitsdemokratie an Beispielen	22
Schaubild 2:	Kriterien der Konsensdemokratie an Beispielen	22
Schaubild 3:	Regierungskoalitionen in der Weimarer Republik	30
Schaubild 4:	Traditionslinien der im Reichstag bzw. Bundestag vertretenen Parteien (schematisch vereinfacht)	34
Schaubild 5:	Koalitionsbilder im Bund	37
Schaubild 6:	Kanzlerwechsel: Politische Anlässe	39
Schaubild 7:	Mehrheiten und Parteizugehörigkeiten: Präsident und Kongress in den USA	49
Schaubild 8:	Historische Etappen der Dauerkoalition in der Schweiz	52
Schaubild 9:	Regierungsmehrheit in Großbritannien	54
Schaubild 10:	Regierungsmehrheiten in Frankreich	58
Schaubild 11:	Regierungskoalitionen in Österreich	60
Schaubild 12:	Regierungskoalitionen in den Niederlanden	61
Schaubild 13:	Regierungskombinationen in Dänemark	64
Schaubild 14:	Regierungskombinationen in Schweden	65
Schaubild 15:	Vorherige politische Ämter der Bundeskanzler bei ihrer Erstwahl durch den Bundestag	145
Schaubild 16:	Vorherige politische Ämter der unterlegenen Kanzlerkandidaten bei ihrer ersten Kandidatur	147
Schaubild 17:	Koalitionen im Bund	191
Schaubild 18:	Koalitionen in den Bundesländern	191
Schaubild 19:	Die Fachräte des Rates	267
Schaubild 20:	Die Generaldirektionen der Europäischen Kommission	275

Verzeichnis der Tabellen

Tabelle 1: Ausgleichsberechtigte und ausgleichspflichtige Länder im Länderfinanzausgleich im Jahr 2011 (in Mio. EUR, Nettozahler markiert) 79

Tabelle 2: Steuereinnahmen nach Ertragshoheit in Mio. Euro 81

Tabelle 3: Verteilung der Steuereinnahmen in Mio. Euro 81

Tabelle 4: Verteilung der Steuereinnahmen auf Bund, Länder, Gemeinden und EU (in Prozent) 86

Tabelle 5: Kassenkredite der Gemeinden und Gemeindeverbände (Kreise) je Einwohner nach Ländern, Stand 31.12.2010 87

Tabelle 6: Stimmenverteilung im Bundesrat nach Ländern (31.12.2010) 97

Tabelle 7: Stimmenverteilung im Bundesrat nach Übereinstimmung mit der Regierungskoalition im Bund 1993-2012 98

Tabelle 8: Überhangmandate bei den Bundestagswahlen 113

Tabelle 9: Ergebnisse der Wahlen zum Deutschen Bundestag (in Prozent, Sitze einschließlich Überhangmandate) 114

Tabelle 10: Verzerrungseffekte des Wahlsystems bei der Umrechnung von Wählerstimmen in Parlamentsmandate am Beispiel der größeren Parteien in europäischen Ländern (in Prozent) 117

Tabelle 11: Mitgliederentwicklung der größeren politischen Parteien 135

Tabelle 12: Gewogene Ratsstimmen nach dem Nizzaer Vertrag (gültig bis 2014) 265

Tabelle 13: Bevölkerungsverteilung zwischen den Staaten der Union, Stand 1.1.2010 266

Tabelle 14: Sitzverteilung im Europäischen Parlament 1999-2009 280

The manufacturer's authorised representative in the EU is Springer Nature Customer Service Centre GmbH, Europaplatz 3, 69115 Heidelberg, Germany. If you have any concerns regarding our products, please contact ProductSafety@springernature.com

Printed and bound by CPI Group (UK) Ltd, Croydon, CR0 4YY
28/04/2026
02098468-0006